风险沟通
环境、安全和健康风险沟通指南

[美] 雷吉娜·E·朗格林　安德莉亚·H·麦克马金 / 著
黄　河　蒲信竹　刘琳琳 / 译

[第五版]

中国传媒大学出版社
·北京·

目 录

前　言　/1

第一章　简介　/1
　　开端　/2
　　风险沟通的过程　/4
　　受众,情境,目的　/6

第一编　理解风险沟通

第二章　风险沟通的方法　/10
　　传播过程方法　/10
　　国家研究委员会的方法　/11
　　心智模型方法　/12
　　危机沟通的方法　/13
　　融合传播的方法　/14
　　三个挑战的方法　/14
　　社交建构论的方法　/15
　　危害加愤怒模式　/16
　　心理噪音法　/17
　　社交网络感染法　/17
　　风险的社会放大效应　/18

社会信任的方法　/ 19
进化论的方法　/ 20
新平行过程模式　/ 20
小结　/ 21

第三章　涉及风险沟通的法律法规　/ 24

《综合环境反应、补偿和责任法》　/ 25
《应急计划和社区知情权法案》　/ 27
美国第12898号行政命令：《在少数民族人群和低收入人群中解决环境公正的联邦行动》　/ 28
美国第13045号行政命令：《保护儿童免遭环境风险和安全风险威胁》　/ 28
涉及处方药传播的食品药品监督管理法规　/ 29
《国家环境政策法》　/ 29
自然资源损害评估　/ 30
《职业安全卫生法》　/ 31
《资源保护和回收法》　/ 33
《风险管理程序规则》　/ 33
《隐私规则》　/ 34
其他的政府激励政策　/ 35
小结　/ 37

第四章　风险沟通的制约因素　/ 38

风险沟通者的制约　/ 38
受众的制约　/ 47
对沟通者和受众都产生影响的制约因素　/ 54
小结　/ 55

第五章　道德伦理问题　/ 59

社会公德　/ 59
组织伦理　/ 65
个人道德　/ 70
小结　/ 72

第六章　风险沟通的原则　/ 74

涉及风险沟通过程的原则　/ 74

呈现风险的原则　/ 77

比较风险的原则　/ 81

小结　/ 85

第二编　风险沟通计划

第七章　确定目的和目标　/ 88

影响目的和目标的因素　/ 88

第八章　受众分析　/ 94

始于目的和目标　/ 95

确定分析层级　/ 96

了解关键受众特征　/ 98

决定如何收集受众分析信息　/ 101

把受众分析信息运用到风险沟通工作中　/ 105

第九章　制作信息　/ 110

常见的陷阱　/ 110

人们想要了解的信息　/ 112

心智模型　/ 114

制作信息地图　/ 117

健康风险沟通　/ 118

危机沟通　/ 120

第十章　选择适当的沟通方式　/ 124

信息材料　/ 124

风险的可视化呈现　/ 125

面对面沟通　/ 127

与新闻媒体合作　/ 128

利益相关者参与 / 129

技术辅助沟通 / 132

社会化媒体 / 133

第十一章 日程安排 / 136

法律规定 / 136

组织要求 / 136

风险评估的科学过程 / 137

相关活动 / 137

受众需求 / 138

第十二章 制订沟通计划 / 141

沟通计划的内容 / 142

制订风险沟通计划 / 144

第三编 将风险沟通付诸行动

第十三章 信息材料 / 152

编制信息材料 / 152

各类信息材料的指导原则 / 158

第十四章 风险的可视化呈现 / 165

针对特定受众和用途进行可视化设计 / 166

针对特定信息进行可视化设计 / 168

测试图表的传播效果 / 170

运用图像将风险信息个性化 / 173

用可视化方式比较风险 / 176

静态呈现VS交互式呈现 / 178

描述可能性和不确定性 / 178

警示标识 / 187

考虑设定行动水平 / 190

风险信息呈现的伦理问题 / 190

在群体决策中使用可视化信息 / 194

第十五章　面对面沟通 / 200

面对面沟通需要注意的事项 / 201
各类面对面沟通的指导原则 / 205

第十六章　与新闻媒体合作 / 215

新闻媒体在风险沟通中的角色 / 215
理解"文化"差异 / 218
与新闻媒体互动的指导原则 / 221
使用技术工具 / 229

第十七章　利益相关者参与 / 237

利益相关者参与的要求 / 238
各类利益相关者参与活动的指导原则 / 240

第十八章　技术辅助沟通 / 262

挑选技术手段 / 262
工作场所的风险沟通 / 263
网络与单机多媒体应用 / 268
传统的电子论坛 / 273
公共场所的互动多媒体应用 / 275
保护沟通中的技术辅助 / 278
共识沟通中的技术辅助 / 281
危机沟通中的技术辅助 / 286

第十九章　社会化媒体 / 294

利用社会化媒体进行风险沟通的一般原则 / 295
通过社会化媒体分享内容 / 300
与利益相关者沟通 / 302
监测受众的认知变化 / 303
各类社会化媒体的指导原则 / 305
评估社会化媒体的沟通效果 / 310

第四编　评估风险沟通工作

第二十章　风险沟通评估　/ 316

为什么要评估风险沟通工作？　/ 316

成功的含义　/ 317

评估类型　/ 319

实施评估　/ 321

第五编　风险沟通中的特殊情况

第二十一章　突发事件风险沟通　/ 328

理解突发事件风险沟通　/ 328

做好应对突发事件的准备工作　/ 333

突发事件中的风险沟通　/ 349

突发事件的事后沟通　/ 359

第二十二章　国际风险沟通　/ 367

识别相似之处　/ 367

考虑文化差异　/ 368

从其他国家寻找"你的"风险　/ 370

制订跨国沟通计划　/ 371

第二十三章　公共卫生活动　/ 377

了解活动目标　/ 377

借助研究来设计活动　/ 378

运用多种方法触及受众　/ 379

效果评估　/ 383

资　源 / 388

术　语 / 397

译后记 / 401

前　言

　　本书第一版的问世源于雷吉娜·朗格林对传播本身所拥有的无限迷恋与热忱。她小学三年级时就开始创作小说。在进入华盛顿大学的第一天,当被问及想凭借科技传播学位做些什么的时候,她答道:"我希望有朝一日去写环境影响报告。"当她真的被西北太平洋国家实验室录取从事这项工作时,她简直欣喜若狂。

　　对传播的着迷使雷吉娜对风险沟通产生了兴趣。这又促使她放弃了在一个有着800人规模的环境研发机构负责公共关系的机会而去创建了自己的咨询与培训公司。从那时起,她作为专家组的一员参与了首届针对大规模杀伤性武器事件的风险沟通研讨会;为美国国家历史上最为复杂的癌症集群调查制定了风险沟通方案;制定了第一批州级公共卫生准备风险沟通计划中的一个;同时在与政府、企业和学术界合作的项目中培训了数不胜数的科学家、工程师和沟通人员,告知他们如何传播复杂的科技信息。

　　雷吉娜早期在西北太平洋国家实验室工作时结识了安德莉亚·麦克马金。安德莉亚也是一位杰出的风险沟通专家,她曾领导过涉及好几个州的环境风险沟通工作。安德莉亚所拥有的传播专业硕士学位、对科学家和工程师的沟通培训经验以及以撰稿人和主持人的身份与媒体进行合作而积累的第一手知识及经验,使其成为这本教材完美的合著者。她参与了本书从第二版到第五版的著述工作。

　　本书之前的版本被美国等至少20余个国家的风险沟通从业人员、学生和教师广泛使用。读者的建议和新的经验帮助我们将新版本的内容变得更加实用。我们还把一些最新的研究成果和从近十年的主要灾难中汲取的经验教训加入到新版教材,同时还更新和扩展了有关社会化媒体、技术辅助手段和公众卫生运动等方面的信息。

　　本书的很多知识源于他人的研究成果,这些研究者包括文森特·科万罗、彼得·桑德曼、比利·汉斯、卡伦·切斯、巴鲁克·菲施霍夫、保罗·斯洛维奇、罗杰·卡斯帕森和吉姆·克雷顿。科学、管理和传播领域的不少专家则在个人案例方面给我们以启发,比如皮特·梅林杰、埃米特·摩尔、杰克·罗宾逊、洛里·拉蒙娜斯、鲍勃·格雷、朱迪丝·布拉德伯里、克里斯蒂·布兰奇、杰夫·哈维、比尔·汉夫、玛丽莲·夸德雷、丹·斯特罗姆、达比·斯塔普、巴布·怀斯、兰德尔·托德。

雷吉娜要向本书第一版的编辑劳雷尔·格罗夫和为本书制作了专业索引的克里斯汀·曼琦表示感谢。她还希望感谢安·莱斯波伦斯，对她为危机情境下社会化媒体的使用所提供的宝贵意见表示谢意。此外，雷吉娜想特别感谢无论何时都给予她无私支持的丈夫拉里及两个儿子特德和威廉。

安德莉亚希望感谢以下专家为她提供的建议和评价：《洛杉矶时报》记者大卫·肖，科学记者比尔·坎农、卡伦·亚当斯和玛丽·贝克曼，电台记者查尔斯·康普顿，媒体记者杰夫·哈维、格雷格·科勒尔和斯蒂西·韦斯特，波特兰州立大学教授查尔·沃德，统计学家格雷格·皮佩尔，艺术家迈克·帕金斯，以及信息技术专家唐·克拉克。她还要感谢所有回答过她的问题及纠正过她错误的传播和公共卫生领域的研究者和信息专家。

雷吉娜和安德莉亚还要向曾对本书第二版作出同行评议的风险沟通领域的两位杰出人物表示感谢：罗格斯大学环境传播中心主任卡伦·切斯、卫生和环境管理及风险沟通咨询公司 Focus Group 的创建者、负责人苏珊·桑托斯。他们的见解和建议帮助我们在忠于读者的切身经验的基础上，又彻底厘清了很多问题。

我们还想感谢斯蒂夫·韦尔奇，是他的远见让此书得以持续出版；此外还要感谢要求我们出版第五版的玛丽·海切尔，帮助和鼓励过我们的威利电气与电子工程师协会出版社(Wiley-IEEE Press)的其他工作人员，以及为此书提出优化建议的电气与电子工程师协会(IEEE)的审稿人。

我们非常欢迎读者的反馈，请把您的评论和建议发至出版社的电子邮箱pressbooks@ieee.org，出版社会将其转达给我们。

雷吉娜·E·朗格林

安德莉亚·H·麦克马金

第一章　简介

风险沟通包含了多种信息和多个环节。它可以是设计一张提醒食品加工者安全生产以遏制大肠杆菌的宣传海报，也可以是应急响应小组在洪水上涨时面向社区居民进行的安全撤离的动员，还可以是社区代表就危险废物焚烧炉的选址和管理问题与企业展开的协商谈判。风险沟通会涉及各行各业的人，可能有父母和孩子，也可能有立法代表、政府公职人员、科学家、农民、实业家、工人及作家。风险沟通不仅是风险评估的一部分，也是风险管理的重要环节。

> 风险沟通会涉及各行各业的人，可能有父母和孩子，也可能有立法代表、政府公职人员、科学家、农民、实业家、工人及作家。风险沟通不仅是风险评估的一部分，也是风险管理的重要环节。

这本书主要写给那些在健康、安全、环境等领域从事风险沟通工作的人士，他们包括：

- 负责设计信息、培训发言人、促进公众参与的撰稿人、编辑和沟通专员；
- 负责发布风险评估结果的科学家、工程师和健康卫生专业人士；
- 负责介绍风险管理决策的组织代表；
- 初涉风险沟通领域的新人及首次参与风险沟通工作的人员。

鉴于不同的读者想要了解的内容存在差异，我们将本书分为五个部分。各部分及其中的每个章节均相对独立，读者可以根据自己的兴趣有选择地阅读。第一编主要介绍了理解风险沟通的基本理论和相关实践的背景信息，同时也为读者理解其他部分的内容提供了基础；第二编重点阐述如何对风险沟通工作作出计划；第三编对风险沟通的各类方法展开进一步的探讨，并描述了这些方法用于风险沟通和用于其他传播领域的区别；第四编讨论了如何对风险沟通工作进行评估，包括怎样衡量风险沟通是成功的；第五编则针对风险沟通的一些特殊情况，如突发事件、公共卫生活动、国际风险沟通等，提出应对建议。此外，本书还为读者提供了拓展资源目录、风险沟通相关术语列表以及名词索引。为了突出主要观点,我们在每个章节的最后都作了小结。同时,在每个讨论如何运用风险沟通技巧的章节(区别于那些主题为风险沟通原则、风险沟通道德伦理等侧重理论讲述的章节),我们都附上了要点清单,以帮助读者更好地计划和开展风险沟通工作。

〉》开端

本书对许多术语的定义与其在传播学或其他学科分支中的使用稍有区别,虽然我们就此提供了相应的术语列表,但作为全书的开端,我们仍需对本书所指的风险沟通作出准确的解释,并对风险沟通和其他技术传播形式的区别加以说明。

技术传播是一种关于科学或技术信息的传播。它的受众包括上科学课的六年级小学生,也包括学习新设备操作方法的技术工人,甚至还包括审阅同行的研究成果的科学家。技术传播的目的也是多元的,可以是告知,也可以是教育,有时还可以是劝服。

风险沟通是技术传播的一个子集。它有着自身的特点,最本质的特点是这是关于风险的传播(本书中特指关于健康、安全和环境风险的传播)。从受众的角度来看,风险沟通的受众与技术传播的受众相类似,甚至有时也需面向某类规模化的社会成员进行传播。例如,针对不系安全带的风险沟通所面向的受众就是所有有可能开车的人。

有的时候,风险沟通所关涉的风险会给某些特殊的受众群体带来恐惧;也有时,受众根本就没有意识到风险的存在或对其无动于衷;还有一些情况是,受众对风险沟通组织不信任,或者不认可他们管理风险的方法。而一旦受众将自己或激烈、或无所谓的情绪与风险联系起来,风险沟通的难度就会上升。

风险沟通的目的和技术传播的目的也有所不同。在诸如洪水、龙卷风等较为危险的情境中,风险沟通会致力于动员受众采取行动。而在其他情况下,风险沟通若以告知或促成共识为目的则更为适当。此外,两者的另一个区别还在于,风险沟通以双向传播为主,也就是说管理风险的组织和受众会进行对话;技术传播则更多依赖组织单向发布信息,很少关注受众反馈,也不会让受众参与决策制定。它很少采用双向传播模式,科学家审阅同行的研究成果是少数例子中的一个。

风险沟通有多种形式(见图1-1)。本书中,我们按功能将风险沟通分为保护沟通(care communication)、共识沟通(consensus communication)和危机沟通(crisis communication)三类。这三种形式与技术传播的其他形式存在某些共同之处,但却需要不同的沟通策略与方法才能够实现信息的有效传递以及对受众参与的促进,例如,相较于保护沟通和危机沟通,共识沟通需要更多地与受众进行互动。此外,风险沟通还可以根据主题而分为环境风险沟通、安全风险沟通和健康风险沟通。

> 风险沟通有多种形式。本书中,我们按功能将风险沟通分为保护沟通、共识沟通和危机沟通三类。

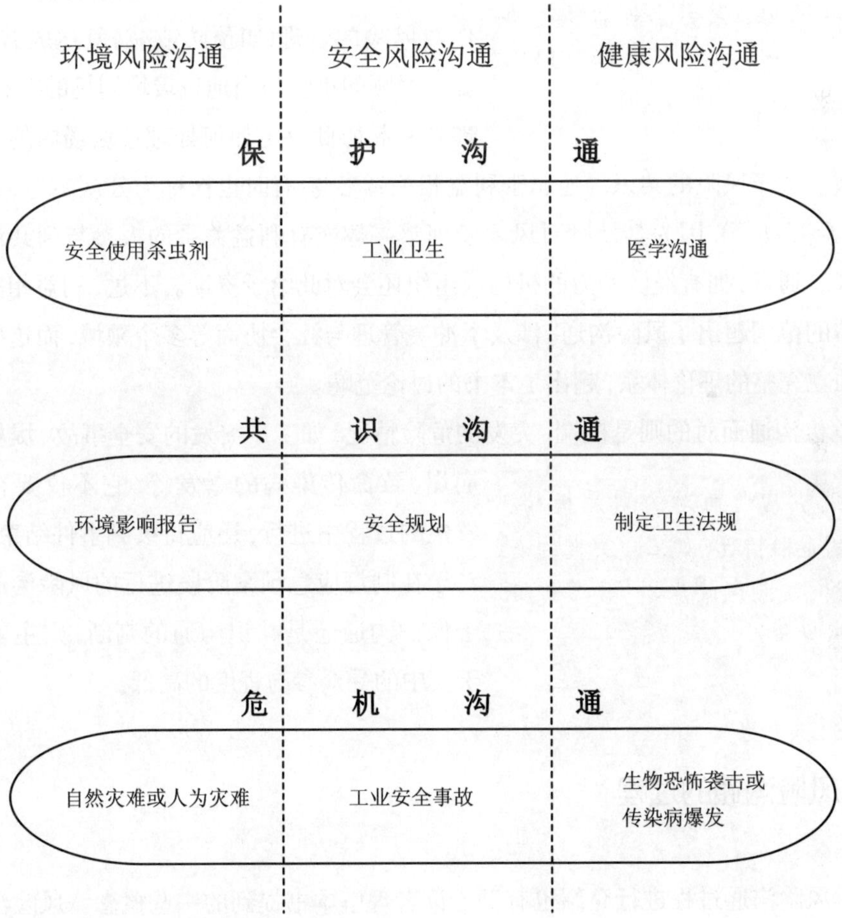

环境风险沟通	安全风险沟通	健康风险沟通
保 护 沟 通		
安全使用杀虫剂	工业卫生	医学沟通
共 识 沟 通		
环境影响报告	安全规划	制定卫生法规
危 机 沟 通		
自然灾难或人为灾难	工业安全事故	生物恐怖袭击或传染病爆发

图1-1 多种形式的风险沟通举例

保护沟通针对的是那些危害后果及应对方法已为科学所确定,同时也被大多数受众所了解与接受的风险。此外,它旨在改善人们的生活,很少有什么投资回报,像美国心脏协会和地方公共卫生机构的运作就是很好的例子。

> 保护沟通针对的是那些危害后果及应对方法已为科学所确定,同时也被大多数受众所了解与接受的风险。

健康保护沟通和工业风险沟通是保护沟通的两个重要组成部分。健康保护沟通，又称健康教育或健康营销，主要向公众提供关于健康风险（如吸烟或艾滋病的风险）的信息和建议。工业风险沟通则面向工人，沟通内容是工作场所可能存在的安全隐患与健康风险。工业风险沟通还可以再细分为关于工业卫生的持续沟通及针对员工个体的通知——将过往的员工死亡率与标准水平作比较，然后把研究的结果告知他们。对生产涂镭的手表盘是否会提高工人死亡率的相关研究，就属于此类纵贯研究。

> 共识沟通致力于告知和鼓励各群体通过合作对风险的管理达成共识。

共识沟通致力于告知和鼓励各群体通过合作对风险的管理（如预防或减轻）达成共识，例如市民顾问小组与当地垃圾填埋场的拥有者/管理者一起协商决定如何处理垃圾场内的有害化学垃圾。关于风险的共识沟通属于利益相关者参与（有时也被称为公众参与、公众磋商、公众互动等），因为其鼓励对风险管理感兴趣或有利益关系的人参与到共识的构建中来。通常，拥有经济实力的机构或组织还会对此给予资助。不过，利益相关者参与涵盖的范围超出了风险沟通，涉及了冲突管理与社会协商等多个领域，而这些领域有着独立完整的理论体系，超出了本书的讨论范畴。

> 危机沟通面对的则是极端、突发的危险情况，如工厂突发的安全事故、堤坝濒临崩塌、致命传染病的爆发等。

危机沟通面对的则是极端、突发的危险情况，如工厂突发的安全事故、堤坝濒临崩塌、致命传染病的爆发等，它不仅要在事件发生的过程中进行，还应持续到事件结束之后。对于在制订应急预案阶段进行的风险沟通是属于保护沟通还是共识沟通的判断，则主要取决于其中的受众参与程度的高低。

〉》风险沟通的过程

对风险沟通过程进行介绍也有助于读者理解本书提到的一些概念。风险沟通的过程始于危险——之于环境、人类健康和安全的实际或潜在的危险，比如石油的泄漏（环境危害）、吸烟（健康危害）或写字楼里松动的楼梯踏板（安全危害）。对此，相关组织需要按照法律，有时也依据许诺，对这些危害带来的风险进行管理，即预防危害或降低危害的程度（降低危害发生的可能性或减轻其后果）。例如，针对陆上石油泄漏的问题，美国国家环境保护局（U. S. Environmental Protection Agency）必须制定相关法律法规来预防此类事件的发生，并在预防措施失败的情况下，严格监督清污善后工作；又如，美国肺脏协会（American Lung Association）承诺会根除吸烟行为；再如，美国职业安全和卫生管理局(Occupational Safety and Health Administration)要求组织必须为职员提供安全的工作环境。

对风险的管理往往以评估风险为开端。比如要了解：风险的危险性如何？在不破坏河流自净化功能的前提下，最多可以向其排放多少化学污染物？和患有艾滋病的医疗工作者接触是否会染病？工人操作叉车的方式会在多大程度上影响其伤及自身或他人？风险评估是一个在掌握风险特征的基础上对风险发生的概率及后果进行评估的科学过程。基于概率的方法，风险评估需要对下述问题作出回答：

- 谁，或何种生态系统会受到损害？
- 有多少人或生态系统会受到损害？
- 他们会受到什么样的损害以及损害的程度有多大？
- 损害会持续多久？

有时，风险评估也会纳入对利益的评估(即风险/效益分析)。这种分析试图评判某一风险带来的利益是否可以平衡风险造成的伤害。比如，科技进步带来的好处能否平衡掉其使用放射性物质进行试验所带来的潜在危害？此种分析基本上只关注对风险和利益作出严谨的科学评估，其他因素则考虑较少。

风险评估的结果将作为风险管理者进行风险决策的主要依据。随后，风险决策将会与决策过程一起传达给那些已经或可能被风险影响的群体，以及那些由于某些原因(如道德原因等)而对风险感兴趣的群体。有时风险管理者以动员受众采取行动为目标(保护沟通或危机沟通)；有时他们会对受众进行风险教育从而使其掌握自主决策所需要的信息(保护沟通)；还有的时候，他们需要与受众一起就风险问题展开讨论，以便在风险管理方法上取得共识(共识沟通)。

在共识沟通中，风险管理决策需要利益相关者的参与。鉴于这一原因，风险沟通需要努力做到下述几点：

- 明晰利益相关者对风险本身、管理风险的组织以及作出决策的程序等多种因素的看法；
- 告知而不是劝服(商定的谈判情形除外)；
- 平衡存在利益冲突的利益相关者之间的需求；
- 促成一个各方都能够接受的解决方案。

例如，使用环境影响报告去评估可选择的行动方案，常会先召开一系列的利益相关者会议，这些会议会鼓励个人和组织帮助确定评估哪些方面(该环节被称为"范围界定")。当然，保护沟通和危机沟通也需要了解利益相关者的感知和关切，但在这两种风险沟通中，人们的感知和关切主要被用来制作信息以告知受众及动员受

> 涉及潜在的个人伤害时，风险沟通者所提供信息的可信度在很大程度上取决于人们对风险沟通者的信任程度。如果风险沟通者被认为是勉为其难或能力不足，那么其信息的可信度就会相应减弱。或者是，如果先前某一特定风险未被妥善处置或被忽视，那么人们的怀疑和不信任就更容易在风险沟通中产生。——Roger E. Kasperson（1986, p. 227）

众采取行动。在这方面一个突出的案例是美国国家环境保护局针对家庭氡危害所进行的风险沟通工作(Weinstein 和 Sandman, 1993)。

进行风险沟通的组织可以在任意时间点对其工作作出评估，以此来判断风险沟通的成功之处和存在的问题：有哪些地方需要作出改进；就当前的情境和受众而言，做什么是有效的；有无经验可以被推广至其他情境与受众等等。

〉》受众，情境，目的

> 虽然越来越多的研究为有效的风险沟通提供了指导，但由于受众、情境和目的的不断变化，使得即便存在一个标准的解决方案，也并不意味着这个方案就绝对正确。

本书接下来介绍的观点和技巧皆具有很强的工具性，它们都是我们和其他风险沟通从业者针对特定的情境、受众和目的而分析得出的。虽然越来越多的研究为有效的风险沟通提供了指导，但由于受众、情境和目的的不断变化，使得即便存在一个标准的解决方案，也并不意味着这个方案就绝对正确。对此，我们尽可能地引用了其他人的研究成果来证实我们自己和本领域中其他从业者的发现，这些引用都罗列在每一章节的末尾。

关于风险沟通的其他拓展性信息，我们都将其放在最后的资源部分。这些信息主要涉及下述主题：进行风险管理和风险沟通的组织的可信度，受众眼中风险的公正性，各利益相关方之间的信任度。这些主题只在书中谈及相关内容时才会出现，但它们对能否有效开展风险沟通的影响很大。此外令人遗憾的是，这些主题常常超出风险沟通者能够控制的范围。比如，在面对受众的时候，那些由社会地位凌驾于我们之上的人所制定或于多年前已经制定的政策早已或建立、或摧毁了我们与受众之间的信任；又如，我们作为风险沟通者的可信度在很大程度上依赖于在我们之前出现在这些受众面前的那些风险沟通者的可信度。

虽然我们无法改变过去，但我们能够以曾经的失败或成功为镜，也可以通过努力使我们的工作更加公正、更加值得他人信赖与信任，至少作为风险沟通者的我们有权力实现这一点。同时，我们还要在组织内部捍卫公正、可靠、可信的风险管理决策，因为这不仅是道德的要求，也是实现成功沟通的唯一途径。

参考文献

Kasperson, R. E. 1986. "Six Propositions on Public Participation and Their Relevance for Risk Communication." *Risk Analysis*, 6(3): 275–281.

Weinstein, N. D. and P. M. Sandman. 1993. "Some Criteria for Evaluating Risk Messages." *Risk Analysis*, 13(1): 103–114.

第一编
理解风险沟通

为了理解风险沟通,我们需要了解风险沟通的方法,熟悉那些影响风险沟通开展的法律法规,知道有效的风险沟通有哪些制约因素,明白相关的道德伦理问题,并掌握基于方法、法律法规、制约因素和道德伦理形成的风险沟通原则。

对风险的了解不是孤立的个体行为,而是在社会的动态发展中形成的;人们会通过各种渠道获取和交流信息,借助验证机制和质疑机制作出判断,并与其他社会议题联系起来加以综合考量。

——罗杰·E·卡斯帕森(1986, p. 131)

第二章　风险沟通的方法

风险沟通的方法有很多，基于其对信息传递、冲突管理和决策制定等方面的探讨，我们可以对风险沟通的整体流程及具体组成有深入的了解。这些方法中，有的本身就属于传播学范畴，有的源于传播学之外的其他领域，有的则是基于跨学科的传统。

风险沟通者之所以需要了解这么多方法，是因为每一种方法都是从不同的角度来审视风险沟通的，正如不同的受众对同一个风险也会持有差异化的观点一样。风险沟通者对受众的观点掌握得越全面，就越能选择出符合实际情况和受众需求的方法，从而更有助于风险沟通的成功。

> 是否所有的方法都具有同等的效力呢？在风险沟通中，每种方法都从某一特定视角对其进行阐释，视角的宽窄决定了该方法适用的情境范围和受众范围。

那么，是否所有的方法都具有同等的效力呢？在风险沟通中，每种方法都从某一特定视角对其进行阐释，视角的宽窄决定了该方法适用的情境范围和受众范围。虽然有些方法现今仍广泛应用于风险沟通之中，但可能对于当前的形势与受众来说却是过时的。比如，克劳德·香农(Claude Shannon)在1948年提出的传播过程的数学模式时至今日仍然被间或用于建构风险沟通的框架，尽管后来涌现出一些更为成熟的传播模型，如在风险沟通中极为重要的双向互动传播模式。

本章将介绍14种最为常用的风险沟通方法，并总结这些方法给予风险沟通者的相关启示。

〉》传播过程方法
Communication Process Approach

与其他传播形式一样，风险沟通也符合传统的传播过程模式(Shannon, 1948)，即由信源生成信息,并通过一定渠道传递给信宿。例如,某监管机构(信源)裁定某一化学物质将给公众带来巨大的风险(信息),他们通过新闻媒体(渠道)以新闻报道的方式发布了一份新闻简报(另一种渠道),使当地社区居民(信宿)通过阅读以知晓此事。多种关于风险沟通的研究从这一模式的各个组成部分(信源、信息等)入手来分析某一组成部分的变化对其他部分造成的影响。比如,马奎特大学大众媒体研究中心的研究员们发现,信息接收者对各类信息渠道的依赖更多地受个人情感因素(如密尔沃基市发生饮用水生物污染后公众的担忧)的影响(Griffin等,1994)。

> 与其他传播形式一样,风险沟通也符合传统的传播过程模式,即由信源生成信息,并通过一定渠道传递给信宿。

在风险沟通中,风险沟通者应重视上述线性传播过程模式的每一个组成部分。信源对于目标受众而言是否可信?信息的表达方式是否易于受众理解?能够到达受众的传播渠道(方式)有哪些?受众的何种态度会影响其对信息的理解与认知?我们能否设计一个高效的反馈机制,以对风险沟通的进展和决策过程作出评估?本书的第二编至第五编将分别针对保护沟通、共识沟通和危机沟通对上述问题加以回答。

〉》国家研究委员会的方法
National Research Council's Approach

在20世纪80年代,美国国家研究委员会斥资就如何开展有效的风险沟通进行了广泛而深入的研究(NRC, 1989),来自不同机构的专家团队得出了一系列结论,其中之一是将风险沟通定义为:"在关注健康或环境风险的个人、群体、机构间交换信息和意见的互动过程。"研究专家认为在这一过程中,科学机构不仅要传递关于风险的技术信息,还应负责收集来自非科学群体的意见及关切。

> 风险沟通可以被定义为:"在关注健康或环境风险的个人、群体、机构间交换信息和意见的互动过程。"——NRC(1989)

随后,美国国家研究委员会又赞助了第二批专家,以研究如何提升风险评估(他们称之为"风险描述")、风险管理和风险沟通的效果(NRC,1996)。专家组发现风险评估需以告知决策和解决问题为导向,与风险有关的对社会环境的考察应该在风险评估初期就着手进行,并贯穿在整个风险管理和风险沟通的过程中。他们还呼吁让那些处于风险之中的人尽早介入这一过程并与之保持良性互动。

对于风险沟通者来说,任何成功的风险沟通都必须包含"信息和意见的交换",

以及利益相关者自始至终的参与。实现信息和意见交换的方法因风险沟通类型(保护沟通、共识沟通或危机沟通)的不同而有所区别。在共识沟通中,让受众与传播和管理风险的人一起参与信息交换是十分必要的。在保护沟通中,至少要做到收集受众在风险信息发布之前和之后的反应。在危机沟通中,实现信息交换的难度最高,因为危机中几乎没有时间去召集公众代表以确定他们的需求和关切;对此,一种解决办法就是与潜在的受众(那些可能被危机影响的人,例如化工厂周围的居民)交换信息,并将此纳入到制订应急计划的工作之中。

〉》心智模型方法
Mental Models Approach

> 在缺乏证据的情况下,没有人可以肯定地预言如何沟通风险。有效可信的风险沟通需要实证研究。——Granger Morgan等(2002, p.182)

心智模型建立在认知心理学和人工智能研究的基础之上,关注人们如何理解和看待不同的现象(Geuter和Stevens,1983)。将心智模型引入风险沟通领域的研究主要来自卡内基梅隆大学(Morgan等,2002),在此之前,这一方法已经在诸如计算机编制文献等其他形式的技术传播中得到了成功的应用。

在使用心智模型的方法时,风险沟通者首先需确定沟通工作针对的受众群体,然后再通过广泛的访谈明确受众如何看待风险问题。例如,在美国国家环境保护局开展的氡危害宣传项目中,研究者约访了大量的受众,随着访谈的深入,交流的问题从开放式问题渐渐聚焦(例如从"告诉我任何你了解的与氡有关的信息"到"告诉我氡对你产生了什么影响")。基于被访者的回答,研究者总结出了一个"心智模型",该模型描述了受众怎样看待氡,以及其对氡的接触途径和危险性的认知。研究者将这一心智模型与科学家用于评估氡的专家模型作出对比,还采用问卷调查的方法进一步找出了两者间存在的差异,然后据此设计风险信息,以弥合受众的知识差距或纠正受众的误解(Morgan等,1992)。这种做法的目的不是为了说服人们要像科学家一样思考问题,而是帮助公众识别其进行明智的决策时所需的信息。

这对风险沟通者的启示是,要想真正与受众沟通,就必须充分了解受众对风险的既有认知。忽视核心受众的关切或是不能对其既有认知作出解释的风险沟通信息都注定是无效的。因此,不论哪种形式的风险沟通(保护沟通、共识沟通抑或危机沟通)都必须纳入一定程度的受众分析。

在保护沟通中，由于受众涉及的范围通常很广，风险沟通者需要了解各类细分受众群体在生活方式上的特殊性，并据此设计有针对性的风险信息。例如，青少年群体被发现比其他年龄段的人更容易出现酒后驾车的问题，这就需要风险沟通者了解青少年与其他年龄段群体的差异所在，以及这些差异如何使其更容易作出酒后驾驶这样的举动。

在共识沟通中，风险沟通者需要首先知悉受众的关切和既有认知，才有可能与其达成一致的解决方案。例如，不同的印第安人部落怎样看待环境问题，以及这些看法如何影响他们对于有害垃圾清理的立场？

在危机沟通中，风险沟通者需要对受众的文化有一定的了解，才能通过有效的沟通找出缓解危机的方法。1993年那场袭击了居住在新墨西哥州和亚利桑那州北部纳瓦霍人(Navajo)的疾病就是一个典型案例(由于专业医疗人员在相当长的一段时间内都无法找到病因，因而被新闻媒体称为"神秘的疾病")。研究发现该疾病蔓延的原因是人们吸入了被受感染的老鼠粪便污染的空气颗粒。这虽然看起来是一个相对容易控制的传染源，但由于清扫属于纳瓦霍人的宗教及文化活动，而清扫又会扬起夹有鼠粪的灰尘，这就使得传染源变得棘手难控了。关于"理解你的受众"的更多内容详见第八章。

〉》危机沟通的方法
Crisis Communication Approach

危机沟通的方法认为风险沟通者应该竭尽所能动员受众采取恰当的行动。例如，在洪水暴发之际，他们有必要发布信息敦促受众撤离到更高的地方去，并避免妨碍救援人员的工作。如一位资深的风险沟通者所说："你唯一需要告知受众的信息就是——他们需要离开，此外的事情都与他们无关。"基于这样的目的，传递如风险发生的概率、其他可选择的方案等信息就显得毫无意义了。这一方法坚持认为，组织知道什么对受众来说是最好的，也应表现得像严格的家长那样强制受众按它的观点行事。

然而，在公众越来越强烈地要求参与权的时代，这种方法也愈发显得不合时宜。正如"危机沟通的方法"这一名称所指示的那样，其可能只适用于风险沟通中的危机沟通，而即便是在诸如生物恐怖袭击这类极端的突发公共卫生事件中，公众对信息的需求可能也要超出这一方法所设定的限度。美国疾病控制和预防中心资助的一项研究发现，在恐怖分子使用从放射性物质到瘟疫等各种大规模杀伤性武器进行攻击的情境中，受众至少想要了解包括事件本身、威胁的来源以及健康影响等主题在内的信息(Becker, 2004)。对于危机沟通者而言,劝服(详见第五章)在此种情况下是必要的。我们自己的经验及越来越多的证据表明,人们更容易在得知"为什么"之后改变行动,而非仅仅是"是什么"或"怎么做"。

从另一个角度看,危机沟通的方法还与公共关系的实践相关。有些案例中,危机沟通的目的被视为要保护某一特定组织的形象,而往往这一组织还应对危机的发生承担一定的责任(例如,某果汁加工商发现某批次产品被大肠杆菌污染,并导致几名儿童入院治疗)。本书仅将危机沟通看作一种能够接触那些处于危机中的人,并帮助他们避免或降低危机影响的方法。然而,从长远看,在危机中展开有效的沟通也的确能够提升组织形象,即使这个组织在某种程度上确实对危机的发生负有责任(例如Peters, 1997)。

〉》融合传播的方法
Convergence Communication Approach

埃弗雷特·罗杰斯(Rogers 和 Kincaid, 1981)认为,传播(包括风险沟通)是一个反复、长期的过程,风险沟通组织及受众的价值观念(文化/经验和社会背景)皆对这个过程产生作用。当组织发布信息之后,受众会在自身理解范围内处理这些信息并给出反馈(如"我们不相信你!""这是什么东西?"以及"你想要我做些什么吗?");之后,组织会再对上述反馈加以处理,并通过发布补充信息或修正信息进行回应。通过这种持续循环的信息交换,双方将慢慢地汇集于共同点(即达成共识)。

这给风险沟通者带来的启示是,必须要让受众参与到风险沟通的过程中,且这一过程须是双向的对话,而不是来自组织一方的独白。持续的反馈和解释说明对开展有效的风险沟通十分重要。这既适用于保护沟通和危机沟通,又尤其适用于共识沟通。在保护沟通中,对话的对象可能是抽样选取的部分受众;在危机沟通中,对话的对象可能是参与制定应急预案的社区成员;而在共识沟通中,对话的对象就是你试图与其达成共识的那个群体。

> 必须要让受众参与到风险沟通的过程中,且这一过程须是双向的对话,而不是来自组织一方的独白。

〉》三个挑战的方法
Three-Challenge Approach

这一方法得名于美国学者凯瑟琳·罗文(K. E. Rowan, 1991),她认为风险沟通主要面临三个挑战：

1. 知识挑战——受众需要理解与风险评估相关的技术信息。
2. 过程挑战——受众需要感觉自己参与到风险管理的过程之中。
3. 沟通技巧的挑战——风险沟通者和受众需要进行高效的沟通。

要成功完成风险沟通工作，风险沟通者必须很好地应对这三个挑战。同时，出色的沟通技巧对风险沟通者和受众而言都同等重要。如果受众缺乏沟通技巧，则必须由风险沟通者多采用一些沟通技巧，以增进相互间的理解。

为了应对知识挑战，风险沟通者须采用多种方式呈现与传递技术信息，如使用信息材料(宣传册、情况说明书和技术报告等)，对风险加以可视化呈现(以图表为主，例如简单的表格、饼图和概念图等)，开展面对面的沟通(利用生动的投影图像和印发的材料作展示)，让利益相关者参与(如让了解风险的企业代表参与小组讨论)，以及展开技术辅助沟通(如搭建网站进行互动等)。

为了应对过程挑战，风险沟通者要让受众参与到风险管理的过程中来。在保护沟通中，受众可通过自主选择预防和缓解措施的方式参与风险管理(例如为降低死于心脏病的风险，可让受众自己选择高纤维低脂肪的饮食、运动或戒烟等多种方法)。在共识沟通中，受众可借由帮助选择制定风险管理决策的方法(是所有的利益相关者集体投票还是仅由代表决定)、参与制定决策(与小组合作以达成共识)和贯彻执行决策(拓展政策、完善流程或只致力于落实决策)的方式参与风险管理。在危机沟通中，受众可采取参与制定应急预案、协助疏散人群等方式参与风险管理。

为了应对沟通技巧的挑战，风险沟通者可能需要利用访谈来帮助受众明确他们的看法，或者通过小组讨论的形式让小组成员互相帮助，提升彼此的沟通能力。

〉》社交建构论的方法
Social Constructionist Approach

这一方法聚焦技术信息及价值、信念、情感的流动(Waddell, 1995)，与美国国家研究委员会的方法类似。许多方法都认为，在风险评估时，科学界主要提供技术知识，而受众或利益相关者则在风险沟通工作或风险管理过程中给予价值、信念和情感方面的反馈。对此，

> 社交建构论模型建议我们不应该私下使用一些修辞手段来制定政策，并试图通过"花言巧语"将政策强加于人。——Craig Waddell(1995, p. 201)

社交建构论则强调科学界及受众或利益相关者均会输出这两种信息。也就是说，科

学家们也会有一定的价值、信念和情感,这会对风险评估和风险沟通产生微妙的影响;利益相关者亦有可能具备一定的技术知识,因此也会影响风险评估和风险沟通的过程。

这对风险沟通者的启示是,社会背景和社会文化会影响所有参与者的认知与行为。理解这一关系,并且促进信息、态度、价值和看法的双向(从"专家"到"利益相关者"或从"利益相关者"到"专家")交换,有助于更好地制定风险决策。这一点在保护沟通、共识沟通及危机沟通中均适用。

〉》危害加愤怒模式
Hazard Plus Outrage Approach

> 愤怒和危害相关联,愤怒是感知危害的主要决定因素。人们在心烦意乱的时候,更倾向于认为自己面临危险;如果人们情绪稳定,结果则恰恰相反。——Peter Sandman(2003, p. 26)

著名的风险沟通专家彼得·桑德曼(Peter Sandman)在很多文章、著作和电视节目中提出风险应被视为"危害+愤怒"(Sandman, 1987)。这一命题最初由巴鲁克·菲施霍夫(Baruch Fischhoff)和保罗·斯洛维奇(Paul Slovic)提出,即受众对于风险的看法(与之相对应的是专家对风险的评估)不仅取决于风险的实际危害,还会受到他们对风险所产生的负面情绪(愤怒)的影响。通常,主要考虑风险危害的风险评估,即专家对于风险的评估,往往缺乏对受众情绪的考察;易受到愤怒情绪影响的非专家对风险的评估,即一般人对风险的评估,则有可能忽视部分甚至所有的事实性因素。在现实情形中,若两者的评估结果一致,也就是说专家和非专家都把风险看得很重(高危害和高愤怒)或很轻(低危害和低愤怒),产生争议的可能性就小;而如果两者的结果不一致(或高危害和低愤怒,或低危害和高愤怒),就容易引发争议。

这为风险沟通者(无论是保护沟通、共识沟通或是危机沟通)带来的启示是,仅介绍技术事实可能无法满足多数受众的信息需求。事实上,受众可能根本不会去认真听这些技术事实,除非涉及他们的关切与感受。因此,风险沟通者不能忽视风险带来的愤怒感而只关注其危害。不过这并不意味着应该假装赞同受众的观点,因为这对两者间信任感的建立是一种灾难;它实际上指的是风险沟通者必须理解受众的感受,并确保将应对和引导这些感受的信息包含在风险信息之中。

〉》心理噪音法
Mental Noise Approach

文森特·科万罗(Vincent Covello)是一位风险沟通领域的专家,他告诫自己的学生在进行风险沟通时要注意心理噪音的存在。美国国防部的一些部门和公共卫生界也会采用此方法。

心理噪音法认为,当公众感知到自己身处风险之中时,他们接受和处理信息的能力会大打折扣。据估计,在这种情况下,人们处理和记忆信息的能力会比平常下降80%,这一变化在突发危机中表现得更为显著。在1995年4月发生的俄克拉荷马市联邦办公大楼爆炸事件中,有关机构必须同时向受害者家属提供口头和书面的信息,有时还需提供多次,才能使其明白发生了什么以及接下来应该做些什么(Blakeney,2002)。

因此,风险沟通者必须细致地组织和呈现风险信息,在危机传播的情境中尤其如此。在进行风险沟通时具体的做法比如:关键信息不应超过三条,多次重复;用口头、书面的沟通方式加以强化,同时辅之以视觉化信息;去掉那些晦涩难懂的行话、术语和缩略词等。更多与风险信息材料相关的内容,详见第十三章。

〉》社交网络感染法
Social Network Contagion Approach

一些机构考察研究了社交网络在工作场所中对人们行为和态度的影响方式。研究结果表明,我们和什么样的人打交道会影响到我们如何看待这个世界。最近,社交网络感染法也被运用到风险沟通工作之中(例如Scherer和Cho,2003)。

社交网络感染法认为,当面临风险时,人们会参考社交网络中其他人的态度和行为来应对风险。社交网络无需刻意地去影响各个成员,只要他们保持互动且对其他领域的事物看法相似,这种现象就会自然而然地发生。通常,社交关系越紧密、互动频率越高的群体对风险的反应会越趋于一致。这种社交关系同样也可以在诸如脸书(Facebook)等社会化媒体上建立。

这对风险沟通者的启示是,风险沟通需超越个体而放眼社区整体。在保护沟通需要劝导人们改变其危险行为时,得到其所处的社交网络对低风险行动的肯定或支持,也许比直接针

> 风险沟通需超越个体而放眼社区整体。

对个人进行说服更加有效。在一些共识沟通的情境中，覆盖社交网络的所有成员也许是动员这些成员参与的唯一方式。而在危机沟通时，与关键的意见领袖合作可以加速信息的传播。若想进一步了解如何理解受众的需求，请参考第八章。

〉》风险的社会放大效应
Social Amplification Of Risk Approach

这一方法发端于社会科学研究，并由罗杰·卡斯帕森(Roger Kasperson)、珍妮·卡斯帕森(Jean Kasperson)（例如Kasperson等，1988），以及保罗·斯洛维奇(Paul Slovic)和詹姆斯·弗林(James Flyn)等国际知名学者不断深化。其中，斯洛维奇、弗林等还将"污名"的概念加入到了风险的社会放大效应之中(例如Flynn等，2011)。

该理论认为，社会活动常常会以出人意料的方式放大风险事件的后果。试想将一块石子扔进湖中，涟漪波及的范围会远远超出最初石子落水时的样子。同理，风险也会扩散，甚至能够不断波及至企业经营、政府监管、社区对抗以及法律诉讼等多个层面。其结果不仅是使一个企业或一个社区背上骂名，也会给相关人士带来负面影响。

风险后果的放大尤其要归咎于新闻媒体。例如，英国几所大学(伯明翰大学、东安格利亚大学、萨里大学、贝尔法斯特女王大学)的相关研究发现，媒体经常报道一些风险的次要问题，而负责风险沟通的政府机构通常还未识别或处理这些问题。两者之间的对立导致有关风险报道的增多以及公众愤怒的加剧，而这对问题的解决实际上毫无帮助。

渥太华大学的威廉·莱斯(William Leiss)和堪萨斯州立大学的道格拉斯·鲍威尔(Douglas Powell)是两位经验丰富的研究专家，他们在疯牛病及硅胶隆胸等研究案例的基础上(Leiss和Powell，2005)，又对这一理论加以拓展。他们认为风险信息的"真空"是风险被社会放大的罪魁祸首——在专家拒绝提供信息的情况下，渴望信息的公众会主动填补这一"真空"，但他们使用的往往是流言、假设和缺乏依据的所谓"科学理论"；也就是说，专家、决策者，尤其是监管机构的失语，会加速公众恐惧与猜疑的滋生，继而为风险沟通带来困难。

风险的社会放大效应能够给风险沟通者带来很多启示。比如，要基于对受众需求的充分了解，对一个已经识别出的风险所产生的社会波动作出积极的预设和回应，这在共识沟通和危机沟通中尤为重要。又如，风险沟通需遵循一项基本原则，即保证及时、频繁且全面地进行沟通；在危机沟通中这一点更为关键。再如，作为专家，要在其他组织和个人填补信息"真空"之前及时发声,以避免那些填补进来的信息为风险沟通制造困难甚至对公众的健康与安全造成危害。更多有关风险沟通原则的信息,详见第六章。

〉》社会信任的方法
Social Trust Approach

社会信任的方法同样源于社会科学研究,该领域的代表性人物是乔治·茨维特科维奇(George Cvetkovich)和蒂姆·伊尔(Tim Earle)。该方法认为,一个人对特定机构(如政府机构)的信任建立在理解该机构的目标、动机以及符合其价值观的行为的基础上。换言之,通过对特定机构的观察,我如果发现其管理风险的方式符合我的价值观,那我就会倾向于信任他们能够恰当地处理风险。研究已经发现,公众的信任度越高,其对风险的评估就越小,对利益的评估则越大(Cvetkovich和Winter,2001)。

研究者还提出,社会信任存在不对称法则,即建立或赢得信任要比摧毁信任困难得多。如果公众不信任一个机构,他们就会更愿意关注有关该机构的负面消息以强化既有认知,而对正面消息视而不见。但幸运的是,反之亦然——如果公众认为某机构可以信任,他们就只会接收有关这个机构的正面信息,忽视掉负面的信息(Cvetkovich等,2002)。

当风险控制超出个体层面时,信任就会成为公众是否能够接受风险管理方式的主要甚至是最为重要的变量(Cvetkovich和Winter,2001)。文森特·科万罗也在其研究中支持这一假设,他认为当人们发现自己面临风险时,他们只会从其信赖的信源那里获取信息并加以理解、付诸实践。一些研究者还提出,公众对某组织信任度和可靠性的感知,主要来源于组织保护公众的能力、解决风险的承诺、组织的业务技能及其是否诚实等。其中,保护公众的能力或展现同理心是提升组织信任度和可靠性最为关键的要素。

这对风险沟通者的启示是,如果没有信任作为基础,无论多么完美地组织和呈现风险信息都无法有效地进行风险沟通。对组织的信任和信心在人们感知风险威胁、配合和反馈风险管理的过程中越来越重要。然而不幸的是,组织的外部形象呈现效果往往超出了风险沟通者能够左右的范围。那么组织该怎样建立信任度和可靠性呢?相关技巧可详见第四章和第五章。

> 对组织的信任和信心在人们感知风险威胁、配合和反馈风险管理的过程中越来越重要。

〉》进化论的方法
Evolutionary Theory Approach

从进化论的视角切入研究是风险沟通研究的一个新兴领域(例如Tucker等，2008)。此类研究认为，人类的进化过程塑造了我们感知、理解和处理风险的方式。自然选择这一进化机制使人类更重视公平、平等、公正、审慎和慷慨，并且畏惧对社会契约的破坏。也就是说，人类天生就愿意合作与分享资源。生物数学家特洛伊·塔克(W. Troy Tucker)和斯科特·费尔森(Scott Ferson)提出人类通常面临6种风险：疾病、父权、事故、群间竞争(战争)、生存困境以及合作失败。人们往往需要选择一种风险以规避更大的风险。比如，地下水污染可能会破坏某地区的耕地(引发生存困境)，为了降低地下水受污染的几率，利益相关者就会要求对新建垃圾填埋场采取更严格的规制，而这又会增加工人的施工时间(发生事故的可能性增大)。由此，风险沟通者可以了解到，那些被认为是不公平、欠公正、高花费、浪费严重或会危害到某一特定群体的风险，有可能在利益相关者眼中显得更加危险且难以接受。其他研究也证实了这样的判断，例如第四章"敌对和愤怒"部分。

〉》新平行过程模式
Extended Parallel Process Model Approach

该模式源于健康风险沟通研究，主要关注人们在回应恐惧诉求信息时所采用的方法及其原因。恐惧诉求信息需要受众对威胁本身以及相关建议的效果加以评估。在评估威胁时，受众主要关注相关性和严重性。若信息中指出的威胁与受众不相关或对受众不重要，受众便会忽略恐惧诉求信息，因而也不会采取行动。相反，如果受众相信信息中所提到的威胁与自己有关或因足够严重而不想冒险，那么他们就会进一步考虑自身的能力及应对方法的有效性。当受众认为信息中所提出的控制威胁的方法容易实施且有效可行，他们通常就会采取行动。与此相对，假如信息给出的建议太困难或有效性过低，他们则会放弃控制风险，转而采取控制恐惧的行为——通常表现为通过否认或抗拒来降低恐惧感(Witte等，2001)。

这对开展风险沟通(尤其是保护沟通)的启示是，既要增强信息与目标受众的相关性，又要清晰地呈现出潜在危险的严重程度，此外，还要使受众有能力(包括生理、情感、社会关系以及经济能力等多个方面)执行建议及相信改变必然会带来积极的效果。倘若没有这些作为基础，恐惧诉求信息可能不仅不会促成受众的行动，反而还会招来受众的厌恶情绪。更多制作风险信息的技巧,详见第九章。

〉》小结

正如本章一开始所提到的,没有任何一种方法能够同样适用于风险沟通的所有目的、情境和受众。相反,风险沟通的方法来源于多个学科,它们分别从不同的视角为风险沟通提供解决思路。充分熟悉这些方法和它们带来的启示,有助于我们优化风险沟通的策略,从而提升风险沟通工作成功的可能性。

参考文献

Becker, S. M. 2004. "Emergency Communication and Information Issues in Terrorist Events Involving Radioactive Materials." *Biosecurity and Bioterrorism: Biodefense Strategy, Practice, and Science*, 2(3): 195-207.

Blakeney, R. L. 2002. "Providing Relief to Families after a Mass Fatality: Roles of the Medical Examiner's Office and the Family Assistance Center." *OVC Bulletin*, November 2002. U. S. Department of Justice, Office of Justice Programs, Office for Victims of Crime, Washington, DC.

Cvetkovich, G. and P. L. Winter. 2001. "Social Trust and the Management of Risks to Threatened and Endangered Species." Presented at the Annual Meeting of the Society for Risk Analysis, December 2-5, 2001, Seattle, Washington.

Cvetkovich, G., M. Siegrist, R. Murray, and S. Tragesser. 2002. "New Information and Social Trust: Asymmetry and Perseverance of Attributions about Hazard Managers." *Risk Analysis*, 22(2): 359-367.

Department of Health (of the United Kingdom). 2003. "The Social Amplification of Risk: The Media and the Public." http: //www. hse. gov. uk/research/crr_pdf/2001/crr01329. pdf (accessed January 24, 2013).

Flynn, J., P. Slovic, and H. Kunreuther, eds. 2001. *Risk, Media, and Stigma: Understanding Public Challenges to Modern Science and Technology*. Earthscan, London.

Geuter, G. and A. L. Stevens, eds. 1983. *Mental Models*. Lawrence Erlbaum Associates, Hillsdale, New Jersey.

Griffin, R. J., S. Dunwoody, F. Zabala, and M. Kamerick. 1994. "Public Reliance on Risk Communication Channels in the Wake of the Cryptosporidium Outbreak." Paper presented at the Society for Risk Analysis Annual Meeting, December 1994, Baltimore, Maryland.

Kasperson, R. E. 1986. "Hazardous Waste Facility Siting: Community, Firm, and Governmental

Perspectives." In R. E., Kasperson, ed., *Hazards: Technology and Fairness*. National Academy of Engineering/National Academy Press, Washington, DC, p. 118–144.

Kasperson, R. E., O. Renn, P. Slovic, H. S. Brown, J. Emel, R. Goble, J. X. Kasperson, and S. Ratick. 1988. "The Social Amplification of Risk: A Conceptual Framework." *Risk Analysis*, 8: 177–187.

Leiss, W. and D. Powell. 2005. *Mad Cows and Mother's Milk: The Perils of Poor Risk Communication*, 2nd ed. McGill-Queen's University Press, Montreal, Quebec, Canada.

Morgan, M. G., B. Fischhoff, A. Bostrom, L. Lave, and C. J. Atman. 1992. "Communicating Risk to the Public." *Environmental Science and Technology*, 26(11): 2048–2056.

Morgan, M. G., B. Fischhoff, A. Bostrom, and C. J. Atman. 2002. *Risk Communication: A Mental Models Approach*. Cambridge University Press, New York.

NRC (National Research Council). 1989. *Improving Risk Communication*. National Academy Press, Washington, DC.

NRC (National Research Council). 1996. *Understanding Risk: Informing Decisions in a Democratic Society*. National Academy Press, Washington, DC.

Peters, R. G., V. T. Covello, and D. B. McCallum. 1997. "The Determinants of Trust and Credibility in Environmental Risk Communication: An Empirical Study. *Risk Analysis*, 17(1): 43–54.

Rogers, E. M. and D. L. Kincaid. 1981. *Communications Networks: Toward a New Paradigm for Research*. The Free Press, New York.

Rowan, K. E. 1991. "Goals, Obstacles, and Strategies in Risk Communication: A Problem-Solving Approach to Improving Communication about Risks." *Journal of Applied Communication Research*, November: 300–329.

Sandman, P. M. 1987. "Risk Communication: Facing Public Outrage." *EPA Journal*, November: 21–22.

Sandman, P. M. 2003. "Four Kinds of Risk Communication." *The Synergist(Journal of the American Industrial Hygiene Association)*, April: 26–27.

Scherer, C. W. and H. Cho. 2003. "A Social Contagion Theory of Risk Perception." *Risk Analysis*, 23(2): 261–267.

Shannon, C. E. 1948. "A Mathematical Theory of Communication." *Bell System Technical Journal*, 27: 379–425, 623–656; July, October; Bell Labs, Murray Hill, New Jersey.

Tucker, W. T., S. Ferson, A. M. Finkel, and D. Slavin, eds. 2008. *Strategies for Risk Communication: Evolution, Evidence, Experience*. Annals of the New York Academy of Sciences, Vol. 1128, 2008(April), New York Academy of Sciences, New York.

Waddell, C. 1995. "Defining Sustainable Development: A Case Study in Environmental Communication." *Technical Communication Quarterly*, 4(2): 201–216.

Witte, K., G. Meyer, and D. Martell. 2001. *Effective Health Risk Messages*. Sage Publications, Thousand Oaks, California.

拓展资源

Hannigan, J. A. 1995. *Environmental Sociology: A Social Constructionist Perspective.* Routledge Press, London.

Johnson, B. B. 1993. "The Mental Model' Meets 'the Planning Process': Wrestling with Risk Communication Research and Practice." *Risk Analysis*, 13(1): 5–8.

Sandman, P. M. 1989. "Hazard versus Outrage in the Public Perception of Risk." In V. T. Covello, D. B. McCallum, and M. T. Pavlova, eds., *Effective Risk Communication: The Role and Responsibility of Government and Nongovernment Organizations.* Plenum Press, New York, pp. 45–49.

第三章　涉及风险沟通的法律法规

> 很多组织已经认识到与社区成员和利益相关者就风险问题进行沟通是一种很好的运作方式，除此之外，相关的法律法规及政府的促进政策对推动风险沟通实践来说也是很重要的因素。

很多组织已经认识到与社区成员和利益相关者就风险问题进行沟通是一种很好的运作方式，除此之外，相关的法律法规及政府的促进政策对推动风险沟通实践来说也是很重要的因素。美国有许多法律法规明确规定风险沟通是风险评估和风险管理的一部分，而一些新发布的国际指南与标准也对风险沟通活动作出了规范。这些法律卷帙浩繁，非法律专业人士想要通晓实属不易。不过，对风险沟通者而言，意识到法律法规对风险沟通工作的影响和需求又是必要的，否则就有可能使风险沟通遇到如下问题：

- 部分受众（比你更了解法律的人）可能会起诉你的组织未遵循法律程序。很多联邦机构都曾陷入此类困境，因为他们并未像受众那样重视某项法律，即便这些法律是由他们自己颁布的。
- 缺乏对法律的了解可能会使你想要保证或追加风险沟通资金的理由失去有力的依据。当进行风险沟通是"必须的"而非"可选择的"的时候，其更可能引起相关组织的重视。在预算紧缩的情况下，"可选择的"项目的资金会被削减，而法律规定的"必须的"项目则通常不会。
- 如果你没有遵循相关法律，组织有可能面临来自监管机构的停业处罚或高额罚金。

本章重点介绍一些涉及风险沟通的联邦法律和部分有代表性的国际标准。美国许多州亦有相似的法律，有的甚至比联邦法律的标准还要严格。此外，许多机构和组织内部还会设有一套贯彻实施常用法律的指导文件。例如，美国很多州都制定了类似《国家环境政策法》（National Environmental Policy Act）的法律（即各州环境政策法）；一些联邦政府机构（例如美国能源部和美国国防部）则各自制定了相关的政策和程序去遵循这两级法律。在开展风险沟通[①]之前,风险沟通者必须了解所在州及地区的相关法律,并明确所在组织执行法律的方式。

〉》《综合环境反应、补偿和责任法》

《综合环境反应、补偿和责任法》(Comprehensive Environmental Response, Compensation, and Liability Act, 简称CERCLA)俗称"超级基金法"。此法案及其修正案(《超级基金修订和补充法案》<Superfund Amendment and Reauthorization Act>, 简称SARA)规定,对废弃的废物处理场所中危险物质泄漏所作的评估,需要遵循特定程序。"社区关系"即是必要的程序之一。所谓的"社区关系",指的是与公众建立一种工作关系以共同决定采用何种方式清理危险废物处理场所中的有害废物。图3-1展示了将社区关系融入清理行动的操作流程。在这个过程中,与社区成员进行沟通的要点包括:

• **社区关系计划**。社区关系计划与本书第十二章介绍的"沟通计划"十分相似。社区关系计划应该包含危险废物处理场所的信息(如它的历史、污染程度、污染类型等),关注清理行动的社区的信息(如人口统计学信息),公众对危险废物处理场所的认知和担忧,以及解决这些担忧和将公众纳入清理过程的沟通方法。在美国国家环境保护局提供的行为指南中,社区关系计划的制订需要负责清理行动的组织派出代表与社区成员会面,倾听他们的关切。会面通常在舒适的环境(例如在社区成员家中或当地的小酒馆里)一对一地进行。社区关系计划一般会贯穿整个清理行动(清理行动平均耗时8年),并至少每年更新一次。

• **行政记录**。行政记录是一套为清理活动各阶段提供决策参考的文档信息资料。行政记录会随着清理行动的推进及时更新,并存放在公共图书馆或其他便于受众查阅的地方。

• **信息库**。信息库应包括危险废物处理场所的信息、该场所相关活动的存档以及超级基金项目的基本信息。信息库亦需定期更新(频率从每周到每季度不等,取决于该场所相关活动的数量),并存放在公共图书馆或其他便于受众查阅的地方。

• **公众参与广告**。情况说明书、新闻简报及建议计划书是提醒和鼓励公众参与清理行动决策的一些手段。图3-1展示了美国国家环境保护局提供的一些信息发布建议。

---

① 在本章中"风险沟通"与"公众参与"两个术语可互换使用,因为在很多法律中它们的含义相同,可以相互指代。

更多有助于在超级基金项目中完成社区关系(和风险沟通)工作的工具和技巧,可浏览美国国家环境保护局官方网站中的"社区参与指南工具"栏目(http://www.epa.gov/superfund/community/toolkit.htm)。

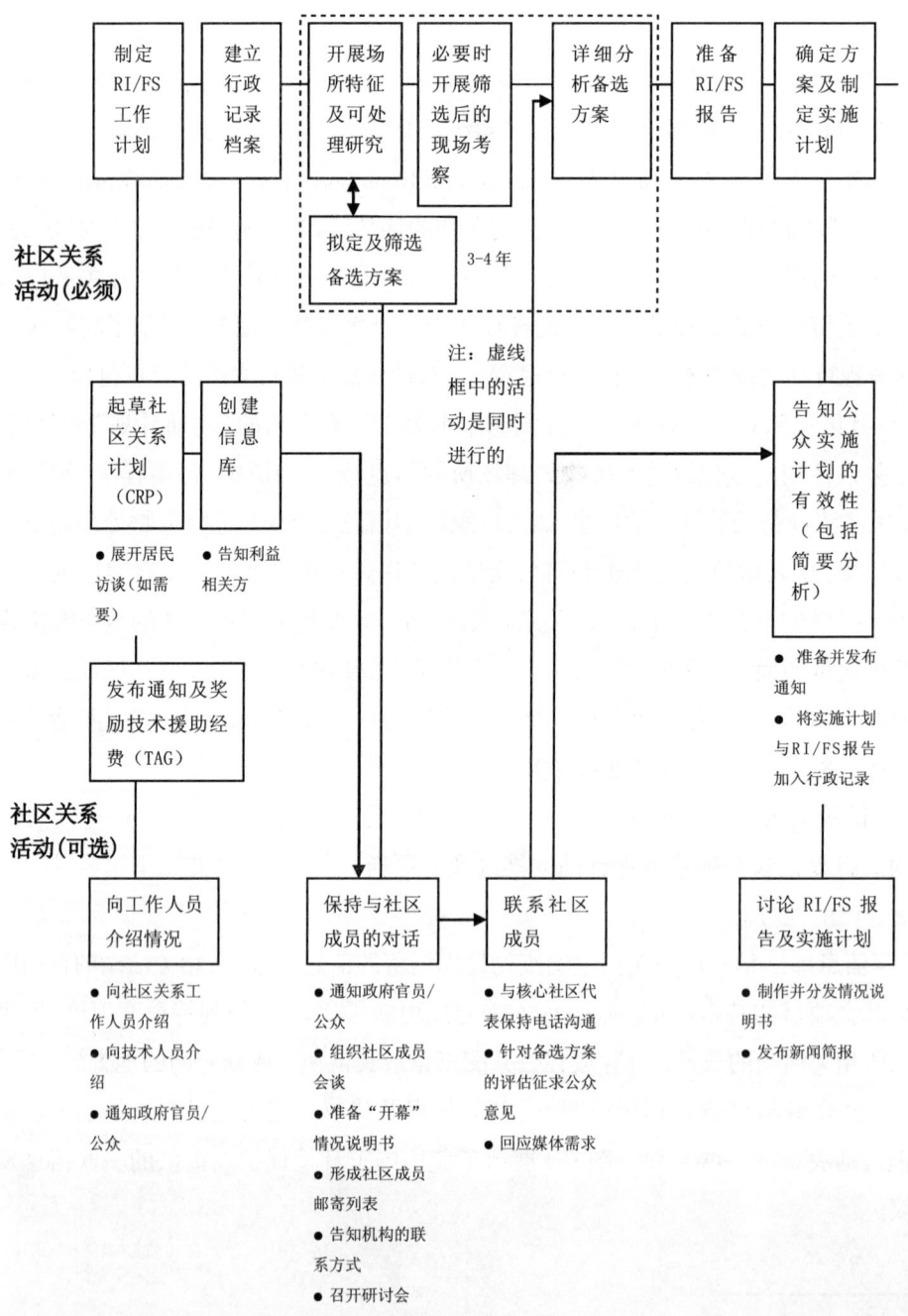

图3-1 超级基金项目清理行动过程中的风险沟通与公众参与活动。(注:RI/FS分别指修复调查和可行性研究。)

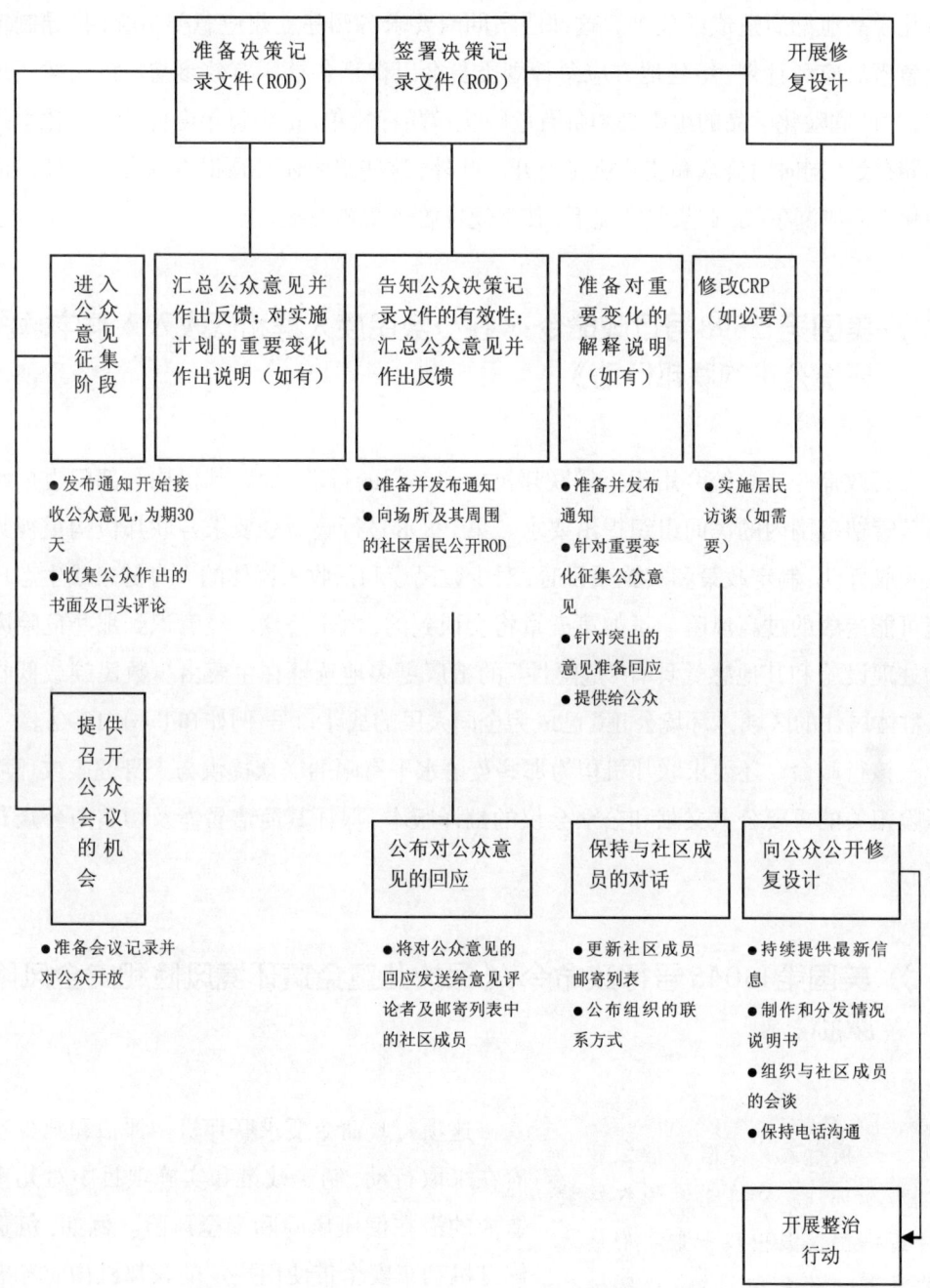

续图3-1　超级基金项目清理行动过程中的风险沟通与公众参与活动

》》》《应急计划和社区知情权法案》

作为《超级基金修订和补充法案》的一部分，这部独立的法案规定必须向公众提供其社区内危险化学品的相关信息，并建立应急计划和公告程序以避免公众遭受危险化学品泄漏所造成的危害。这部法案同时要求各州建立州应急委员会,指导制定紧急事故应急计划,组建地方应急计划委员会以保证各社区有效参与。该法案还规定,生产危险化学品的组织必须备有危险化学品存货单,记录每年度各处危险化学品的储存量,同时向公众和监管机构公开。此外,这些组织还必须报告其发生的任何危险化学品泄漏事故,在某些情况下,其常规排放也需要报备。

〉》美国第12898号行政命令:《在少数民族人群和低收入人群中解决环境公正的联邦行动》

行政命令或总统令用于指导联邦机构和部门的行动,而联邦机构和部门也据此对其管辖范围内的民间组织提出要求。第12898号行政命令要求各联邦机构重视其在采取行动、制定政策和实施项目时,对少数民族和低收入群体的人身健康或生态环境可能造成的过高风险。正如第五章将会谈到的,由于公众已经意识到那些危险废物处理设施和其他感觉具有"危险性"的工厂更多地选址在主要由少数民族或低收入群体居住的区域,"环境公正"已成为全国人民的战斗口号(例如 Bullard, 1990)。

该行政命令还要求联邦机构为那些英语水平有限的受众提供与人身健康或环境风险相关的重要公共文献和公众会议的翻译版本,保证其简洁易懂及切实向公众开放。

〉》美国第13045号行政命令:《保护儿童免遭环境风险和安全风险威胁》

> 这项行政命令告知各级政府机构和部门:要将儿童的权益放在第一位。保护孩子是我们最大的责任。从现在开始,政府机构必须认真审视相关标准和防护措施对儿童造成的特殊风险和不相称的影响。——美国前副总统艾伯特·戈尔,于华盛顿儿童国家医疗中心召开的全国新闻发布会,1997年4月21日

这项行政命令要求联邦机构评估和减少政府在采取行动、制定政策和实施项目中对儿童造成的潜在健康风险和安全风险。例如,负责修订机动车安全带使用规定的联邦机构应考虑到越来越多的证据表明身材矮小的人(如儿童)使用标准的肩式安全带是十分危险的。尽管该行政命令本身并未对风险沟通作出明确要求,但却规定那些负责制定规则的机构要提交相应的尤其是与儿童相关的风险信息。联邦机构及为其提供支持的联邦承包商需要认识到这一要

求，积极地开展风险沟通。

涉及处方药传播的食品药品监督管理法规

美国食品药品监督管理局(U. S. Food and Drug Administration)负责监督实施诸多关于处方药使用的法规，包括标签的使用和直接与消费者展开的沟通。例如，其下设的处方药推广管理办公室(Office of Prescription Drug Promotion)需要通过监督和保证处方药品信息的真实性、平衡性、传播的准确性来保护公众的健康权益。为此，该办公室实施了一个综合性的监督、执行与教育项目。面向消费者的药品电视广告必须通过该办公室的审核才能公开投放，其他相关材料也可能需要审核。针对处方药风险的风险沟通在制订计划之前须仔细阅读食品药品监督管理指南，从而为该计划的审核和修改预留充足的时间。

《国家环境政策法》

《国家环境政策法》(National Environmental Policy Act)对环境影响报告和其他环境评估行为作出了明文规定。根据这部法案，每当联邦机构采取"重大"行动时(无论是机构自身的行动，还是获得联邦许可或授予优先权的行动)，都必须考虑这一行动对环境的影响，并根据对影响程度的预估编制下述报告：

> 《国家环境政策法》规定，每当联邦机构采取"重大"行动时，都必须考虑这一行动对环境的影响。

- **明确排除报告**。出具明确排除报告说明联邦机构已对行动进行充分考量并认为该行动明显不会对环境造成影响。
- **环境评估报告**。此报告用以说明行动是否会对环境造成影响，通常交由独立的第三方组织评估编制。
- **环境影响报告**。此报告在联邦机构认为行动很有可能对环境产生重大影响时交由组织外部的第三方组织评估编制。

许多联邦州对其政府机构的行动都有类似的成文规定。而针对沟通问题，各类环境评估的要求并不相同，总的来说，评估的内容越多，沟通的要求就越复杂。明确排除报告通常只需填写几个简单的标准表格后存档即可；环境评估报告虽然是一个公开文件,但主要用来帮助联邦机构决定是否有必要编制环境影响报告,或者是否发布无重大影响报告书(Finding of No Significant Impact,简称FONSI);环境影响报告则应包括如下信息:实施建议行动的必要性、建议行动的替代方案、建议行动及替代方案对环境的影响,以及参与报告编制与咨询的机构和人员名单。尽管环境评估未对公众参与作出明确规定,但一些组织仍会就报告征询公众意见,并在参考公众意见的基础上决定是否有必要编制环境影响报告。

> 环境影响报告对沟通提出的要求最为复杂。

环境影响报告对沟通提出的要求最为复杂,其沟通要点如下:

- **意图公告**。联邦机构必须在《联邦公报》中发布公告并说明将要制作环境影响报告的意图、报告中可能含有的内容以及征询公众意见的请求。公告的篇幅从几段到几页不等。

- **公众咨询会**。联邦机构可以选择与公众召开正式的咨询会议,以决定环境影响报告应包括的内容。

- **发布草案并征询公众意见**。联邦机构须发布一份环境影响报告的草案以征询公众意见。

- **草案意见征集会**。在意见征集阶段,联邦机构可以举办公众会议来征集公众对环境影响报告草案的意见。

- **发布终版环境影响报告**。联邦机构需根据征集到的公众意见修改环境影响报告,同时对如何吸纳公众意见作出说明,这些说明可写入报告或以附录的形式呈现。终版报告也要公示一段时间并再次听取各方面的意见,但通常不用再组织公众会议。

- **发布决策记录**。联邦机构需发布声明以对行动的最终决定做出陈述。决策记录可以在《联邦公报》上发布,也可寄送给意见提供者或放置在公共阅览室内。

此外,美国环境质量委员会(Council on Environmental Quality)还以法规的形式对环境影响报告的内容与篇幅作出了规定(Council on Environmental Quality,日期不明;《美国联邦法规》第40篇〈40 CFR1500〉)。

〉》自然资源损害评估

自然资源损害评估隶属于《综合环境反应、补偿与责任法》,用以确认危险物质泄漏造成的环境危害。该评估能确认作为公共资源(由联邦政府、州政府、地方政府或原住民政府持有)的某一特定环境(包括土地、鱼类、野生动物、植物、空气、水、地下水和饮用水等)的状况。在评估过程中,自然资源受托人(代表公众维护其公共资源的州政府机构、联邦机构或原住民部落)需首先筛选和评估与该资源相关的数据,以确定危险物质泄漏的数量是否已经超标、相关资源是否已受到损害、数据有效性的高低或能否用于整体评估,以及需要多长时间才能使资源恢复到损害前的状态等。如果预评估显示资源已经受到损害,受托人将会雇佣相关组织制订评估计划,对损害状况展开更严格的评估(直接对资源本身进行研究),然后向受托人出具报告。如果受托人认定资源已发生负面变化(化学变化、物理变化或是作为自然资源的生命力的减弱,这些在法律上都称为损害),那么造成资源损害的组织或个人就要对此作出赔偿,包括资源(从受损到恢复期之间)无法使用的赔偿、评估的赔偿和将资源恢复到原有状态的修复费用(这部分费用法律上称为赔偿金)的赔偿。在自然资源损害评估中,若受托人没有履行职责,公众就可以对其提出诉讼。

尽管这些评估都没有明确规定要进行风险沟通,但在制订评估计划、准备评估报告的过程中,以及就潜在的资源风险和损害、资源评估流程等问题对受托人和公众展开教育等方面,风险沟通都是非常有用的。

》》《职业安全卫生法》

《职业安全卫生法》(*Occupational Safety and Health Act*)旨在保证从事特定职业的员工"不蒙受健康或工作能力方面的实质损害"。该法案要求设立美国职业安全和卫生管理局(OSHA)以监督法案的实施。美国职业安全和卫生管理局的职责之一是为危险化学品暴露和其他职业暴露制定限制标准。围绕标准的制定也会开展许多公众参与活动,但这些活动仅由美国职业安全和卫生管理局组织,因此我们不做赘述,而是将重点放在组织雇佣员工时被要求进行的沟通上。

美国职业安全和卫生管理局在《美国联邦法规》第29篇(29 CFR 1910.1200)(通常被称为"危害通识标准"<Hazard Communication Standard, HCS>,职业安全和卫生管理局,日期不明)中要求雇主必须向员工说明工作环境

> 美国职业安全和卫生管理局在《美国联邦法规》第29篇中要求雇主必须向员工说明工作环境中存在的化学风险及物理风险。

中存在的化学风险及物理风险,并编写化学品安全技术说明书[①](Material Safety Data

---

① 也有译作化学品安全说明书、化学品安全信息卡、材料安全数据表等。-译者注

Sheets，MSDSs）。化学品安全技术说明书具体由负责生产、运输或销售化学品和化学混合物的组织提供，通常用一两页的篇幅介绍各类化学品的性质和风险，以及相关防护措施与应急建议。目前，已经有超过50万种产品拥有这种说明书。

化学品安全技术说明书虽然没有固定的书写标准，但大体包含下述几项基本信息：

- 有害化学品的主要化学特性
- 化学品的常用名称
- 理化特性
- 已知对于人体健康的急慢性影响和相关健康信息
- 暴露限值
- 是否为致癌物
- 有效的预防措施
- 突发情况及急救程序
- 提供该化学安全技术说明书的组织识别信息(名称、地址和联系电话)

化学品安全技术说明书可参考美国国家标准学会(ANSI)第2400.1号的《化学品安全技术说明书编写指南》(*Material Safety Data Sheet Preparation*)及美国职业安全和卫生管理局发布的化学品安全技术说明书表格(OSHA，174号)进行编写。一些商业公司也出售帮助编写该说明书的软件。《职业安全卫生法》规定，组织必须要把化学品安全技术说明书提供给可能接触到这些化学品的员工。

此外，《职业安全卫生法》还对特定化学品的使用提出要求，比如明确规定要对使用化学品的员工加以培训；培训内容须包括与风险相关的信息、如何避免暴露于有害环境、如果不慎暴露应采取什么措施等。当然，包括化学品安全技术说明书在内的各类辅助信息也应一并提供给员工。

编写"书面危害沟通计划"的要求，是"危害通识标准"中易被忽视的部分。按照这一编写要求，组织需详细描述系列措施以保证员工获知工作环境中存在的化学品的相关信息。美国职业安全和卫生管理局发布的《化学品危害沟通》(*Chemical Hazard Communication*, 1995)规定了这些信息应该包括如下内容：危险化学品容器的标识方法、员工获得化学品安全技术说明书的方式、各工作区域的危险化学品清单、就非常规活动引发的危害向员工通告的方式、放置于无标签容器

> 编写"书面危害沟通计划"的要求，是"危害通识标准"中易被忽视的部分。按照这一编写要求，组织需详细描述系列措施以保证员工获知工作环境中存在的化学品的相关信息。

中化学品的具体危害。书面危害沟通计划需向员工和国家职业安全与卫生研究所[①]（National Institute for Occupational Safety and Health）所长等相关人士提供。

2012年3月，美国职业安全和卫生管理局发布了危害沟通最新标准，使其与联合国发布的《全球化学品统一分类和标签制度》（Globally Harmonized System of Classification and Labeling of Chemicals，简称GHS）保持一致。《全球化学品统一分类和标签制度》不仅包括按照健康、环境及物理性危害对化学物质及混合物进行分类的标准，还详细规定了危险化学品的标签及化学品安全技术说明书等危险性公示要素中应包含的信息。上述危害沟通新标准已于2012年5月生效并有可能对组织就工作环境危害进行的风险沟通产生影响。

目前，所有联邦机构均已得到授权以在其所辖区域内执行美国职业安全和卫生管理局颁布的法律法规。此外，在获得美国职业安全和卫生管理局许可的情形下，州政府可以拥有本州对职业安全卫生的规定，但其严格程度不能低于《职业安全卫生法》。在开展风险沟通时，风险沟通者需要向其组织及州政府确认应遵循哪一级的职业安全卫生法规，并确保对美国职业安全和卫生管理局出台的最新规定已然了解。

〉》《资源保护和回收法》

《资源保护和回收法》（Resource Conservation and Recovery Act）对危险废弃物的生成、运输、储存、处理和处置等环节的监管标准作出了规定。而在公众参与方面，该法案虽然不如《超级基金法》那样具体，但却提出公众可以将未遵循公众参与程序的组织告上法庭。为了避免此类诉讼，许多机构和组织都主动提出了加强风险沟通和公众参与的要求。在开展风险沟通工作之前，风险沟通者需要确认其所在组织以及州政府、地方政府和其他监管机构在这一方面的情况。

〉》《风险管理程序规则》

根据1990年颁布的《清洁空气法》修订案，美国国家环境保护局于1996年发布了《风险管理程序规则》（Risk Management Program Rule），要求组织为每一个用于使用、

[①] 根据《职业安全卫生法》，美国建立了职业安全和卫生管理局及职业安全卫生研究所。后者隶属于美国卫生与公众服务部中的疾病控制和预防中心（CDC），主要职责是提供职业安全卫生领域的研究、信息、教育和培训等方面的服务。-译者注

制造或储存危险物质的设备编制事故情境(accident scenarios)[①],并向公众和政府机构公开。编制的事故情境应包括"最坏情况"(就该设备可预见的最严重事故)、发生可能性更高的其他事故、为避免发生事故已采取或正在采取的措施以及事故发生后的应急反应预案。

此外,由于担心化学数据有可能被犯罪分子和恐怖分子所利用,美国国家环境保护局对可向公众公开的数据类型及获取渠道也作出了限制。例如,个人若想了解有关化学物质泄漏后果的信息,只能前往联邦阅览室并在证明身份后进入查阅,且不能对资料进行复制。

鉴于信息公开也有可能带来额外的风险,对信息获取作出限定反而有益于社区成员确认本地区内的潜在风险,同时还能促使组织探索更多行之有效的风险沟通方式。

〉》《隐私规则》

1996年颁布的《健康保险携带和责任法案》(*Health Insurance Portability and Accountability Act*, *HIPAA*)规定,美国卫生与公众服务部需为电子医疗服务和个人健康信息的隐私安全制定国家标准。对此,签署于2001年4月的《隐私规则》(HIPAA Privacy Rule)具体阐述了为保护以电子和包括口头传播在内的其他形式记录的个人隐私和健康信息所制定的管理政策、管理措施和管理程序。

> 假如风险沟通工作需要使用个人健康信息,风险沟通者就应该回顾一下相关的政策法规,如上文所述的《隐私规则》、所在州对此规则的法律解释或其他相似法规,以及其组织在这方面的政策等。

尽管《隐私规则》并未对风险沟通作出明确规定,但在某些情况下仍会对其产生影响,当组织严格遵守该规则时尤其如此。比如,在制定控制传染病的策略的过程中,如果政府职员误以为需负法律责任而拒绝提供相关病例的信息,就会使这一工作变得非常困难。因此,假如风险沟通工作需要使用个人健康信息,风险沟通者就应该回顾一下相关的政策法规,如上文所述的《隐私规则》、所在州对此规则的法律解释或其他相似法规,以及其组织在这方面的政策等。

---

① 针对生产经营过程中存在的危险源或有害因素而预先设定的事故状况,一般包括事故发生的时间、地点、特征、波及范围以及变化趋势等。—译者注

〉》其他的政府激励政策

除了法律之外，政府机构、私人组织和专业机构也会通过发布标准或提供资金资助等方式鼓励风险沟通实践。

> 除了法律之外，政府机构、私人组织和专业机构也会通过发布标准或提供资金资助等方式鼓励风险沟通实践。

国际标准 >>>

目前，已有多个国际机构和组织发布了会对风险沟通形成影响的指南或标准。例如，2010年欧盟发布了针对灾害管理的风险评估与制图指引；国际原子能机构（IAEA）正致力于制定应对核事故的指南；国际标准化组织（ISO）发布了数个与风险沟通相关的标准。这些指南和标准已经被全世界的政府机构和私人企业所采用，有的企业甚至把采用ISO标准看作一项竞争优势。比如，一项针对巴西63家化学工业、机械工业和电子工业公司的调查显示，企业采用ISO环境管理标准的四个主要原因中的一个，就是这一标准有助于其提升业务（Gavronski等，2008）。

ISO 14000环境管理系列标准是对风险沟通具有深远影响的系列标准之一，它指导组织开展工作以最大限度地减少其造成的环境损害，以及不断改善其在环境领域的表现；而1996年发布、2004年修订的ISO 14001标准体系则向组织提供了开发、维护和评估环境管理体系的方法。

ISO 14020标准（2000年）提出了产品环境标志和声明的原则；ISO 14063标准（2006年）则对环境信息（包括风险信息）交流活动作出了指导和规范。这一标准是对ISO 14001环境管理体系标准中"信息交流"要素的展开，但没有正式建立环境管理体系的组织也可以使用。该标准探讨了环境信息交流的一般原则，环境信息交流方针和战略的制定，以及环境信息交流活动的策划、实施与评价。尽管其中只关注单向传播活动的部分（例如发布无法收到反馈的环境报告）不应被认作有效的风险沟通，但不论是对保护沟通、共识沟通还是危机沟通，ISO 14063标准中的其他指导意见仍是十分有用的。

2009年，国际标准化组织开始发布ISO 31000风险管理系列标准。这一系列标准将提供适用于大多数行业的风险管理方法，其中包括了如何制定与利益相关者分享信息的外部沟通计划。然而，这一计划仍聚焦单向传播，所以也不是真正意义上的风险沟通。

在开展风险沟通之前，风险沟通者一方面需要向所在组织确认应遵循哪些指南和标准，另一方面还应做到不拘泥于这些关注单向传播的标准。

北美标准 >>>

其他标准组织也发布了一些与风险沟通相关的标准,特别是在应急管理领域。在这些组织中,美国国家标准学会(American National Standards Institute, ANSI)、美国材料与试验协会(American Society for Testing and Materials, ASTM)、美国国家辐射防护与测量委员会(National Council on Radiation Protection and Measurements, NCRPM)和美国消防协会(National Fire Protection Association, NFPA)已经制定了应急响应的指南和标准。例如,针对自然灾害或恐怖袭击破坏基础设施的情况,美国材料与试验协会E2541号《对于污染资产的以利益相关者为中心的、基于一致同意的灾难恢复程序标准指南》(Standard Guide for Stakeholder-Focused, Consensus-Based Disaster Restoration Process for Contaminated Assets, ASTM, 2007)就为利益相关者参与决策制定提供了一个框架(共识沟通)。不过,许多标准仍然主要关注损害评估等技术问题,把沟通作为附加事项考虑;在某些情况下,他们对开展沟通的建议甚至是过时的。即便如此,如果风险沟通工作包含应急响应,风险沟通者仍需确认上述指南和标准是否适用,并视情况在这些标准的基础上作出进一步优化。

经济资助 >>>

如果某个风险沟通计划拥有1000万美元的资助,那么该计划就很有可能得到落实。这方面一个较新的案例是,美国疾病控制和预防中心(CDC)向各州提供了一笔公共卫生准备资金,用于应对生物恐怖袭击或重大疾病爆发等突发公共卫生事件。但是,作为这笔资金的发放条件,各州必须提交一份拨款申请——涉及多个重点领域的项目计划。其中的重点领域F(Focus Area F)即针对风险沟通活动,要求各州拟定在突发公共卫生事件中的沟通计划。

为了帮助各州制定项目计划,美国疾病控制和预防中心开发出名为"突发事件与风险沟通"的CDCynergy[①]培训课程。该课程所用资料由风险沟通专家(特别是危机沟通领域的专家)制定,内容包括特定主题的视频、沟通计划及沟通步骤的案例以及如何与新闻媒体和公众合作等。此后美国疾病控制和预防中心又将健康传播和社会营销的内容纳入培训课程。有关这一课程的更多信息,参见官方网站http://www.cdc.gov/healthcommunication/CDCynergy/。

---

① CDCynergy是面向美国公共卫生人员的多媒体培训工具包。-译者注

〉》小结

很多法律法规都涉及风险沟通工作。在进行风险沟通之前,风险沟通者要具体问题具体分析,判断这些法律法规的适用性,确保理解并遵循相关规定。

参考文献

American Society for Testing and Materials (ASTM). 2007. *Standard Guide for Stakeholder-Focused, Consensus-Based Disaster Restoration Process for Contaminated Assets*. ASTMe2541, ASTM, West Conshohocken, Pennsylvania.

Bullard, R. D. 1990. "In Our Backyards: Minority Communities Get Most of the Dumps." *EPA Journal*, 18(1): 11-12.

Council on Environmental Quality. No Date. 40 CFR (*Code of Federal Regulations*) Parts 1500 to 1508. "National Environmental Policy Act Implementing Regulations." Office of the Federal Register, National Archives and Records Administration, Washington, DC.

Gavronski, I., G. Ferrer, and E. Laureano Paiva. 2008. " ISO 14001 Certification in Brazil: Motivations and Benefits." *Journal of Cleaner Production*, 16(1): 87-94.

Occupational Safety and Health Administration. No Date. 29 CFR (*Code of Federal Regulations*) Part 1910. 1200. "Hazard Communication." Office of the Federal Register, National Archives and Records Administration, Washington, DC.

OSHA(Occupational Safety and Health Administration). 1995. "Chemical Hazard Communication." OSHA 3084, Occupational Safety and Health Administration, Washington, DC.

拓展资源

Baram, M. S. and P. Kenyon. 1986. "Risk Communication and the Law for Chronic Health and Environmental Hazards." *Environmental Professional*, 8(2): 165-179.

Carson, J. E. 1992. "On the Preparation of Environmental Impact Statements in the United States of America." *Atmospheric Environment*, 26(15): 2759-2769.

EPA (U. S. Environmental Protection Agency). 1989. *Facts about the National Environmental Policy Act*. U. S. Environmental Protection Agency, Enforcement and Compliance Monitoring, Washington, DC.

Hadden, S. G. 1990. *A Citizen's Right to Know: Risk Communication and Public Policy*. Westview Press, Boulder, Colorado.

International Organization for Standardization at http://www.iso.org/iso/home.html (accessed January 18, 2013).

Jia, C. Q., A. diGuardo, and D. Mackay. 1996. " Toxic Release Inventories: Opportunities for Improved Presentation and Interpretation." *Environmental Science and Technology*, 30(2): A86-A91.

第四章　风险沟通的制约因素

制约风险沟通工作的因素有很多。一般来说，无论是保护沟通、共识沟通还是危机沟通，这些因素都会对其产生影响。风险沟通者需要对这些制约因素有所察觉，并进一步加以识别和克服，从而增加有效沟通的可能性。本章从风险沟通者和受众两个角度对风险沟通的制约因素进行讨论，并对如何识别和解决潜在的问题给出建议。

〉》风险沟通者的制约

假设你面临一项十分艰难的任务——跟一些妈妈们解释，她们的婴儿已不慎被暴露在高毒性化学物质中并可能因此导致智力迟钝、身体残疾甚至死亡。你肯定可以想象到她们在获知这一情况后大哭大闹的反应和由此产生的愤怒与恐惧，自然也该考虑到你所在的组织因此被提起诉讼而关门歇业的可能性。但当你真正实施风险沟通时，你就会发现遇到的问题远不止这些。究竟是什么让风险沟通如此艰难呢？请接着读下去。

组织的制约 >>>

虽然是组织要求你开展风险沟通，但组织也会为这项工作增设不少障碍：
- 资源不足
- 管理层态度冷漠或反对
- 潜在的角色分歧
- 艰难的审查和批准过程
- 自我保护的需求
- 与组织要求相冲突

- 缺少用于制订计划和设定日程的信息

资源不足

有效的风险沟通离不开资金、人员、设备和办公场所。然而,在很多组织中,绝大多数的关键资源都被分配到风险的技术运作层面(风险评估和风险管理)。许多组织几乎从不拒绝购买科学软件去评估风险,但却会轻易驳回配备台式印刷机的申请,尽管这个设备可以以更少的花费便捷地完成风险信息的制作和修改,从而使信息更加易于目标受众阅读。这也就是说,组织对风险分析不遗余力,致使风险沟通被完全忽视。

近年,为有效风险沟通争取充足资源变得愈发困难。政府机构削减非基本服务的预算,私营企业也在尽可能用更少的资源去做更多的事。再加上传播工具(特别是互联网和社会化媒体)的增多,这使得现有的人力资源很快就会捉襟见肘,即使在保护沟通中也是如此。

但越来越多的实证数据表明,风险沟通在风险管理的过程中扮演着重要的角色。例如,2003年10月,《华盛顿邮报》报道称一些公共事业机构已经开始意识到与选民沟通风险管理决策的重要性。其中一个公共事业机构由于在飓风过后未能及时针对何时恢复供电向公众提供实时、可靠的预测而遭到了公众强烈的抗议;此后,这一事件升级到了政治层面,不仅损害了企业声誉,还使其招致了国会的问询(Davenport, 2003)。

风险沟通工作的开展有相关法律规定作为依据,风险沟通者可以向组织指明哪些法律对受众参与风险管理作出了要求,也可借此说明风险沟通的必要性。假如组织仍忽视或轻视这一点,其结果只会是自陷险境。此外,如果组织是以风险沟通为依据制定章程,那么为风险沟通工作争取充足的资源就不会太难。而在缺乏法律或组织规定支撑的情况下,风险沟通就更依赖组织自愿,对此,风险沟通者可以通过个案研究的方式,向组织展现风险沟通项目的成败得失及其对组织运营能力的影响(Beierle, 2002; Hunt 和 Monaghan, 1992; Sanderson 和 Niles, 1992)。

另外,风险沟通者也可以向组织的合作机构争取风险沟通所需的人力资源和资金。当风险与各组织皆利害攸关且各组织文化一致时,政府机构和商业组织均可从非营利组织和志愿者团体那里寻求帮助。例如,华盛顿州西雅图市的一所大教堂就为当地突发事件应急管理机构提供志愿者,帮助该机构在突发情况下进行网络沟通。高中生和大学生往往也愿意利用空闲时间做些志愿工作来获得工作经验或社区支持。

管理层态度冷漠或反对

即使拥有充足的资源，风险沟通工作也可能因为缺乏组织管理者或其他决策者的支持而失败。这样的支持对于获取资源、开展各类必要的沟通活动以及评估和改进风险沟通工作来说都是必不可少的条件。鲍尔奇和萨顿(Balch和Sutton, 1995)、卡罗琳·伯杨斯基(Carolyn Boiarsky, 1991)，以及大卫·多泽尔(David Dozier)等人(1995)指出，风险沟通在面向外部受众之前，必须首先听取内部受众的意见。只有获得了管理者的支持，风险沟通工作才有可能取得成功。

> 提醒管理者沟通不力会为组织带来何种负面影响，常会使他们转而支持风险沟通工作。

有时，管理层对风险沟通支持不够可能是因为他们对这项工作过于冷漠。在资源紧缺的情况下，管理者和其他决策者往往更重视风险评估和结果认定(通常来说这无可厚非)，对风险沟通却无动于衷。对此，提醒管理者沟通不力会为组织带来何种负面影响，常会使他们转而支持风险沟通工作。

例如，20世纪90年代欧洲疯牛病疫情期间，由于英国政府和本国牛肉产业对于科学证据和风险沟通的忽视，导致其用于补贴整个欧盟衰落的牛肉产业及宰杀患病牲畜的支出超过了50亿美元(Leis和Powell, 2005)。又如，快餐连锁店Jack in the Box曾被指责造成了3名儿童死亡和144名顾客住院，由于其风险沟通太过笨拙，企业没能从这一危机中全身而退；最终，该事件导致企业股价暴跌43%，全年亏损4400万美元，而就在上一年度其还拥有2200万美元的利润(Henry, 2000)。

有的时候，缺乏管理层的支持是由于管理层对风险沟通工作持抵制态度。在1994年风险分析学会年会上，罗格斯大学环境传播中心主任卡伦·切斯(Caron Chess)提出了"威胁僵化反应"(Threat Rigidity Response)，用来描述组织管理者在感到威胁时的反应。对威胁的感受可能由面临诉讼、发现针对组织的负面信息、觉得对局势缺乏掌控等情况引起。当感到这种威胁时，组织管理者会变得更加顽固和专制，并加强对员工、信息流动以及决策制定的控制。而这种专制的反应会彻底扼杀风险沟通成功的可能。

切斯还发现具备某些特质的组织在觉察到威胁时往往能更好地避免上述僵化反应，也因此能够更好地进行风险沟通。这些特质包括：

- 拥有自下而上的信息传播机制。
- 责任衍射(diffraction of responsibility)——沟通是每个人的责任，而不仅仅是公共事务部一个部门的职责。
- 开放性强——社区或受众有多种途径获得组织活动的相关信息。

此外，马里兰大学的大卫·多泽尔、拉莉莎·格鲁尼格(Larissa Grunig)和詹姆斯·格鲁尼格(James Grunig)对开展风险沟通的组织进行了研究，他们发现，沟通者能否与高层管理者在工作预期上取得共识，将在很大程度上影响风险沟通的成效。其他的影响因素还有风险沟通者的知识积累及企业文化允许的参与程度。也就是说，风险沟通者具备的战术和策略知识越多，企业文化越注重参与，该组织风险沟通成功的可能性就越大(Dozier等, 1995)。

美国食品药品监督管理局的风险沟通顾问委员会(Risk Communication Advisory Committee)在审查组织的战略计划时，也对提升组织的效能提出了建议。其中一个建议是构建一种能促进招募和留用具有风险沟通专业知识的员工并使其融入到组织之中的组织结构。另一个建议是设计能将沟通工作与组织运作有效整合起来的工作流程，从而使风险沟通者与其他领域的专家协同合作，完成符合科学标准的风险信息的创造、总结、提炼与发布(FDA, 2009)。此外，英国环境部(Environment Agency of the United Kingdom)的一项研究发现，如果风险沟通没有嵌入组织(运作体系)之中，个人是无法将这项工作继续下去的(UK EA, 日期不明)。

按常规讲，风险沟通者会在其组织内部宣扬上述关于风险沟通的行为和观念，从而使管理层不那么轻易地反对风险沟通。多泽尔的研究表明，在有些情况下，企业兼并、领导层变动、新竞争形势、新市场或新项目的开发等"危机"，会为说服管理层支持风险沟通带来机会(Dozier等, 1995)。但如果反对仍然存在，风险沟通者则可将其管理者看作一位不友好的受众，并使用本章后续将介绍的技巧做出应对。关于满足管理者需求的内容也可参考第五章。

潜在的角色分歧

组织愿意在风险沟通中扮演何种角色也会对风险沟通形成制约。组织对自己角色的认知可能来自于法律法规、社会期望或者企业政策。表4-1总结了一些最常见的组织角色。

表4-1 风险沟通中的组织角色

角色	预期	职权
教育者	解释和告知	传授知识
推动者	鼓励和支持	指出解决方案
合作者	与他人合作	共同解决问题
管理者	告诉他们做什么	防止或降低风险
监督者	保障公平	强制执行决策

通常，组织在保护沟通中更多扮演的是教育者的角色——提供解释风险的信息，使人们采取适当的措施保护自己。在共识沟通中，组织可能会扮演推动者或合作者的角色，与利益相关者合作确定合理的风险管理方法。在危机沟通中，组织可能作为管理者出现，明确地告诉受众应该采取哪些行动来阻止风险的加剧。在危机过去后，其他一些组织则会承担起监督者的角色，以确保此类危机不再出现。

> 当角色分歧出现时，受众会以愤怒、敌视和消极配合来作出回应。

一旦组织既定的角色与受众的期望不符，风险沟通就会受阻。例如，如果受众期望组织以合作者的身份与他们共同制定风险管理方法，但组织却试图以管理者的姿态出现去指挥受众做些什么，那么，无论是组织的可信度还是风险沟通能力都会大打折扣。而当此类角色分歧出现时，受众会以愤怒、敌视和消极配合来作出回应。

这里举个例子。一位心急如焚的母亲给当地一个负责风险沟通的机构打电话询问空气质量的问题。她家刚刚修补过天花板中的石棉，因此想知道她的孩子回家是否安全。该机构的代表向她解释了石棉的潜在风险，并建议她再向装修商询问修补石棉时的工序和用料。

"你听起来也像一位母亲"，这位母亲对机构代表的回复表示抗议，"那你会怎么做呢？你会让你的孩子回家吗？"

在这个案例中，打电话的这位母亲希望机构代表能扮演一位亲密朋友的角色。尽管她自己也明白咨询的只是一个官僚机构，但或许是焦虑的刺激，她仍试图将其当作是一个人。然而该机构的角色是告知和教育，而非敦促和规范，若是从"母亲"的角色出发为其提供建议甚至可能会在事后招致法律诉讼。在这种情况下，风险沟通者应该做的就是：坚守你的角色。针对这位母亲的问题，机构代表可以这样回复：

"我的确是一个母亲，但我不认为这是你给我打电话的原因。我觉得你是希望我的组织能够为你提供有用的信息。现在，让我来确认一下你到底想要知道什么，然后我会设法帮你找到答案。"

避免角色产生分歧的一个最佳办法是在风险沟通工作启动之前就确定好组织的角色。对此，要知道组织对风险沟通的要求，并

> 避免角色产生分歧的一个最佳办法是在风险沟通工作启动之前就确定好组织的角色。

将其贯彻在与受众的每次沟通之中。我们有时会建议负责接听公众热线电话的工作人员在对话的前几秒首先表明自己的角色。当对方在通

话中询问你在组织中负责什么工作时,你可以告知他你的职位;若是对方没问,你也可在进行自我介绍时对此作出简短的解释。对于书面材料,则应该在开始处用一句话表明组织的职责,以使受众合理地设定预期。

更多关于制作信息材料的内容可参见第十三章,而如何做一个可信赖的发言人的内容则可阅读第十五章。

艰难的审查和批准过程

组织制约风险沟通的另一个表现是会要求其接受不必要或太耗时的审查和批准程序。一个来自某国家实验室的案例可以很好地说明这个问题。这一实验室针对所有技术信息的发布设置了一套繁复的审查和批准程序。整套程序多达9道审查,甚至还要获得资助实验室的美国能源部的批准。设计这套程序的目的是为了确保创新性研究和开发活动产生的原始数据不被贸然、过早地公开。但是,该实验室却被要求以独立机构的身份,对美国能源部某设施的放射性物质释放量作出评估。为了维护其在受众心目中的独立性,该实验室需要尽可能快地发布包括原始数据在内的相关信息。同时,鉴于很多受众不太信任美国能源部给出的结果,该实验室也需要与美国能源部保持一定的距离。认识到这些问题之后,实验室修改了内部审查流程(减少了审查环节,不再需要美国能源部的批准),以实现更加有效的风险沟通。

为了向管理者和决策者表明调整风险沟通审查程序的必要性,风险沟通者需要对受众和当前的形势进行充分的评估,尤其是在受众威胁要采取法律行动的时候。那么,组织认为哪些审查是必需的?它们可不可以合并进行?由谁参与审查可以获得受众的信任?当前是否处于危机或面临受众强烈的敌对情绪?在

> 要向组织阐明满足受众需求和维护组织利益的最好办法就是作出改变,同时给出简单易行的方案,使审查和批准程序更加适当且省时。

这两种情况下,信息发布都是越快越好。要向组织阐明满足受众需求和维护组织利益的最好办法就是作出改变,同时给出简单易行的方案,使审查和批准程序更加适当且省时。

自我保护的需求

设置审批程序只是组织寻求自我保护的一种方式。在私营企业中,信息常被看作一类竞争优势。即便企业发布某些风险信息,他们也会因为担心敏感数据泄露导

致竞争对手得以窥探自己的商业机密，而对其他信息严密封锁。

自2001年美国发生恐怖袭击之后，企业对信息安全给予了更多关注，因为危险品的存储地点和数量等信息可能被犯罪分子或恐怖分子利用。不过，这些信息通常也是理解社区风险的关键。

在企业的抗议下，美国国家环境保护局重新审议了《风险管理程序规则》。该机构原本计划将危险品相关信息发布在互联网上并且对公众开放，但最终同意把这些信息资源转移至公共阅览室保护起来并严格规范取阅。采用这种方式是在企业忧虑和公众需求之间作出的妥协，虽然双方都不尽满意，但对彼此的立场也能够表示理解。

然而，并不是只有企业才会对信息发布表示担忧，政府机构有时也会因为担心做出过度承诺或害怕公众的反应而在发布信息时犹豫不决。例如，在2000年欧洲爆发疯牛病期间，德国农业部部长为了保护本国牛肉市场，贸然承诺德国不会受到外界的影响，而德国的相关规章亦禁止使用受污染的原料作为牛饲料。但仅仅一周之后，第一例病牛就被发现，牛肉销量一落千丈。同样的情况也发生在2001年的日本，在第一例疯牛病出现之后，其农林水产大臣马上承诺不会再有另外的病例，可两天之后就又有两头病牛被确诊(Green等，2007)。

> 风险沟通者必须慎重考虑哪些信息可以公布，并且积极寻找各方都能接受的折中方案。特别是在危险的记忆淡化之后，公众会更加反感组织以安全的名义继续封锁信息。

风险沟通者必须慎重考虑哪些信息可以公布，并且积极寻找各方都能接受的折中方案。特别是在危险的记忆淡化之后，公众会更加反感组织以安全的名义继续封锁信息。至于可以发布哪些信息，读者可参考第五章，而选择合适沟通方法的更多内容则可参阅第十章。

与组织要求相冲突

组织为风险沟通设置障碍的另一种方式是制定政策。即便是一些出于好意的政策也有可能与风险沟通的目的相冲突。例如，某公司规定，任何有关该企业的信息必须经由公共事务部批准后方可发布。然而，公共事务人员需遵守维护公司名誉的规定，因此他们往往只允许发布对组织有利的信息。当风险沟通者试图在环境影响报告中全面分析公司行为的利弊时，公共事务人员就会表示"我不能让你这么说"（这也是公共事务人员不为某些受众所信任的原因之一）。但事实上风险沟通常常需要发布一些对组织而言非常不利的信息。

因此，在风险沟通启动之前，风险沟通者应该全面审视组织要求，明确可能存在的冲突与问题，并就此与负责执行相关规定的工作人员进行沟通；必要时，也可对风险沟通的目的作些解释，以避免更多的麻烦。

缺少用于制订计划和设定日程的信息

正如本书第二编将要讨论的，制定沟通计划和设定日程需要大量的信息，但在某些组织中，这些信息却是严格保密的。当然还有一些组织对沟通计划的制订毫不在意。在此类情况下，尽管已经为收集信息费尽心思，风险沟通者或许还是只能依赖不充分甚至是不准确的信息制定沟通计划，而据此设定的日程根本不可能被遵守。举个例子，假如你计划在10月1日风险评估完成之后就启动风险沟通工作，届时会有发布情况说明书、召开公众会议等一系列活动，并且会议通知也已经发出。但你却对风险评估的完成时间已被推迟至11月1日一事毫不知情。接下来，你不得不取消会议通知并另作计划。然而不幸的是，此举会被某些受众认为是你的组织不想公开信息的缓兵之计。而当你终于可以开展风险沟通工作的时候，受众可能已经不再相信你了。

对于有效的风险沟通来说，计划和日程应该既具体可行，又随机灵活。对此要考虑到法律规定、组织要求、风险评估的科学过程、组织或国家正在(将要)进行的活动及受众需求等。第十一章将讨论如何设计风险沟通的日程。

情感的制约 >>>

风险沟通工作的另一类制约因素来源于风险沟通者自身，因为情感和信仰会影响我们的沟通行为。其中，最难逾越的三种情感障碍是：不愿将公众看作风险决策的平等参与者、无法认清利益相关者和自己在价值观上的区别、认定公众不具备理解科学的能力。

不愿将公众看作平等的参与者

从逻辑上讲，很多人都会认为风险管理决策应该由那些真正了解情况的人制定，且决策的制定要基于科学原理、经济现实和逻辑，而非情感、信仰或是政治倾向。但对于风险沟通来说，如果忽视了受众的情感、信仰和政治倾向，它将很难成功。

与不愿将公众看作平等参与者的决策者共事是困难的，必须要时刻提醒他们工作的目标是让决策经受住时间的考验。从诸多法庭判例中我们可以发现，只有各方达成一致(至少是某种程度上的一致)，才能实现这一目标。在决策制定中只强调完美的逻辑、充分的科学依据以及策略的经济性对组织而言并无益处，反而只会使组织长年困于法庭以向受众力证自己的观点，但如果组织当初咨询了受众的意见，或许这一决策在一开始时就已经被受众接受了。

假如风险沟通者也不那么平等地看待受众，那想改变这一倾向就更加不易。如果你发现自己拒绝接触相关受众或别人建议你应该联系的那些人，就要问问自己为什么。是因为与他们联络存在困难，还是你觉得去联系他们完全没有必要？要不断地提醒自己：很多成功的案例和研究(如 Arvai, 2003; Beierle, 2002; Hunt 和 Monaghan, 1992; Sanderso 和 Niles, 1992)都表明，通过咨询利益相关者往往会找到更好的、更有用的且更持久的解决方案。

无法辨别不同的价值观

每个人都有自己的价值观，这是他们在既定的情况下评价和选择行为的方法。通常，我们的价值观根深蒂固到自己都很难看清，要发现他人的价值观与自我价值观的不同更是难上加难。人们往往自然而然地认为别人都是用和自己一样的眼光来看待事物的。例如，美国和欧洲的一些机构曾在纳米比亚开展活动，倡导禁欲和采用一夫一妻制以遏制艾滋病毒在该国的肆虐，但这一努力最终失败了。究其原因却是，纳米比亚人的文化有着独特的性价值观，而这样的价值观鼓励他们实行一夫多妻制(Hillier, 2006)。

价值观在很大程度上影响着人们如何看待风险。在拟定风险信息时，风险沟通者很容易将注意力集中于自己觉得重要的问题上，却忽视了目标受众关心的问题。为了在设计风险信息时避免主观偏见，风险沟通者必须深入理解受众。风险沟通顾问泰林·巴里尔(Terryn Barill)建议使用受众访谈的方式，不仅倾听他们的问题，还要注意他们的用词，从中发现对受众而言哪些问题最为重要并将相关信息纳入到沟通信息之中(Barill, 1991)。此外，第八章提供的方法也会为理解受众带来帮助。

认为公众不具备理解科学的能力

很多在某领域拥有丰富研究经历的专家都认为，公众不具备理解科学或技术信息的能力。当一位专家被要求说明某个风险术语的定义时，他说："我拥有博士学位，我在这方面做了15年的研究，但我仍然无法跟你们把它讲明白。"当我们在一次大学讲座中提到这个主题时，听众中一位教授用强烈质疑的口吻问道："你真的认为可以向公众解释清楚所有的问题？"我们的答案不论在当时还是现在都是一样——

"是的！"

中国政府在这方面有着深刻的教训。在2002、2003年爆发严重急性呼吸综合征（SARS）期间，部分省级领导人隐瞒了疫情并计划一直封锁消息，因为他们认为公众不具备理解疫情的能力。因此，当村民得知其所在区域可能作为隔离区时，他们变得恐慌不安。信息的匮乏导致了村民的骚乱以及封堵道路阻止陌生人进入这样的行为（Green等，2007）。

> 制约理解的主要障碍是(人们的)时间和注意力，而非智力。——格兰杰·摩根等(2002, p. 8)

就像世界上其他风险沟通者一样，我们的职业就是要向没有技术背景的受众解释科学信息——核反应堆是怎样运作的、碳氢化合物污染如何"漂浮"在地下蓄水层、风险程度 10^{-6} 是什么意思等等。解释任何一个问题都是一项挑战，这要求风险沟通者熟悉受众并有良好的语言功底。同时，我们还需要借助或创造更新颖的方式来传播信息。本书的第三编有助于读者了解呈现风险信息的多元方法。

〉》受众的制约

除了风险沟通者自身及其组织，受众也会对风险沟通形成制约。这些制约因素包括：敌对和愤怒、恐慌和否认、冷漠、对风险评估的不信任、对可接受的风险量级的分歧、对科学和机构缺乏信心、学习障碍。

敌对和愤怒 >>>

很多受众对风险信息持敌对态度。所谓敌对，包括了焦虑、愤怒、沮丧和蔑视。这些在保护沟通和危机沟通中确有发生，但对共识沟通的影响尤其明显。彼得·桑德曼（Peter Sandman）总结了影响受众敌对情绪的诸多因素，我们在第二章讨论"危害加愤怒模式"时对此作过一些介绍。桑德曼认为风险包括两个部分：危害，基于科学的风险的实际危害；愤怒，受众对风险的其他关切。影响愤怒程度的因素则包括风险的自愿性（受众可以选择吗），风险的恐怖程度（它有多可怕），风险的公平性（受众是否认为风险是公平的），以及是否涉及道德（与道德问题越相关，受众就越敌对）。

除了桑德曼总结的愤怒因素，还有其他一些原因也可能导致受众的敌对（表4-2），而这些原因实际上与风险并无直接关系。风险沟通者必须对此加以重视，因为敌对情绪越强，受众倾听风险信息的可能性就越低，也就越难实现实质的沟通。

表4-2 导致受众敌对的原因

因素	敌对较强	敌对较弱
可能带来的灾难	在时间和空间上集中	在时间和空间上分散
熟悉程度	不常见	很常见
被理解程度的高低	缺乏全面的科学认识	已有全面的科学认识
个人控制程度	由无法信赖的人控制	由风险源控制
是否自愿接受	非自愿	自愿
对儿童的影响	影响儿童的可能性大	影响儿童的可能性小
道德相关性	相关	不相关
何时产生影响	即时	延迟
受害者的身份	关系较近的人	存在于统计数据中的人
恐惧程度	非常恐惧	冷漠
对机构的信任度	不信任	信任
媒体的报道量	多	很少提及
事故的历史	发生过著名的事故	没有发生过事故
平等（公平性）	认为不公平	认为公平
获益程度	风险与利益不成比例	风险与利益相均衡
危害的可逆转性	不可逆转	可逆转
与个人的利害关系	强	弱
风险的来源	人为的	自然的
不确定性	科学尚不确定	已得到科学确定
信息的感情色彩	过于正面	客观
组织的态度	无视	找出并确认受众关心的问题
对生活方式的改变程度	与日常生活截然不同	与日常生活相差无几
对程序和数据的理解程度	程序和数据的呈现过于复杂	程序和数据基于受众的认知水平进行呈现

*改编自Paul Slovic, Vincent T. Covello和Peter Sandman的各类成果，例如Covello等在1988年的研究。

　　使受众产生敌对情绪的一个原因是开展风险沟通的组织不够可信。里根执政期间的美国国家环境保护局就遇到了这样的情况。该机构被很多人认为是站在环境污染者而非保护者的一方，因此，它发布的所有信息都备受质疑。一旦失去了人们的信任，风险沟通者也无计可施，只能努力保证此后的风险沟通工作尽量可靠。如果组织和受众的关系建立在可靠的沟通工作之上，彼此间的信任也能够慢慢重建。

风险信息过于正面也会造成受众的敌对。假如受众发现组织仅仅是在安抚他们,或其发布的信息不是老生常谈就是轻率的保证(尤其是在新闻媒体已爆出负面信息的情况下),敌对就会产生。这时,受众已不再想听到"相信我们,没有任何问题"这种话,重获信任的唯一方法就是由受众自己或请他们信任的人查验数据并得出和组织一样的结论。

> 风险信息过于正面也会造成受众的敌对。假如受众发现组织仅仅是在安抚他们,或其发布的信息不是老生常谈就是轻率的保证(尤其是在新闻媒体已爆出负面信息的情况下),敌对就会产生。

如果受众关心的问题没有得到重视,他们也会变得敌对。风险沟通有一个原则是"倾听并解决受众的顾虑"(见第六章)。汉斯等人(Hance,1988)曾引用某办公楼在火灾后发生二恶英(Dioxin,一种致癌化合物)污染的案例。尽管风险评估显示回楼内工作是安全的,但在将这一信息告知员工之后,其敌对情绪不减反增。后来发现,原来员工主要关心的是停车问题——火灾烧毁了停车场,但周边地区又不允许停车。除非停车问题得到解决,否则员工不想关心大楼是否安全,也不情愿回来上班。因此,风险沟通者必须确保风险信息与受众的关注点相符,即使这个关注点看起来只是个次要问题。

受众产生敌对情绪的另一原因源于人类的一种感知,即"改变是不好的"。在一个案例中,某农村地区的地下水被垃圾填埋场的化学物质渗漏所污染,当劝阻村民饮用受污染的井水时,许多村民的反应是:"我祖父喝的是这口井的水,我父亲也喝的是这口井的水,我不明白为什么我就不能喝了?"改变他们这种态度的办法是,不仅要说明目前的危险行为继续下去的危害,还要展现改变危险行为能带来的好处。不过,一些采用心智模型方法进行的风险沟通研究显示,只依靠信息沟通通常无法改变受众的行为(参见第二章)。

此外,在受众无法理解沟通程序或数据时也会产生敌对情绪。之所以难以被受众理解,可能是因为风险沟通信息的技术性太强(充斥着难懂的概念或含有缩略词和术语等),或信息呈现方式没有满足受众的需要(如用英文和以西班牙语为母语的受众沟通)。解决这类问题的方法很简单,那就是使用符合受众要求的语言和方式。更多操作性建议请参阅本书的第三编。

恐慌和否定 >>>

有时候,风险的性质和受众的处境会让受众产生比敌对更致命的反应:恐慌和否定。万幸的是这种情况非常少见。恐慌是一种结合了担心、惧怕和失控情绪的极端反应。之所以会产生恐慌情绪是因为受众感到自身或其亲密的人正面临迫在眉睫的生命威胁,而自己对此却束手无策。恐慌能令人中止所有降低风险的行为,使他的头脑和行为变得迟钝或使其采取无效的甚至会加重危害的行动。恐慌还能干扰人的认知,就像化学物质涌入大脑,妨碍人们对风险沟通信息的接收和反应。

> 恐慌是一种结合了担心、惧怕和失控情绪的极端反应。比其更严重的是否定。当受众感到风险危害过于恐怖以至于其他应对机制开始失效时,否定情绪就会出现。

比恐慌更加严重的是否定。当受众感到风险危害过于恐怖以至于其他应对机制开始失效时,否定情绪就会出现:我们无法接受那么可怕的事情发生或可能发生,所以我们拒绝去思考这个问题。处在否定中的受众看起来很平静,而试图引起受众注意的风险沟通信息也只会让他们陷入更深的否定。

绝大多数风险沟通者对恐慌和否定无能为力。好在恐慌和否定只是受众风险反应的一个极端情况。充分了解受众的需求能够帮助风险沟通者避免向受众介绍和使用那些可能刺激到他们或使其产生心理困境的风险信息及机制(比如图片或现场视频)。第八章提供了更多与理解受众相关的信息。

冷漠 >>>

有的时候,风险沟通似乎就是困难重重,无法成功。面临危机时,受众可能会恐慌;在共识沟通的情境中,受众常表现出敌对和愤怒;而在保护沟通(以及少数危机沟通工作)中,受众往往会反应冷漠。

受众对风险表现冷漠,主要原因是对他们而言那些得到科学家和政府机构确认的高风险要么不太可能发生,要么显得微不足道。一个很好的例证是早期美国国家环境保护局提醒人们警惕家中的氡危害。尽管美国国家环境保护局做了大量的风险沟通工作,但仍然没说服受众采取降低风险的行动(在该案例中是指对家中的氡进行监测)。最后还是在风险沟通者采用心智模型方法(见第二章)对受众作出深入分析之后,风险沟通工作才开始有些成效(Morgan 等,1992)。

此外值得一提的是,即使是那些对风险十分熟悉的人也会对风险渐生冷漠。例如,在制定大规模流感应对计划时,美国职业安全和卫生管理局却发现医务人员也不愿意洗手——即使洗手被认为是预防流感最有效的方法之一。通常人们需要对风险有足够的担忧时才会采取行动,而那些相对熟悉或危害较低的风险却不容易产生这样的担忧(OSHA,2007)。

面对受众的冷漠态度时,只要时间和其他资源允许,风险沟通者应尽可能全面地对受众进行分析。只有了解了受众，风险沟通者才能够明确其关注的问题，继而针对这些问题开展风险沟通工作。不过，风险沟通者需要避免在此过程中出现操纵受众的伦理道德问题（更多内容请参考第五章）。

> 面对受众的冷漠态度时，只要时间和其他资源允许，风险沟通者应尽可能全面地对受众进行分析。

对风险评估的不信任 >>>

正如在第一章所提到的，风险沟通是一个过程，这个过程始于风险评估，终于风险管理决策及随后的具体行动。然而，在过去几年人们对风险评估的质疑声不绝于耳，众多健康、环境组织和公民团体认为风险评估存在严重缺陷，因此建议除了极其特殊的情况之外应尽量避免使用。以色列阿拉瓦环境研究所的研究员阿龙·塔尔（Alon Tal）对17个国家及16个地方的环境保护团体进行了调查，以研究他们对风险评估的态度。分析结果显示，超过75%的被调查者认为风险评估是非民主的过程，风险评估将导致监管滞后，其本身也被用作违反规定的策略；还有58%的人认为风险评估总是会低估风险，对于这一点，多数风险评估专家也承认风险评估常常过于保守(Tal, 1997)。

面对人们对风险评估如此负面的认知，风险沟通者能做些什么呢？回答这一问题的关键在于理解人们不信任的原因是什么。例如，在塔尔的研究中，许多环境保护组织认为风险评估的风险定义或特征描述存在缺陷。为弥补该缺陷，可以让受众参与到风险的定义过程中来，帮助确定应该研究风险的哪些方面以及采用何种方法。在这个研究中，还有很多环境保护组织认为"风险评估从根本上就是不道德的，因为其未经允许就把人(在某些评论中是生态系统)置于无法容忍的环境宿命之中"(p. 473A)，而这又涉及风险的伦理维度。设法了解受众的价值观(前文曾提及)有助于我们洞悉人们不信任风险评估的原因，还能帮助我们修改风险评估的流程。比如，当得知受众认定风险评估是暗箱操作时，风险评估师就可以使用图标向其清晰展示风险评估的各个环节和假设。

> 除非解决这些问题，否则环保主义者仍会对风险数据心存疑虑。如果没有确凿的科学依据，受众还是会反对在环境保护决策制定过程中过多地依赖这些风险数据。正如受访者时常提及的道理："输入的是错误的数据，得出的必然是错误的结论"。——Alon Tal (1997, p. 473A)

对可接受的风险程度的分歧 >>>

科学家、监管者和风险管理者经常与公众在某种风险的可接受程度上产生分歧。行业和政府标准设定了风险的安全值——若遵循某种生活方式，风险对大多数人难以造成伤害。然而，公众有时将风险看作是非有即无的问题，对他们来说任何级别的风险都非常严重。例如，对于饮用水中三氯乙烯的含量低于美国国家环境保护局的标准的说法，有些人仍无法接受，因为他们希望这个数字是0。而这种态度会为风险沟通带来巨大的难题。

此外，科学家和公众经常用两种完全不同的视角看待危机。科学家和工程师认为，除非有积极证据，否则关于风险成因的假定不成立；而公众却倾向于从直觉上相信风险，除非有强有力的证据证明这一风险不存在。也就是说，科学家和工程师的立场往往是"没有证据证明如此"，而公众却认为"没有证据证明不是这样！"此外，科学家和工程师重视风险对大多数人的影响，而公众却希望得知风险对个体产生的影响。即便受众接受风险评估对风险程度的判断，他们仍有可能因为其个人价值观的因素(比如更加喜欢原始的环境或想维持个人自主权；Bennett和Calman, 1999)，反对或拒绝配合风险管理工作。

虽然提供更多的技术信息也不一定能够消除这一制约因素，但让受众知晓所有数据并帮助他们理解应如何作出权衡，则有助于让更多的受众接受风险。虽然他们可能还是无法承认风险的必然性，可能还会为了更加清洁的水和空气而斗争，但他们也将逐步接受风险沟通工作。

对科学和机构缺乏信心 >>>

许多研究者已经指出，那些传播风险信息的科学家和政府机构的可信度正在日益下降。25年前，罗杰·卡斯帕森(1986)就做出过警告——民意调查显示公众对企业及政府官员的信任正持续下滑，有些地区在1966年到1980年间的下滑幅度甚至超过了50%。另一项研究也发现，公众对政府和企业的信任在过去的30年间一直在下降(彼得斯等人引用的哈里斯民意调查数据，1997)。非常不幸，这其中的许多企业和政府机构，现如今又不得不接受进行风险沟通的挑战。

风险沟通者需要获悉受众对负责风险沟通工作的机构及其他相关组织的看法。在某些情况下，与受众信任的人士合作传播风险信息势在必行。在一项测量受众如何判断组织的可信度(trust)和可靠性(credibility)的调查中，彼得斯(Peters, 1997)等发现，消除负面的刻板印象是提升政府及企业可信度和可靠性最重要的因素。有研究者援引了1982年强生公司在泰诺中毒事件中的高效应对，认为其彰显了比某些大企业更为开放和坦诚的态度。对于风险沟通者来说，不论在何种情况下，都要致力于开展可靠且公开的风险评估、风险管理和风险沟通工作，也只有这样才能最大限度地重建因过去的工作而失去的公众信任。

> 风险沟通者需要获悉受众对负责风险沟通工作的机构及其他相关组织的看法。在某些情况下，与受众信任的人士合作传播风险信息势在必行。

学习障碍 >>>

这一障碍源于受众与生俱来的缺陷，即成年后人们的学习能力会变差。此外，关于日益严重的文盲问题也有很多文章作出介绍。而即便是文化水平较高的人，有时也会误解某些文字和语句。澳大利亚墨尔本大学的研究者珍妮特·凯莉(Janet Carey)和马克·伯格曼(Mark Burgman)提出了语言不确定性的四种表现：

1. **歧义**。一个词语可能有多个意思，同义词之间常互换使用。
2. **模糊**。同一个词对不同的人意义不同(比如"重大"这个词)。
3. **不够明确**。有些词语用法太广，使得解释多种多样。
4. **上下文依赖**。一些词语在与其他词语搭配时，意思会发生改变(Tucker等，2008)。

这些不确定性和风险评估的不确定性一样都会为风险沟通带来挑战。

也有一些研究聚焦计算能力，也就是人们理解和使用数据信息的能力。研究表明，人们处理大量数据的能力比较有限，并且计算能力还会随年龄和压力的增加而减弱。那些计算能力强的人会自然地被数据吸引，同时也能够理解它们、使用它们并据此作出风险决策；而计算能力较弱的人则更倾向于从情感和信任出发进行决策(Tucker等，2008)。

此外，由于父母吸毒或酗酒，未来将会有更多的孩子成为问题少年。心理学家还指出，现在的年轻人严重依赖电视和网络来获取信息、进行娱乐和追星。所有这些因素加起来，将使与风险相关的科学概念的传播更加困难。

克服上述困难的一个方法是了解你的受众。如果风险沟通者在针对那些高中没毕业、时常醉酒、每天看15个小时电视的人群传播重复使用未消毒注射器的危险性时，所提供的风险沟通信息肯定要不同于面向中西部城镇餐厅员工强调保持清洁的重要性时所用的信息，因为这些员工完成了高中学习。本书的第二编和第三编将帮助你决定与受众沟通的最佳技巧。

〉》对沟通者和受众都产生影响的制约因素

风险沟通受到的制约不止是上文罗列的那些，还有一些制约会对风险沟通者和受众都产生影响，它们是污名和知识库的稳定性。

污名 >>>

受众和风险沟通者都会因处在风险之中而招致污名。在很多情况下，物理风险可能会通过对经济和社会施加影响而进一步加剧。例如，当内华达州的一个小城镇因成为癌症集群调查对象而受到关注时，当地的房产价格骤降，人们纷纷迁往附近的城镇，当地的旅游业也遭到重创，但这些仅仅是因为人们感觉此地可能有危险。

污名也会影响受众的心理健康。例如，研究员罗宾·格雷戈里(Robin Gregory)和特雷莎·萨特费尔德(Theresa Satterfield)发现那些生活在蒂拉穆克河口、对家乡优美的自然环境引以为豪的奶农，感到自己在日渐庞大的退休社区中越来越不受欢迎，因为他们的工作增加了当地河流中粪便大肠菌的数量。由于奶农的工作给当地居民带来了健康风险，奶农们认为自己仅仅是因谋生手段就招致了道德缺失的指控(Gregory 和 Satterfield, 2002)。

当处在风险中的人被冠以污名时，其愤怒与敌对情绪就会加剧，从而增加风险沟通工作的不稳定性因素。例如，研究员特雷莎·萨特费尔德发现，某些群体被假定为具有破坏性而被排斥在公众会议之外(Satterfield, 1996)。然而，风险沟通工作若想成功，就必须克服这种排他性态度。

污名问题研究专家詹姆斯·弗林(James Flynn)提出了两种可以帮助风险沟通者解决污名问题的方法：

1. **降低风险感知**。导致污名的主要因素是人们对风险的感知。不过这样的感知能够借助一定的方法控制(至少在某种程度上)，例如建立和维系受众对风险管理者的信任，对公众进行风险告知和风险教育，培训技术专家以使其了解如何在不引发污名的同时高效地传达风险信息。

2. **避免污名的放大**。污名一旦出现就会持续放大。因此，需要对媒体和政府监管者展开教育，使其知晓夸大风险或大肆渲染风险会带来的影响。

为了避免引发或放大污名，风险沟通者必须将受众的关切融入风险沟通工作之中，哪怕受众关注的问题可能与风险本身并不直接相关。这里我们要再次重申，最好的解决办法就是彻头彻尾地了解你的受众。更多信息参见第八章。

知识库的稳定性 >>>

受众接触的科学知识和信息每天都在更新。今天的科学"事实"可能在几年后就会被嘲讽为迷信和愚昧的谎言。在过去,即便是博学之人也相信地球是平的且太阳绕着地球转。鉴于当时的知识水平,这曾是一个合乎逻辑的假设。同样的道理,我们现在的知识可能在未来也会过时。此外,专门研究同一种风险的专家通常也无法就风险的大小或影响程度的高低达成一致,被广泛引用的研究也会因为太过宽泛或太过具体而备受批判,受邀参与风险讨论的专家也可能发现同事们提出了与其观点截然相反的研究结论——这些问题都会让公众对科学方法产生怀疑。

> 受众接触的科学知识和信息每天都在更新。今天的科学"事实"可能在几年后就会被嘲讽为迷信和愚昧的谎言。

受众的知识库也在发生变化。两周前当你完成受众调查时,当地新闻媒体可能还没有对你将要沟通的风险进行"完整的"报道。我们曾经经历过一个令人沮丧的案例。一则新闻意在解释某核设施(我们的客户)的废水槽为何会像"打嗝"那样排出有害气体,但报道全程展示的却是一位身穿防辐射服的工作人员向核反应堆中装载钚球的照片。报道的内容明明是关于存储有害核废料的风险,但视觉画面展示的却是核反应堆是什么模样,丝毫没有呈现废水槽或核废水处理流程。在这种情况下,作为风险沟通者的我们就不得不首先应对受众的错误感知。

这一因素往往是风险沟通者最不可控的制约因素,所以也很难化解。此时,提前制订计划、及时掌握科学和社区动态以及保持幽默感等方法都能起到一定的作用。制定风险沟通计划在第二编会有详细介绍。掌握动态则可以通过向受众及风险相关领域中权威的信息源订阅信息来加以保证。此外,还要阅读当地的报纸,观看当地的新闻节目并和当地报社、电视台的负责人建立联系(详见第八章)。

〉》小结

很多制约因素对风险沟通形成阻碍,包括影响风险沟通者的组织的制约和情感的制约,源于受众的敌对和愤怒、恐慌和否定、冷漠、对风险评估的不信任、对可接受的风险程度的分歧、对科学和机构缺乏信心以及学习的障碍,还有对沟通者和受众都产生影响的污名和时刻变化着的知识库。要想成功地完成风险沟通工作,风险沟通者需要认清潜在的制约因素并对症下药。

参考文献

Arvai, J. L. 2003. "Using Risk Communication to Disclose the Outcome of a Participatory Decision-Making Process: Effects on the Perceived Acceptability of Risk-Policy Decisions." *Risk Analysis*, 23(2): 281-290.

Balch, G. I. and S. M. Sutton. 1995. "Putting the First Audience First: Conducting Useful Evaluation for a Risk-Related Government Agency." *Risk Analysis*, 15(2): 163-168.

Barill, T. 1991. "Communicating Risk to Communities." In *Superfund'90, Proceedings of the 11th National Conference*, pp. 98-100. Hazardous Materials Control Research Institute, Washington, DC.

Beierle, T. C. 2002. "The Quality of Stakeholder-Based Decisions." *Risk Analysis*, 22(4): 739-750.

Bennett, P. and K. Calman. 1999. *Risk Communication and Public Health*. Oxford University Press, New York.

Boiarsky, C. 1991. "Writing for Multiple Readers with Conflicting Needs: An Opportunity for Improving Communication with Regulatory Agencies." *In The Engineered Communication: Designs for Continued Improvement, Proceedings of the 1991 International Professional Communication Conference*, Volume 2, pp. 313-317. 91CH3067-4, Institute of Electronics and Electrical Engineers, Washington, DC.

Covello, V. T., P. M. Sandman, and P. Slovic. 1988. *Risk Communication, Risk Statistics, and Risk Comparisons: A Manual for Plant Managers*. Chemical Manufacturers Association, Washington, DC.

Davenport, C. 2003. "Utilities Discover Message Matters." *Washington Post*, Monday, October 6, p. B01.

Dozier, D. M., L. A. Grunig, and J. E. Grunig. 1995. *Manager's Guide to Excellence in Public Relations and Communication Management*. Lawrence Erlbaum Associates, Mahwah, New Jersey.

FDA (U. S. Food and Drug Administration). 2009. *Minutes of the Risk Communication Advisory Committee, FDA*. http://www.fda.gov/downloads/AdvisoryCommittees/Committees MeetingMaterials/RiskCommunicationAdvisoryCommittee/UCM190625.pdf (accessed January 18, 2013).

Flynn, J., P. Slovic, and H. Kunreuther, eds. 2001. *Risk, Media, and Stigma: Understanding Challenges to Modern Science and Technology*. Earthscan, London.

Green, M., J. Zenilman, D. Cohen, I. Wiser, and R. Balicer. 2007. *Risk Assessment and Risk Communication Strategies in Bioterrorism Preparedness*. NATO Security Through Science Series-A: Chemistry and Biology, Springer, Dordrecht, Netherlands.

Gregory, R. S. and T. A. Satterfield. 2002. "Beyond Perception: The Experience of Risk and Stigma in Community Contexts." *Risk Analysis*, 22(2): 347-358.

Hance, B. J., C. Chess, and P. M. Sandman. 1988. *Improving Dialogue with Communities: A Risk Communication Manual for Government*. New Jersey Department of Environmental Protection, Division of Science and Research, Trenton, New Jersey.

Henry, R. 2000. *You'd Better Have a Hose if You Want to Put Out the Fire: The Complete Guide to

Crisis and Risk Communications. Gollywobbler Productions, Windsor, California.

Hillier, D. 2006. *Communicating Health Risks to the Public: A Global Perspective*. Gower Publishing, Farnham, United Kingdom.

Hunt, B. and J. Monaghan. 1992. "How Public Issues Shape Environmental Restoration Plans Experiences with Colorado UMTRA Projects." In *ER'91: Proceedings of the Environmental Restoration Conference for the U. S. Department of Energy*. U. S. Department of Energy, Washington, DC.

Kasperson, R. E. 1986. "Six Propositions on Public Participation and Their Relevance for Risk Communication." *Risk Analysis*, 6(3): 275–281.

Leiss, W. and D. Powell. 2005. *Mad Cows and Mother's Milk: The Perils of Poor Risk Communication*, 2nd ed. McGill-Queen's University Press, Montreal, Quebec, Canada.

Morgan, G., B. Fischhoff, A. Bostrom, L. Lave, and C. J. Atman. 1992. "Communicating Risk to the Public." *Environmental Science and Technology*, 26(11): 2048–2056.

Morgan, G., B. Fischhoff, A. Bostrom, and C. J. Atman. 2002. *Risk Communication: A Mental Models Approach*. Cambridge University Press, Cambridge, United Kingdom.

Occupational Safety and Health Administration(OSHA). 2007. *Pandemic Influenza Preparedness and Response Guidance for Healthcare Workers and Healthcare Employers*. OSHA 3328-05, OSHA, Washington, DC.

Peters, R. G., V. T. Covello, and D. B. McCallum. 1997. "The Determinants of Trust and Credibility in Environmental Risk Communication: An Empirical Study." *Risk Analysis*, 17(1): 43–54.

Sanderson, W. and K. Niles. 1992. "Effective Outreach Is Good Public Policy." In *ER'91: Proceedings of the Environmental Restoration Conference for the U. S. Department of Energy*. U. S. Department of Energy, Washington, DC.

Satterfield, T. A. 1996. "Pawns, Victims, or Heroes: The Negotiation of Stigma and the Plight of Oregon's Loggers." *Journal of Social Issues*, 52(1): 71–83.

Tal, A. 1997. "Assessing the Environmental Movement's Attitudes Toward Risk Assessment." *Environmental Science and Technology*, 31(10): 470A–476A.

Tucker, W. T., S. Ferson, A. M. Finkel, and D. Slavin, eds. 2008. *Strategies for Risk Communication: Evolution, Evidence, Experience*. Annals of the New York Academy of Sciences, Vol. 1128, 2008(April). New York Academy of Sciences, New York.

UKEA(Environmental Agency of the UK). No Date. "Improving Institutional and Social Responses to Flooding." Science Summary SCHO0509BQBM-E-P, Environmental Agency of the UK, London.

拓展资源

Chess, C., P. M. Sandman, and M. R. Greenberg. 1990. *Empowering Agencies to Communicate about*

Environmental Risk: Suggestions for Overcoming Organizational Barriers. Rutgers University, Cook College, Environmental Communication Research Program, New Brunswick, New Jersey.

Hadden, S. G. 1990. "Institutional Barriers to Risk Communication." *Risk Analysis*, 9: 301-308.

Hance, B. J., C. Chess, and P. M. Sandman. 1988. *Improving Dialogue with Communities: A Risk Communication Manual for Government.* New Jersey Department of Environmental Protection, Division of Science and Research, Trenton, New Jersey.

Sandman, P. M. 1989. "Hazard versus Outrage in the Public Perception of Risk." In V. T. Covello, D. B. McCallum, and M. T. Pavlova, eds., *Effective Risk Communication: The Role and Responsibility of Government and Nongovernment Organizations.* Plenum Press, New York, pp. 45-49.

第五章　道德伦理问题

讨论道德伦理问题具有一定的难度。原因在于：一方面，每个人由于经历和信仰的差异而拥有一套自己的道德标准或伦理准则，这使得道德伦理问题变得主观化，人们对这些问题的判断因人而异；另一方面，道德伦理还是一门哲学研究，拥有自身的理论概念和话语体系。尽管笔者不是伦理学家，我们仍希望就那些风险沟通者会直接或间接面对的道德伦理问题为读者作简要的介绍。本章即围绕这些潜在的道德伦理问题及如何应对展开讨论，我们的目标不是告诉读者怎么做，而是帮助读者衡量不同做法的潜在后果。

任何技术传播都会遭遇道德伦理困境。信息传播过程中会出现诸如应该公开多少信息，对谁公开，以及由谁制定决策等问题。世界上规模最大的科学与技术传播专业学会——美国技术传播学会(Society for Technical Communication)在其发布的《技术传播的道德原则》中提出，对于此类道德伦理问题都应遵循守法、诚实、保密和公正的原则。

> 世界上规模最大的科学与技术传播专业学会——美国技术传播学会在其发布的《技术传播的道德原则》中提出，对于此类道德伦理问题都应遵循守法、诚实、保密和公正的原则。

与技术传播相比，风险传播还会遇到更多潜在的道德伦理问题，比如如何掌握信息公开的时机和所公开信息的数量，对劝服的使用是否合理，以及如何在公众安全与私人利益间进行权衡等。这些问题在保护沟通、共识沟通或危机沟通中都有可能存在。在此，我们可以把这些道德伦理问题划分为三个层面，即社会公德、组织伦理以及个人道德。

〉》社会公德

社会公德由一系列用以评价我们社会行为的准则构成。社会的发展与变化会引发社会公德及其规范下的社会行为的改变。在不同的国家,甚至是同一国家的不同文化之间,社会公德也存在着差异(详见第二十二章)。风险沟通也在持续进化以满足不断变化的社会需求,然而,风险沟通带来的社会影响本身就可能关涉社会公德。之外,与风险沟通有关的其他社会公德问题还包括:风险用语的使用主体、时机和方法,风险是否公正地由所有种族和社会群体所共担,若风险信息被误读应由谁来承担后果,污名的问题。

社会政治环境的影响 >>>

随着时代的发展,人们看待风险和制定风险决策的方式也发生了很大的转变。社会学家及前国会与总统顾问约瑟夫·贝克(Joseph Beck)将公众参与领域发生的这种变化归因于政府治理理念的转变。他提出,直至20世纪50年代美国仍然坚持着强势的国家治理或联邦主义。但受到共产主义的威胁及冷战的影响,美国教育体系首先发生了变化,"由本国公民治理国家的美德被深深植入到大多数学龄儿童的意识中,这此前从未在世界上任何一个教育体系中出现过"(Beck,1991)。在这些儿童从学校步入社会之后,即为公民参与政府治理的理念奠定了社会基础。根据贝克的研究,这方面一个很好的例证是,正是这些倡导公众参与的人的不懈努力最终促使美国结束了越南战争。

为美国邦纳维尔电力局(Bonneville Power Administration)的风险沟通和公众参与工作作出杰出贡献的詹姆斯·克雷顿(James Creighton),也同样注意到社会在公众参与和风险沟通领域发生的变化。他主要关注的是公众如何决定接受某一特定决策,如风险管理决策。根据克雷顿的研究,在20世纪50年代,公众只要被充分告知,就可以接受决策,所以对组织而言,唯一要做的就是提供合适的信息并将其广泛地传播。到20世纪60至70年代,这一观点发生了改变:公众认为自己在决策形成之前就应该被告知。从这个时候开始,组织机构进入了公众参与的时代,但公众参与的形式仅限于提供书面证词及召开听证会。然而,从20世纪80年代至今,公众开始要求从实质上影响风险决策的制定,这形成了一种新的公众参与形式——构建共识,即致力于在决策实施之前获得各利益相关群体的同意,并将公众纳入到风险评估、风险管理和风险沟通的各个环节之中(Creighton,1992)。

最近,格兰杰·摩根(Granger Morgan)和他在卡内基梅隆大学的同事从时间维度总结了组织在不同历史阶段对待风险评估、风险管理和风险沟通的差异化理念:

- 我们需要做的是搞清楚数字意味着什么。

- 我们需要做的是告诉受众这些数字。
- 我们需要做的是向受众解释这些数字的含义。
- 我们需要做的是告知受众他们此前也接受过类似的风险。
- 我们需要做的是向公众展示这种做法对他们有利。
- 我们需要做的是友好地对待受众。
- 我们需要做的是让受众成为我们的合作伙伴(Morgan等, 2002)。

如果这些研究者是正确的(当然, 我们相信他们是正确的), 那么这些变化就会带来很多道德伦理问题。假如公众真的要求参与包括评估、管理及沟通在内的所有风险决策, 那么组织若仍坚持先制定决策后告知公众的传统方法还合不合理? 组织仅就自己想要促成的决策进行听证的做法是否还正确? 危机管理中拒绝公众参与是否还明智? 应不应该改变对像美国国家环境保护局及地方卫生部门这样的政府机构的授权, 以允许并鼓励他们将公众更充分地纳入到决策制定的过程中来?

对此, 摆在风险沟通者面前的问题是要不要在风险评估、风险管理与风险沟通全程引入相关利益群体, 以及要在多大程度上引入。显然, 引入公众参与应针对保护沟通、共识沟通和危机沟通三者的差异予以区别。表5-1简要说明了在风险评估、风险管理和风险沟通过程中引入公众参与的优点和缺点。更深入的讨论将在本书第十七章中进行。

表5-1 在风险评估、风险管理和风险沟通中引入公众参与的优点与缺点

	引入公众参与	不引入公众参与
优点	因为公众参与到决策制定中来, 决策才有可能持续起作用 项目计划与预算受到之后可能出现的诉讼的影响较小 能够提高组织的可信度 可为组织提供更广的信息网络	组织将不必改变既有的运作方式 不会失控
缺点	风险管理者可能因害怕失控而反对公众参与 缺乏对组织的认同感将导致组织丧失可信度 在项目启动阶段将耗费大量时间	风险分析、风险决策和风险沟通可能会在法院无限期滞留, 拖延进度, 增加项目预算 组织的可信度下降 失去获取对风险的批判性意见的机会

风险用语的使用 >>>

在定义风险和确定风险沟通对象方面, 道德伦理问题并不多见。不过, 在谈及风险大小时, 受众经常表现出对"无关紧要"或者"微不足道"这类词语的反感, 而这些

> 如果无法公布全部的风险评估结果,谁能决定应公开哪一部分信息?又是谁来划定信息公开的对象?这些都关系到权力和公正的道德伦理问题。

词语又恰恰是技术专家在概括复杂的风险评估结果时所常用的。那么,到底谁能决定风险不严重?做此评判是仅依据了科学标准,还是也兼顾了受众的标准?如果无法公布全部的风险评估结果,谁能决定应公开哪一部分信息?又是谁来划定信息公开的对象?这些都关系到权力和公正的道德伦理问题。

对风险沟通者来说,关键在于何时以受众代表的身份参与到风险评估过程之中。尽管风险评估专家(有可能也是风险沟通者)从一开始就参与这个过程,但负责技术传播、风险管理或公共事务的人员可能只是在评估完成之后才加入进来。不论哪种情况,风险沟通者都必须了解受众对风险的关切和感知,并将这些因素纳入风险评估过程之中(可从几个阶段切入,见表5-2),否则就有可能使风险沟通的努力付诸东流。很多情况下,在风险评估尚在计划之时就考虑受众的关切和感知最为有效,因为此时不仅更易实现意见整合,还能避免拖延进度或增加预算。此外,在情境(这里指的是在估计风险时要考虑的生活方式等因素)设计(例如,儿童食用含有农药残留的苹果的风险)阶段也应考虑受众的关切和感知,因为这可能会提供一些评估专家之前没想到的情境,据此对评估过程加以修正可以提高风险评估在受众心中的可信度。

表5-2 风险评估或风险沟通中可纳入受众关切和感知的阶段

阶段	考虑受众意见的优点	考虑受众意见的缺点
风险评估	降低拖延进度与增加预算的可能性 促进受众意见整合	由于未能充分理解风险,在计划阶段整合意见可能比较困难,之后或需要再进行修改
情境设计	提供更多不同的情境	可能增加时间与金钱成本
数据收集	提供其他数据来源	可能增加时间与金钱成本
分析	获取基于受众导向对数据和结果作出的评论	可能增加时间与金钱成本
风险沟通	沟通可能更容易被理解	如果只在本阶段纳入公众参与,评估结果可能很难被接受 需要更多的资源来进行有效的沟通

*一些机构建议,如果受众参与上述所有阶段,那么风险评估、风险管理和风险沟通就最可能取得成功。

在数据收集阶段也有必要考虑受众的关切和感知。以儿童食用苹果制品为例,鉴于化学测试对人体的潜在危险以及某些数据收集方法的费用较高,评估专家可能不会倾向于在学龄前儿童中采集数据。但如果对受众的关切和感知进行分析后显示,学龄前儿童是否面临威胁是受众最为担心的问题,那么此时评估专家就应创新研究方法来收集相关数据并解决受众的担忧。

在分析情境和数据收集阶段也需考虑受众的关切和感知。例如,有没有哪种特定的分析方法能够取信于民?最新一代的环境与健康风险分析软件提供了一个图形界面,供利益相关者处理数据并展开分析。此外,许多受众认为如果由多个专家团队分析数据并能得出相似结论,那么这一评估结果的可信度就高。还有部分受众则只信任自己指定的专家来评估风险。

即便其他阶段都未考虑受众的关切和感知,风险沟通阶段也必须要考虑。基于大量的经验教训,英国公共卫生专家彼得·贝内特(Peter Bennett)、大卫·科尔斯(David Coles)和安·麦克唐纳(Ann McDonald)告诫我们,"若忽视了利益相关者的基本诉求,那么不论多么先进的传播技巧也无法将风险管理从注定失败的结局中挽救回来"(Bennett和Calman, 1999, p. 207)。

综上所述,风险沟通者一定要知道自己的沟通对象是谁以及受众需要的信息是什么,否则其工作就很有可能以失败而告终。而且,如果没有提早考虑受众的关切和感知,风险沟通者将会在此后的风险信息解释与辩护中面临更多的困难。

风险公正 >>>

涉及社会公德的另一问题是风险是否公正地分布于所有种族和社会群体。罗伯特·布拉德(Robert Bullard)博士是克拉克亚特兰大大学环境公正资源中心的主任,同时也是《美国南部的倾废:种族、阶级和环境》(*Dumping in Dixie: Race, Class, and Environmental Quality*)的作者,他认为,"有色人种(包括非裔、拉丁裔、亚裔和印第安人)所承受的来自城市垃圾填埋场、焚化场等有害垃圾处理、存储和处置设施的影响是不成比例的"(Bullard, 1992, p. 11)。在20世纪90年代早期,国会通过法案明确规定在选址建设工厂和垃圾填埋场等具有潜在环境风险的项目时要考虑风险公正,也由此诞生了"环境公平"(environmental equity)、"环境公正"(environmental justice)①等术语(更多有关环境公正行政命令的信息,参见第三章)。

> 有色人种(包括非裔、拉丁裔、亚裔和印第安人)所承受的来自城市垃圾填埋场、焚化场等有害垃圾处理、存储和处置设施的影响是不成比例的。——Robert Bullard (1992, p. 11)

由于法律对此提出了要求,环境公正的问题通常早在风险沟通工作开始之前就受到重视。但如果风险沟通太过蹩脚,或风险管理较为迟钝,则会反过来加深那些身

---

① 也被译为"环境正义"。-译者注

处风险中的人对不公正的感受。在任何情况下，风险沟通者都需要意识到这种可能性，因为这很可能会影响到风险沟通的效果。假如受众认为风险没有被平等地共担，由此激起的愤怒和敌意会使风险沟通(不论是保护沟通、共识沟通还是危机沟通)愈加艰难(愤怒的人一般不会倾听)。减轻受众愤怒和敌意的主要方法就是让其参与到风险的评估与管理之中。例如，若是污水处理厂排出的废气会扩散到一些特定街区，并可能对当地居民的健康造成影响，那么就应该让这部分居民参与到对呼吸废气是否会引发健康危害的风险评估中来(如在情境设计或数据收集阶段)，或者组织建立社区空气监测站以确保排放量不超过双方认可的标准。

信息误读 >>>

　　风险信息误读也会涉及社会公德。假设一个工人因误解了安全规程而受伤，那么谁应该对此负责？是工人没有正确理解的错，还是组织没有对工人进行有效培训的错，抑或是信息本身就容易被误解的错？

> 在任何情境下信息都有可能被误读。不论我们多么细致地分析目标受众，总还是会有一部分人对风险信息产生误解。

在任何情境下信息都有可能被误读。不论我们多么细致地分析目标受众，总还是会有一部分人对风险信息产生误解。比如，在一个风能发电项目(建造风车，让其借风力旋转发电)就选址问题召开的公众会议上，公司发言人详尽地介绍了如何建造风车以及风车位置的分布情况，但他说了这样一句话："风车与风车之间之所以要保持较远的距离，是因为当风经过一架风车时会损失25%，为了达到最大的发电效率，必须让风在到达下一架风车之前有足够的时间恢复过来。"对此，一位受众提出了自己的疑问："如果你们拿走了一部分风，那留给我们的空气岂不变少了？"显然，这位发言人谈论的是速率，而受众则想成了数量。

　　对于风险沟通者而言，在多大程度上收集受众的信息，决定着能否更好地避免风险信息的误读。那么，通过哪些信息才能知道受众是怎么想的呢？技术传播在收集受众信息时有一个原则，即"受众、目的、使用"。将这一原则运用到风险沟通则是：要了解你的受众，了解为什么要与其进行沟通(目的)，以及了解他们会如何使用你提供的信息。在第八章，我们将受众信息的收集分为三个层级：基本分析、中级分析和综合分析。选择哪一个层级取决于风险沟通拥有的资源(比如时间、金钱、人员)、风险沟通的目的(保护沟通、共识沟通或者是危机沟通)和更加具体的目标。此外，在展开大规模的传播之前，要不断地检验、修正你想要发布的信息，最大限度地降低其被受众误读的可能性。

污名 >>>

第四章曾提及,那些面临特定风险的社区或个人也会遭受社会对他们的指责或者污蔑。比如,一个因母婴传播而患上艾滋病的儿童可能会被身边不了解艾滋病感染机制的邻居孤立;一个风景优美的海滨也可能会因远处发生了原油泄漏事故而失去游客。

这些身处风险之中的人和负责风险管理的组织往往将这种污名的产生直接归咎于新闻媒体。诚然,向公众抛出耸人听闻的故事可以制造污名,但其他的一些因素也可以。例如,研究员特雷莎·萨特菲尔德(Theresa Satterfield)和罗宾·格雷戈里(Robin Gregory)就发现一些降低风险的措施——如在危险废物处理场所外围加装防护墙——实际上会加重公众对风险的感知并因此招致污名。

更有见地的认识是,招致污名的主要原因是漫不经心地使用风险信息,而这样做的却往往是那些谨慎的科学家。此外,一些热心公益的组织也常轻易地发布风险信息以表达自己对某种风险的感知。比如,国家资源保护基金会(National Resources Defense Fund)号召抵制在苹果种植中使用某种化学药品,相关信息在国家电视台上播出后却导致了水果价格骤然下降。

对此,风险沟通者面临的问题是如何针对不同的细分受众恰当地呈现信息,同时避免引起他们的过度关注。对于那些身处风险的人而言,他们必须要理解自己的处境,以采取有效的行动消除或最小化风险可能带来的影响。而对于风险管理者来说,则必须了解风险的大小和可能的管理方式。污名问题研究专家詹姆斯·弗林(James Flynn)建议对风险评估专家和新闻媒体进行培训,使其了解污名对社群的影响(Flynn等,2001)。而即便囿于某些因素无法组织培训,风险沟通者也必须要了解他们的受众。更多信息请参考第八章。

> 操纵(公众健康信息的)框架已被证明是不道德的同时也是不具操作性的行为。——Peter Bennett,Sir Kenneth Calman (1999, p. 216)

〉》组织伦理

在社会公德之外,各类公司和机构也拥有自己的组织伦理。在许多组织中,新职员在入职之时阅读组织伦理规范并签署正式声明保证遵守已经成为惯例。对于另一些组织,规范可能不会这么正式且需要新职员慢慢了解。然而,不论正式与否,类似的规范存在于任何一个组织之中。组织伦理主要涉及组织如何处理代表的合法性、主要受众的确定、信息的发布、遵守规则的态度等方面的问题。

代表的合法性 >>>

代表的合法性是指谁能够代表组织或受众发言，以及发布的风险信息是否确实阐明了风险本身。一般来说，组织都有相应的规则以选择哪些人可以代表组织面对外部受众，明确代表们应做哪些准备，指导他们如何对外发布有效信息。在一些组织中，只有公共事务部门的工作人员才可以代表组织发布信息；而在另一些组织中，只要接受过诸如公开演讲和媒体关系等方面的培训，管理者或其他熟悉某一领域的员工也能够代表组织发言。在极少数的情况下，某个人因恰好在正确的时间处在正确的(抑或是错误的)位置上，而终身成为该组织的发言人。

通常，组织发布的信息首先会经过筛选与审查，这种审查不仅有确保信息使用标准语言的语法检查和发布排练，还包括由法务部门、项目经理、同行评议人和传播专家等对发言稿或草稿进行审核的复杂系统。

在这一方面，风险沟通者面临的问题是选择谁作为发言人，怎样训练他，以及如何使发布的信息满足受众的需求。其中，发言人往往从以下几类人中选出：风险专家、在风险管理中有高度权威的人(风险管理者)、沟通专员(技术传播人员、公共关系专员或者是公共信息官)及名人(受众知道并信任的人)。表5-3展示了不同特征的受众更青睐哪类发言人，以及不同的发言人应提高的素质。更多关于选择发言人及明确受众需求的信息，可阅读第十六章和第八章。

表5-3 依据受众的特征确定发言人

受众的特征	最佳人选	应提高的素质
对技术细节感兴趣 未怀有明显敌意 对风险有一些基本了解	风险专家	公开演讲 媒体关系
对谁应承担责任感兴趣 怀有敌意 对风险有一些基本了解	风险管理者	公开演讲 媒体关系 风险评估
对参与信息传播感兴趣（如新闻媒体） 未怀有明显敌意 对风险基本不了解	沟通专员	风险评估[①]
对风险有大致了解 并未意识到风险存在或对存在的风险态度冷漠	名人	风险评估

① 假定沟通专员已具备进行公开演讲和处理媒体关系的能力。

与此相关的另一个伦理问题是组织会接受谁来代表受众。例如，某个组织或个人可能站出来宣称要代表"公众"，并表现得自己才是"公众"的唯一代表，强调只有自己的意见才具备合法性。但实际上，没有任何人可以代表受众全体。

那么究竟该如何确定受众代表呢？对于风险沟通者而言，需要首先对受众的构成进行全方位的了解。例如，要评估电脑使用者患腕管综合征的风险，则可按照工作性质将受众划分为电脑程序员和数据库管理员、秘书和文员、其他非文员职工、经理等多个类型，因为工作性质不同的人对电脑的使用程度不一（因此患病风险的大小也不同）。而在选择受众代表时，风险沟通者可以考虑从不同类型的受众中各选至少一名代表。本书第八章会详细说明如何进行受众分析。

> 某个组织或个人可能站出来宣称要代表"公众"，并表现得自己才是"公众"的唯一代表，强调只有自己的意见才具备合法性。但实际上，没有任何人可以代表受众全体。

主要受众的确定 >>>

主要受众是风险沟通面对的那部分最重要的受众。一般情况下，这部分受众的需要优先于其他受众的需要。如果资源相对匮乏，风险沟通者可能只会关注主要受众的需要。

确定主要受众要考虑多种因素，比如：
- 哪部分受众受到风险的威胁最大？
- 哪部分受众最缺乏助其作出如何管理风险决定的信息？
- 哪部分受众在决定如何管理风险的过程中介入最深（其中也包括法律规定必须介入的人）？

在许多情形下，第一个因素——哪部分受众受到风险的威胁最大——是最主要的考虑因素。但在一些组织中，第三个因素却最为重要，甚至是组织确认主要受众的唯一因素。换言之，风险沟通变成了迎合那些有权作出最终风险决策的内部高级管理者的工作，而他们可能根本不会受到风险的威胁。所以，如果只有这部分受众（内部高级管理者）的需求得到了满足，风险沟通必败无疑。不过这部分受众也不可忽视，否则风险沟通会因缺乏必要的支持而难以成功（详见第四章）。比如，组织在应对外部审计机构对安全方案的审核时，可以在着手处理发现的问题之前首先对内部管理层进行安抚。

风险沟通往往陷入如何满足所有受众需求的困境。从事企业和政府沟通顾问工作的卡罗琳·伯杨斯基（Carolyn Boiarsky）建议可通过举办会议的方式，加强风险沟通者、主题专家①和高层管理者对风险沟通工作背景的理解,并就具体的沟通方法达成一致。她还建议在风险的书面报告中,针对不同受众的需求分章说明或制成附录以方便读者按照兴趣筛选阅读。

信息的发布 >>>

涉及组织伦理的第三个问题是信息的发布。该问题包括两个方面。

一方面,受众通常希望能够尽快且更多地获取风险信息,而组织则倾向于延迟且少量地发布信息。原因可能是早期风险信息——风险被确认后短期内收集的信息——还未通过必要的同行评议,其反映情况的准确性难以保证;也有可能是许多风险信息属于国家机密(对外公开会威胁到国家安全)或商业专利(过早公开会对组织的财务状况和市场地位造成损害)。然而,由此就会带来一个问题,即如果把科学性、国家利益或者是组织利益优先于那些处在风险中的公众的利益,这样的做法是否正确?例如,日本政府在2011年福岛核电站泄漏事故中选择了延迟发布风险信息,导致一个城市的市民误认为风会把放射性物质往南吹而集体向北撤离,结果他们反而直接进入了放射性污染区(Center for Biosecurity, 2012)。

对此,风险沟通者面临何时发布信息以及发布多少信息的难题。解决方案应该基于组织需求、法律需求和受众需求三个方面。一些风险沟通文献主张风险沟通要尽可能快速、充分地发布信息,如果采取这种做法,就一定要提醒受众信息的可靠性尚未确定。若信息的发布牵涉到相关法律(例如发布一起环境诉讼案件的消息,需要符合《国家环境政策法》和其他相关法律的要求),风险沟通者则需要注意自己的法律责任。此前,某联邦机构就一个核电厂计划启用新的方法生产同位素出具了环境影响报告。为了保护自己(这是组织发布报告时的标准程序),他们在报告的内封里登出了一则冗长的免责声明,指出该报告尚不完备,因此相关组织和个人不会对报告负责。针对这份免责声明,一个环保激进组织提起诉讼控告该机构未履行正当的法律程序。由于这场官司,核电厂最终不得不放弃这个新项目。

另一方面,草案信息的归档和发布也关涉组织伦理问题。草案信息包括情境设计草稿、各种类型的手工计算和风险沟通信息的初稿等初期工作的信息。风险沟通者(还有风险评估者)往往会存有许多这种早期的"草稿"。有些草稿

---

① 某一特定领域的专家。-译者注

可能涉及专利或包含令人尴尬的信息(如评论者对草稿的苛刻评语),故而基本上不会被负责风险评估与沟通之外的人看到。然而,如果有人对组织提起了诉讼,那么这些草稿将会作为原始信息证据被呈交法庭。此外,针对个人健康信息的《隐私规则》也对风险信息的管理方法作出了要求(详见第三章)。这方面的伦理问题是:组织能不能对这类信息的保存作出数量上的限制,以及这种限制会不会成为一种审查形式呢?

对于风险沟通者来说,这实际上是在受众需求和组织内部信息使用者的需求基础上,应该对多少草案信息进行归档的问题。如果组织对于向受众公开和用于风险评估的信息有严格的限制政策(如只允许保留文件的最终版本),那么风险沟通者或许应该建议其对此加以改变。例如,一个外部专家小组在对某核设施附近居民受到的核辐射剂量进行审查时,发现重要信息几乎都被加密了;当然,要求公开所有必要信息显然是不合适的,故而专家小组请求政府授予某些小组成员高级安全许可,以让这些成员来核查加密信息,并由他们向公众确认没有在评估过程中遗漏相关数据。若想更多地了解如何应对限制性的审查程序以及缺乏管理层支持的情形,请参考第四章。

遵守规则的态度 >>>

涉及组织伦理的最后一个问题是遵守规则的态度。大多数组织都很明智地选择遵守规则,而那些不遵守规则的组织(将面临法律和道德的双重困境)则不在本书讨论范围之内。与遵守规则同等重要的是遵守规则的态度。如果遵守规则充其量仅仅被看作是一种义务,或者更有甚者将其视作破坏民主的一种方式,

> 风险沟通者虔诚祈祷:祈求上天,赐予我们平静的心,接受不能改变的公众;赐予我们勇气,改变可改变的公众;并赐予我们分辨两者的智慧。—— David Dozier 等(1995,p. 14)

那么据此开展风险沟通工作也只能是一种折磨。例如,某一政府承包商的员工对遵守《信息自由法》(Freedom of Information Act) 的态度是"恶意盲从"(malicious compliance),遇到公众团体以提起诉讼相逼要求其公开风险信息时,这个公司往往会选择把大量未经过滤和分析的原始数据丢给公众,让其在解读数据中消耗时间从而无暇再来"打扰"自己。但是,采用这种方式无疑会使组织与公众的距离越来越远。

风险沟通者要选择一种有助于其工作的方式来遵守规则。在沟通者面临的许多道德伦理问题中,核心问题都是如何在组织需求和受众需求之间取得平衡,而

解决这个问题的关键即是理解和尊重受众。对此,第八章还会提供一些有用的指导原则。

〉》个人道德

个人道德也是必须考虑的道德伦理问题。假如你从事风险沟通工作,你认为描述风险的正确方式是什么?你怎样理解风险沟通者的角色?你的个人准则是什么?若是与组织伦理规范发生冲突,你会作何选择?

劝服的使用 >>>

劝服是呈现风险信息的一种方式,通过使用有倾向的风险信息向受众灌输相关观点。劝服的手段之一是借助有说服力的论证来警示受众并激励他们为保护自身的生命或生计采取行动。使用这种方式进行风险沟通的人经常会这样为自己辩护:在危机等情形下,时间有限且风险很高,所以应使出浑身解数让受众去做对他们而言最为有利的事。

> 当拥有能够改变他人行为的力量时,也意味着要承担更大的责任来正确地运用它。——David B. McCallum(1995, p. 65)

但是,即便是在危机的情形下,我们就有权力替人做主并告诉他们什么是最有利的事吗?

风险沟通者应根据具体情境作出是否使用劝服的判断。一般来说,风险沟通具备如下一种或几种特征时,可以考虑使用劝服:

- 在部分受众可能会立即遭遇人身伤害的情况下(如在危机中)。
- 在承担风险的人不是风险行为的实施者或其无法控制风险行为实施者的情况下(如未出生的婴儿与其有酒精依赖的母亲)。
- 在受众少于10人且均认为自己与风险沟通者地位平等的情况下(在地位平等的小型群体中,受众会关注论据并且不会认为自己被胁迫)。
- 在受众自己要求被劝服的情况下(如邀请发言人参与现场辩论等)。

沟通者的角色 >>>

另一个有关个人道德的问题是如何认识风险沟通者在风险沟通工作中的角色。风险沟通者是信息的传播者——一个连接决策者与受众的、传递技术信息和反馈受众需求的信息通道吗？风险沟通者是在向受众"兜售"风险决策吗？又或者是在利用自身对受众的了解和拥有的传播知识帮助决策者进行风险决策吗？

风险沟通者对自身角色的认识需要基于组织和个人的双重因素。如果组织认为风险沟通者是风险评估团队中至关重要的组成，那么风险沟通者的角色范围自然要比在那些仅视风险沟通为难以避免的麻烦的组织中大得多。此外，某些受众也可能只想和决策者对话，而不想与风险沟通者浪费时间。从个人角度去看，一些风险沟通者可能并不具备扮演更重要角色的能力，或者他们也从未意识到自己有可能担当更重要的角色。

> 那些负责制定和执行政策并管理我们事务的人，必须要了解科学及其结论的局限性；科学家则应知晓政策的限制范围、民主社会政策制定的程序以及如何将科学信息融入到政策过程中。——American Institute of Biological Sciences

组织伦理还是个人道德？ >>>

个人道德和组织伦理相冲突或许是最难以解决的伦理困境。对于一些关乎公众人身安全的风险信息，组织可能会要求作为风险沟通者的你故意予以轻描淡写、忽视甚至隐瞒。诚然，你拿着组织的薪水就应该对其保持一定的忠诚。但在这种情况下你会选择站在组织利益(保住工作)的一边，还是坚守自己的良心首先顾及公众的安危？这样的例子存在于许多典型的灾难事故中，比如在"挑战者"号航天飞机爆炸之前就有工程师就O型环的完整性问题作出过警告，医生也提醒过人们注意硅酮隆胸术存在安全隐患等等。

在很多情况下，这一道德困境并不像上述案例那样鲜明。比如，有时组织只是简单地想要限制发布特定风险信息的数量。但是，发布多少信息才算合适呢？哪些信息对受众有用呢？当面临这样的困境时，风险沟通者有以下三种选择：遵从组织的规定；辞掉这个令人为难的工作；求助能发现并解决这一问题的人——被求助的对象可以是组织中级别更高的管理者(建议你优先选择这一方式)，也可以是一个对组织进行监管的外部机构。如果这些都失败了，你也可以变成"告发者"，将你的故事告诉给媒体。这种方式或许能使你在短期内声名大噪，尽管法律规定不得骚扰告密者，但此举却会使你的职业生涯遭到毁灭性的打击。因为即便你是出于正义，组织仍然不喜欢那些破坏组织规定的人。

〉》小结

本章讨论的内容只占风险沟通中道德伦理问题的一小部分,许多内容有待继续补充。然而,意识到这些问题的存在并了解相应的解决方法,将有助于风险沟通者在符合道德伦理的框架下更好地开展风险沟通工作。

参考文献

Beck, J. E. 1991. "Public Involvement through Negotiation, Mediation, and Arbitration." Seminarpresented to staff, November 25, 1991, Pacific Northwest National Laboratory, Richland, Washington.

Bennett, P. and K. Calman. 1999. *Risk Communication and Public Health.* Oxford University Press, New York.

Boiarsky, C. 1991. "Writing for Multiple Readers with Conflicting Needs: An Opportunity forImproving Communications with Regulatory Agencies." In *The Engineered Communication: Designs for Continued Improvement, Proceedings of the 1991 International Professional Communication Conference.* Institute of Electronic and Electrical Engineers, Washington, DC, pp. 313–317. 91CH3067–4.

Bullard, R. D. 1990. *Dumping in Dixie: Race, Class, and Environmental Quality.* Westview Press, Boulder, Colorado.

Bullard, R. D. 1992. "In Our Backyards: Minority Communities Get Most of the Dumps." *EPA Journal*, 18(1): 11–12.

Center for Biosecurity. 2012. *After Fukushima: Managing the Consequences of RadiologicalRelease.* University of Pittsburgh Medical Center, Baltimore, Maryland.

Creighton, J. 1992. "What Does It Take for a Decision to 'Count'?" Presentation to U. S. Departmentof Energy, Richland Operations Office, Richland, Washington. Creighton and Creighton, PaloAlto, California.

Dozier, D. M., L. A. Grunig, and J. E. Grunig. 1995. *Manager's Guide to Excellence in Public Relations and Communication Management.* Lawrence Erlbaum Associates, Mahwah, NewJersey.

Flynn, J., P. Slovic, and H. Kunreuther, eds. 2001. *Risk, Media, and Stigma: Understanding Challengesto Modern Science and Technology.* Earthscan, London.

Gregory, R. S. and T. A. Satterfield. 2002. "Beyond Perception: The Experience of Risk and Stigmain Community Contexts." *Risk Analysis*, 22(2): 347–358.

McCallum, D. B. 1995. "Risk Communication: A Tool for Behavior Change." *NIDA Research Monograph*, 155: 65–89.

Morgan, M. G., B. Fischhoff, A. Bostrom, and C. J. Atman. 2002. *Risk Communication: A*

MentalModels Approach. Cambridge University Press, New York.

NRC (National Research Council). 1996. *Understanding Risk: Informing Decisions in a Democratic Society*. National Academy Press, Washington, DC.

STC (Society for Technical Communication). 1998. *Ethical Principles for Technical Communicators*. http://www.stc.org/about-stc/the-profession-all-about-technical-communication/ethicalprinciples (accessed January 31, 2013).

拓展资源

Chess, C., P. M. Sandman, and M. R. Greenberg. 1990. *Empowering Agencies to Communicate about Environmental Risk: Suggestions for Overcoming Organizational Barriers*. Rutgers University, Cook College, Environmental Communication Research Program, New Brunswick, NewJersey.

Covello, V. T., D. B. McCallum, and M. T. Pavlova. 1989. "Principles and Guidelines for Improving Risk Communication." In V. T. Covello, D. B. McCallum, and M. T. Pavlova, eds., *Effective Risk Communication: The Role and Responsibility of Government and Nongovernment Organizations*. Plenum Press, New York, pp. 3–16.

Gelobter, M. 1992. "Expanding the Dialogue: Have Minorities Benefited…? A Forum." *EPA Journal*, 18(1): 32.

Kasperso, R. E. 1986. "Hazardous Waste Facility Siting: Community, Firm, and Governmental Perspectives." In R. E. Kasperson, ed., *Hazards: Technology and Fairness*. National Academy of Engineering/National Academy Press, Washington, DC, pp. 118–144.

Morgan, M. G. and L. B. Lave. 1990. "Ethical Considerations in Risk Communication Practice and Research." *Risk Analysis*, 10(3): 355–358.

第六章　风险沟通的原则

对于应坚持何种原则以更好地沟通风险,相关研究已作出很多探讨。其中,有两项原则最常被提及,一是负责风险沟通的组织必须得到受众的信任,二是必须允许受众参与风险管理决策。但是,能否遵守这两项原则通常不受风险沟通者的控制,因而我们不对此展开讨论。

> 对于应坚持何种原则以更好地沟通风险,相关研究已作出很多探讨。其中,有两项原则最常被提及,一是负责风险沟通的组织必须得到受众的信任,二是必须允许受众参与风险管理决策。

还有一项原则风险沟通者也无法掌控,那就是要在风险沟通中保证政策及言行的一致性。在20世纪90年代,英国政府在应对疯牛病疫情时违背了这一原则而得到了惨痛的教训。当时,多位部长试图通过表达对牛肉产业的高度信心来控制公众的恐慌情绪,但是用以降低风险的政策却没有得到落实(Leiss和Powell, 2005)。这个事件还告诉我们,如果组织只是因外部压力才采取行动,公众的敌对情绪就会增加,风险沟通也会因此变得更加困难(Bennett和Calman, 1999)。

本章介绍的原则,是那些能够被风险沟通者掌控的原则,聚焦于风险沟通过程、风险沟通呈现和风险比较三个方面。若非特别说明,这些原则将同等适用于保护沟通、共识沟通和危机沟通。如想了解更多有关风险沟通原则的信息,可参考本书最后的资源部分。

〉》涉及风险沟通过程的原则

这些原则主要针对风险沟通的计划过程和执行过程,我们可以把它们看作设计风险沟通过程以保证达成沟通目标的方法。

了解风险沟通的目的及权限 >>>

为了有效地进行风险沟通，风险沟通者必须知道为什么要沟通以及有哪些限制条件。这些限制条件可能来自以下几个方面：

- **监管要求**。例如，针对超级基金项目，美国国家环境保护局要求开展社区关系活动(参见第三章)。
- **组织要求**。例如，某些组织为保护商业专利而不允许公开风险的初步数据(参见第四章)。
- **受众要求**。例如，有些受众可能缺乏阅读或处理信息的能力(参见第四章)。

我们还可以从另一角度理解这一原则，即"不做无法兑现的承诺"。在风险沟通工作开始之前，风险沟通者就应设定好受众在其中的角色并在此后的工作中反复加以确认，以保证受众和组织都能够对此作出合理的预期。假如风险沟通者及受众均能理解风险沟通的原因和存在的限制条件，风险沟通者就不太可能许下无法兑现的承诺，受众也不会超出法定范围去要求自己在风险沟通中发挥更大的作用。本书第七章还会有更多关于设定目标和确定权限的介绍。

> 在风险沟通工作开始之前，风险沟通者就应设定好受众在其中的角色并在此后的工作中反复加以确认，以保证受众和组织都能够对此作出合理的预期。

违背这一原则不仅会加剧公众的对抗，也会使风险沟通很难令人信服和有效地开展下去。以美国能源部一个国防实验室(此类实验室致力于研究优化核武器生产的方法)为例。部分居住在该实验室附近的居民担心距离核材料太近会有风险，同时也对当地经济主要受炸弹制造业驱动而感到担忧。他们向某慈善机构申请并获得了一笔资金来研究实验室可否转作他用。在此过程中，国防实验室与居民之间的沟通很不顺利，彼此对对方皆持有强烈的怀疑态度。甚至在国防实验室开始尝试更好的风险沟通方法——向公众开放设施并征求公众意见的时候，当地居民仍在没有实验室或美国能源部参与的情况下研究实验室改为他用的方案。试想，当居民最终提出自己的建议时，会有人听吗？如果建议没能获得居民预期中的那种关注，他们又将采取何种措施呢？在类似情境中，最佳的解决方案是实验室和美国能源部在居民刚刚获得资助时就与之沟通，并讨论通过何种方案向居民提供更多经费和相关授权。只有对居民的角色加以设定，他们才有可能在限制条件内提出对策。

尽可能对信息进行预测 >>>

风险沟通的每一个举措都应该以受众分析为基础。若想保证风险沟通高效进行，就必须将受众的阅读能力、是否具有与风险相关的知识及其水平、愤怒情绪的大小等因素纳入考虑范围。在此基础上，只要有可能，还应该在风险信息发布之前对其效果进行预测，如先由一组受众代表对信息作出评估，以保证受众分析的准确以及风险信息可以达到预期效果。

在设计风险信息之前也可以开展预测，例如通过对潜在受众的访谈提前了解他们关心的议题、表现出的顾虑和信息需求的程度等。在发布信息之前，要对风险沟通信息的蓝本加以勾勒，以确保其涵盖了所有受众关心的议题，并于此后在风险沟通中反复检验和完善（Arkin, 1989）。更多有关预测信息的内容，请参见第八章。

尽早沟通、频繁沟通、全面沟通 >>>

这一原则包含两个方面：风险沟通的时机和信息发布的数量。风险沟通者应选择适当的时机让受众参与到风险沟通的全过程中，而不仅仅只在危机发生后或项目进行中才想到这一方式。正如前文（见第五章）所提到的，许多受众期望从一开始就参与到风险沟通之中，还有很多人认为这是他们应有的权利。剥夺了受众的参与机会无疑会加剧他们的敌对情绪，这会使风险沟通变得更加困难。

> 如果短时间内没有有效信息可供发布，则应告知受众风险仍在调查研究之中，且他们没有被遗忘。

故而，风险沟通应在风险一经确认后就展开，并随着有效信息的更新持续进行。如果短时间内没有有效信息可供发布，则应告知受众风险仍在调查研究之中，且他们没有被遗忘。一般来说，风险沟通的时间间隔因风险本身及受众的关注程度不同而有所差异。针对严重威胁整个社区且受众极度关心的风险所进行的风险沟通（如发洪水时的风险沟通需要一天一次甚至一小时一次）自然要比针对那些受众不太关心、直接危害较小的风险（每季度或每年沟通一次）所作的风险沟通更加频繁一些。

至于信息发布的数量，正如第四章提到的那样，出于维护国家安全或保护商业专利等方面的考虑，组织在发布风险信息时会遇到一些麻烦；然而，隐瞒消息，即便是为了确认数据的准确性而暂时不予以公开，都会使受众怀疑组织是在试图掩盖事实，这不仅会降低组织的信用，还会加剧受众的愤怒，让风险沟通陷入困境。因此，切忌限制信息的发布。当风险沟通者存在困惑时，可以询问受众他们想要什么层面和类型的信息，并在组织和资源允许的范围内对他们的要求尽量予以满足。

1999年，纽约市卫生局针对西尼罗病毒爆发进行的风险沟通很好地落实了上述原则。他们首先制定了一个详细的应急方案并及早地展开了风险沟通。为实现频繁地沟通,他们采用了多种沟通方式,如使用多种大众传播渠道(包括电视和广播公益广告),每日召开市长新闻发布会发布公告并展开广泛的媒体宣传,使用10种语言编制宣传册与情况说明书,在全市范围内张贴海报,与城市公共事业机构合作投放邮寄广告,开通全天候热线电话,建立官方网站,以及在市政厅召开公众会议等。为了确保全面沟通,纽约市卫生局对市民提出的问题一一作出回应,并向市民详细解释个人可以采取的防护措施、介绍整个城市的应对情况。基于这些努力,纽约市的风险沟通工作相较于其他病毒爆发地区进行得更加顺利(Covello等,2001)。

记住:感知即现实 >>>

技术专家或许很难接受这一原则。对他们而言,现实必须建立在严谨的构建、测验和科学真理之上,而不是某些人的、甚至是无任何根据的个人感知之上。但是,像美国国家环境保护局这样的机构有时候也主要依据受众的感知来制定决策,而非仅考虑技术因素。

例如,华盛顿州斯波坎市附近有一处垃圾场,放置于其中的危险化学物质有可能渗入地下水继而对城市饮用水水源造成污染。在处理这一风险的多种备选方案中,研究者认为,使用加盖封顶(即用水泥浇筑垃圾场,并确保没有任何东西泄漏出来)的方案最为经济、有效。然而,在就相关处理方案征求公众意见时却发

> 该案例告诉我们,评估风险和制定风险决策都不能仅依赖技术因素,如果想让风险决策和风险沟通取得成功,就必须考虑受众的感知与关切。

现,绝大多数公众倾向于另一备选方案,即先抽出部分垃圾,再对剩下的垃圾进行处理,最后才用水泥浇筑。尽管这个方案不仅不会显著地降低风险,反而还会增加成本,但美国国家环境保护局最终还是选择了它。该案例告诉我们,评估风险和制定风险决策都不能仅依赖技术因素,如果想让风险决策和风险沟通取得成功,就必须考虑受众的感知与关切。

〉》呈现风险的原则

这些原则主要关涉如何使用最佳的方式与受众沟通风险信息。

了解你的受众 >>>

只有洞察受众才能展开沟通,也只有坚持这个原则,风险沟通者才会有效地运用

> 只有洞察受众才能展开沟通，也只有坚持这个原则，风险沟通者才会有效地运用其他原则。

其他原则。了解受众是风险沟通者选择最佳沟通方案的关键。比如，风险沟通者获悉其受众想尽快得到风险信息，他可能就得放弃预测的原则以便更快地发布信息，同时还得借助新闻媒体的力量加速信息的扩散，而不选择那些更耗时的传播渠道（例如在报纸上刊登声明，告知公众30天后会举行公众会议）。关于如何分析受众的问题，可详见第八章。

不局限于单一形式或方法 >>>

即便是一则风险信息，它所面对的受众也会由多个细分人群组成，每类细分人群所具备的风险知识、对风险的关注程度或受风险影响的程度都不尽相同，因此，单一的风险沟通方式将很难满足所有受众的需求，风险沟通者需要使用多种沟通方式应对每一类细分受众的需要。例如，在阿拉斯加州一处超级基金危险废物处理场所附近的社区，我们发现书面文字是与当地多数受众进行沟通的最佳方法，因为其他的沟通方式（如广播与电视）经常受阻于恶劣天气造成的电力中断，但图书馆却几乎是每一位居民都经常去的地方。而针对那些居住在农村且只会在集市等重要集会时来到城镇的受众，则可借助巡回演示的方式向其传达信息。更多关于将各种沟通方式和细分受众匹配的内容，可参考第十章。

简化语言和表述，而非内容 >>>

当试图与受众沟通风险背后的某些复杂问题时，风险沟通者很容易省略那些看起来技术性较强的信息。然而，这种对风险信息内容的简化很可能略去了对受众制定决策起关键作用的那部分信息。但如果风险沟通者简化的不是信息内容，而是信息的表述形式，反而更易于受众理解风险信息和认知风险。技术传播早已证明，只要表述适当，受众其实可以理解任何技术问题。当然，受众对技术问题的理解不必向风险专家看齐，但即便如此，也已足够他们作出明智的决策了。

用客观描述取代主观判断 >>>

尽可能地量化风险信息，避免使用诸如"重要的""微不足道的""较小的"等相对主观的词语，因为它们回避了很多实质问题，例如，对谁而言是重要的？在什么样的情况下是重要的？基于什么证据认为这是重要的？风险沟通者应该尽可能地提供案例、可以说明问题的数据以及其他更加具体有用的信息。

诚实、清晰、富有同情心地开展沟通 >>>

要诚实地沟通风险，风险沟通者必须将事实与观点加以区别。要记住，无论是口头发布、写在报告中还是发布在公告栏内，任何风险沟通信息都有可能被受众质疑。而回应一个事实性问题远比证明一个观点容易得多。

要清晰地沟通风险，风险沟通者必须基于受众的理解水平来呈现风险信息。如果风险信息太难理解，受众就会采取拒绝接受或表达愤怒等方式以示不满与排斥。不过，受众也不喜欢过于简单的信息，因为这会使他们感到自己被人轻视。

要使风险沟通富有同情心，风险沟通者就要重视受众的关切，甚至包括那些与风险不太相关的问题。一位与我们有过合作的科学家就非常善于倾听受众的诉求。他会参加每一次公众会议，关注所有受众的来信和评论并将这些评论认真分类。然而遗憾的是，他后来认为一些评论非常荒谬并对其作出这样的评价："这一评论真是愚蠢，根本不值得对此作出回应；这个明显超出了讨论范围，与风险毫无关系；这个则纯粹是情感的宣泄。"

但是，受众的关切不会因无人回应而消失，相反，它们会不断被提及直到有人出面解决，在这个过程中有的受众甚至会采用法律诉讼等不利于风险沟通者的手段。因此，最好在受众刚刚提出诉求的时候就及时作出回应，让受众知道风险沟通者在倾听他们的声音，再将受众的关注点引导到与风险更相关的问题上去。对受众关切的处理因沟通方法不同而有多种方案。假如使用印刷媒体或技术应用(technology-based applications)，可以通过有问有答的形式将受众关心的问题和对问题的回复集中呈现，或者将回复总结为图表格式；而在面对面的沟通及利益相关者参与的过程中，风险沟通者则可以就受众的关切立即作出回应。

倾听并解决受众的顾虑 >>>

除了疏解受众关切背后的情绪问题，风险沟通者还要倾听受众对风险本身的看法，然后解决他们提出的每一个顾虑，哪怕这些顾虑的依据是错误的信息，或者是较当时情形而言显得次要的问题。此前，一位科学家被要求在公众会议上针对大气沉降物做一次演讲，在解释完大气沉降的过程和相关风险后，他询问在座的听众是否有什么问题。这时，当地一位坐在会场后排的农民起身问："你说我的农田已经被钚污染了，这到底是什么意思？我的庄稼还能卖吗？还能吃吗？我的孩子

> 除了疏解受众关切背后的情绪问题，风险沟通者还要倾听受众对风险本身的看法，然后解决他们提出的每一个顾虑，哪怕这些顾虑的依据是错误的信息，或者是较当时情形而言显得次要的问题。

还能在室外玩耍吗？我不知道我还能相信谁了！"对此，这位科学家回应道："对不起先生，您说的这种污染是锶90，不是钚。"

在这里，这位科学家只是在纠正一个技术错误。而正如你能够想到的，会场里的火药味儿一下子变浓了，没有人再愿意听这位科学家讲下去。这位科学家当时若能意识到受众潜在的困惑与恐惧，并转换一下表达方式，如"我理解你为什么会觉得求助无门，这一话题涉及的信息太多，同时还有很多误传。让我们想一想如何能够把其中几个要点说明白。首先，你说的污染源不是钚，而是锶90，意思就是……"，如此这般，可能会使风险沟通顺利许多。

向受众传达相同的信息 >>>

正如前文所述，各类细分受众对风险信息、公众参与和风险应对有不同的需求。为了使风险沟通顺利进行，风险沟通者需要与每一类细分受众展开沟通并尽量满足他们的需求。然而，正如卡拉汉(Callaghan, 1999)所发现的那样，针对不同的受众，风险沟通者可以改变沟通的方式，也可对细节加以增删，但不能改变基础信息，否则就会失去受众的信任，前期的努力也将付之东流。因此，为了保持可信度，风险沟通者必须向所有受众提供相同的信息。

应对不确定性 >>>

风险沟通中的"风险"并不是一个确实的结果，即使是科学研究也无法对"风险"作出定论。风险沟通者必须讨论"风险"不确定性的来源，例如数据是如何收集的、采用何种方法分析以及如何解读分析结果等。在保护沟通、共识沟通和危机沟通的风险评估中，不确定性的源头各不相同，对不确定性的传播也存有差异。

在保护沟通中，大多数受众认为风险评估结果是可信的，在这种情况下，不确定性的来源就显得不那么重要了，即使被提及也是一笔带过。在共识沟通中，受众往往可以参与到风险的分析过程中来并帮助选择接受哪种不确定性，故而他们能够充分理解不确定性的来源，随着时间的推移，其对不确定性来源的关注会越来越低。在某些危机沟通中，风险是显著且紧迫的，因此信息的不确定性往往会被人忽略，除非个别受众对此提出要求。而在另一些危机沟通中，风险和最终结果都难以确定，例如恐怖袭击事件；在这种情况下，不确定性往往存在于危机应对的过程之中，风险沟通者必须坦诚地说明哪些信息还未得到确定，并重点强调目前已知的信息及为解决不确定性而已经采取的措施。

在那些讨论不确定性的案例中，应首先为风险评估提出一个明确不确定性来源的框架。比如,在环境风险评估的数据收集过程中,收集的数据是同期数据吗?或者说经过了年度间的比较吗?数据的收集方法有没有保持一致性?是否始终在同一地点采集数据?又如,在安全风险评估的数据分析过程中,使用了哪些方法?这些方法的可靠性如何?它们属于新的方法还是那些经过实践检验的经典方法?再如,在解读健康评估的分析结果时,判断分析结果重要性的依据是什么?用于判断的标准是否有说服力?是谁决定了这些标准可以保护人们的健康?对此,受众通常只想知道一个问题的答案——"它是安全的吗?"尽管受众可能不太喜欢附带防止误解的说明的回答,但假如由于不确定性因素导致他们得到的答案最终被证明是错误的,那受众就会更加不满。对此,第十四章会进一步介绍如何对不确定性或可能性信息进行可视化呈现。

〉》比较风险的原则

将不同的风险进行比较虽然对风险沟通有帮助,但也相当具有挑战性。当你试图用受众能够理解的水平去呈现风险信息时,"比较"看起来是个简单的办法。但遗憾的是,少数关注这一领域的实证研究都是复杂、混乱甚至是自相矛盾的(例如约翰逊在2002年针对复合影响的讨论)。下述关于比较风险的建议,源于风险沟通研究者和从业人员富有见地的观点;而选择适用的原则和方法的最佳途径仍然是了解受众并预测信息。

风险沟通研究者和从业者认为某些比较方式会疏远一些受众。然而,关于什么比较方式与哪类细分受众最匹配的问题仍无确定结论。科万罗(Covello, 1988)等研究者以"各方式能在多大程度上被多数受众接受"为标准总结了一组比较风险的方法(表6-1)。对此,卡内基梅隆大学的研究人员及其他研究者(如Roth等,1990)则发现,这其中的一些方法比科万罗等人最初预想的更容易被某些受众所接受。

> 比较风险被众多风险沟通研究认为是有效的沟通方法,但前提是其只能作为整体沟通策略的一部分。这一整体沟通策略要求风险沟通者必须做到:了解风险的性质——包括可能带来的危害和能够影响目标受众认知的属性;了解目标受众以及他们与风险的关系;知晓如何把比较风险与其他风险信息结合起来;拥有评估受众反应的方法。——David B. McCallum, Susan Santos,美国总统/国会风险评估和风险管理委员会专题文章(1997, p. 212)

表6-1　受众对风险比较方式的接受度

最容易接受	勉强可以接受	不太能接受	几乎不可能接受
相同风险不同时间的比较	比较做某事和不做某事的风险	比较特定时间或地区的平均风险和最大风险	比较风险和成本
将风险和标准作比较	对降低风险方法的比较	将伤害的一个来源和伤害的所有来源作比较	比较风险和利益
比较同一风险的多元评估	比较不同地方的同一风险	比较职业风险和环境风险	将造成同样伤害的各类风险作比较

* 改编自Covello等,1988。

运用类比,但不要贬低 >>>

> 运用类比可以使风险变得更加直观。例如,百万分之一(10^{-6})的风险相当于30秒之于一年,1英寸之于16英里或是一滴之于16加仑。

根据美国总统/国会风险评估和风险管理委员会的报告(1997)及我们的经验,包括医生和一些风险评估专家在内的大多数人在描述风险时都很难讲明白诸如风险程度10^{-6}或E-6这样的内容。而运用类比可以使风险变得更加直观。例如,百万分之一(10^{-6})的风险相当于30秒之于一年,1英寸之于16英里或是一滴之于16加仑(Commission, 1997)。

但是,运用类比也存在一定的问题。其中一个原因是,风险是多层面的复杂问题,很难找到一个与其高度相似的情况进行类比。以上面讨论的类比为例,尽管其获得了美国总统/国会风险评估和风险管理委员会的支持,但若只拿数量或距离作类比而不谈毒性,也会使受众感到困惑。

另一个原因是类比容易让人产生微不足道的印象。当试图将风险中的某一技术概念类比为受众较熟悉的事物时,往往会将这一问题简单化。比如,为描述某种化学物质致癌的风险很小,风险沟通者可能说其小得就像一卷从纽约铺至旧金山的厕纸中的一小截。这样的类比确实说明了风险很小,但看起来却像是把人的生命比作了一卷厕纸,而这种说法即便不会冒犯所有受众,也至少会触怒其中的一部分。

界定范围 >>>

风险沟通者可以借用一组数字来描述风险(不过,一些研究表明这是有问题的;因此再次重申,要了解你的受众)。在这组数字中,风险沟通者可以将表示风险程度的一端定义为"安全",把另一端定义为"危险",同时再将风险评估的结果体现为这个区间的另一个数字。这样,受众就可以通过比较自行判断目前风险的严重程度,这意味着风险沟通者可以避免为受众作出风险是否严重的判断——这样的判断常会引发受众的敌对情绪——因此特别适用于怀有敌意的受众。但是,运用这种方法时一定要谨慎地向受众解释为何如此界定范围,是谁作出的决定以及这一范围意味着什么等问题,对此加以深入说明可以帮助受众更正确地理解风险。

与标准进行比较 >>>

相关监管机构与民间团体已制定出很多标准,用来描述特定的风险会引发何种程度的伤害。例如,超级基金项目最常使用的标准是美国国家环境保护局制定的《国家一级饮用水管理条例》(National Primary Drinking Water Regulations,又称一级标准)。此标准规定了饮用水中的污染物不超过何种程度才可以被认为是安全的。风险沟通者可以将风险评估结果与这样的标准进行比较,如果评估结果超出标准,就需要提醒受众加以关注,而若评估结果未超出标准,则可以告知受众无需担心。但要注意的是,有研究表明,这一方法只有在使用恰当的标准时才会有效,假如受众已经对标准提出质疑,如觉得标准过低或过高,那么再将评估结果与其比较或许就不再是最佳选择了。

比较同一风险的不同评估版本 >>>

针对某一风险,通常会进行多次评估。例如,政府研究机构、大学研究机构以及受雇于相关民间团体的独立研究机构可能同时对一个特定风险展开研究和评估;此外,某个组织也可能连续多年反复研究同一风险。风险沟通者可以将这些同一风险的不同评估版本加以比较,如果结果相似,目前的风险评估结果就得到了更多的支撑;若是差别很大,则需要加强对不确定性因素的识别。当然,这种被称为"博士对决"(dueling Ph.D.s)的方法也存在一定的隐患,如果相关研究过多或充斥着彼此矛盾的研究,就会让受众感到困惑甚至不满(如"我就知道,这些专家说什么的都有!")。假如出现了这种情况,风险沟通者最好还是另辟蹊径。

基于受众特征展开比较 >>>

比较风险的另一种方法是从受众的不同特征入手。风险沟通者可以从受众的年龄(对婴儿的风险VS对老年人的风险)、地域(对东海岸的风险VS对西海岸的风险)或生活方式(对运动爱好者的风险VS对农民的风险;对农民的风险VS对城市居民的风比较风险的另一种方法是从受众的不同特征入手。风险沟通者可以从受众的年龄(对婴儿的风险VS对老年人的风险)、地域(对东海岸的风险VS对西海岸的风险)或生活方式(对运动爱好者的风险VS对农民的风险；对农民的风险VS对城市居民的风险)等方面进行对比。这一方法可以让受众自行判断自己承受了何种程度的风险，从而使风险变得"个性化"。

险)等方面进行对比。这一方法可以让受众自行判断自己承受了何种程度的风险，从而使风险变得"个性化"。如果承受的风险较小，受众会感到欣慰，反之受众就会更主动地寻求降低风险的办法。

切勿比较愤怒级别不同的风险 >>>

所谓"愤怒"，指的是人们对特定风险所产生的恼怒与不满情绪(见第四章)。那些可能带来高愤怒的风险，通常包含如下特征：强加于受众、完全由政府主导、受众认为不公正、源头不可信、人为造成、从外而来、可能带来灾难性后果、可怕、不易察觉、尚缺科学理解。核能就是高愤怒风险的典型例子，其特征为强加于受众、完全由政府主导、人为造成、从外而来、可能带来灾难性后果(如切尔诺贝利和福岛核事故)、可怕、不易察觉(例如核辐射)，并且相对而言是比较新的风险。相反，吸烟则是自愿的、常见的、可发觉的、已有科学认识的风险，因此愤怒的级别较低。而这一原则要说的就是，若风险沟通者把诸如核辐射致癌这类高愤怒风险与吸烟致癌这类低愤怒风险相比较的话，其与受众的距离就会越来越远，因为受众会认为这是两种截然不同的风险，彼此之间没有任何关联。

然而，卡内基梅隆大学(Roth等，1990)的相关研究却表明，一些受众并不会因为这种比较就排斥风险沟通，甚至还觉得自己能从中得到知识或慰藉，不过前提是高愤怒的风险必须真的低于低愤怒的风险。但遗憾的是，这项研究没能描述出这部分受众的特征。所以，目前最好还是避免将高愤怒风险与低愤怒风险作比较。

解释风险量级的降低 >>>

处在风险中的公众往往会有一个误解，即认为风险量级的降低(如危害发生的概率从千分之一降低至百万分之一)和线性递减(如从10000到9999)是一样的。尽管这一领域的研究都非常复杂，但仍然建议尽可能使用图表来解释这种变化。美国总统/国会风险评估和风险管理委员会(1997)也推荐使用柱状图来表现不同风险量级的根本差异。至于如何将风险可视化，可参考第十四章。

〉》小结

风险沟通还远称不上是一门科学。上述风险沟通的原则源于多年的研究实践，其核心可提炼为两点：了解你的受众并掌握当时的形势。风险沟通者必须明确受众需要知道什么信息(包括他们想知道的和为应对风险必须告知他们的)，受众希望通过什么方式获取信息，以及在既定的条件下自己能够做些什么。以此为前提，才能有效地将其他的原则应用至相应的受众和情境之中。而关于受众与情境，本书的第二编会对此详细讨论。

参考文献

Arkin, E. B. 1989. "Translation of Risk Information for the Public: Message Development." In V. T. Covello, D. B. McCallum, and M. T. Pavlova, eds., *Effective Risk Communication*: *The Role and Responsibility of Government and Nongovernment Organizations*. Plenum Press, New York, pp. 127–135.

Bennett, P. and K. Calman. 1999. *Risk Communication and Public Health*. Oxford University Press, New York.

Callaghan, J. D. 1989. "Reaching Target Audiences with Risk Information." In V. T. Covello, D. B. McCallum, and M. T. Pavlova, eds., *Effective Risk Communication*: *The Role and Responsibility of Government and Nongovernment Organizations*. Plenum Press, New York, pp. 137–142.

Covello, V. T., P. M. Sandman, and P. Slovic. 1988. *Risk Communication, Risk Statistics, and Risk Comparisons: A Manual for Plant Managers*. Chemical Manufacturers Association, Washington, DC.

Covello, V. T., R. G. Peters, J. G. Wojtecki, and R. C. Hyde. 2001. "Risk Communication, the WestNile Virus Epidemic, and Bioterrorism: Responding to the Communication Challenges Posed by the Intentional or Unintentional Release of a Pathogen in an Urban Setting." *Journal of Urban Health: Bulletin of the New York Academy of Medicine*, 78(2): 382–391.

Johnson, B. B. 2002. "Stability and Inoculation of Risk Comparisons' Effects under Conflict: Replicating and Extending the 'Asbestos Jury' Study by Slovic et al." *Risk Analysis*, 22(4): 777–788.

Leiss, W. and D. Powell. 2005. *Mad Cows and Mother's Milk: The Perils of Poor Risk Communication*, 2nd ed. McGill-Queen's University Press, Montreal, Quebec, Canada.

Commission (Presidential/Congressional Commission on Risk Assessment and Risk Management). 1997. *Risk Assessment and Risk Management in Regulatory Decision-Making*, Volume 2. Commission on Risk Assessment and Risk Management, Washington, DC.

Roth, E., M. G. Morgan, B. Fischhoff, L. Lave, and A. Bostrom. 1990. "What Do We Know about Making Risk Comparisons?" *Risk Analysis*, 10(3): 375–387.

拓展资源

Covello, V. T. and F. W. Allen. 1988. *Seven Cardinal Rules of Risk Communication*, OPA-87-020. U. S. Environmental Protection Agency, Washington, DC.

Covello, V. T. , D. B. McCallum, and M. T. Pavlova. 1989. "Principles and Guidelines for Improving Risk Communication. " In V. T. Covello, D. B. McCallum, and M. T. Pavlova, eds. , *Effective Risk Communication: The Role and Responsibility of Government and Nongovernment Organizations.* Plenum Press, New York, pp. 3-16.

Hance, B. J. , C. Chess, and P. M. Sandman. 1988. *Improving Dialogue with Communities: A Risk Communication Manual for Government.* New Jersey Department of Environmental Protection, Division of Science and Research, Trenton, New Jersey.

Hance, B. J. , C. Chess, and P. M. Sandman. 1990. *Industry Risk Communication Manual.* CRC Press/Lewis Publishers, Boca Raton, Florida.

NRC (National Research Council). 1989. *Improving Risk Communication.* National Academy Press, Washington, DC.

第二编
风险沟通计划

要确保工作产生效果，适当的计划非常必要。不论是一次性信息发布还是面向多元受众进行长期多样的传播，制定风险沟通计划时，风险沟通者需要确定目的和目标、分析受众、制作信息、选择适当的沟通方式、安排进度，并将上述所有部分整合为一份完整的计划。风险沟通计划不仅能使风险沟通者各司其职，还可以让所有参与风险评估、风险沟通和风险管理的人知己知彼，从而实现团队协作。

关注细节(例如着装、风险沟通信息的措辞、会议地点和会场布置)常常是有效风险沟通的关键。

——文森特·科万罗、大卫·麦卡勒姆和玛利亚·帕夫洛娃(1989, p.9)

第七章　确定目的和目标

> 为什么要进行风险沟通(目的)以及希望通过风险沟通实现什么(目标)是风险沟通工作必须考虑的两个因素。

为什么要进行风险沟通(目的)以及希望通过风险沟通实现什么(目标)是风险沟通工作必须考虑的两个因素。目的是一个概括性的表述，它回答"为什么"的问题：为什么要沟通？为什么要对这一群体展开教育？为什么要构建共识？而目标则是对风险沟通工作预期成果的具体、可测量的陈述，它通常回答"怎么做"的问题：怎样进行沟通？沟通的频率如何？发布多少信息？举例来看，如果风险沟通的目的是减少青少年吸烟，那么沟通目标之一可能就是在6月15日之前让50%的受众戒烟。

明确了风险沟通的目的和目标之后，还需征得计划执行者的同意并获得组织高层的首肯，然后以书面形式将其正式确定。正式取得内部的一致同意能使风险沟通工作更有成效，因为这样做：

- 使所有成员都具备开展工作的共识；
- 让组织高层管理者知道这项风险沟通工作的价值；
- 为风险沟通者提供了一个衡量成功的标尺。

在确定风险沟通的目的和目标时，有许多因素需要考虑。

〉》影响目的和目标的因素

> 风险沟通的目的和目标也必然受到法律约束、组织要求、风险本身以及受众需求等方面的影响。

风险沟通的目的和目标看上去再明显不过了——就是要向受众提供他们需要的信息，帮助他们对威胁其健康、安全或环境的风险作出决策。但是，风险沟通的目的和目标也必然受到法律约束、组织要求、风险本身以及受众需求等方面的影响。风险沟通者在确定目的和目标时必须有意识地考虑这些因素,否则就可能发现既定目的和目标与某些规定或要求相悖,如不更改或取消计划,风险沟通工作将面临重重阻碍甚至会满盘皆输。例如,针对超级基金危险废物处理场所开展风险沟通时,若组织确定的目的和目标与美国国家环境保护局对此类问题提出的风险沟通要求不一致,这个组织就会因此面临严格的经济处罚。

法律约束 >>>

有关法律会影响风险沟通目的和目标的确定,其中最主要的是那些对风险沟通工作作出规范的法律。我们已经在第三章列举了一些,包括《综合环境反应、补偿与责任法》《国家环境政策法》以及美国职业安全和卫生管理局提出的相关要求。此外,还有许多政府机构围绕组织应如何开展风险沟通及公众应如何参与风险管理所制定的政策。

例如,1992年底,美国能源部环境管理办公室首次发布一项有关公众参与/沟通的政策,强调能源部下属有关场所的环境清理工作要保证公众充分参与决策制定。2001年,美国疾病控制和预防中心发布指导性文件,将风险沟通活动纳入向各州提供的总额达数百万美元的资助范围之内。在制定风险沟通计划的时候必须要考虑这些要求,因为它们通常能为风险沟通提供建议,有时还会明确要求开展某类活动。若是发现风险沟通的目的和目标与这些法律提出的要求不一致,就有必要采用一些特殊方案,如法律豁免等。

组织要求 >>>

除了考虑法律会带来的影响,风险沟通者还应该考虑组织在风险沟通、公众参与、信息发布、准备沟通材料和制定流程等方面的要求和政策。这些政策可能是正式的,也可能是以惯例的形式存在("我们以往都是这么做的")。

> 除了考虑法律会带来的影响,风险沟通者还应该考虑组织在风险沟通、公众参与、信息发布、准备沟通材料和制定流程等方面的要求和政策。

风险沟通者需与组织内部相关负责人进行沟通,了解他们对风险沟通工作的期望。比如,他们是否将宣传组织或提升组织形象视为风险沟通工作唯一正当的目的?他们是否把向那些有可能影响组织前途的重要政治人物发布信息作为一个沟通目标?在决定如何进行风险沟通之前,风险沟通者也必须要考虑类似的问题。而如何处理相关负责人的上述预期则取决于风险沟通者的工作哲学。比如,如果风险沟通者认同提升组织形象是风险沟通工作的一部分,那么他就会将此作为风险沟通的一个目的并制定相应的目标。反之,风险沟通者就可能会试图说服相关负责人更多地考虑受众的需求,例如向负责人展示风险沟通如何帮助组织避免了昂贵且耗时的法律纠纷而加快了项目的完成(更多信息参见第四章)。

风险本身 >>>

正如第一编已提到的,风险沟通工作基本上都可归入以下三类:保护沟通(针对风险已经确认的情况)、共识沟通(针对需要受众帮助评估及/或管理风险的情况)和危机沟通(针对紧迫的风险)。每种类型的风险沟通也有着不同的沟通要求。

保护沟通所针对的风险包括了吸烟、感染艾滋病毒以及在工作场所接触危险物质时不穿防护服等。大多数专家都认为这些风险会危害人身健康(尽管他们可能对危害程度或暴露途径的认识存在分歧)。在沟通这类风险时,就没有必要再陈述其可能造成的危害,因为这些危害已广为人知。这种情况下,风险沟通的目的主要是警示受众,并提供信息劝导其选择风险较低的行为。

共识沟通所涉及的风险要求决策者必须与受众就如何评估或管理风险达成一致,危险废物焚化炉的操作、电力传输线的选址和超级基金危险废物处理场所的清理等都是典型的例子。一般来说,决策者与受众在什么是安全的、暴露的危险程度、风险可能被接受的程度等问题上往往缺乏共识,此类风险沟通的目的就是构建共识以为风险管理决策的制定打下基础。

危机沟通面对的风险多数是由突发事件导致的,如化工厂起火、地震或火车脱轨等。虽然这类危险也清晰可辨,但在危机的情境下组织往往没有时间组建顾问小组评估应对方案(尽管顾问小组可能早在危机发生前就参与制定过应急计划)。危机沟通的目的就是警示受众,告知他们将风险最小化的种种选择。

除了沟通类型,确定风险沟通的目的和目标还应考虑风险的相对新度(relative newness)及受众能见度(visibility to audience)(看起来有多危险,图7-1)。如果风险相对较新且未引起受众的关注,那么在向受众传递更多的技术信息、鼓励其改变行为或与其构建共识之前,应该首先提升受众对该风险的认知。如果风险已经被讨论了多年,并有那么一段时间引人注目,受众可能已经对其较为麻木,

> 确定风险沟通的目的和目标还应考虑风险的相对新度及受众能见度。

在这种情况下,风险沟通者就得寻求新的方法引起受众的兴趣与关注。比如,使用新信息激发受众的兴趣或将旧信息与受众当前关注的新问题联系起来。而针对风

险较新但受众能见度却很高的情况,风险沟通者就必须在开展风险沟通之前,首先了解并设法解决受众的担忧,进而让受众从恐惧和敌对的情绪中走出来,转而去理解风险本身。

	新	旧
高能见度	应对受众的恐惧、敌对或其他情绪	激发受众兴趣
低能见度	提升受众的认知	分享新的信息

图7-1 基于风险的相对新度和受众能见度的风险沟通的主要目的

受众需求 >>>

尽管受众需求被列在影响因素的最后,但并不代表它不重要,事实上,这可能是最重要的因素,因为受众的需求和关切深刻地影响着所有类型的风险沟通。在确定沟通目的和目标时,"受众想从你那里获得什么"应该被风险沟通者纳入最先考虑的因素之中。

对于这个问题,每一项沟通工作的回答都不同,但是我们可以按照不同的风险沟通类型对此作出概括性的描述。对保护沟通而言,受众通常想了解那些可能破坏他们美好生活(快乐、长久、无忧无虑)的风险,以及想知道如何使这些风险最小化。在共识沟通中,受众期望能够为风险评估和管理的决策贡献力量,根据他们对风险的关切程度,其参与意愿也有强有弱。而在危机沟通中,受众则希望尽快地将自身面临的风险最小化,在危机过去之后,他们可能还想得知危机发生的原因。

评判受众需求的另一个切入点是考察风险沟通者与受风险影响的受众之间的关系。罗杰·卡斯帕森(Roger Kasperson)和帕尔姆伦德(I. Palmlund)(1989)基于医生与病人、雇主与雇员、政府或民间组织与社区这三组关系,呈现了风险沟通的目的和目标。如果风险沟通工作涉及上述关系,则可以参考表7-1中的相关信息。此外,第八章和第九章还会更加详细地分析受众对某种特定风险会有哪些信息需求。

表7-1　基于工作关系的风险沟通目的

医生与病人	雇主与雇员	组织与社区
改变行为 提升健康生活的责任感	告知 激励其行动	鼓励参与决策制定 激励其行动

*改编自Kasperson和Palmlund（1989）的研究。

确定目的和目标的清单

本次风险沟通工作的目的和目标是基于：
☐相关法律要求
☐组织要求
　☐公众参与
　☐信息发布
　☐准备沟通材料和制定流程
☐风险沟通的类型
　☐保护沟通
　☐共识沟通
　☐危机沟通
☐风险的相对新度
☐风险的受众能见度
☐受众需求
☐组织和受众的关系
　☐医生与病人
　☐雇主与雇员
　☐组织与社区
☐目的和目标的确定还要取得以下项目参与人员的同意：
　☐风险评估者
　☐风险管理者
　☐风险沟通者
☐目的、目标及项目成员的一致意见已形成正式文件

参考文献

Kasperson, R. E. and I. Palmlund. 1989. "Evaluating Risk Communications." In V. T. Covello, D. B. McCallum, and M. T. Pavlova, eds., *Effective Risk Communication: The Role and Responsibility of Government and Nongovernment Organizations*. Plenum Press, New York, pp. 143-158.

拓展资源

Rowan, K. E. 1991. "Goals, Obstacles, and Strategies in Risk Communication: A Problem-Solving Approach to Improving Communication about Risks." *Journal of Applied Communication Research*, 19: 300-329.

Santos, S. L. 1990. "Developing a Risk Communication Strategy." *Management and Operations*, 82: 45-49.

第八章　受众分析

在沟通时我们总会对受众作出假设。比如,当与配偶谈论自己的孩子时,我们可以使用昵称或是其过往行为的暗指,这是因为我们认为配偶了解孩子并知悉孩子的过去;又如,在与经理讨论工作时,我们假定他了解工作的相关情况。然而,由于受众可以细分为具有不同特征和需求的多个群体,因而在与广大受众沟通风险时,我们无法像前面的例子那样进行假设。

沟通的对象究竟是谁?这是传播风险(或与该任务有关的各类信息)所必须回答的问题,但不少风险沟通工作仍是在完全缺乏受众信息的状况下进行的。在这种情况下,风险沟通者要么假定受众和他们类似,要么想象受众与他们只是稍有差异。

当然,如果受众与风险沟通者真的相似,那么这样的沟通也不至于差到哪里,就好比科学家与科学家之间、管理者与管理者之间通常都能很好地交流一样——这是因为他们各自的群体内部具有共同的话语体系及世界观。此外,一些科学家已经找到了与管理者沟通的有效方式,而有的管理者同样也学会了如何与科学家进行沟通。但是,如果受众和风险沟通者与上述假设(二者相似或稍有差异)相去甚远,那么要达成有效的沟通就变得十分困难。

假如你去一个语言不通的国家度假,然后发现所住酒店的电梯卡在了五楼且电梯门关不上。作为一名优秀的风险沟通者,你试图将这一潜在危险告知你找到的第一个酒店员工。可让人懊恼的是,这位乐于帮忙的女服务员却完全听不懂你说的话。

常规的沟通模式在此时显然行不通。你无法向她解释在这种情况下人们坠落电梯致死的概率接近3E-6,也不能向她展示普尔(Poole)的最新论文,证明电梯门长期打开会以多种方式导致发病率上升、人均寿命下降,更不可能开设一个开放的公共论坛,用45天的时间来收集口头证词和书面评论。

对此你只得另辟蹊径——可以画图说明,也可以直接将服务员带到电梯门前,或者找人帮助翻译。你会找到很多类似的方法,但其中最有效的肯定是能满足她需求的那些。例如，如果酒店禁止服务员结交宾客，并要求她尽快完成工作，那她就很有可能为了回去工作而选择避开你或者无视你，在这种情况下想要顺利完成风险沟通，你就需要采取一些适当的措施，以避免或补偿她由于与你交流而违反酒店规定所造成的损失。

受众分析(即明确受众的特征和需求)在风险沟通中常常被忽略。几乎在所有失败的风险沟通案例中，不足或错误的受众分析都难辞其咎。成功的风险沟通有赖于风险沟通者对受众的了解。

〉》始于目的和目标

明确风险沟通的目的和目标是了解受众的第一步。为什么要进行风险沟通呢？在开展保护沟通(一种风险已是众所周知的风险沟通)时，风险沟通者旨在提升受众的意识并改变他们的行为。那"他们"到底是谁呢？是一组工人、社区的某一群人、整个社区，还是某类遍布全国的特定群体？在发起共识沟通(为达成风险评估或风险管理共识的风险沟通)时，风险沟通者希望促进共识的建立。那是谁需要达成共识呢？是一个联邦机构、联邦机构的承包商、有关市民组织，还是行业代表？在启动危机沟通(与突发危险有关的风险沟通)时，风险沟通者会警示受众并给出降低风险的建议。那受到威胁的又是谁呢？是多个社区、单个社区，还是某一社区的特定人群？回答了这些问题，你也就对你的目标受众有了一个基本的认识。

不过需要注意的是，有时受众范围之广远超风险沟通者所想。例如，供职于布莱根妇女医院(Brigham and Woman's Hospital)的哈佛医学院毕业生杰里米·A.格林(Jeremy A. Green)医生发现，在通过社会化媒体与病人沟通关于糖尿病的问题时，其家人和朋友也是极为重要的受众(Green等，2010)。至于共识沟通，《美国核能管理委员会对外风险沟通指南》(*U. S. Nuclear Regulatory Commission's Guidelines for External Risk Communication*)总结了几类受众，其中包括因隶属于某个组织而受到冲击的利益相关者(如许可证持有人)、因个人生活将被影响(可能是由于引进新设备导致)而受到冲击的民众、关注事件的公众、新闻媒体(Persensky等，2004)。

> 危机响应必须要基于直接受风险影响的当地社区和居民的需求；同时，还要关注那些虽然可能住在千里之外，但仍认为自己受到了风险影响或应参与到风险应对中的人的不同需要。——Blankson等(2012, p. 220)

〉》确定分析层级

> 受众分析能够深入到何种程度，取决于风险沟通组织内部和外部的几个因素。组织内部的因素包括：资金、进度表、可用的员工和信息资源、审批要求。

通过审视风险沟通的目的和目标，风险沟通者可以对受众形成初步的了解。而接下来的受众分析能够深入到何种程度，则取决于风险沟通组织内部和外部的几个因素。组织内部的因素包括：资金、进度表、可用的员工和信息资源、审批要求。前三个因素的影响不言自明：获得的资金越多，能用于受众分析的资金就越多，受众分析也就可以精耕细作；可利用的时间越多，受众分析就能更为细致；员工和信息资源充足也可带来这种积极的结果。然而，第四个因素值得进一步讨论。

本章提及的受众分析方法都不易获得审批。例如，若是联邦机构或政府承包商要进行受众分析，任何超过10人参与的调查都需获得美国管理和预算办公室(U. S. Office of Management and Budget)的许可，并且这一过程比较耗时。此外，考虑到责任和隐私问题，许多组织对"人体研究"(human subject research)提出了审批要求，其中包括各种形式的质询。法律事务部和公共事务部也要对任何与组织之外的人进行讨论作出批准。风险沟通者在开始受众分析前，要先弄清需要哪些审批、耗时多久以及谁最后拍板；

> 风险沟通者在开始受众分析前，要先弄清需要哪些审批、耗时多久以及谁最后拍板。

同时，也可以看看这方面有没有成功的经验可以借鉴。接下来，风险沟通者就能绘制一张标注出各个重要节点的流程图，据此顺利完成受众工作的审批，并对后续工作的开展作出计划。

在决定受众分析的层级时，风险沟通者需要考虑的组织外部因素源于风险沟通的目的和目标以及受众本身。要在多大程度上获取受众信息取决于你要沟通的内容和你想取得的效果。一般来讲，受众信息的数量越多越好，但如果风险沟通的目的只是唤醒受众意识，所需的信息可能就比要改变受众行为时少很多。为了唤醒受众意识，风险沟通者可能只需要了解受众的阅读水平或教育层次及其偏爱的沟通方式；而为了改变受众行为，风险沟通者则需要全面地洞察受众的心理特征，包括为什么采取目前的行为、对于风险的情绪，以及什么可以促使其发生改变。

> 肆虐澳大利亚的野火灾难带来的教训是：受众分析的不到位导致了社区保护的失败。——Galloway and Kwansah-Aidoo (2012)

毫无疑问,受众本身也会影响风险沟通者对受众分析层级的决策。受众是广泛分布在多个地方吗?若是这样,你有足够的时间和资金去了解每个地方的受众吗?他们在其他方面差异很大吗(如有些受众的受教育程度高而有些受众甚至没有高中毕业)?基于时间和资金的条件,你会全面深入分析每一类细分受众,还是选择某一类细分受众进行深入剖析,抑或是全部都浅尝辄止?受众对你的组织和沟通工作持有敌对情绪吗?他们会因此拒绝接受访谈吗?若是如此,你就不得不用一些不那么直接的方法来收集信息。你知道受众有阅读障碍所以不应该再针对他们采用调查问卷或书写的方法吗?这其中的一些问题有点像"先有鸡还是先有蛋"的逻辑——在恰当地分析受众的需求前,风险沟通者需要预先了解一些信息,但这些信息往往得在作出某类受众分析后才能得到。

受众分析工作大致可以分为三个层级:

1. **基本受众分析**(Baseline audience analysis)。分析的信息主要关涉受众理解风险沟通的能力,如阅读能力、偏爱的沟通方式和敌对程度等。任何风险沟通工作至少都应进行基本受众分析。对危机沟通工作而言,这一层级的分析已经足够。

2. **中级受众分析**(Midline audience analysis)。中级受众分析在基本分析信息的基础上增加了对受众的社会经济状况信息、人口统计信息和人文信息的分析,如年龄、性别和职业等。对于以提升受众意识为目的的保护沟通来说,中级受众分析已经是绰绰有余。

3. **综合受众分析**(Comprehensive audience analysis)。除了基本分析信息和中级分析信息,综合受众分析还包括心理因素信息,如动机和风险心智模型。在以改变受众行为为目的的共识沟通和保护沟通中,综合受众分析往往必不可少。

收集信息的方式在很大程度上决定着受众分析所需要的时间和成本,随着分析层级的提升,所需的时间和成本也会相应增加。按一名风险沟通者全职工作来计算,基本受众分析大概需要4小时到2周,中级受众分析需要1周到1个月,综合受众分析则需要3周到2个月。

美国国家环境保护局曾发布过一个关于受众分析的重要指南——《社区文化和环境:地方感理解指南》(*Community Culture and the Environment: A Guide to Understanding a Sense of Place*)(EPA,2002),旨在提供"界定和理解环境问题中人文因素的方法和工具"(第3页)。尽管该指南的重点是协助美国国家环境保护局促进以社区为基础的环境保护工作,但其提供的方法也适用于任何社区层级的健康干预工作。这些方法是灵活多变的,如果充分利用的话,其分析结果也会相当全面。该指南建议对社区的下述特征加以分析:

- **社区边界**，即区别于其他社区的自然环境、人工环境、行政区划、社群区隔和经济阶层等方面的特征。
- **社区能力和活跃度**，即当地领导者和居民如何影响本地决策。
- **沟通互动和信息流动**，即人们如何互动和交换信息。
- **人口统计信息**，即社区人口的描述。
- **经济状况和就业情况**，即当地经济过去、现在和未来的状况。
- **教育状况**，即社区居民的受教育水平和教育所起的作用。
- **环境(或健康)意识和价值观**，即社区居民对环境(或健康)的了解、关切和感知，以及这些方面对其日常生活的影响。
- **管理方式**，即从地方到联邦的各级决策是如何制定的。
- **基础设施和公共服务**，即道路、学校、治安、消防等信息。
- **地方特色**，即当地的生活质量(quality-of-life issues)、历史、艺术及当地传统等。
- **地方休闲娱乐活动**，即社区成员如何度过闲暇时间。
- **自然资源和景观**，即该地区的自然特征。
- **地产的归属、管理和规划**，即地产归属者和土地使用规划负责人的信息。
- **公共安全与健康**，即与个人安全和健康问题相关的信息。
- **教徒及修行**，即当地教徒及其修行的重要性、多样化和信条。

此外，风险沟通者还需要考虑受众对其所沟通的风险的感知处于哪个阶段。挪威和英国的相关研究显示，受众的感知会经历三个显著的阶段：

1. 形成阶段，受众发现了风险的存在，并基于社会、人文结构和个人因素建立联想。

2. 维持阶段，受众有选择地接受新信息，偏向于加强此前的感知。

3. 转变阶段，发生的新事件(通常会迅速地)改变人们的感知(Bennett 和 Calman, 1999)。

表 8-1、8-2 和 8-3 依次介绍了基本受众分析、中级受众分析和综合受众分析中需要分析的部分受众特征。

〉》了解关键受众特征

在根据组织和受众因素确定了恰当的分析层级之后，风险沟通者就应详细罗列需要了解的受众特征，详情可见表 8-1、8-2 和 8-3，风险沟通者可以视具体情况对其进行增删。例如,如果风险沟通者不打算使用书面材料,就不需要考虑受众的阅读水平这一特征。

每个层级的受众分析都建立在前一个层级的基础上,即中级受众分析包括基本受众分析的所有信息,综合受众分析包括基本受众分析和中级受众分析的所有信息。

表8-1 基本受众分析考虑的关键受众特征

受众特征	风险沟通者需要思考的问题	问题的答案对风险沟通的影响
风险经历	对受众而言,风险已经存在了一段时间还是新发生的?	风险若是新发生的,风险沟通者要先帮助受众树立风险意识;若是受众熟悉的,则可基于既有观念进行沟通。
与风险沟通组织的交往经历	受众对组织熟悉和信任吗?	如果受众不熟悉组织,风险沟通者要先解释组织的角色;如果熟悉且信任组织,就可基于信誉进行沟通;如果熟悉但不信任组织,则可外聘发言人。
风险的背景知识	受众从科学的角度对风险了解多少?	假如受众对风险几乎不了解,风险沟通者要先予以解释;反之,可以基于既有观念进行沟通。
阅读水平	受众能阅读什么水平的内容?	若受众只能进行低水平的阅读,风险沟通者要对语言、编排、句子和段落结构进行简化;若阅读能力较强,风险沟通者就可以使用更复杂的语言。
受众相信和信任的人	受众相信和信任的人是谁?	选择这个人作为发言人。
信源	受众从哪里获取信息(如电视新闻、报纸、电台、互联网、家庭关系网、自身经历)?	利用该渠道发布风险信息。
教育程度	受众的受教育水平能达到什么程度?受教育水平的范围是什么?	如果受众的受教育水平较高,风险沟通者可使用更复杂的观念;反之则需要提供比较基础的信息。
受众规模	受众的数量是多少?	假如受众规模较大,风险沟通者需要运用电视等沟通方式;如规模较小,可选用召开会议等更直接的沟通方式。
对风险沟通设定的目标或期望	受众对风险沟通有什么期待?	尽可能满足甚至超过受众的目标和预期。
受众在风险沟通中的角色	基于法律和组织的要求,受众扮演何种角色?	只要条件允许,就让受众以自己希望的方式参与风险沟通。
敏感问题	是否有容易激怒受众的话语或概念?	避免使用这些话语;寻找别的方式来描述这些概念。

表8-2 中级受众分析考虑的关键受众特征

受众特征	风险沟通者需要思考的问题	问题的答案对风险沟通的影响
年龄	受众的年龄分布在什么范围?哪个年龄段(5年为一个区间)的人数最多?	获悉受众的关注点:家庭、职业、退休等。
文化	受众中有多少种文化?不同文化体系下的受众如何认知世界?	答案显示了受众的认知观点。
性别	受众主要是男性还是女性?	风险沟通者可据此考量性别对风险概率的影响。
社区的(年)流动率	这是临时性的社区还是联系紧密的当地人社区?	如果是临时性社区,风险沟通者应该使用独立的信息;如果是比较稳定的社区,可基于既有信息进行沟通。
青睐的社交场所	受众通常在何处放松、玩耍和做礼拜?	风险沟通者可据此了解受众的关切,并在其青睐的场所组织会谈。
受众卷入风险的时长/历史	受众已经卷入风险多久了?卷入的方式是被动地接收信息、建立共识还是抗争?	假如受众只是被动地接收信息,风险沟通者可以基于既有观念进行沟通,并鼓励受众主动参与;若受众意在建立共识,就要提供信息并鼓励受众参与;如果是受众发起抗争,则要承认问题以降低受众的敌意,并鼓励其主动参与。
工作/职业	受众在哪里工作?职业是什么?风险是否源于受众的工作场所?	如果受众的工作与风险有关,风险沟通者要关注如何降低风险;若是无关,就尽可能了解受众的关切。
地理区域	风险离受众有多近?	如果风险距受众很近,风险沟通者要提供降低风险的相关信息并明确受众的关切。如果地理区域较大,就使用电视等沟通方式;如果地理区域较小,就使用召开会议等更直接的沟通方式。

表8-3 综合受众分析考虑的关键受众特征

受众特征	风险沟通者需要思考的问题	问题的答案对风险沟通的影响
对风险的关切和感受	受众关注的问题是什么?受众对风险的感受是什么(如愤怒、失望、无动于衷)?	将受众的关切和感受纳入风险信息的制定中。
遭受其他风险的经历	受众那里有无好的风险应对先例可以作为风险沟通的基础?或有无不好的、需要吸取的教训?	如有好的先例,风险沟通者可以此为基础展开沟通;如有深刻教训,则需了解相关情况,在沟通时首先向受众提供风险的基本信息。

续表

受众特征	风险沟通者需要思考的问题	问题的答案对风险沟通的影响
接触新闻媒体或其他报道渠道的情况	受众已看过全面的报道，还是只翻看了通俗小报的新闻？	如果受众看过全面的报道，风险沟通者可以据此进行沟通；如果只是看了小报式的新闻，风险沟通者则需了解这一新闻，在沟通开始时先向受众提供风险的基本信息。
风险的影响	专家认为风险对受众会产生什么影响？受众自己认为风险会产生什么影响？	若专家和受众的观点不一致，风险沟通者要设法了解并纠正其中的错误观念；如果观点相同，风险沟通者可以基于既有观念进行沟通。
对风险的掌控程度	受众可以降低风险吗？还是只能接受并忍受风险？	假如风险可以降低，风险沟通者要提供降低风险的方法；如果无法控制，风险沟通者要尽量增强受众的知识储备。
有组织的群体的目的	这些群体想要达到什么目的？	明确这些群体的关切和情绪。

〉》决定如何收集受众分析信息

风险沟通者能通过多种途径获取前文列举的受众分析信息。其中，最佳的途径就是直接与受众进行面对面的沟通，具体可采用的方法有访谈、调查（当面调查或者通过邮件）、推举某些受众成为顾问、举行焦点小组讨论，或在受众中对风险信息蓝本作预测试。这些直接的方法可以获取最新的关于特定风险和情境的信息。然而，由于以下四点原因，风险沟通者通常无法运用这些方法：

> 风险沟通者能通过多种途径获取前文列举的受众分析信息。其中，最佳的途径就是直接与受众进行面对面的沟通。

- 受众太过分散或者数量十分庞大，风险沟通者根本无法做到与所有受众（甚至只是部分受众代表）会面。
- 在一些特定情况下，使用这些方法要投入大量的时间和资金。
- 受众具有敌对情绪，拒绝和那些与风险本身及风险评估、风险管理、风险沟通有关联的人进行交往。
- 一些从事风险沟通的成员一想到与受众见面就心生恐惧。

> 受众"替代者"是那些既容易获得又与目标受众相似的样本。

如果遇到以上状况，风险沟通者就只能选择不那么直接的方法来收集受众信息，比如选择目标受众的"替代者"和查询现有信息资源。受众"替代者"是那些既容易获得又与目标受众相似的样本。举例来看，假如风险沟通者要为一个较远的社区设计风险信息，但没有足够的时间前往并作出直接分析，此时就可以在本地选择一个和它相仿的社区，然后深入其中进行访谈和调查。值得注意的是，使用这个方法会有风险，因为风险沟通者不得不借助很少的信息作出假设，而这样的假设可能会被证明是错误的，由此就会导致风险沟通工作的失败。不过话又说回来，有一些受众信息总比什么也没有强。

另一种运用受众"替代者"的方法是，从风险沟通的文献中查询已有详细研究的受众样本，再选择与目标受众(基于风险沟通的目的和目标)最匹配的那些。例如，卡拉汉(J. D. Callaghan, 1989)将受众分为科学界/医学界、政府机构、特定社区和公众(覆盖多个社区)四类，他分析了每类受众的特征，并以这些特征为基础制作风险信息。对此，他的建议是：

• 在向**科学界/医学界**描述风险时，风险沟通者可通过专业的协会和会议、人际传播以及中立的第三方数据库高效地达成目标。具体而言，沟通过程中要使用简单的语言(即与专业期刊上的学术写作相对的语言)，提供参考资料作为补充说明；风险沟通者还可以向协会成员发送邮件，在协会内部建立特别兴趣小组，制作一份科学信息明确、观点突出的风险简报，面向社会群体举办巡回研讨会。

• 在向**政府机构**描述风险时，风险沟通者要从一开始就提供深度信息。具体来说，风险沟通者可制作一个包含用非专业语言撰写的立场声明和相关研究信息在内的信息包，请相关领域的科学家或专家来阐述信息，鉴别决策者和出谋划策的人，以及把精力放到那些能影响他人的关键人物身上。

• 对于**特定的社区**，风险沟通者要多运用人际传播方法。比如举办由经验丰富的主持人主持的公开会议，接着使用协会和企业出版物上的相关内容、视频或课堂教学材料等跟进沟通。

• 当沟通的对象是**普通公众**时，如若公众几乎没有敌意，风险沟通者可以利用新闻媒体(如发布会、新闻报道、访谈、录音录像带以及媒体热线，详见第十六章)开展工作；若是公众持敌对情绪，风险沟通者可以邀请可信度高的专家参加电台和电视台的谈话节目、电台热线节目和重要的公共论坛，还可以向报纸的社论版和杂志投稿，这样也能把相关信息传达至特定的受众。

另一个用于收集受众分析信息的不那么直接的方法就是利用现有的信息资源：

- **"社会学家"员工**。很多大的组织都有一群"社会学家"员工，这些员工负责汇编当地社区及组织经常接触的其他人群的相关信息。他们会为受众分析提供大量信息。如果你的组织中没有这样的员工，但拥有足够的时间和资金，那也可以（从高等院校或独立的咨询公司）聘请社会学家来开展受众访谈和调查，并根据风险沟通者所需提供信息。有时一些研究生或本科生愿意参与相关调研以获取实践经历，或者把调研作为课程项目来执行，并象征性地收取一些费用。
- **环境影响报告**。许多环境影响报告中都包含当地社区和经济情况的相关信息。尽管这些报告不足以为风险沟通者的受众分析提供必要的信息，但作为基本受众分析和中级受众分析的信息资源却是足够的。这些报告存放于当地图书馆和政府文件中心，有些现在在网上也能查到。
- **《综合环境反应、补偿和责任法》的工作文件**。该法案要求，超级基金危险废物处理场所必须有社区关系计划，这些计划需包括社区（及环境清理承包商必须沟通的受众）的相关信息。风险沟通者可从当地图书馆、政府文件中心、美国国家环境保护局及互联网找到这些资源。
- **互联网**。几乎每个社区和团体都建立了网站，这些网站能为风险沟通者提供用当地语言和风格记录的大量信息。
- **社会化媒体**。许多组织、社区都有自己的网站和群组，如果风险沟通者面向一个特定社区长期进行风险沟通工作，就可以考虑加入互动交流。
- **人口普查数据**。数据包括人口统计信息、经济发展趋势以及受教育水平。其来源包括当地图书馆、政府文件中心和互联网。
- **当地电台、电视台的广告招商说明书**。电台和电视台需要深入了解各自的受众，从而在吸引更多听众和观众的基础上争取到更多的广告投放。如果风险沟通者阐明目的和需求，电台、电视台或许愿意分享该信息，并可能收取一笔费用。
- **当地报刊的广告招商说明书**。报刊和杂志也需要分析自己的读者以获取更多的广告客户或提高发行量。如果风险沟通者阐明目的和需求，这些媒体或许愿意分享该信息，也可能会收取一笔费用。
- **州或者当地的政治团体**。为了再度当选，这些组织也需要了解自己选区的选民。如果风险沟通者阐明目的和需求，这些组织或许愿意分享相关信息。
- **医疗机构和癌症中心**。大型医疗机构中负责公共事务或公共传播的团队常常需要与大规模的人群进行沟通，他们可能会编制社区情况说明。如果风险沟通者阐明目的和需求,他们或许愿意分享这些资料。

- **商会或其他社区经济发展组织**。这些组织为了招商引资也会进行社区调研。如果风险沟通者阐明目的和需求,这些组织或许愿意分享该信息。

- **写给当地报纸编辑的信件**。从这些信件中可以了解当地受众的关切,以及哪些群体的意见最为强烈。

- **市场分析信息**。盖洛普咨询公司(Gallup)、哈里斯公司(Harris)、舆论研究公司(Opinion Research)等公司会基于市场营销的目的通过访谈和调查来收集信息。这些公司可能愿意有偿地将现有信息分享给风险沟通者,也可以针对风险沟通者的需求开展专项的访谈和调查。通常,这些公司提供的定制服务比任用组织自己的员工要花费更多,但对于大型的风险沟通工作而言,其时间和成本的性价比更高。

- **相关的信息资料**。在共识沟通中(保护沟通有时也如此),除了风险沟通者所在的组织,其他组织也会交流风险。这些组织实际上也可能是受众的一部分。风险沟通者可以观察这些组织如何设计问题,对他们而言什么因素比较重要,以及他们使用的语言。这些信息是风险沟通者进行受众分析的重要线索。

- **职位说明书**。假如风险沟通是针对特定类型的员工开展的,职位说明书会表明该工作要求的教育程度、工作经验和其他可用于受众分析的因素。

> 风险沟通者选择哪些信息资源,不仅要视其自身情况而定,还要看其风险沟通工作属于哪种类型。

风险沟通者选择哪些信息资源,不仅要视其自身情况(如时间、资金和组织支持)而定,还要看其风险沟通工作属于哪种类型。比如即便是保护沟通,可利用的信息资源也因沟通的类型是健康保护沟通(人们的健康普遍处于风险中)还是工业风险沟通(员工的健康或安全面临风险)而有所差别,更不必说工业风险沟通还可以再细分为关于工业卫生的沟通和针对员工个体的通知。表8-4列出了对各类风险沟通而言最有用的非直接信息资源。

使用不那么直接的方法时可能存在信息的有效性问题。越不直接的方法,即信息资源距目标受众越远,所获得的信息就越可能是臆测。若想解决这一问题,风险沟通者需要利用多种资源的信息来确认受众的特征和需求。

表8-4　各类风险沟通在受众分析时最有用的信息资源

风险沟通类型	最有用的信息资源
保护沟通	
健康保护沟通（多元受众）	市场分析信息、医疗机构
健康保护沟通（同质受众）	受众"替代者"、广告招商说明书、互联网、人口普查数据
工业风险沟通	
工业卫生沟通	职位说明书
员工个体通知	受众"替代者"
共识沟通	无。若要成功进行共识沟通，必须采用直接方法。
风险沟通*	"社会学家"员工、环境影响报告、超级基金法工作文件、政治团体、写给报纸编辑的信件

*风险沟通信息资源的选取也会视受众分析的时机而定。表中所罗列的信息资源在危机发生前和制订应急计划时最有用。一旦风险发生，风险沟通者就要选择那些能够即刻获取的信息资源，包括受众"替代者"。

〉》把受众分析信息运用到风险沟通工作中

风险沟通者获得受众分析信息之后，会据此制定风险信息以满足特定受众和情境的需要。这些信息能告诉风险沟通者使用什么媒介、与受众互动的程度、必须回应的关切等等（详见表8-5）。

此外，风险沟通者还可以利用受众分析信息来决定拟发布信息文本恰当的"样式"。在这方面许多组织都在使用"样式检测器"(style checkers)这样的电脑软件或可读性公式来评估文本。尽管这些工具能让信息文本符合特定的年级或阅读水平，但也可能使信息文本变得枯燥、乏味、单调。

研究表明，对于可读性和理解力而言，概念荷载(concept loading，即概念的数量)和概念在句子中的位置，远比单词的长度和它们在一个句子中的数量更重要。例如：

Because of differences in lifestyles, certain members of this group, particularly infants and the elderly, are more likely to be affected.（由于生活方式不同，这群人中的某些成员，特别是婴儿和老年人，更有可能受到影响。）

根据罗伯特·冈宁(Robert Gunning)和道格拉斯·穆勒(Douglas Mueller)提出的可读性公式——迷雾指数(FOG Index)的测算，上面这句话达到了十年级阅读水平。

毕竟这句话包含了21个单词,且其中多个单词有至少3个音节。然而,根据概念荷载和位置理论,理解这句话需要的阅读水平其实要低得多:这句话有三个主要概念和一个解释说明,它们每一个都存在于独立的词组或句子成分中。沟通者可以轻松地将这些词组连成有逻辑的话。美国食品药品监督管理局采用的一个重要的指南提供了很多如何使用可读性公式和其他工具来满足受众需求的建议(Fischhoff等,2011)。

表8-5 运用受众分析信息制定风险信息

已知的受众信息	如何制定风险信息
受众未察觉到风险	采用图示法,使用鲜艳的颜色、引人注目的图形和特别的主题。
受众无动于衷(或者认为自己是受害者)	允许利益相关者参与风险评估和风险管理;展示以往的互动是如何起作用的;提供应对建议。
受众对风险了如指掌	基于既有信息进行沟通。
受众持有敌意	了解受众的关切和感受;找出共同点;允许利益相关者参与风险评估和风险管理。
受众受教育水平高	更多地使用复杂的语言和结构。
受众受教育水平不高	尽量避免复杂的语言和结构,使结构一目了然。
受众信任的人	选择这个人作为发言人。
受众觉得舒适的地方	在这些地方举行会谈。
受众获取信息的主要方法	选择用这个方法传递信息。
受众的构成	确保信息传递到每个成员。
受众希望如何参与风险评估或风险管理	基于时间、资金和组织的制约等条件,尽可能让受众以自己期望的方式参与进来。
受众对风险或沟通过程的误解	了解这些误解。提供弥补知沟的资料并纠正受众的失实印象。
受众的关切	了解这些关切并提供相关资料。

受众分析的清单

根据目的和目标、受众情况和组织限制,最适当的受众分析层级是:

☐ 基本

☐ 中级

☐ 综合

选择哪些受众的关键特征进行分析是基于:

☐ 目的和目标

☐ 受众情况

☐ 分析层级

分析层级基于：

☐ 时间

☐ 资金

☐ 员工

☐ 审批要求

受众分析信息的收集方法：

☐ 直接方法：

　☐ 访谈

　☐ 调查

　☐ 焦点小组

☐ 不太直接的方法：

　☐ 受众"代替者"

　☐ 现有信源

对于直接方法：

☐ 已明确所需审批

☐ 已获得所需审批

对于非直接方法：

☐ 使用多信源确认受众信息无误

受众分析信息用于：

☐ 制定风险沟通策略

☐ 确定合适的：

　☐ 语言

　☐ 句子结构

　☐ 编排方式

参考文献

Bennett, P. and K. Calman. 1999. *Risk Communication and Public Health*. Oxford University Press, New York.

Blankson, I. A., S. Natasia, and M. Liu. 2012. "A Triple Disaster in One Fell Swoop: Rethinking Crisis Communication in Japan after March 11." In A. M. George and C. B. Pratt, eds., *Case Studies in Crisis Communication: International Perspectives and Hits and Misses*. Routledge, New York, pp. 196–226.

Callaghan, J. D. 1989. "Reaching Target Audiences with Risk Information." In V. T. Covello,

D. B. McCallum, and M. T. Pavlova, eds. , *Effective Risk Communication*: *The Role and Responsibility of Government and Nongovernment Organizations*. Plenum Press, New York, pp. 137–142.

EPA(U. S. Environmental Protection Agency). 2002. *Community Culture and the Environment*: *A Guide to Understanding a Sense of Place*. Office of Water, Washington, DC. EPA 842-B-01-003.

Fischhoff, B. , N. T. Brewer, and J. S. Downs, eds. 2011. *Communicating Risks and Benefits*: *An Evidence-Based User's Guide*. U. S. Food and Drug Administration, Washington, DC.

Galloway, C. and K. Kwansah-Aidoo. 2012. "Victoria Burning: Confronting the 2009 Catastrophic Bushfires in Australia. " In A. M. George and C. B. Pratt, eds. , *Case Studies in Crisis Communication*: *International Perspectives and Hits and Misses*. Routledge, New York, pp. 279–292 .

Green, J. A. , N. K. Choudry, E. Kilabuk, and W. H. Sharnk. 2010. "Online Social Networking by Patients with Diabetes: A Qualitative Evaluation of Communication with Facebook . " *Journal of General Internal Medicine*, 26(3): 287–292 .

Persensky, J. , S. Browde, A. Szabo, L. Peterson, E. Specht, and E. Wright. 2004. *Effective Risk Communication*: *The Nuclear Regulatory Commission's Guidelines for External Risk Communication*. U. S. Nuclear Regulatory Commission, Washington, DC. NUREG/BR-0308.

拓展资源

Arkin, E. B. 1989. "Translation of Risk Information for the Public: Message Development. " In V. T. Covello, D. B. McCallum, and M. T. Pavlova, eds. , *Effective Risk Communication*: *The Role and Responsibility of Government and Nongovernment Organizations*. Plenum Press, New York, pp. 127–135.

Babbie, E. 1973. *Survey Research Methods*. Wadsworth Publishing Company, Belmont, California.

Barke, R. P. No Date. "Surveys on How Specific Audiences See Risk. " School of Public Policy, Georgia Institute of Technology, Atlanta, Georgia.

Butler, L. M. 1995. *The "Sondeo" A Rapid Reconnaissance Approach for Situational Assessment*. Community Ventures, A Western Regional Extension Publication, WREP0127. Washington State University, Pullman, Washington.

Hodges, M. 1992. "How Scientists See Risk. " *Research Horizons*, Summer, pp. 22–24. Georgia Institute of Technology, Atlanta, Georgia.

International Association for Public Participation. http: //www. pin. org/iap2. htm (accessed January23, 2013).

McDonough, M. H. 1984. "Audience Analysis Techniques. " *Supplements to a Guide to Cultural and Environmental Interpretation*. U. S. Army Corps of Engineers, Waterways Experiment Station, Vicksburg, Mississippi.

Pearsall, T. E. 1969. *Audience Analysis for Technical Writing*. Glencoe Press, Beverly Hills, California.

Santos, S. L. 1990. "Developing a Risk Communication Strategy." *Management and Operations*, November, pp. 45-49.

Warren, T. L. 1993. "Three Approaches to Reader Analysis." *Technical Communication*, 40(1): 81-88.

Weinstein, N. D. and P. M. Sandman. 1993. "Some Criteria for Evaluating Risk Messages." *Risk Analysis*, 13(1): 103-114.

第九章　制作信息

将制作关键信息作为风险沟通计划的一个环节,有利于风险相关信息的传递。关键信息可使风险沟通的参与者把注意力聚焦于最为重要的风险内容之上,并促使他们集中精力设计这些内容的传递策略。在保护沟通中,关键信息传达的是风险的性质和人们避免或降低风险的方法。在共识沟通中,利益相关群体在向决策制定者提出策略或行动建议时或许也会提炼出自己的关键信息。在危机沟通中,让每一个当事组织获悉关键信息(尽管在危机中这些信息会不断演变)能够使恢复行动更加有效,且在减少混乱的同时增加组织的可信度。一旦发生危机,关键信息对媒体发言人和热线电话接线员来说尤其重要。

制作风险沟通信息不同于创作一条朗朗上口的广告语,其目的不是为了操纵他人,而它也绝非受众分析或公众参与的替代品。风险沟通者需要明确的是,你不应把自认为是受众应该知道的信息强行推送出去,而应去了解受众究竟想要或需要知道什么,继而用清晰明了的方式传递给他们。正如英国的公共卫生研究人员提出的,要以一种便于各方继续分享的方式陈述风险信息(Bennett 和 Calman, 1999)。

> 制作风险沟通信息的目的不是为了操纵他人,它也绝非受众分析或公众参与的替代品。

本章接下来的部分将讨论信息制作中一些常见的陷阱,人们想要了解哪些风险信息,以及如何为不同的风险情境精心制作信息。

〉》常见的陷阱

制作风险信息并没有看上去那么简单。如果人们按照以往的惯例来组织语言,不仅会阻碍风险沟通者与目标受众之间的信息分享,也会影响到受众与沟通组织之间的交流。由此谈到的框架(framing)就是最为常见的陷阱之一。

框架讨论的是如何呈现风险信息的问题。研究表明,采用何种框架组织信息将影响到人们对信息的反应和他们依据信息得出的结论。有个例子是向两组被试者展示某种新型癌症治疗方法的风险信息,但提供给第一组被试者的信息是按照该治疗方法对死亡率的影响加以表述的,提供给第二组被试者的信息则根据该治疗方法对存活率的影响来表述。结果,第二组被试者中愿意接受这一治疗方法的人是第一组的两倍多。相同的情况也出现在被试者为职业医生的群体中,尽管他们被认为可能会识别出框架之间的差别(Bennett 和 Calman, 1999)。

另一个陷阱是认为"没有风险"。当大量研究都显示公众正关心的某一问题并不会带来风险时,其实际上是在试图提炼这样的信息——没有什么可担心的。然而,所有的风险评估都避免不了不确定性,也没有绝对安全、毫无风险的情况。在看到英国因疯牛病爆发导致成千上万头牛死亡、造成数十亿美元损失以及这期间失败的风险沟通工作之后,风险沟通专家威廉·莱斯(William Leiss)和道格拉斯·鲍威尔(Douglas Powell)呼吁要摒弃"没有风险"的说法(Leiss 和 Powell, 2004)。

制作信息还面临的一个挑战是如何传播数字信息。本书曾经提及(见第四章),人们一般不太擅长处理数字信息。美国国家成年人素养研究(National Adult Literacy Survey)显示,在美国有近一半的人在理解简单的数学运算时存在困难。供职于著名的决策研究公司(Decision Research)的艾伦·彼得斯(Ellen Peters)建议在传递数字信息时,注意以下几点:

- 突出强调最重要的信息。
- 对使用的符号和图表进行预测试。
- 与一般人的思维方式保持一致(比如,从1到5中选择一个数,数值最大的将是最好的选择)。
- 如果用X分之一的方式陈述可能性,请保持X不变。
- 根据信息的重要性提供视觉线索(比如,使用更大的字体或粗体字)。
- 建议从绝对风险(1/10)而不是相对风险(10%)的角度来呈现风险,也不要使用小数(Tucker 等, 2008)。

对于如何直观可视地传递数字信息,第十四章将给出更多的建议。

与风险相关的"利益"的想法也被证明是一个摆在风险沟通者面前的绊脚石。承担某种特定的风险可以带来所谓的"好处"。例如,一个核电厂会有一些潜在的风险,如可能发生工业事故或环境事故,又如核废料造成的长期影响,但它同时也能创造更多的就业岗位、提高税基、为区域提供更多的电力。一些行业主张使用的成本-效益分析,实际上就是用金钱来衡量环境、安全和健康风险,并将之同样量化为金钱的效益作比较。

然而，如果风险沟通者不谨慎使用的话，利益就会成为风险沟通信息中一个棘手的问题。比如，在解释医疗保健风险的保护沟通中，病人可能会希望医生同时告知其风险和利益，这样他就能在充分了解信息的基础上作出决策。在共识沟通中，那些为寻找最佳方案而共同努力的人也需要对风险和利益进行权衡。不过，在危机和应急沟通中讨论利益就显得不合时宜。设想在洪水上涨时，谁还愿意去听那些"房价暴跌会为初次购房者带来机会"的消息呢？在很多情况下，采纳风险建议的好处也是显而易见的（如在撤离或有溺水危险时找地方躲避）。

美国食品药品监督管理局(FDA)在2007年发布的有关风险沟通咨询委员会(Risk Communication Advisory Committee)的声明，就是一个典型的例子，我们从中可以看到在风险信息中附带利益信息存在的隐患。美国食品药品监督管理局在美国医学研究所(Institute of Medicine)的建议下设立了风险沟通咨询委员会，以处理食品药品监督管理局就有关药品和其他受其监管的医疗产品的有效性、安全性及应用情况的信息沟通问题。该声明提及，风险沟通委员会的职责范围扩展到食品药品监督管理局监管的所有产品的风险和利益的沟通。声明发布不久，美国发生了多起宠物因食用受污染的宠物食品导致死亡的事件。期间，该委员会因考虑了某些利益而招致利益相关者在互联网上的激烈批评，这一风波直到数月之后才趋于平静。

决定是否要在风险沟通中提及利益，风险沟通者应考虑以下问题：

- 身处风险中的人希望从你所在的组织那里听到有关风险利益的信息吗？当监管机构讨论风险的利益时，受众往往会出现敌意，因为他们会认为这些机构早已将保护公众的职责抛之脑后了。
- 提及利益能否使风险沟通的对话更为深入？比如，一个利益相关者群体在评估一个新产品时，可能需要利益方面的信息。
- 获知利益信息可不可以使身处风险中的人做出更为明智的决定？比如，同时了解手术的好处和风险将会帮助病人更好地决策。

在这三个问题中，你如果连一个问题都不能给出肯定的回答，那么在混合使用风险信息和利益信息之前，最好三思而后行。要牢记风险沟通的核心原则：了解你的受众！

〉》人们想要了解的信息

对于某一特定风险，基于人们对风险的熟悉程度和对风险信息呈现方式（比如，是使用静态的信息材料还是互动的社会化媒体)的期望等因素,人们想要获悉的信息看上去也应各有差异。举例来说,如果受众面临的是不太熟悉的风险,已有研究列出了几类他们可能最想了解的信息。虽然有些人因为恐惧或能力不足等原因不会主动寻求信息以应对风

> 我们的研究表明,人们最先想知道的是风险是否和自己相关,包括是什么风险,它会造成什么后果,以及/或者是否有人会暴露其中。——Lion等(2002, p. 775)

险,但多数人还是会希望得到所有这些信息(Lion等,2002)。通常,人们会关心如下几类信息:

- 风险的描述。比起用术语描述,人们更喜欢较为熟悉的类比方式。因此,风险沟通者应采用实例类比的方法帮助大家理解风险。
- 风险的后果。包括风险的影响和风险的危险水平。
- 风险及其后果的可控水平。人们想知道诸如"我应该做些什么?""有关机构正在做些什么?"等问题的答案。
- 暴露信息。包含了风险的严重程度,持续时间,可接受的风险等级及其测量方法,暴露于致病物质多久是危险的,致病物质会持续存在多长时间以及这些物质是如何在身体中渐渐累积的。

受教育水平较高的人们还会想要了解风险的研究是如何进行的,而受教育水平较低的人们则只关心研究的结果。另外,有关风险的好处的信息属于最不重要的那一等级(Lion等,2002)。

此外,还有研究关注人们怎样根据自身对风险的熟悉程度来处理风险信息。由威斯康星大学麦迪逊分校健康系统研究和分析中心的李安·卡勒(LeeAnn Kahlor)领衔的研究发现,人们对风险了解得越少,就越会用条理化的方式处理风险信息。这种条理化的处理方式有板有眼且更易评估,既能形成更为稳定和抗拒变化的态度,从而有益于危机准备及共识沟通工作的开展,还可以带来行为上的改变,继而有助于应对危机和进行保护沟通。为鼓励人们采用这种条理化的信息处理方式,风险沟通者要在风险信息中融入受众认为自己需要知道的信息,否则他们根本不会对信息加以关注(Kahlor等,2003)。

在涉及社会化媒体时,受众除了希望获得行动上的具体指导和反馈之外,还显露出对情感支持的需要。杰里米·A·格林博士(Jeremy A. Green)和他在布莱根妇女医院及哈佛医学院的同事发现,糖尿病病人将他们的信息归为两类:有关疾病控制策略的信息(约占2/3)和请求情感支持的信息(约占1/3)(Green等,2010)。

〉》心智模型

第二章介绍的心智模型方法可以用来制作恰当的风险信息。由于需要花费较长的时间，这一方法更加适合保护沟通、共识沟通，以及危机沟通的计划阶段。

心智模型的方法是在开展访谈并了解了受众对风险及其各种现象的理解和看法之后，才着手创作信息的。该方法不是用来说服人们风险很小且可控，而是为了向非专业人员提供其真正需要的信息，从而帮助他们针对健康、安全与环境风险作出明智的自主判断。摩根等(2002)提出"六步法"来分析人们的所思所想，以及在作出决策时需要哪些信息。

1. **使用影响图(influence diagram)建立关于风险的专家模型**。这是一个科学准确地判定风险性质和量级的处理模型。图9-1和图9-2分别是关于莱姆病和艾滋病毒/艾滋病的专家模型。

2. **开展心智模型访谈**。根据专家模型进行提问，了解人们对危险的看法，让他们用自己的方式表达。

3. **实施结构化访谈**。按照开放式访谈中获得的人们对危险的看法，设计调查问卷进行更大范围的提问，确定这些看法是否普遍存在。

4. **将人们的答复和专家对风险的理解进行比较**。

5. **草拟风险沟通信息**。基于访谈结果，以及对人们面临的决策的分析，找出错误最显著的看法和普通人与专家间的知识差距。

6. **评估风险沟通效果**。在不同群体中测试风险沟通信息，将其不断完善，直至信息的被理解程度达到预期。

使用这个方法不是为了说服人们以科学家的方式作出决定，也不是想把普通人变成科学家，而是要确保人们能够获得其所需的不论在科学上、技术上还是医学上都准确恰当的信息，以帮助他们自主决策。

值得一提的是，上述步骤还揭示了风险沟通必须要处理人们持有的错误观念(很多时候他们并未意识到)。例如，访谈人员发现有人认为有氡的房屋存在的污染是永久性的，室内降氡基本不可能或花费极其高昂。基于此，格兰杰·摩根(Granger Morgan, 2002)等人指出，美国国家环境保护局1986年发布的《氡的居民指南》(*A Citizen's Guide to Radon*)中提出的"你应该对家中的氡进行检测"这一核心信息可能会被削弱，因为受众会认为检测也没什么用处。这样，"氡会随着时间变化而衰变""市场上也有便宜的家用氡检测设备"等信息可能会更加有效。

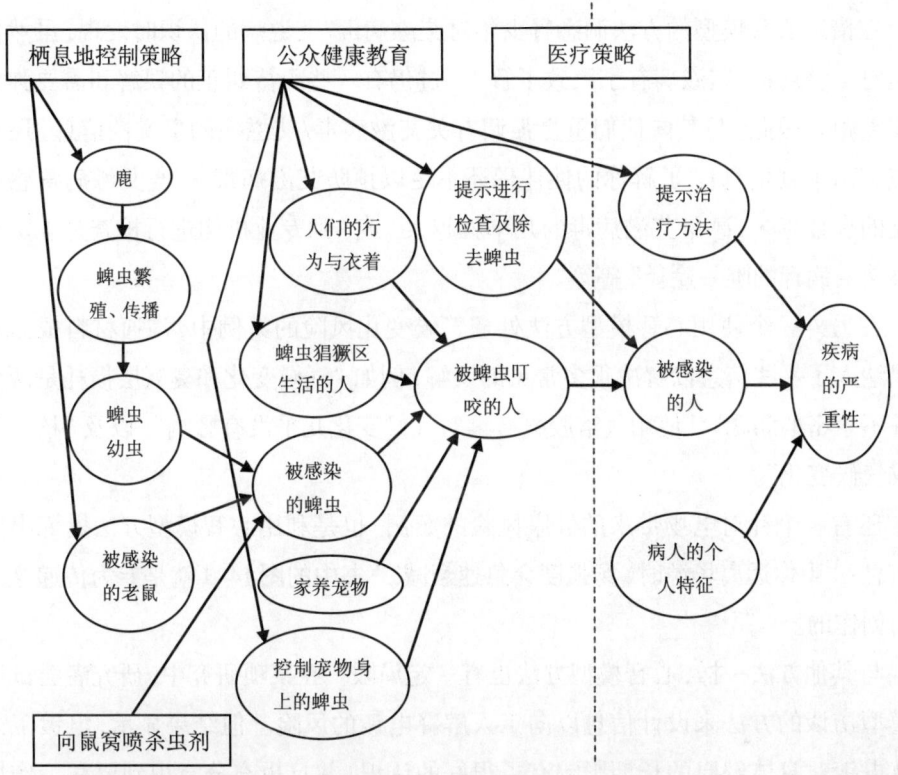

图9-1 关于莱姆病传染风险的专家模型的简要版本。垂直虚线左侧部分为传染病毒接触过程,右侧是染病过程。(来源:Morgan等,2002;已获使用许可)

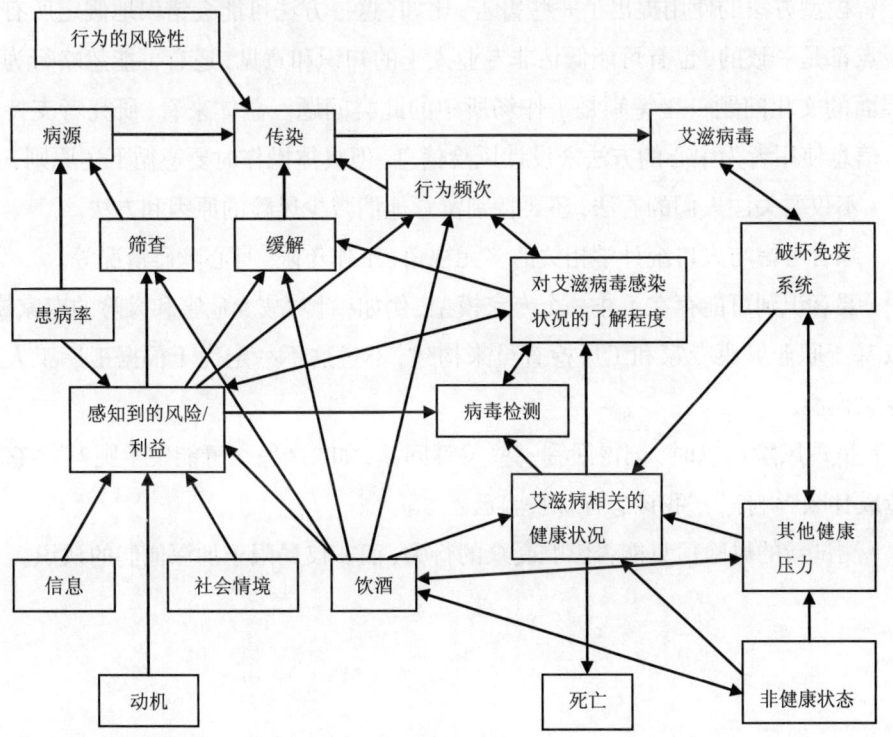

图9-2 关于艾滋病毒和艾滋病风险的专家模型(来源:Fischhoff和Downs,1997;已获使用许可)

在借助心智模型的方法洞悉青少年对艾滋病毒/艾滋病的认识时发现，虽然他们已经对艾滋病毒/艾滋病有了大致了解，不过仍有一些亟待纠正的误解和需要弥合的知识差距。因此，与其向他们重复强调有关艾滋病毒/艾滋病的事实性信息，还不如重点突出下列信息："了解你的性伴侣还不足以预防艾滋病毒""与艾滋病毒感染者性交的次数越多，感染艾滋病毒的几率就越大"或"到专业机构进行检查是确定有无感染艾滋病毒的唯一途径"等等。

在另外一个使用心智模型方法处理气候变化风险的案例中，沟通材料根据分析结果纳入了一些信息以解决很多常见的误解，例如"气候变化和臭氧层损耗是两个关联并不紧密的问题""使用气溶胶喷雾罐对气候变化几乎没有影响"，以及"核能不会促成气候变化"。

还有一个针对电场带来的健康风险的案例，也是利用心智模型方法提炼出这样的信息："当你远离场源时，场强度会急速衰减。"书中的图14-1就是专为传递这条信息而创作的。

与其他方法一样，心智模型方法也有一定局限。在某项研究中，研究者尝试用心智模型访谈的方法来设计信息以向工人解释电镀的风险。但结果显示，电镀工人已经就电镀对身体健康的长期影响有了很好的认识，并且也充分意识到要在工作场所做好预防措施，而这些并非来自于其切身的工作经历(Petts等，2002)。相关研究者已对心智模型方法的使用提出了一些警告，比如，这一方法可能会错误地假定所有专家的观点都是一致的，也有可能低估非专业人士的知识和意见，还有可能忽略行为和组织层面的文化问题——特别是工作场所中的此类问题。总体来看，研究者支持用这种以信息使用者为中心的方法来设计风险信息，但具体操作时要遵循下述原则：

- 不仅要关注人们的看法，还要特别留意他们减少风险的原因和方法。
- 综合考虑与人口统计学相关的多元视角、工作年限、身心障碍情况等。
- 要意识到可能存在不止一个专家模型，例如，针对减少危害和风险的专家模型，可以基于职业健康专家和工厂检查员来构建，不过这不一定优于根据工厂工人建立的专家模型。
- 呈现风险信息时，记得回答一些关键问题，如"这怎么可能发生呢？""它会对我造成什么影响？""我该怎样保护自己？"等。
- 测试新的风险信息能否影响受众的行为，而非仅局限于加深他们的认识。

〉》制作信息地图

风险沟通顾问、哥伦比亚大学教授文森特·科万罗(Vincent Covello)提出了"信息地图"(message map)的概念。它是一个针对预设的问题和关切,而给出的详细的、层级化答复的模板,旨在确保每个人都能理解组织针对高关注度或颇具争议的议题所提供的信息。

> 信息地图是针对预设的问题和关切,给出详细的、层级化答复的模板。

信息地图应该由利益相关的和受到影响的群体来制作,视具体情况可邀请科学家、沟通专家和政策专家等参与进来。涉及多个领域利于汇集多样的观点,但最终目标则是要形成各方都认可的信息和论据。

制作信息地图时,应首先就预设问题列出一个清单,明确人们潜在的关切,接着提炼关键信息对这些关切和问题作出回应。每一个关键信息都需要三个相关论据作为支撑(即支持信息)。为了减少受众的困惑,同时促进其对信息的理解和记忆,科万罗建议控制关键信息的数量,并将可读性保持在中学生可以理解的水平上。表9-1就是一张信息地图,用来解释"天花的传染性有多强"这一问题。

表9-1　信息地图样本。利益相关者:公众。问题:天花的传染性有多强?

关键信息1	关键信息2	关键信息3
与麻疹或流感相比,天花的传染速度比较慢。	我们有充裕的时间寻找、联系可能接触病毒的人,并为他们接种疫苗。	在接触病毒3-4天内接种疫苗,可基本防止病症的发生。
支持信息1-1	支持信息2-1	支持信息3-1
人们只有在身上已经出现疹子并生病的情况下才具有传染性。	天花病毒的潜伏期为10-14天。	从未接种过天花疫苗的人是疫苗接种最重要的对象。
支持信息1-2	支持信息2-2	支持信息3-2
面对面接触超过数小时才有可能被传染。	寻找疑似感染者的资源充足。	小时候接种过疫苗的成年人仍会对天花有一定程度的免疫力。
支持信息1-3	支持信息2-3	支持信息3-3
没有无症状病毒携带者。	找到接触过病毒的人并为其接种疫苗,是控制天花传染的有效途径。	疫苗充足,且供应不断增加。

*来源:美国疾病控制和预防中心等(2003)。

〉》健康风险沟通

虽然与其他风险信息类似，但有关公共健康的信息还有更进一步的目标——改变人们的行为。健康信息常含有劝导的成分，不过无论如何都要以对受众的关切、需求和行动诱因的理解为基础。健康传播研究者金姆·威特（Kim Witte）等人基于传播研究，为受众分析和信息制作介绍了一个详细的操作流程：

- 确定健康威胁、建议作出的反应和目标受众。
- 针对目标受众对威胁的看法展开形成性研究（formative research），包括改变看法、强化现有看法或引入新的看法。在目标受众中选择有代表性的人物形成一个或多个受众描述，内容包括其生活方式、文化信仰、宗教价值观等。
- 列出信息的来源、渠道和信息偏好，确保它们符合受众的价值观、人口统计学特征和需求。
- 为你之前作出描述的受众确定其处于改变准备（change readiness）的阶段（包括：没有意识到健康威胁或对健康威胁无动于衷，考虑作出改变，准备改变，作出改变，行为保持几个阶段），并描述促使其进入下一个阶段的计划。
- 基于上述研究和涉及劝服及行为改变的传播理论来制定和测试信息。
- 传播信息，评估受众在观念和行为改变上的效果。

无独有偶，多伦多大学健康传播部也基于传播研究，提出了制作健康信息的下述建议：

- **吸引并保持受众的注意力**。越能激发受众去思考信息，就越有可能使他们改变既有的认知、态度和行为。为此，可考虑使用诉诸情感的场景、生动的视觉呈现或者鲜活的语言来感染受众。
- **开门见山地提出强有力的观点**。这是劝说受众采纳风险沟通者建议的行为的最关键信息。
- **信息清晰明确**。要让受众很容易地理解风险沟通者建议他们采取的行动，以及采取这些行动的激励因素。
- **给出一个合理的、简单易行的行动建议**。与其告诫烟民不要吸烟——很多人会觉得难以做到而无视这个建议——倒不如让他们写一张保证书或是承诺一周不吸烟，或者传授他们一些首日戒烟的技巧。此外，向烟民展示一些戒烟榜样的做法也不失为一个好办法。
- **有效使用激励因素**。使用包括身体、经济、心理、社交和道德等方面的多样化激励因素，努力让受众在乎这些激励因素，并使他们认为只要自己作出改变，就可以得到相关的满足。

- **为风险带来的威胁和利益提供可靠的证据**。专家的言论、文章和统计数字对那些与风险存有利害关系的人而言有效，而生动的案例和证言则可能对置身事外的受众更有效。
- **使用可信的信息**。切勿发表极端的言论或使用极端的案例。
- **根据受众和话题选用恰当的语气**。严肃的口吻是最保险的，但不要说教或发号施令。有的受众更加喜欢轻松、幽默、讽刺或戏剧化的语气。
- **选择更加适合受众的诉求方式**。针对那些对风险话题已产生兴趣的受众可采用理性诉求的方式，假如受众对风险话题无动于衷则可采用感性诉求的方式。
- **不要冒犯受众**。不要出言责备因不健康行为而受到伤害的人，正确的做法是帮助他们解决遇到的难题。
- **每一条信息都要突出组织的身份**。组织身份的识别元素包括组织名称、定位声明或定位宣言、标识、口号、图像等，应凸显能够帮助受众记住和联想起活动信息的识别元素。
- **选择目标受众信任的信源充当"信使"**。信使是能传达信息、展示行为或提供证言的人。充当这一角色的可以是名人、公职人员、受害者，还可以是成功的榜样。信使的可信度可通过其专业知识、坦诚的态度或与目标受众的相似性来强化。

还有一种传播健康风险信息的方法，名为"头等重要的健康传播目标"（Single Overriding Communication Health Objective，简称SOCHO）。它的主要观点是，风险应该被浓缩为一条最为重要的信息，这条信息需要反复强调直到受众采取行动（如戒烟、加入社区咨询小组、撤离等）。理解了最为重要的信息，可以帮助风险沟通者集中注意力，尤其是在面对面交流（见第十五章）及与新闻媒体进行沟通（见第十六章）的情况下。另外，该方法还能帮助健康风险沟通者确定想要传递的核心信息。它的缺点主要有两个：

1. 很难将复杂的情况提炼成一条信息。

2. 向受众重复灌输同一条信息无法为受众答疑解惑、解决问题，也难以为各方持续的信息分享提供支持（Bennett和Calman，1999）。事实上，很多新闻媒体工作者已经意识到这一问题，并加倍努力地寻求解决办法。

对此，风险沟通者最好事先了解受众想知道什么，并据此拟定一组涉及风险的全方位的信息，而非仅仅依靠一条信息来渡过难关。

〉》危机沟通

在危机沟通中，风险沟通者应该在恰当的时候采用一种紧迫的语气来敦促受众采取行动，并使他们确信相关组织正在努力寻求危机的化解之道，但前提是避免给受众带来困惑或恐慌。在一些危机中，危险是已知的（如洪水或飓风）。英国环境部发现，洪水警报信息如果能够基于各地实际情况、重点关注受众的反应并考虑到人们的特殊需求的话将会更加有效。

> 当政府当局连续的、可信的信息发布不足时，公众就可能会采用对他们有害的方法行事。——Center for Biosecurity (2012, p. 3)

科罗拉多大学博尔德分校荣誉教授丹尼斯·米勒蒂(Dennis Mileti)，以及他在自然危害研究及应用信息中心(Natural Hazards Research and Applications Information Center)的同僚们，共同开展了一项关于受众如何听取紧迫性危险的预警信息的研究。他们在研究中发现，受众需要的预警内容包括五个主题：有关危险的信息、危险区域、行动指南、反应时限以及信息来源(作出警告的组织)。当预警信息符合以下特征时会十分有效：

- 具体
- 一致
- 明确
- 易懂
- 准确
- 充分(包含足够的细节)
- 反复强调(Mileti 和 Peek，2000)

在危机沟通中，信息总是越多越好。受众在危机中渴望获得更多的信息。

美国疾病控制和预防中心等(2003)建议在遭遇危机(特别是涉及传染病或其他公众健康问题)时，可按照下述流程制作信息：

- **描述你要影响的受众**。即按照风险沟通原则，描述受众与事件的关系、受众的人口统计学特征(年龄、语言、受教育水平、文化背景)和受众的愤怒程度。
- **确定信息传播的目的**。目的可以是提供事实并及时更新、动员人们采取行动、解释事态、澄清谣言、回应媒体的需求。
- **选定信息传播的方式**。包括使用新闻媒体、互联网、新闻发言人、电话留言、公众会议或其他方法。

在明确了目标受众、信息传播目的和信息传播方式之后，就可以使用如下要素制作风险信息：

- 展现同理心(empathy)
- 提供事实以及(或者)呼吁采取行动
- 目前尚不知道的情况和为了搞清状况需要的过程
- 组织的承诺声明
- 可获得更多信息的参考信源
- 下一次信息更新的安排

风险沟通者要保证信息内容通俗易懂，不使用晦涩的术语，既传达科学可知的风险信息，也要承认风险尚不可知的方面。

俄克拉荷马城爆炸案和其他大规模伤亡事件的经历告诉我们，人们在面对灾难时处理信息的能力会急剧下降。在这样的情境中，风险沟通信息要足够简单，数量也不宜太多，若是口头信息则必须以文本的形式再次进行强调(Blakeney, 2002)。另外，要重复信息并加入与风险相关且切实可行的行动建议，以帮助受众明白他们应该做些什么来保护自己和所爱的人。人们最需要的就是切实可行的建议(Center for Biosecurity, 2012)。

在面对新闻媒体或使用电话热线时，发言人和其他的组织代表需要提前练习回答各种表述风险信息的问题。当不只一个机构或组织参与发言时，确保所有发言人传达同一个声音是极为重要的，若从不同的机构或组织获得的信息相互矛盾，受众就会感到困惑，对这些机构或组织的信任度也会下降。关于更多在危机中回答问题的信息，请参考第二十一章。

制作信息的清单

在制作和传递信息时：

☐ 已明确风险信息的目的。

☐ 已根据保护沟通、共识沟通和危机沟通，选择了适当的信息制作方法。

☐ 已对受众的基本信息及其知识水平、观念看法、主要关切以及限制其采取行动的阻碍因素等进行了分析。

☐ 已经特别关注到受众对风险的误解、知识差距和需要强化的观念看法。

☐ 信息内容和传播方式以对受众的理解为基础，并已经进行过预测试。

☐ 已敲定评估方法来判断信息的有效性，必要时对信息加以调整。

参考文献

Bennett, P. and K. Calman. 1999. *Risk Communication and Public Health*. Oxford University Press, New York.

Blakeney, R. L. 2002. "Providing Relief to Families after a Mass Fatality: Roles of the Medical Examiner's Office and the Family Assistance Center." *OVC Bulletin*, November 2002.

Center for Biosecurity. 2012. *After Fukushima: Managing the Consequences of a Radiological Release*. University of Pittsburgh Medical Center, Baltimore, Maryland.

Centers for Disease Control and Prevention, Agency for Toxic Substances and Disease Registry, Oak Ridge Institute for Science and Education, and The Prospect Center of the American Institutes of Research. 2003. Emergency Risk Communication CDCynergy(CD-ROM). http://www.orau.gov/cdcynergy/erc/(accessed January 23, 2013).

Fischhoff, B. and J. Downs. 1997. "Accentuate the Relevant." *Psychological Science*, 8(3): 1–5.

Green, J. A., N. K. Choudhry, E. Kilabuk, and W. H. Shrank. 2010. "Online Social Networking by Patients with Diabetes: A Qualitative Evaluation of Communication with Facebook." *Journal of General Internal Medicine*, 26(3): 287–292.

Kahlor, L., S. Dunwoody, R. J. Griffin, K. Neuwirth, and J. Giese. 2003. "Studying Heuristic-Systematic Processing of Risk Communication." *Risk Analysis*, 23(2): 355–368.

Leiss, W. and D. Powell. 2004. *Mad Cows and Mother's Milk: The Perils of Poor Risk Communication*, 2nd ed. McGill-Queen's University Press, Montreal, Quebec, Canada.

Lion, R., R. M. Meertens, and I. Bot. 2002. "Priorities in Information Desire about Unknown Risks." *Risk Analysis*, 22(4): 765–776.

Mileti, D. S. and L. Peek. 2000. "The Social Psychology of Public Response to Warnings of a Nuclear Plant Accident." *Journal of Hazardous Materials*, 75(2000): 181–194.

Morgan, M. G., B. Fischhoff, A. Bostrom, and C. J. Atman. 2002. *Risk Communication: A Mental Models Approach*. Cambridge University Press, Cambridge, United Kingdom.

Petts, J., S. McAlpine, J. Homan, S. Sadhra, H. Pattison, and S. MacRae. 2002. Development of a Methodology to Design and Evaluate Effective Risk Messages; Electroplating Case Study. Prepared by the University of Birmingham for the Health and Safety Executive of Great Britain. Edgbaston, Birmingham, U. K. Contract Research Report No. 400.

Tucker, W. T., S. Ferson, A. M. Finkel, and D. Slavin, eds. 2008. "Strategies for Risk Communication: Evolution, Evidence, Experience." *Annals of the New York Academy of Sciences*, 1128: 1–7.

UK Environmental Agency. No Date. "Improving Institutional and Social Responses to Flooding." Science Summary SCHO0509BQBM-E-P. UK Environmental Agency, London.

Witte, K., G. Meyer, and D. Martell. 2001. *Effective Health Risk Messages: A Step-by-Step Guide.* Sage Publications, Thousand Oaks, California.

拓展资源

New York State Health Department. No Date. "How to Craft Effective Health Messages for People with Disabilities." http://www.health.ny.gov/publications/0957/(accessed January 31, 2013).

第十章 选择适当的沟通方式

在对沟通的原因、对象和内容加以了解后，风险沟通者接下来就需要确定怎样去沟通。那么，什么样的沟通方式最利于实现沟通的目的和目标，并能最大限度地满足受众的需求呢？（通常，没有一种方式能够满足所有细分受众的需求。）一些可供选择的基本方式有信息材料、风险的可视化呈现、面对面沟通、与新闻媒体合作、利益相关者参与、技术辅助沟通以及社会化媒体。

本章主要讨论这些方法与各类风险沟通的目的、目标及受众需求之间的匹配关系，以及有效沟通所需要的时间和技术知识。本书的第3编将详细介绍如何使用这些方式。

〉》信息材料

> 信息材料是指打印出来给受众阅读的资料。信息材料可能包含图片或其他图形元素，其篇幅没有特别的限定，既可以是占据局部页面的广告，也可以是多卷本的环境影响报告。定期寄发的通讯、情况说明书、宣传册、小册子、传单、展板、广告、海报、行业期刊文章、大众报纸文章和技术报告都是常见的信息材料。

信息材料是指打印出来给受众阅读的资料。信息材料可能包含图片或其他图形元素，其篇幅没有特别的限定，既可以是占据局部页面的广告，也可以是多卷本的环境影响报告。定期寄发的通讯、情况说明书、宣传册、小册子、传单、展板、广告、海报、行业期刊文章、大众报纸文章和技术报告都是常见的信息材料。

信息材料的优势是信息量丰富，并可适当扩充或压缩来满足受众的需求（例如，一份技术报告可以视受众需求精简成一篇杂志文章或者新闻简报）。在过去，信息材料的制作花费极低，但如今，日渐上涨的纸张和发行费用使广泛散布信息材料的成本更加高昂，当然传播电子版本的信息材料除外。

对于一些受众来说，信息材料使用起来很舒适，与计算机相比它们也更为人们所熟悉，此外还可被读者带走便于日后参阅。因此，如果风险沟通的目标是传播大量的风险信息并且较为经济地满足各类细分受众的需求，信息材料也许是一个不错的选择。

然而另一方面，有的信息材料对某些特定受众而言很难理解。相关人员编写这些信息时，极易使用一些专业术语或是过于技术性的语言（"如果受众不理解，可以自己查一查"）。另外，信息材料的篇幅（太短或者太长）也会使一些受众打消阅读的念头。再者，现在很多人都没有时间去阅读，或不再通过纸质材料获取信息。因此，如果风险沟通的目的是提升人们对某一问题的认识或是与那些有阅读困难的人沟通，那么信息材料未必是最好的选择。

基于篇幅、所需研究的数量、审批流程和印刷方法的不同，信息材料通常可以适应各种日程安排。假如想面向广泛的人群快速传递信息，使用报纸文章这种信息材料就是绝佳的选择，因为报纸拥有庞大的读者群且一般来说都是每日发行，然而在这一过程中，风险沟通者往往不能控制报纸的内容或时间的安排（更多信息详见第十六章）。情况说明书和小册子通常也可以相对迅速地制作完成。对于诸如废物场所清理这类需要花一些时间来解决且受众自始至终全程参与的风险来说，定期寄发的通讯也许是一个不错的选择，不过同时也要有其他的方法作为补充。

不论准备何种形式的信息材料，技术知识都必不可少。在编写信息材料时，可以先由技术文档撰写专员准备好信息，然后邀请专家检查技术知识的准确度；或者也可以请专家拟好信息，再由技术沟通专员或风险沟通人员进行校阅，以确保能够满足受众的需求。尽管在过于技术性和过于简单化之间有着清晰的界限，不过通过一种能够让公众理解的方法来呈现技术信息确实是可行的。外行的读者可能不会像在该领域有35年从业经验的专家一样去理解信息，但他们对信息的解读完全可以达到使其就风险作出明智决策的水平。关于如何提前测试信息材料以确保满足受众需求的建议，请参考第二十章。

〉》风险的可视化呈现

沟通风险时也可以使用图形元素和相对简短的文本来传达简要的风险信息。这方面的例子有海报、展板、直投广告、视频和电视等。事实上，几乎所有形式的风险沟通都会使用一些可视化的方法来呈现风险。

可视化呈现拥有便于记忆的优势，交通安全标识就很好地说明了这一点。合理

> 沟通风险时也可以使用图形元素和相对简短的文本来传达简要的风险信息。这方面的例子有海报、展板、直投广告、视频和电视等。事实上，几乎所有形式的风险沟通都会使用一些可视化的方法来呈现风险。

使用颜色、形状和附有醒目文字的图像等图形元素，可以清晰地使简要的风险信息变得生动鲜活。视觉呈现可能具有特定的文化属性，不过，因为这种方式只包含极少的书面信息，故而与其他信息材料相比更容易被翻译成另外一种语言。可视化呈现可以出现在受众生活、工作和娱乐的任何地方：电视节目或广告里、公司餐厅的海报中、公共汽车和公告牌上。所以，如果风险沟通旨在提高意识，那么可视化呈现或许就是最佳选择。

由于可视化呈现只能传达有限的信息，因此它无法像其他风险沟通方式那样回答受众关于风险的诸多问题。有时可视化采用的图片的风格还会让人联想到劝服性

> 由于可视化呈现只能传达有限的信息，因此它无法像其他风险沟通方式那样回答受众关于风险的诸多问题。

沟通(如产品广告)，这可能使其无法吸引受众甚至招致某些受众的反感("哦，那只是天花乱坠的炒作")。如果被过度使用，可视化呈现将会失去其应有的效果并容易被人忽略。即使电视节目和网络视频可以或多或少地克服这些问题，它们也常常只被视为一种娱乐，以至于风险信息被休闲零食广告或最新的病毒式舞蹈视频所淹没。因此，如果风险沟通的目的是告知受众，可视化呈现不应只作为唯一选择。

可视化呈现的制作需要时间。虽然那些为电视定期制作公共服务通知的组织可以在几周之内就轻松搞定，但对于人员和预算有限的风险沟通组织来说就显得比较吃力。若对可视化呈现的质量有着更高的要求，花费在整合图像或视频工作上的时间将会更多。(当然，许多网络视频的拍摄会简单一些。)为了满足受众的需求并达成沟通的目的和目标，风险沟通者可能需要提前对制作可视化信息所需的时间和费用进行调查。对此，既可联系公共事务部门或沟通部门，还可以直接向图形设计师、摄影师或广告服务公司咨询。

尽管技术信息的使用受到限制，但大多数可视化内容的制作还是需要一定的技术知识作为支撑。为了确保信息在技术层面上的准确性且没有隐含错误的内容，需要让有技术背景的人来审查信息和图像。此外，图形设计知识是确保这些信息能够带来预期效果的关键。如果风险沟通者没有图形设计方面的背景，可以联系组织的美工部门或者咨询广告公司、图形设计公司或图形设计师。更多关于风险可视化呈现的信息，请参见第十四章。

〉》面对面沟通

面对面沟通要求风险沟通者直接向受众讲话或倾听受众的声音。一般而言，除了提问之外，受众和发言人之间鲜有互动。（受众主动互动的情况在本书中被归类为利益相关者参与。）面对面沟通的例子包括诸如医生和病人之间或员工之间的一对一讨论，作为独立发言人或演讲局(speakers bureau)的一员向社团、社区和公民组织发表演说，在小学、大学或培训班等教育机构讲话，开放参观和公开演示，视频，受众访谈及信息展会。面对面沟通的优势是有一个固定的组织代表或其他可信的人来提供风险信息，从而使沟通个性化。（当然，如果发言人缺乏可信度，那么其风险陈述就会有负面影响！）通过向受众提问及观察受众对特定陈述的反应，这一方式能及时获取受众的反馈。演讲活动的组织者通常会事先获悉一些受众分析的信息，他们可据此调整演讲的内容。鉴于无法确定人们是否会阅读其收到的书面信息，风险沟通者也可以面向特定群体传达口头信息。此外，面对面沟通还能使用受众的语言来呈现信息。因此，如果风险沟通的目的是获得受众的即时反馈和以特定群体为沟通对象，那么面对面沟通可能就是首选方案。

> 面对面沟通要求风险沟通者直接向受众讲话或倾听受众的声音。一般而言，除了提问之外，受众和发言人之间鲜有互动。

需要注意的是，面对面沟通的信息很容易被误解。受众可能会因不知所措或抱有敌对情绪而不去问那些原本能够被澄清的问题，极度愤怒的受众甚至会把演讲看作是一场政治论坛而拒绝倾听。此外，仅有口头陈述也不能给受众留下任何事后可供查阅的信息。因此，如果面对的是特别愤怒或是需要长期信息的受众，那么面对面沟通就可能无法令人满意。

面对面沟通几乎可以适应任何日程安排。若想快速传播信息，举办新闻发布会或利用无线电广播就可以立竿见影。而在长期沟通工作中，向各种组织和社区持续进行信息发布则可以强化并及时更新风险信息。另一种增强面对面沟通的方式是鼓励医护人员在风险发生时向患者传播风险信息。

要发布令人信服的口头风险信息，先进的技术知识必不可少。因而，既能准确告知又富有娱乐性的演说技巧对于发言人来说是必要的。无论受过多么良好的教育，不善于在大众面前表达的专家就不适合当发言人，而那些不懂风险知识的专业演说家同样难以胜任这个角色。最佳人选应该是受众信赖的、由负责风险沟通的组织选出的合意代表。更多关于遴选发言人的信息可参见第十五章。

〉》与新闻媒体合作

> 风险沟通者也会使用电视、报纸、广播、杂志和互联网等大众媒体资源向广大受众传播风险信息。这些媒体受众庞大、公信力较强、传播效果显著,因而很有影响力。

风险沟通者也会使用电视、报纸、广播、杂志和互联网等大众媒体资源向广大受众传播风险信息。这些媒体受众庞大、公信力较强、传播效果显著,因而很有影响力。在危机沟通中人们希望持续获得快速更新的信息,对此,电视、广播和互联网是行之有效的手段。

然而大众媒体的一个主要弊端在于,除了付费广告和一些有限的情况,往往都是由媒体自身控制着新闻报道的内容和发布时机。时间和空间的限制以及媒体组织自身的需求,会使媒体发布或发行的与风险相关的内容漏掉风险沟通者想要突出的重点信息或深度信息。正因为如此,在规划风险沟通工作时,不能只把大众媒体视作唯一的沟通方式。

由于大众媒体具有很高的到达率和强大的影响力,因而在制定风险沟通计划时应当谨慎使用。哪怕只是一丁点的负面报道也可能会使原本计划周全的工作功亏一篑,还会由此失去目标受众和相关群体对组织的信赖。不过话又说回来,与媒体代表建立富有成效的关系,有助于引导人们向更有见识的"问题解决型"公众转变。

在计划和实施媒体合作及信息制作的日程安排上,不同的目标和情境需要的时间也有很大差别。通常,风险沟通者与记者讨论某个特定主题并提供背景资料大概只要半个小时就足够。在危机情境中,风险沟通者也需在很短的时间内迅速反应来防止或缓和棘手的问题。危机沟通的时间在某种程度上会被一系列组织程序规定的步骤所左右,而危机本身的偶然性也让时间变得难以预测。若媒体对危机事件进行跟踪报道,特别是当组织被认定为对局势应对不当时,那么组织的危机应对就需要在媒体沟通上投入更多的时间。

另外,类似新闻发布会等正式的活动或许要花几天的时间来规划和协调;与地方报纸合作,围绕一个影响社区的事件展开传播可能会持续几周或数月;为公共卫生活动提供自己要发布的媒介信息往往也要数周或数月来协调和制作。更多关于公共卫生活动的信息可参见第二十三章。

对于很多组织来说,与记者培养富有成效的工作关系是一个不断推进的工作。尽管这意味着要一直留心与媒体代表的交流,以在适当的时候向他们建议新闻报道的选题,或在出现突发新闻时为他们提供最新的信息,但最后高质量的媒体报道往往能够证明这种时间的投入是非常值得的。

许多组织要求员工在与外部媒体从业人员合作时要获得内部的管理审批。在制定媒体合作计划时，要提前预留出进行内部审批以及审查提供给媒体的信息材料的时间。另外，还要认识到给特定的媒体搜集或更换信息材料也会占用不少时间，例如，报纸编辑可能想要一张人物照而非技术说明，电视记者则可能索要更高画质的视频短片，或者会提出要求让他们自己拍摄相关镜头。

视活动类型和持续时间的不同，风险沟通者在与媒体互动合作中会产生以下几种成本：首先是人力成本，对于包括媒介计划在内的计划和协调工作，媒体关系方面的专业培训必不可少；其次是与媒体代表进行交流的时间成本；再次是制作新闻稿、新闻资料包、广告和公告、照片和录像等材料的制作成本；此外，像记者招待会这样的正式活动可能还会有租赁场地和设备的花销。

然而，与媒体合作的成本并非都是高昂的，即便是一个小型组织也可以借助广播、电视或报纸专访把自己与记者关于重要风险信息的几分钟的交谈内容向成千上万个受众发布。与其他类型的沟通活动一样，为媒体合作制定预算的关键也是明确沟通目标并细化实现这些目标的具体活动。媒体专员或顾问可以帮助风险沟通者判定预算中最有价值的部分。第十六章列举的一些案例阐述了在特定情境中与媒体代表合作的方法。

直接与媒体代表沟通的人员应该了解一些关于风险情境的基本技术知识，这样才能准确可靠地回答相关问题。此外，对这些人员同样重要的素质还有对媒体组织的熟悉和运用媒体受众可理解的语言的能力。当一个人的言论正式代表公司立场时，可遵循第十五章"遴选合适的发言人"中的相关建议，而第十六章则为理解媒体实践和恰当使用有针对性的语言提供了指南。

那些为了媒体使用而制作相关材料的人员应该具有目标媒体要求的创作高质量内容的专业技能，而具备相关领域的学科专业知识的人员则应对信息材料的准确度作出审查。

〉》利益相关者参与

利益相关者参与将受众以某种方式纳入到风险的讨论、分析和管理之中，例如咨询委员会、有辅助评议（facilitated deliberation）、替代性纠纷解决机制（Alternative Dispute Resolution，简称ADR）、焦点小组、社区运作式环境监测、受众被邀请参加并提供证词的正式听证会。

> 利益相关者参与将受众以某种方式纳入到风险的讨论、分析和管理之中，例如咨询委员会、有辅助评议、替代性纠纷解决机制、焦点小组、社区运作式环境监测、受众被邀请参加并提供证词的正式听证会。

利益相关者参与的优势在于，受众可以亲身经历相关活动以确切地了解风险的已知情况、风险将会被如何管理以及决策是怎样作出的。因为利益相关者参与了风险决策，所以决策可能更易被他们接受且作用会持续更久。利益相关者参与可通过不同的设计和组织来适应各类受众，包括那些敌对情绪高、无法阅读或不能理解其他沟通方式的受众。因此，如果风险沟通的目标之一是提高风险决策满足受众需求的几率，那么利益相关者参与或许就是最好的选择。

尽管如此，利益相关者参与对某些风险管理者来说仍是一个可怕的提议。这些管理者只担心自己失去对风险决策的控制，却没有意识到受众参与之于持久、公正的决策的重要价值。如果风险分析者、风险管理者或风险决策者排斥利益相关者参与，不仅会破坏组织的可信度，还将妨碍以后的风险沟通或管理工作。一般来说，利益相关者参与的成本比简单地发布技术报告或者举办一个新闻发布会要高，所以，除非风险沟通组织完全致力于让受众通过一种对其有意义的方式参与互动，否则利益相关者参与的沟通方式并非理想的选择。至于在你所处的情境中利益相关者参与是否有效，可参考图10-1来作出判断。

利益相关者参与通常是一个长期的过程，除非互动结构已经开始运转(如设立了咨询委员会)，否则组织无法快速准确地发布紧要信息。只有随着风险管理和风险沟通工作的逐步推进，利益相关者参与才会发挥作用。

开展利益相关者参与只需了解少许与风险相关的技术知识，不过为了让互动真正产生价值，技术人员和管理者也必须参与其中。此外，了解利益相关者参与(有时也被称为公众参与)的相关知识对于有效地组织互动来说也很有必要。像国际公众参与协会(International Association for Public Participation)这样的组织就已经在致力于开发和宣传利益相关者参与的信息。该组织的联系信息详见本书最后的资源部分。更多将利益相关者纳入风险沟通工作的信息可参见第十七章。

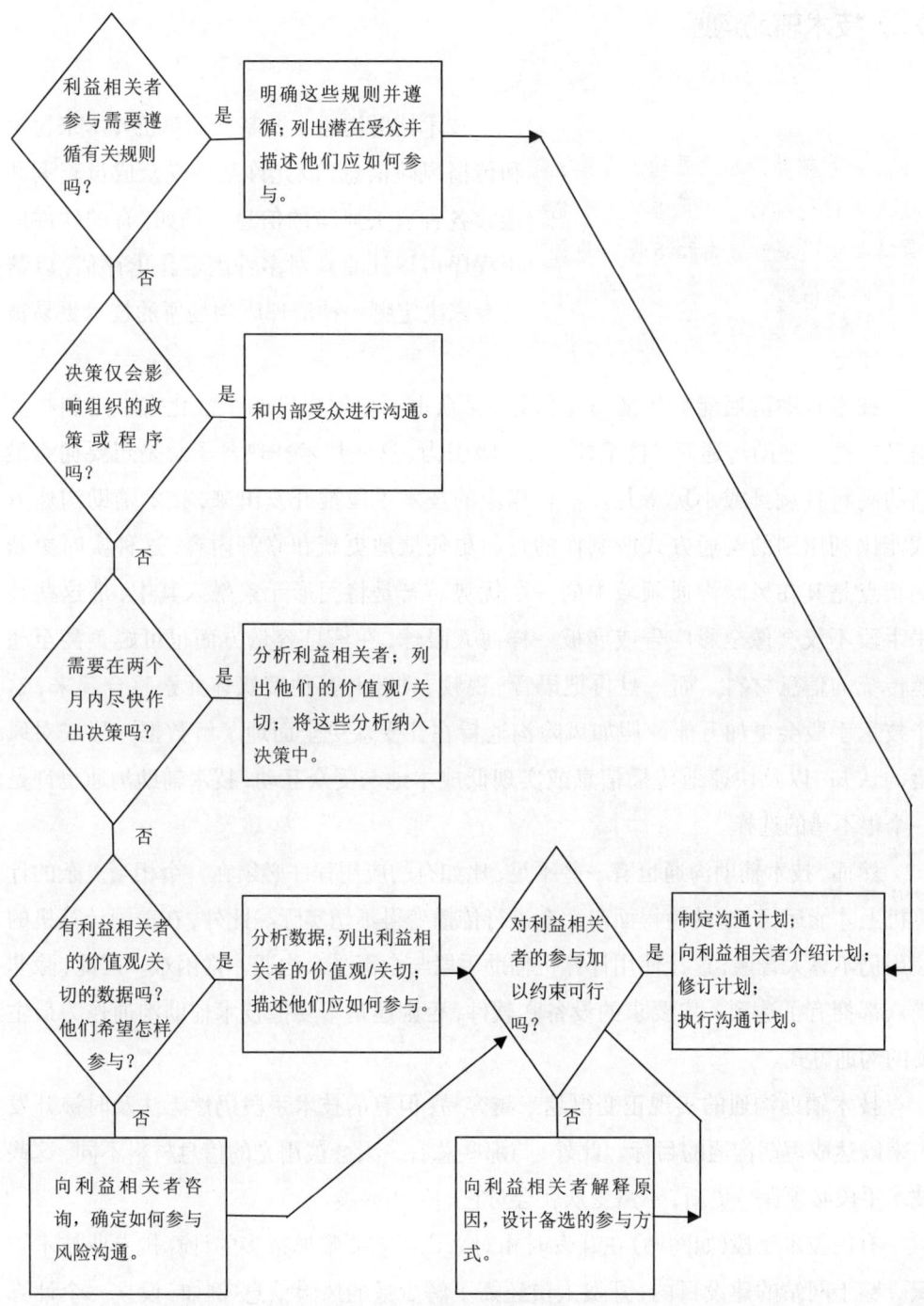

图 10-1　决定何时应使用利益相关者参与的方式来沟通风险

技术辅助沟通

> 技术辅助沟通主要基于计算机技术来讨论和传播风险信息，或允许某些受众成员查询和接收各种有关风险的信息。

技术辅助沟通主要基于计算机技术来讨论和传播风险信息，或允许某些受众成员查询和接收各种有关风险的信息。例如，有的软件应用程序可以让受众对多种因素作出评估，以帮助专家决定哪一种清理废物场所的技术更易被公众接受。

技术辅助沟通能够传播海量信息，受众也可根据自己的个性化需求定制相关信息。技术辅助沟通对"技术控"极具吸引力，这些技术狂热分子总是想要拥有最新的高科技玩具或小玩意儿。一旦相应的技术手段被开发出来，技术辅助沟通方式能比利用别的沟通方式所制作的资料更便捷地更新和修订内容，这种实时更新的特点是其在风险沟通领域中的一个优势。若是将图形元素融入其中，那这些技术手段不仅会像全彩广告或展板一样博人眼球，在信息容量方面也可媲美甚至超越传统的信息材料。而一旦再把语音、视频、动画和其他多媒体元素整合起来，这个技术手段会更加万能。假如风险沟通旨在让受众更全面地了解数据并形成对风险的认知，以及快速地传播信息或实现低成本地与受众互动，技术辅助沟通也许是一个很不错的选择。

然而，技术辅助沟通也有一些不足，比如有的应用程序必须在一个相当复杂的计算机上才能运行，这就使得面向大众进行传播变得不切实际。此外，在美国计算机的使用仍不算太普遍，这让使用计算机辅助手段与全部受众沟通非常困难。因此，除非受众都拥有了达到一定要求的设备和软件，否则还是不要把技术辅助沟通作为最主要的沟通方式。

技术辅助沟通的实现正变得越来越容易，但有的技术手段仍然无法及时被开发出来以达成短期沟通的目标。此外，与那些总有一天会被用光的信息材料不同，这些技术手段必须保持更新，不然受众就会对它们失去兴趣。

有的技术手段（如网站）在开发时相对来说不需要掌握很多的计算机专业技术知识。鉴于网站的建设目的，开发人员还需了解少量的风险信息（例如，设立一个计算机公告牌来让利益相关者发表对环境影响报告的评价）。然而，若是开发一个包含风险建模的计算机应用程序的话，就必须拥有关乎风险和应用程序的大量知识储备。通常，此类模型都是由一个团队来共同研发的，且每一个团队成员在技术沟通、计算机编程和风险评估等领域都有专长。如果你的组织没有这些领域的专家，也可争取高等院校的支持。第十八章会介绍更多技术辅助沟通方面的内容。

〉》社会化媒体

如今，风险沟通者会借助网络，通过文本、图片、视频等形式，分享针对与受众相关的风险的观点、看法及其他信息。例如，面临糖尿病风险的青少年可能会加入一个社会化媒体网络群组来分享饮食和运动小贴士，并相互鼓励和支持去实现健康目标。

> 如今，风险沟通者会借助网络，通过文本、图片、视频等形式，分享针对与受众相关的风险的观点、看法及其他信息。

使用社会化媒体沟通风险有不少优势。选择加入有关风险的会话的受众本身就对风险很关注，在保护沟通和危机沟通中，这样的关注有可能会转化成一种改变行为以促进健康和安全的意愿。社会化媒体还寄托了受众对于及时获取信息的期待，因为信息可按照受众的需要迅速及时地更新。另外，社会化媒体的反馈也是即时的，从评论中还可发现受众作出的改变，这非常利于对某一主题的会话进行长期追踪。综上所述，假如风险沟通的目的是让受众参与交流或了解受众的看法是如何发生转变的，那么使用社会化媒体是一个很好的选择。

尽管很多人将社会化媒体吹捧为一种共享信息的完美机制，但它事实上仍存在一些缺陷。比如，受众必须要找到风险沟通组织的网站或简介才能加入会话，而即使加入会话也并不代表着他们就是要通过这种方式获取健康和安全方面的信息。又如，受众越来越期待自己关注的网站页面一直"在线"，也就是说，如果你的组织加入社会化媒体，就一定要安排人员随时回答问题或参与受众的会话。再如，不是所有的人都能使用社会化媒体，若按人口特征分类，有的人群相对别的人群而言就不太可能使用社会化媒体。最后，使用社会化媒体交流的过程中，信息由受众控制的状况也会引起风险沟通组织的顾虑。因此，如果你的受众不会在社会化媒体上寻找关于风险的信息，或者你的组织不愿费力去运作社会化媒体，使用社会化媒体可能就是一个糟糕的选择。

社会化媒体看似简单易用，大多数账号可以在几分钟内就设置完成。但是在登入网站之前，组织还需要投入额外的时间确保维持这项工作的政策和程序都已到位。此外，社会化媒体需要每天都去维护，因为一旦交流开始，受众就会一直对它抱有期待。

在社会化媒体上与受众沟通不太需要技术知识，不过如能掌握多个学科的大量信息将非常有助于应对受众提出的问题,并且还利于在风险问题上塑造组织的专家形象。再者,并不是每一个人都能在社会化媒体上得体地代表他们的组织,拙劣的社交技巧引发的不良影响会迅速显现,从而让受众与你渐渐疏远。风险沟通组织可能需要跳出传统风险沟通的运作框架去寻找一个合适的人选来引导社会化媒体的参与。那些频繁使用社会化媒体的高中和大学实习生有时也被鼓励接受必要的培训以加入到风险沟通组织所期望和要求的任务之中。如想了解更多关于使用社会化媒体的信息请参见第十九章。

选择适当的沟通方式的清单

如果风险沟通工作的目标是:

☐ 提高受众对风险的认知,可以考虑使用:
　☐ 风险的可视化呈现
　☐ 面对面沟通
　☐ 技术辅助沟通

☐ 将风险告知受众,可以考虑使用:
　☐ 信息材料
　☐ 面对面沟通
　☐ 技术辅助沟通
　☐ 社会化媒体

☐ 达成受众与风险评估或风险管理组织之间的共识,可以考虑使用:
　☐ 利益相关者参与
　☐ 社会化媒体

☐ 改变受众应对风险的行为,可以考虑使用的沟通方法包括:
　☐ 信息材料
　☐ 面对面沟通
　☐ 风险的可视化呈现
　☐ 社会化媒体

拓展资源

Sachsman, D. B., M. R. Greenberg, and P. M. Sandman, eds. 1988. *Environmental Reporter's Handbook*. Rutgers University, Cook College, Environmental Communication Research Program, New Jersey Agricultural Experiment Station, New Brunswick, New Jersey.

Sandman, P. M., D. B. Sachsman, and M. R. Greenberg. 1988. *The Environmental News Source: Providing Environmental Risk Information to the Media.* New Jersey Institute of Technology, Hazardous Substance Management Research Center, Risk Communication Project, Newark, New Jersey.

Santos, S. L. 1990. "Developing a Risk Communication Strategy." *Management and Operations*, November, pp. 45–49.

第十一章　日程安排

在明确了风险沟通的任务、受众和方式之后，风险沟通者就应计划何时开展工作。为风险沟通工作编排日程表需要考虑许多因素，例如法律规定、组织要求、风险评估的科学过程、相关活动以及受众需求。

〉》法律规定

> 如果组织开展风险沟通工作的目的是为了避免打官司，那么法律规定通常是其首要的考虑因素。

如果组织开展风险沟通工作的目的是为了避免打官司，那么法律规定通常是其首要的考虑因素。正如第三章讨论过的，很多风险沟通工作是依法开展的，这些法律往往会对风险沟通的日程有所规定，比如《超级基金法案》和美国国家环境保护局即对此提出相关要求和建议。(参见第三章图3-1，EPA，1992)。

联邦、州和地方的法律法规可能已经针对风险沟通工作关键环节的日程安排作出具体说明，风险沟通者需要咨询组织法务部门、律师事务所或与风险关联的地方政府机构，以查明哪些法律规定适用于当前的情况。

〉》组织要求

当对相关法律规定了然于胸，接下来就要考虑组织的要求——在发布风险沟通信息前要经过哪些必要的审查，每项审查需要多长时间；继而再制定一个日程表，合理统筹安排时间以顺利通过这些审查。相关审查可能包括：

- **科学审查**。核实风险信息是否准确、是否最新。
- **编辑审查**。确保信息的呈现方式便于受众理解。

- **管理审查**。确认拟发布的信息符合组织的发布意愿。
- **敏感审查**。确保信息不含危害国家安全或组织商业利益的内容。
- **法律审查**。确保信息不会与组织应遵循的法律发生冲突。
- **专利审查**。确保信息不泄露知识产权，或不妨碍组织获得某一创意或设计的专利。
- **公共事务审查**。确保信息不会将组织置于窘境。

此外，组织风险沟通的目的和目标也会影响日程的设定。我们通常会思考这样的问题：若要达到预设的目的，风险沟通需要以何种频率或是周期进行呢？假如风险沟通的目的是唤醒意识，那么聚焦于几类问题开展一个时间短但活跃度高的活动最容易引起受众关注。如果风险沟通的目的是达成受众与负责风险评估的组织之间的共识，从而在风险解释或风险管理方面更好地作出决策，风险沟通者就需要组织一个长期的活动，提供有利于构建共识的各类信息。

> 组织风险沟通的目的和目标也会影响日程的设定。

〉》风险评估的科学过程

风险沟通工作很可能会在时间上受限于风险评估的科学过程。一旦风险得到确认，风险沟通者必须提醒那些置身于风险之中的人们，并随着风险评估的进展不断补充相关信息。由于科学过程的影响，风险评估者很可能无法就某些信息的提供给出确切的日期，但他们的评估步骤却是既定的。在安排风险沟通日程时，风险沟通者应该留心上述步骤及其可能发生的变动。

> 风险沟通工作很可能会在时间上受限于风险评估的科学过程。一旦风险得到确认，风险沟通者必须提醒那些置身于风险之中的人们，并随着风险评估的进展不断补充相关信息。

〉》相关活动

另外一个需要考虑的因素是组织、社区和国家正在(将要)做什么，这有助于我们把风险沟通置于一定的情境之中。在你准备发布风险沟通信息时，你的组织还会发布哪些其他信息呢？举例来说，若你的组织计划公开一项持续了十年的有关致癌化学物质的研究结果，你们最好推迟原定的针对其中某种化学物质的风险沟通信息的发布，以便使用这项研究结果提供的最新研究数据。又或者，如果这项研究的结果证实了你们拟定发布的风险信息，那么也可以将这些风险信息先行发布，然后再利用上述结果对其加以佐证。

在风险沟通的过程中，社区会进行哪些活动呢？有一次我们试图确定一个时间，以备在阿拉斯加州中部的超级基金危险废物处理场所附近召开首次公众会议。我们原本希望把时间定在十月的某个周，结果却发现那时正值驼鹿狩猎季，而猎鹿在当地是一个极为流行的活动。因此，尽管不想推迟信息的发布，但我们只能选择其他时间来顺应受众的这一传统以使我们的沟通工作更加有效。

此外，在开展风险沟通工作时，国家层面又会有哪些活动影响到此项工作呢？这个问题很难预测。但是，如果你的组织依赖于联邦政府的资助，且一项涉及给你们拨款的投票即将进行，你们最好还是等到确定会资助组织开展风险评估、管理和沟通活动的投票结果后，再发起风险沟通。我们的观点是，即使国家要做什么很难预测，风险沟通者也应尝试在对国家相关活动作出判断的基础上设定组织风险沟通(至少)数月内的工作日程。

〉》受众需求

> 受众需求的确定需要综合考虑受众分析结果、风险发生的时机和风险的严重性。

受众需求的确定需要综合考虑受众分析结果、风险发生的时机和风险的严重性。假如身处危机情境，受众显然需要尽可能快且多地获得危机的相关信息，尤其希望知道以下问题的明确答案：

- 发生了什么事？
- 它有多危险？
- 它将怎样影响我或我关心的人和事？
- 我能做些什么？

如果风险长期存在，如涉及清理危险废物场所的风险，风险沟通的日程应相应地作出长期、复杂的安排。这种情境下风险沟通者可能仍需回答上述问题，但要注意提供更多的细节及采用多样的方式。随着可用信息的增加，问题的答案可能会随之改变，因而需要风险沟通者不断地发布新信息(危机情境中也需要持续发布新信息，不过其涉及的范围较小，时间间隔更短)。更多关于受众会根据何种信息来制定风险决策的内容请参考第九章。

受众对风险的了解程度也会影响风险沟通的日程。在愿意采取行动之前，受众首先想要知悉风险是什么以及风险与自己的关联。很多理论证明了这一过程，即身处风险的人会先接受风险信息，然后再决定采取行动(例如，选择更加健康的行为方式，与其他人合作探索一个更加有效的风险管理方法，或针对保护、共识及危机沟通立即采取保护性措施)。在本书的早期版本中，我们也曾对人们的决策过程作出描述，但这早已被新的模式取代，而这里提到的模式或许也会在本书下一版本问世之前再次被推翻。

风险沟通者需要考虑的一个重要因素是，影响受众对某一风险采取行动的过程有可能只要几分钟，但也可能需要好几年，这取决于受众的个人因素及外部环境的影响。在保护沟通中，这一过程通常为几周至几个月不等，若是健康或安全风险突然变得紧迫则另当别论。在共识沟通中，由于受众要对风险有更充分的了解，同时还要与其他利益相关者形成良好的互动，因此这一过程少则数月多则数年。在危机沟通中，决定疏散撤离可能只需要短短的几分钟，尤其是在受众此前已参与过应急计划制定的情况下。而那些对风险认识较少且卷入度较低的受众，或是由于道德或宗教因素对风险管理建议视若无睹的受众，就可能很晚才会(甚至根本不会)采取行动。

另一个重要的考虑因素是从认识到行动的过程中，受众对信息的需求和能够满足这些需求的方法也会发生改变。可视化呈现、面对面沟通、新闻媒体的信息发布以及社会化媒体上爆发式的参与，都可以提升受众的风险意识。面对面沟通、社会化媒体和利益相关者参与还利于增强受众对组织的信任及对风险评估的信心。此外，受众已经开始主动寻求管理风险的方法，为了更好地与受众分享信息，风险沟通者可以向其提供更丰富的信息材料，采用多种技术辅助沟通手段，以及借助利益相关者参与或社会化媒体展开更多的受众参与活动。

最后仍需强调的是，若想对上面所说的受众决策过程和决策特点作出准确的判断，风险沟通者必须进行受众分析、风险信息预测试或直接向受众代表咨询。

日程安排的清单

本次风险沟通的日程安排是基于：
☐ 与风险沟通工作相关的法律规定
☐ 组织审查的数量和时间
☐ 风险沟通工作的目的
☐ 风险沟通工作的目标

☐风险评估的日程

☐组织的活动

☐社区的活动

☐国家层面的活动

☐决策过程中受众的特点和需求

☐如果风险沟通工作的目的是为了提升风险意识,日程安排主要基于爆发式的信息发布,且需考虑其他限制条件和受众需求。

☐如果风险沟通工作的目的是告知受众或敦促受众改变行为,那么日程安排要考虑到:
　☐风险的介绍
　☐随着时间的推移提供更多信息

☐如果风险沟通工作的目的是构建共识,日程安排要考虑到利于构建共识的风险信息的发布:
　☐活动前
　☐活动中
　☐活动后

参考文献

EPA(U. S. Environmental Protection Agency). 1992. *Community Relations in Superfund: A Handbook*. U. S. Environmental Protection Agency, Office of Emergency and Remedial Response, Washington, DC. EPA/540/G-88/002.

第十二章 制订沟通计划

当沟通的目的和目标得到确认、对受众作出分析,并且又据此制作了信息、选择好方式、安排完日程,风险沟通者接下来就需把它们整合成一份详尽的沟通计划。之所以这么做,而非仅把上述信息记在脑子里、写在笔记本上或存储在电脑文档中的原因主要有以下几点:

- 一份书面计划较杂乱无章的笔记或者文档更易被妥善保管。
- 在风险沟通过程中的某些时刻,组织内部或者外部都可能有人质疑沟通者的方式、方法。一份详尽的计划可使沟通者有备无患。
- 拥有一份管理层认可的正式计划(有时需有签名)有利于风险沟通的具体活动被优先处理及得到及时审批。
- 正式的计划更为规范系统、易于审查,这也意味着据此开展的工作也是规范且有条理的。故而,与语焉不详的计划相比,正式计划中描述的工作内容更容易获得必要的资金和其他资源。
- 正式计划的结果能直接回溯到风险沟通的目的和目标、日程、受众,因此很方便对其作出评估。

此外,一些研究显示,制订一个整合了风险评估工作的风险沟通计划,不仅有助于促进风险评估和管理的成功,还可以有效节约时间和资金(Barrantes 等, 2009)。本章重点讨论风险沟通计划中应当包含哪些要素,以及如何将这些要素融为一体。

> 信息管理和沟通应该成为设计和执行计划的一部分,它们需要被整合在组织的风险和灾害管理计划中。临时沟通往往代价很高,且结果不尽如人意。——S. A. Barrantes 等(2009, p. 8)

〉》沟通计划的内容

制订一份详尽的沟通计划需要多元的信息,图12-1列出了这些信息的大纲。除此之外,视组织要求和风险沟通类型(保护沟通、共识沟通或危机沟通)的不同,风险沟通者也可能需要再添加其他要素。例如,第二十一章即在沟通计划中增加了应急响应方面的内容。

---

1. 前言
    1.1 计划的目的
    1.2 计划的范围
    1.3 风险的背景情况
        1.3.1 风险是什么?
        1.3.2 谁受到影响?
    1.4 权限
        1.4.1 在何种权限(法律或组织授权)下进行风险沟通?
    1.5 风险沟通工作的目的
    1.6 具体目标
2. 受众概况
    2.1 收集受众信息的方式
    2.2 受众的主要特性
3. 风险沟通策略
4. 评估策略
5. 日程安排和资源
    5.1 可以识别任务和责任人的日程安排
    5.2 预算
    5.3 其他需要的资源(设备、会议室等)
6. 内部沟通
    6.1 如何记录工作进程
    6.2 需要的/已获得的批准
7. 签字页
    7.1 姓名、职位和表示主要人员已阅读并认可该计划的签字

图12-1 风险沟通计划大纲

沟通计划的前言部分应介绍风险沟通者为什么要制订这份计划(目的),该计划涉及哪些活动(范围),风险的背景资料,组织进行风险沟通的合理性(权限),以及风险沟通工作的目的和目标(更多信息详见第七章)。此外,一定要注意组织对风险沟通或信息发布的相关政策。前言中提及的信息将为接下来的受众部分做好铺垫。

> 沟通计划的前言部分应介绍风险沟通者为什么要制定这份计划(目的),该计划涉及哪些活动(范围),风险的背景资料,组织进行风险沟通的合理性(权限),以及风险沟通工作的目的和目标。

受众概况主要描述风险沟通者已知的受众信息及获取这些信息的方式(参见第八章)。该部分也可以探讨各类细分受众的差异。例如,在保护沟通工作中,你需要告知某一社区其井水中可能存在粪便大肠菌,而受众可按照面临的风险级别细分为:饮用细菌含量很高的井水的受众、饮用细菌含量很低的井水的受众、饮用没有细菌污染的井水的受众和其他利益相关的社区成员。在针对风险作出决策时,上述几类细分受众所需的信息各不相同。在共识沟通工作中,受众又可依据其在决策进程中期望的参与程度进行细分,每一类细分受众在沟通方法的选择上也各有不同。当然,在别的一些情境中,受众也可以参照理解水平(如文盲与高学历者)、地理分布(如能参与本地公众会议的人与不在当地的人)或者是方法的可得性(互联网是否接入、电脑使用便利与否)等因素细分,而各类细分受众的主要区别在于信息传递的方式而非信息的种类。该部分指出的这些差异将影响到计划书中接下来要阐述的风险沟通工作。

风险沟通策略要基于风险沟通者对受众的了解和风险沟通的目的、目标,甄选适当的沟通方式来应对多样的细分受众(更多关于沟通方式的信息详见第十章),这些沟通策略与评估策略密切相关(更多信息详见第二十章)。

日程安排和资源部分重点描述风险沟通者实施既定策略所需的时间和资源。除了资金之外,风险沟通者还需确认已经囊括其他必要资源。例如,在共识沟通中,你可能会需要团队开会的场地、进行演示的视听设备、创建会议纪要的文书人员等资源。若想了解日程安排方面的更多信息,可参考第十一章。

内部沟通部分需要说明风险沟通者如何向组织汇报工作进展。风险沟通者可以提供月度报告,在工作的重要节点发送电子邮件加以汇报,或是针对组织内部相关利益群体做现场陈述。即使组织并没有要求风险沟通者及时汇报最新情况,这样做也利于使风险沟通者的工作引起同事和管理层的关注,并让他们觉得这些工作是有价值的,而且这样的关注还能在风险沟通者需要额外资源时发挥积极作用。除此之外,还应考虑员工所需的培训。谁需要了解如何与新闻媒体打交道?谁还没有接受过风险沟通的训练？在资源部分也要包含这些信息。

> 最后的签字页部分非常重要，因为它确认了组织给予的支持。

最后的签字页部分非常重要，因为它确认了组织给予的支持。一方面，风险沟通者应该获取参与沟通工作的人员及批准沟通进程和物资的人员对该计划的肯定（由签字来表示）；另一方面，风险沟通者还需和负责评估工作的同事、与风险沟通工作和审批工作相关的人员讨论该计划并得到他们的认可。签字页要包括以下人员的签名——风险评估技术人员的经理、基于风险评估结果作出相关决策的人员、公共事务及(或)沟通部门的经理、参与风险沟通工作的相关员工的经理。风险沟通者需要获得这些管理者及其所辖员工支持的原因在于：其一，员工的时间和资源(员工无法擅自做主)必须得到相关管理者的批准；其二，管理者有必要知道自己的员工在做什么；其三，管理者可能被要求回答一些公众或外部组织针对风险沟通工作提出的问题，因而要事先向其告知。

一旦风险沟通者完成信息搜集任务并基于信息精心制作好一份风险沟通计划，人们就可能在制作另一项工作计划时通过拷贝以前的方案走捷径。对组织来说，针对同一风险面向相同的受众进行风险沟通，或许可以部分地重复使用先前的计划，但这需要先对要用到的信息进行严格审查。受众、信息和方法都会随着时间的推移而发生变化，组织的风险沟通工作也应及时作出调整。使用过时的信息不仅妨碍有效的沟通，也会使受众对组织的信任大打折扣。例如，英国石油公司(BP)针对其在墨西哥湾的钻探工作准备的《区域溢油应急预案》没有明确提出危机沟通机制，并且还存在许多错误(比如提出保护海象、海狮和海豹这些在墨西哥湾根本不存在的动物)，所以在"深水地平线"钻井平台爆炸起火导致原油泄漏之后，该预案的公开让英国石油公司非常难堪(Galloway和Kwansah-Aidoo, 2012)。

〉》制订风险沟通计划

> 制订风险沟通计划最有用的四个方法是：使用故事板，参照美国国家环境保护局为"超级基金"社区关系计划推荐的指南，受众聚焦法，融合战略规划要素和公共参与的方法。

制订复杂计划的方法有很多，对于风险沟通计划而言，以下四种方法最有用：使用故事板，参照美国国家环境保护局为"超级基金"社区关系计划推荐的指南，受众聚焦法，融合战略规划要素和公众参与的方法。

使用故事板 >>>

故事板不仅能用来整理和组织各类媒介产品的内容,也可用于研究制定整个沟通工作。这一方法在为保护沟通或共识沟通工作做计划时效果显著,不过由于它比较耗时间且需要团队成员一起工作,因而很难符合一些日程方面的要求,也就不适用于制订危机沟通的计划。

把纸张用胶带、胶水、大头针或钉子固定在任何一个大平板上就能制作一个故事板。其使用过程要从所有风险沟通参与者(包括风险沟通者、技术专员、管理人员和支持人员,如果可以,还应有受众代表)的头脑风暴开始,并由一名不参与风险沟通工作的人来主持。头脑风暴的点子可涉及受众、特定信息、信息发布方式等风险沟通过程的任何环节。主持人应该让大家畅所欲言,即使某些想法不切实际或无法完成也不要干涉制止。主持人或头脑风暴参与者要用单独的纸记下每一个点子,然后将它们粘贴在平板上。

当参与头脑风暴的成员再也想不出什么新鲜点子之后,主持人接下来要帮助大家依据图12-1的大纲来整理和组织这些想法,用更大的或是不同颜色的卡片来表明不同的类别,然后将所有点子分门别类地移动到相应位置,并鼓励大家展开讨论。在讨论过程中,团队成员再逐步剔除不可行或自相矛盾的点子。

在归类结束后,主持人要接着与大家一起整理和组织每一类别的点子。各类点子可以按照任何一种对风险沟通情境有意义的顺序来排列。例如,针对受众类的点子可按照不同的细分受众来整理。完成了上述步骤,风险沟通者就有了一个详细的策略清单,这些策略将被纳入沟通计划之中并运用于风险沟通工作。

参照制定《综合环境反应、补偿和责任法》社区关系计划的方法 >>>

美国国家环境保护局(1992)发布的《超级基金社区关系手册》(*Community Relations in Superfund: A Handbook*)(最早出版于1992年,之后的版本补充更新了一些方法和案例)对于制定符合《综合环境反应、补偿和责任法》("超级基金法")要求的社区关系计划(以及沟通计划)来说具有重要的指导意义。手册中列出了社区关系计划中应包含的要素(这些要素与图12-1的大纲很相似),并提供了一个社区关系计划的具体案例。该手册介绍的方法最适用于制定与《综合环境反应、补偿和责任法》相关的风险沟通工作计划,也可用来计划保护沟通、共识沟通和危机沟通。

一般而言,受《综合环境反应、补偿和责任法》约束的沟通计划要求负责超级基金项目清理行动(或执行保护沟通、共识沟通或危机沟通)的人访谈大量可能会对清理行动感兴趣或受清理行动(或是要沟通的风险)影响的公众和组织代表。同样的信

> 一般而言,受《综合环境反应、补偿和责任法》约束的沟通计划要求负责超级基金项目清理行动的人访谈大量可能会对清理行动感兴趣或受清理行动影响的公众和组织代表。

息可在受众分析阶段收集并用于为传播风险信息制定合适的策略。需要访谈的数量取决于感兴趣或受影响的人数。(对于危机沟通来说,这一方法最好用于制订危机响应计划,而非在危机实际发生时使用。)

与此相似的一个更为深入的方法是,构建一个受众和专家如何看待风险的"心智模型",然后重点强化正确信息和纠正错误认知。"心智模型"的方法在保护沟通中非常有效。更多关于这一方法的信息可参考第二章和第九章。

受众聚焦法 >>>

制订计划的另一种方法是聚焦各类细分受众的需求,而聚焦受众需求又有多个手段。公众参与专家及美国邦纳维尔电力局(Bonneville Power Administration)的风险沟通顾问詹姆斯·克雷顿(James Creighton)提出用"洋葱图"(图12-2)来聚焦受众需求。"洋葱"的中心代表风险,每个圆环都表示不同的细分受众。在保护沟通和危机沟通中,最接近中心的受众受风险的影响最大。在共识沟通(如图12-2的例子)中,最接近中心的受众最想参与制定决策。

不论为哪种风险沟通工作制订计划,各不相同的特定受众都会被置于相应的圆环之中。在一个共识沟通的案例中,太平洋西北地区的居民需要决定如何降低鲑鱼种群面临的风险:

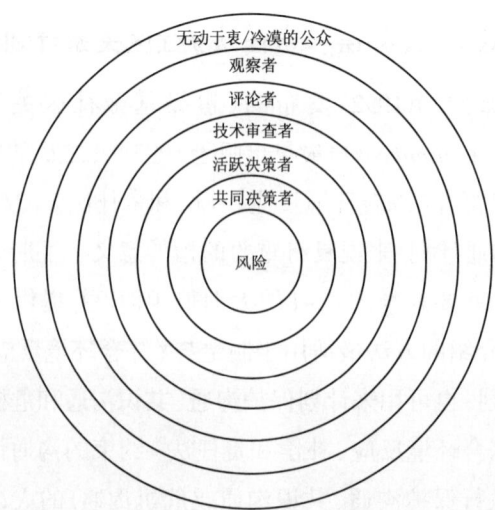

图12-2 用来制定沟通计划的"受众中心法"(Audience-centered technique)。(改编自James Creighton的系列研究)

1. 距风险最近的圆环中的受众包括负责制定决策的机构,以及(最有可能是)依赖捕鱼来维持生计、发展经济和举行仪式的,必须基于政府与政府(government-to-government)的协议与其协商的原住民部落,这两类受众是"共同决策者"。

2. 第二层圆环的受众(活跃参与者)包括其他经济利益相关群体(别的商业渔民或旅游从业者)和环境组织。

3. 第三层圆环的受众(技术审查者)包括相关监管机构。

4. 第四层圆环的受众(评论者)包括沿河社区中关注该风险的居民。

5. 第五层圆环的受众(观察者)包括太平洋西北地区的其余居民。

各类细分受众期望的参与形式也存在差异。

通常,面对的受众越接近圆心,风险沟通者要做的沟通工作也就越多。在上述案例中,对于太平洋西北地区的居民(观察者)来说,也许在新闻媒体上看到有关活动的信息就足以令其满意。但如果他们看到某些信息之后提升了关注,那么最关注风险的人就会加入到更接近中心那一层圆环的受众中去。沿河社区的居民可能需要更多的信息,如直邮小册子和对当地组织的陈述报告;经济或环境利益相关群体会要求更直接地参与决策,如参加研讨会或加入咨询委员会;原住民部落则会期望参与协商及积极推动决策的制定。

另一个聚焦受众来制订计划的手段是使用情境评定(situational assessment)。公共关系和组织传播领域的权威研究者大卫·多泽尔(David Dozier)、詹姆斯·格鲁尼格(James Grunig)和罗莉莎·格鲁尼格(Larissa Grunig)指出(Dozier等,1995),根据受众所处的和风险相关的情境以及受众与传播风险的组织的相关程度,受众可分为以下四类(适用于风险沟通):

- **非公众**(nonpublic),即不受风险或传播风险的组织影响的受众。反之,风险和组织也不受这些受众的影响。
- **潜在公众**(latent public),即受风险影响却不知情的受众。
- **知晓公众**(aware public),即受风险影响且知晓真相的受众。
- **行动公众**(active public),即组织起来应对风险的受众。

多泽尔和他的同事警告称,组织的沟通工作往往只关注最后一类受众,而被忽略的受众活跃之后,他们的看法多会消极否定、根深蒂固且具有对抗性。尽管通过使用不同的沟通方式和调整日程可以触及每类细分受众,但最好还是在风险沟通工作早期就顾及到所有类型的受众。

> 不论忽视哪一部分受众都会带来严重的后果。

还有一种聚焦受众的方式是分析受众关注风险的原因。包括风险沟通大师彼得·桑德曼(Peter Sandman)在内的一个专家团队为加利福尼亚州编写的一本危机沟通手册(OES, 2001)将受众分别归入以下几类：

- **居住社区**。居住地靠近风险的人们，他们出于对个人或家庭利益的考虑而对当地的健康、安全、环境或生活质量非常关注。
- **商业界**。可能受到风险影响的商家，他们除了关心人身安全之外，还关注收益的损失、基础设施的可用性及员工保护等问题。
- **工业界**。既受风险影响又可能影响风险的企业(比如某企业化工槽罐成为恐怖分子的袭击目标)，除了安全问题，他们与其他企业的关切基本相同。
- **你所在的组织**。负责分析、管理和(或)沟通风险的员工和管理者，他们不仅要了解风险，还要熟悉风险沟通工作。
- **其他组织**。与你一道分析、管理和(或)沟通风险的其他组织的员工和管理者，他们需要有能力阐明并践行自己的角色。

风险沟通者要根据上述各类受众的关切选取有针对性的信息和沟通机制。

总之，将上面提到的三种受众聚焦手段的任意一种运用到风险沟通工作之中，都有助于确保风险沟通者在计划的制订和实施过程中考虑到所有细分受众。

战略规划的方法 >>>

巴特尔纪念研究所(Battelle)的社会科学家将战略规划要素和公众参与的理念结合到一起开发出一套方法，用来给包括风险沟通在内的各类工作制订计划。其中，战略规划可识别出组织的优势(S)和劣势(W)、达成目标的机会(O)和威胁(T)；公众参与则通过约访对组织有一定关注或受组织影响的受众，来了解他们看待组织的方式是否和组织自我认知的方式一致。该方法在制定保护沟通计划时能发挥最佳作用，此外也可用于危机应对计划的制订。

使用该方法时，风险沟通者首先要明确组织的价值观念，即组织的信念、使命和目的；接着需要说明组织希望完成哪些任务及判定任务达成与否的标准是什么；下一步则罗列出风险沟通工作的目的和目标，在对目的和目标以及前期掌握的信息加以审视后即展开情境分析：当前形势如何？在针对目前的形势制订计划时作出了何种假设？组织的优势和劣势是什么？开展风险沟通的机会是什么？是否存在阻碍你把握这些机会的威胁？目标受众是谁？关键问题是什么？

完成这些分析后，风险沟通计划就已初见雏形。此时风险沟通者应该和受众代表共同讨论该计划及前期掌握的信息，从而了解他们看待组织的方式是否与组织的自我认知一致？他们是否认可这份风险沟通计划？他们能提供哪些优化该计划的建议？最后，风险沟通者可参照图12-1的大纲吸纳这些建议以形成沟通计划的最终版本。

制订沟通计划的清单

☐ 计划包含了图12-1列出的要素。
☐ 制订计划时考虑到了所有细分受众。
☐ 计划已经获得以下对象的认可：
　☐ 风险沟通者
　☐ 风险评估者
　☐ 风险管理者
☐ 计划已经得到以下对象的签名：
　☐ 风险沟通者的经理
　☐ 风险评估者的经理
　☐ 风险管理者的经理

参考文献

Barrantes, S. A., M. Rodriguez, and R. Pérez. 2009. *Information Management and Communication in Emergencies and Disasters.* Pan American Health Organization, Regional Office of the World Health Organization, Washington, DC.

Dozier, D. M., L. A. Grunig, and J. E. Grunig. 1995. *Managers Guide to Excellence in Public Relations and Communication Management.* Lawrence Erlbaum Associates, Mahwah, New Jersey.

EPA (U. S. Environmental Protection Agency). 1992. *Community Relations in Superfund: A Handbook.* U. S. Environmental Protection Agency, Office of Emergency and Remedial Response, Washington, DC. EPAJ540/G-88/002.

Galloway, C. and K. Kwansah-Aidoo. 2012. "Victoria Burning: Confronting the 2009 Catastrophic Bushfires in Australia." In A. M. George and C. B. Pratt, eds., *Case Studies in Crisis Communication: International Perspectives on Hits and Misses.* Routlege, New York, pp. 279-282.

OES (Governor's Office of Emergency Services). 2001. *Risk Communication Guide for State and Local Agencies.* Office of Emergency Services, Sacramento, California.

拓展资源

McCallum, D. B. 1995. "Risk Communication: A Tool for Behavior Change." *NIDA Research Monograph*, 155: 65–89.

Shyette, B. and S. Pastor. 1989. "Community Assessment: A Planned Approach to Addressing Health and Environmental Concerns." *In Superfund '89: Proceedings of the 10th National Conference*, pp. 635–641. Hazardous Materials Control Research Institute, Washington, DC.

第三编
将风险沟通付诸行动

当用于风险沟通时,每一种方式(信息材料、可视化呈现、面对面沟通、与新闻媒体合作、利益相关者参与、技术辅助沟通或社会化媒体)都有各自的特点和适用的情境,对此加以了解能使风险沟通更有成效。

越是直接地与目标受众沟通,就越能避免困惑与误解。

——托马斯·威尔逊(1989,p.78)

第十三章 信息材料

人们在沟通时常会用到包含书面信息的信息材料。本书第十章已经讨论过使用信息材料的优势和不足。可用于风险沟通的信息材料有很多种,包括定期寄发的通讯、传单、宣传册和情况说明书,海报、广告和展板,专业期刊、大众杂志、博客和报纸上刊登的文章,以及技术报告等。本章将基于这些信息材料在风险沟通和其他传播活动中使用的差异而提出相关建议。不过,在此之前我们要先了解编制信息材料的一些指导原则。

〉》编制信息材料

无论使用何种形式的信息材料,风险沟通者都必须考虑其中应包含哪些内容,以及如何组织材料、运用恰当的语言、采用故事体文风等。

信息材料的内容 >>>

在编制信息材料时,虽然有许多有助于受众理解的技巧可供选择,但开始前还是要充分了解你的受众,并以能否满足受众需求和适用于具体情境为标准对其他规则加以取舍。图13-1列出了信息材料中可能包含的各类内容。根据各种信息材料的篇幅和功用的差异(如广告和技术报告的不同),这些内容既可以是只言片语或单一符号,也可以是划分章节的长篇文字。

- 超过两页(或标准网页一屏尺寸)的信息材料要对**目的和内容**加以概括,即简要地阐明这份信息材料的目的是什么以及具体包含哪些内容。这样的概述在使用多种方法开展风险沟通时尤为重要,因为它能帮助受众选择最能满足其需求的风险沟通信息。例如,假如有位受众想获取有关检测家中氡浓度的方法的信息,但你印发的宣传册的概述部分却声明这本小册子讲的是"氡是什么"和"为什么检测家里的氡浓度",那么,这位受众就会到别处寻求关于检测方法的信息。此外,有关目的和内容的概述也有助于引导读者阅读材料中的风险信息。

```
·信息材料的目的和内容
·风险的性质
·引发风险的行动的备选方案，以及备选方案可能带来的相关风险
·风险评估中的不确定性
·如何对风险进行管理
·风险的利益
·受众可采取的减少或控制风险的措施
·联系方式
·术语表
·换算表
·有用的提示
·索引
·相关信息的列表
```

图13-1　风险沟通的书面信息材料包含的内容

- 描述**风险的性质及风险波及的对象**。风险是什么？谁受其影响？要将风险置于现实背景中加以考量。比如，该风险和受众所熟悉的其他风险是否相似？

- 探讨引发风险的行动的**备选方案**，以及备选方案可能带来的相关风险。在保护沟通中，受众承受风险时可以有哪些别的选择？这些备选方案有没有相伴风险？对于共识沟通来说，在制定决策时评估了哪些备选方案？评估的标准是什么？在危机沟通中，备选方案主要是指各种可用来缓解风险的措施。

- 讨论风险评估中的**不确定性**。风险数据是如何搜集并加以分析的？更多关于风险不确定性的内容请参阅第六章，若是想了解怎样表现风险不确定性则可参考第十四章。

- 解释**如何进行风险管理**。管理风险的方式视风险类型的不同也各有差异。在保护沟通中，通常是由受众通过诸如遵循安全流程（虽然政府机构或许要承担监控公共卫生风险的责任）等方式来管理风险。在共识沟通中，受众和负责决策的组织会就如何管理风险达成共识，例如，同意在危险废物处理场所附近安装测量设备网络来监控危险物质的泄漏情况。在危机沟通中，地方政府、州政府和联邦机构，以及相关组织或个人都可能会参与到危机情境的管理中来。

- 描述**风险的利益**。身处风险之中的人们会因此得到一些好处吗？比如，绝经后

的女性进行激素治疗虽然可能会增加罹患乳腺癌或子宫癌的几率,但却有助于她们维持骨密度、调节内分泌系统。风险沟通者在提及有关风险利益的信息时要格外留心。如果利益只惠及某一群体或是含糊笼统的"科学"或"人类",而对另一群体而言尽是风险的话,那么处于风险中的人们就不会在意自己所承受的风险会给其他人带来多大的好处。在决定是否将风险的利益加入信息材料时,风险沟通者应该基于受众对这类信息的渴望程度进行判断。更多在风险沟通中提及风险利益的内容可参考第九章。

- 告诉受众**减少或控制风险的措施**。"我能改变自己的行为吗?""能给国会写信吗?""能对信息材料作出评论吗?""可以参与到风险评估或风险控制之中吗?"当受众知道自己能做什么之后,就能增加自主权,从而减轻作为受害者的感受,并进一步降低对风险沟通者的敌意。

> 留下可供受众直接沟通的姓名、电话或电子邮箱、地址等联系方式。如果无法提供个人联系方式,有时也可以告知受众热线电话或网址。

- 留下**可供受众直接沟通的姓名、电话或电子邮箱、地址等联系方式**。如果无法提供个人联系方式,有时也可以告知受众热线电话或网址。所有风险沟通材料中的联系方式应保持一致,因为当受众知道这里有一个可靠的渠道能为其答疑解惑时会更为安心。一旦向其提供了电话号码,就要保证无论是人工接听还是语音系统应答,电话都会全天候通畅。仅在工作时间应答是不够的,因为有许多人不能在工作时间内拨打私人电话,或者(尤其是在保护沟通和危机沟通中)受众在拨打电话求助时可能正面临潜在的生命威胁。

- 任何超过20页的打印稿或页数略少的在线网页内容都应附有**术语表**(对所有的缩写、首字母缩略词和专业术语作出解释)。对于不足20页的文件,应避免在文中出现缩写和首字母缩略词,如有专业术语则需解释其含义。总之,任何风险沟通信息都最好不要使用缩写和首字母缩略词,只有一些比完整拼写更常用的首字母缩略词(例如,大家会轻而易举地识别出"NASA"就是"国家航空航天局",但如果换成全部拼写出来的"National Aeronautics and Space Administration"就可能得让人琢磨一下)或是同页中被多次提及的词组可以例外。假如无法肯定用缩写或首字母缩略词是否合适,则一律将词组全部拼写出来。

- 提供**量度转换的方法**。尽管现在有很多学校都在教授公制标准,但仍有大量不从事科学研究的成年人用不惯这种量度标准。然而,一些联邦机构要求在信息材料中用公制作为基本单位。如果信息材料中只有为数不多的几处需要表述量度,那么可运用类比或是在公制单位后用括号加注换算成其他量度单位的数值;若是涉及量度的内容过多,这种重复的转换会严重影响文本的可读性,此时最好采用公制单位并在术语表中添加一个量度换算表。

- 对于或多或少都会具有技术性的信息材料,需增加"**有用的提示**"部分以解释科学记数法、图表中的不确定性、"大于号"和"小于号"的使用及其他技术惯例。技术知识水平高的读者可以忽略这一部分,而技术知识水平较低的读者则可以借助这些提示来理解信息。

- 假如文件篇幅超过40页,就有必要制作一个**索引**以方便读者查找特定的信息。大多数读者用来阅读的时间比较有限,因此任何有助于他们快速找到所需信息的方式都能起到激发其阅读该信息材料热情的作用。索引通常包含关键词、主题词组及主要观点。

- 信息材料的最后可再附带一个**相关信息的列表**。告诉受众该去哪儿寻找更多有关风险的信息,既能帮助他们获取自己需要的信息,又能促使他们更多地了解风险。风险沟通者可以引导受众阅读自己所在组织及其他组织公开发行的相关出版物。

组织材料 >>>

材料的组织方式很大程度上取决于信息材料的形式和读者的需求。情况说明书与技术报告的信息组织方式肯定是不一样的。这里要强调的是,无论什么形式的信息材料,在呈现大量关于风险本身的数据之前,都需要先阐明风险是如何被确定的。对此风险沟通者务必要提供一份关于确定风险的决议的摘要——尤其是针对只需要这些信息的受众。不管怎样,只要还没有介绍风险的计算信息是如何得出的,就别急着把它们先抛出去,否则就会把受众搞糊涂。在公开数据之前向受众解释风险评估过程可使其在了解数据的来龙去脉的基础上作出明智的决策。在共识沟通中,特别是在受众对特定风险或风险管理组织高度怀疑或充满敌意的情况下,阐明决策制定的过程也同样重要,而这样的信息既包含受众过往参与决策的过程又包含受众即将参与决策的程序。

> 材料的组织方式很大程度上取决于信息材料的形式和读者的需求。

信息材料的语言 >>>

信息材料使用的语言也主要取决于受众。风险沟通者须针对不同的细分受众翻译材料。有研究表明,由于看不懂以英文方式呈现的健康和安全警示,美国不说英语的居民在工作和业余活动中都面临着更大的风险。例如,一项关于密歇根湖捕鱼公告的研究发现，81%的说英语的捕鱼者了解湖鱼潜在的化学污染，但不说英语的捕鱼者知道这一点的只有30%。专注于语言和文化如何影响职业安全及健康的顾问约瑟夫·麦克法登(Joseph McFadden)提醒翻译者除了精通语言还要了解相关的文化。无论将安全术语翻译得如何精准，都有可能忽略特定文化的细微差别。比如，英文"safety"表示健康、职业伤害等方面的安全，在翻译成西班牙语时很容易被译为"seguridad"，但这个词在西班牙文化中也表示银行账户等的安全(TrainingOnline，2006)。

阅读水平、受教育程度、对风险的感受、风险经历以及对科学常识和特定风险的科学知识的掌握情况，都会影响到受众解读信息的能力。以下是一些适用于大多数情况的语言运用规则：

- 避免使用任何会让受众感到自己无法左右形势的语言。"受害者"非但不能有效地处理信息反而还会更加敌对。当风险沟通者试图就一个危险废物焚化炉的选址构建共识时，若其本意是"该装置可能会安装在……"，千万不要使用"该装置将会安装在……"这样的肯定式表达。在尚未作出决定之前，要使用假设的表述。

- 不要把估计的结果当作事实来呈现。许多专家常常将计算机模拟的结果和现实生活混为一谈，作出诸如"每年由该危害引起死亡的人数比癌症致死的人数还多10个"之类的论断，这听起来让人感觉似乎已经有10人罹难，而事实上，这很可能只是计算机基于一些特定假设和不确定因素而模拟出来的结果。风险沟通者应该向受众提供足够的信息以使其理解模拟结果表达的真实意思。

> 避免使用科学记数法、数学公式和指数。虽然风险沟通者可以在一定程度上解释这些内容，但事实上这些符号和公式却会把读者吓跑。

- 避免使用科学记数法、数学公式和指数。虽然风险沟通者可以在一定程度上解释这些内容，但事实上这些符号和公式却会把读者吓跑。不可否认的是，如果不使用科学记数法(1×10^{-6})或工程计数法(1E-6)，一些数值特别小或特别大的表格会变得庞大而笨拙。不过，基于受众的感知来看，一个满是0的表格会使风险数值变得更加直观，同时也不会像全用指数的表格那样让人望而却步。另外，还要避免使用技术期刊中常用的上标"-1"来表示"每一"或"每个"(即用$1d^{-1}$代表"1次/天或每天1次")。很多受众不理解该符号，因此要用"每天一次"取而代之。

- 明确如何用"保守"来形容风险的计算信息(也可以不使用)。尽管科学界常用"保守"一词来表示风险被高估了，然而在一些行业(如金融行业)中它却被用来表示"低估"(例如，他的财产保守估计是150万美元)。因此，很多受众对"保守"

的解读可能与风险沟通者要表达的意思截然相反。在编写信息材料时，要么清晰界定"保守"的意思，要么就使用"谨慎的"或"高估的"等词语为风险的计算作出限定。

• 使用符合特定文化的措辞。风险沟通者需要了解受众并琢磨他们能够接受的言语。例如，雅卡马印第安族联盟部落和族群(Confederated Tribes and Bands of the Yakama Indian Nation)的成员是美国原住民而非印第安人。许多部落不愿意被称为"利益相关者"，因为他们与州政府和联邦机构之间是政府与政府(government-to-government)的关系。此外，在任何形式的风险沟通中，都要避免使用带有性别歧视或种族歧视的字眼。

一些组织鼓励使用分级阅读的方式来测算信息材料在向受众呈现风险信息时的适当性。有很多可读性公式有助于作者在特定的年级水平上计算文本的可理解程度，比如戴尔－乔尔(Dale-Chall)可读性公式、福赖(Fry)可读性公式、佛莱士－金凯德(Flesch-Kincaid)年级水平测试、佛莱士(Flesch)易读度测试、迷雾指数、SMOG测试、FORCAST可读性公式、Powers-Somner-Kearl可读性公式和斯巴夏(Spache)可读性公式。另外，还有一些常用

> 超过250项研究表明，与健康相关的印刷材料远远超出了普通成年人的阅读水平。——Green 等(2007, p. 106)

的软件程序也可以帮助用户测算文本的可读性。大多数公式按照每个单词的音节或字母数、每一句的单词数和每一段的句子数进行测算，也有一些公式涉及词组和从句。正如第八章提到的，这些公式并非确定信息材料能否被理解的最佳手段，通常，对风险信息进行预测试才是更好的选择。

采用故事体文风 >>>

编制信息材料的一个有效手段是采用"讲故事"的文风，即在呈现风险的计算信息或其他数据之外再通过讲述个人故事的方式表述风险，或者干脆用故事取代数据。好的故事结构可以将风险信息化繁为简并能突出风险的成因和影响，从而帮助受众更好地理解风险。国际健康研究者道恩·希利尔(Dawn Hillier)主张用讲故事这一有效的方法跨文化传播健康风险信息(Hillier, 2006)。

戈尔丁等人(Golding等，1992)对比评估了故事体和被其称之为"技术体"的文风在促进受众持续阅读、增加知识和促使受众采取行动这三个方面的作用。他们发现这两种体例在增加知识方面同样出色，但更多的读者会选择继续阅读故事体的文本。遗憾的是，上述两种体例都不太可能促使读者采取行动。故事体缺乏激发作用的原

因可能是读者没能把自己和故事的主人公很好地对应起来,这告诉我们在采用故事体之前还是要充分地了解受众。致力于公众风险认知和公共政策研究领域的西华盛顿大学学者乔治·茨维特科维奇(George Cvetkovich)为如何优化故事体在风险沟通中的效果给出了一些建议,他认为要重点检查以下要素:

- **参与度**。所述故事能否引起受众的兴趣?
- **相关性**。受众是否认为该故事同样适用于自身?
- **受众能力**。受众能否理解该故事并效仿故事中示范的方式采取行动?

为了便于对这三个要素作出检查,风险沟通者可以以受众分析信息为基础准备一个故事的蓝本,并交给有代表性的受众成员阅读检查,接下来再询问他们有关参与度、相关性和能力的问题。如有必要,就根据反馈重新设计故事以满足受众需求。

〉》各类信息材料的指导原则

信息材料形式多样,既可以是两页篇幅的情况说明书或杂志内页四分之一版面的广告,也可以是多卷本的环境影响报告。接下来是一些常见的信息材料在用于风险沟通时的指导原则。第十八章和第十九章还对网站和博客进行了讨论。

定期寄发的通讯 >>>

> 定期寄发的通讯对于受众群体相对稳定的长期项目尤为适用。

定期寄发的通讯对于受众群体相对稳定(稳定指的是风险沟通面对的受众自始至终几乎都是同一群人)的长期项目尤为适用。通讯可以通过邮寄和电子邮件的方式寄发给受众,或是在其他活动中现场分发。

每期通讯都由一系列涉及特定风险或特定类别风险的文章构成。例如,很多超级基金危险废物处理场所定期将通讯寄给附近社区里有利害关系的居民,保证他们及时获悉清理行动的最新进展及伴生的风险。许多医疗保健中心也通过寄发通讯向其病人介绍健康的生活方式。尽管通讯的具体内容应视受众及风险而定,但仍有一些通用的基本原则:

- 在首次编发通讯时,要**安排好时间以获得所有相关机构的许可**。通讯常被视为组织在较长一段时间内运作的镜像,而这种关涉组织内部信息的风险沟通方式往往需要在第一次发行甚至连续几期的发行前获得多个机构的批准。

• **创建并更新邮寄列表**。在分发通讯时尽可能多地覆盖所要沟通的受众,每一期通讯都向受众说明订阅或取消订阅的方法,网上通讯亦是如此。至少每个季度更新一次受众的姓名和地址,以保持邮寄列表的准确性。有些通过电子邮件发送的通讯还会告知读者,若向其提供的电子邮箱地址发送通讯时连着几次显示"发送失败",那么将不再继续发送,订阅者因此被鼓励在更换电子邮箱地址时及时知会通讯的发行人员。假如受众本来就已持有敌意,那么拼错他们的姓名、寄错地址或遗漏某些受众等问题就会带来更糟的结果。

• **避免使用首字母缩略词和缩写**。与报纸一样,通讯很少会被从头读到尾,受众只会选择自己感兴趣的标题和内容去阅读。假如受众在碰巧翻到第6页时看见一个首字母缩略词,而该词的全拼却只在第3页的另一篇报道中被提及,那他们可能会一头雾水。

• **用醒目的标题或图形元素吸引受众阅读**。合理使用设计元素促使受众继续读下去。

• **保持连贯性**。通讯的一大优势是长时间针对相同的受众持续寄发(当然邮寄列表也会不断更新)。在描述同样的地点或情境时要确保言辞前后一致(例如,不要在某一期使用"环境清理区域",而在另一期中却使用"环境清理场所")。在涉及决策过程的共识沟通中,每一期通讯都应突出当前的决策阶段以告知受众最新的进展情况。此外,还要注意内容的连贯性,如果你在第一期通讯中提到某新建的污水处理厂将于4月开张,千万不要忘记在其正式开业时跟进报道。缺乏连贯性会使整个风险沟通工作变得不那么可信。

传单、宣传册和情况说明书 >>>

传单、宣传册和情况说明书对于短期的、单一信息的风险沟通或是阐释复杂风险的某个方面较有效果。它们篇幅短小,利于吸引那些不想阅读长篇信息材料的受众。在将其用于风险沟通时需要注意以下几点:

> 传单、宣传册和情况说明书对于短期的、单一信息的风险沟通或是阐释复杂风险的某个方面较有效果。

• **充分利用其简短的特性来满足特定的需求**。篇幅有限是传单、宣传册和情况说明书的本质特征。要每次只聚焦一个主题,具体选择哪个主题则要根据受众的需求加以判断。

• **内容要自成体系**。传单、宣传册和情况说明书得易于获取、可供带走、方便受众快速阅读或在线浏览。尽管通过这些信息材料上提供的联系方式和参考资源能让受众得到更多信息,但他们通常只基于信息材料上呈现的内容来理解风险沟通者对于风险的观点。

- 系列信息应保证视觉的连贯性。对这些信息材料加以"系列化设计"(相似的打印样式和图文设计),这样受众就更容易识别它们,如果运气好的话还会对它们产生亲切感。这种亲切感越强,受众就越可能去阅读材料。

- 在受众日常生活的地方派发材料。除了直邮,也可以尝试把这些信息材料摆放在诊所、图书馆、当地企业、社区中心、教堂门厅及本地商会等受众有可能取阅的场所。此外,也有一些人希望在线阅读或下载这些材料。

海报、广告和展板 >>>

> 海报、广告和展板是符合美国社会日益呈现出的视觉导向趋势的信息材料。

美国社会日益呈现出视觉导向的趋势。海报、广告和展板就是符合这一趋势的信息材料。虽然它们传递的信息受限于可用的空间和设计师的创造力,但如果在使用时遵循下述指导原则,这类信息材料将非常有助于突出并强化关键概念:

- 海报、广告和展板中所有的书面信息都应使用受众可以理解的语言。文本既要符合受众的阅读水平并回应其关切,也要在面向非英语母语的受众时译成其他语言。假如目标受众由讲不同母语的人群构成,那么同一展示材料也应备有各种语言的版本。

- 信息简单明了。考虑到空间的局限,这一点似乎已无需赘言。然而,该原则却常被违背,有时甚至导致了极其严重的后果。例如,为了宣传安全活动,某工厂在其沿着主路的大门外设置了一块标牌。标牌上是全部大写且颜色不同的文本,并配有一些关于损失工作日(lost-workday)事故的标语和数据。本来放置该标牌是为了让上下班的员工在开车路过标牌时瞥一眼,然而事实上工人们却不得不减速来看清标牌内容,如此一来,安全标语反而导致了事故的发生。一般来说,此类展示就是为了能让受众一目了然,所以务必保证言简意赅。

- 所有的图形元素都应以强调风险信息为目标。很多视觉展示掺杂了太多的信息。例如,某化工制造公司外安放了旨在警示工人上班工作时注意安全的公告牌。公告牌用加粗、加黑的字体和严肃的内容呈现了一个需深度关切的事项,然而文字下方的配图却是两个小孩开心摘野花的粉笔画,这完全破坏了文本信息的严肃性。相比之下,还是写一句简单易记的标语更有效果。

- 将展示物置于受众能看得到的地方。受众一般在哪里工作或娱乐?在哪里最容易暴露于危险之中？这些地方就是放置展示物的合适场所。在行政管理办公室陈设关于违规操作叉车的危险性的公告虽然也会有一些人看到，但真正面临这种风险的工人却往往对公告的信息不得而知。这类公告最好张贴或放置在受众将会记起风险的地方，如设备存放处。

• 记得列出可获取更多信息的方式。尽管这些展示材料利于提升受众的风险意识，但很多受众还是会觉得其信息量太小且希望了解更多。风险沟通者需要本着强化展示物上的信息的目标，在展示物上添加可供受众获取更多信息的地址、网站、组织的电话或便于撕下带走的联系方式表，列出这些信息有助于受众采取行动。

文章 >>>

如果由熟悉风险并擅长沟通的人执笔，那么在专业期刊、大众杂志、博客和报纸上发表文章也能有效地针对差异化的受众传播风险信息。不过在某些情况下，最终发表什么内容并非风险沟通者所能左右。(可参考第十六章了解如何与媒体合作。)风险沟通者在撰稿时需要：

> 如果由熟悉风险并擅长沟通的人执笔，那么在专业期刊、大众杂志、博客和报纸上发表文章也能有效地针对差异化的受众传播风险信息。

• 确保该出版物的读者是你的目标受众。如若不能触及目标受众，风险沟通工作必定收效甚微。大多数报纸和期刊的出版商会告诉你其出版物的读者情况。

• 选择专业期刊。对于腕管综合征等职业风险来说，风险沟通的受众很可能是专业协会的成员。较之其他沟通方式，在他们的专业期刊上发表精心撰写的文章可以更快速地触达目标受众。

技术报告 >>>

技术报告固然让很多读者望而却步，但还是有人需要通过它们来获取更为详尽的数据以得出自己的观点。技术报告可满足以下几类细分受众的需求：拥有大量技术知识或就是需要技术报告的专家、有一定风险背景知识并

> 技术报告固然让很多读者望而却步，但还是有人需要通过它们来获取更为详尽的数据以得出自己的观点。

希望深入了解的读者和对此类信息感兴趣的初学者。具体而言，风险沟通者可从后往前地组织文件内容：第一步是把电脑运算、支持数据的表格、标准列表、质保数据

等技术细节信息放在附录或支持材料中。(若是在线报告，可使用超链接直接把摘要信息和参考文献与支持材料连接起来。)这些信息可供专家查阅。接下来以附录信息为基础，为有一定风险背景知识的读者编写一份阅读难度为十年级水平的技术报告。随后，再基于这份报告制作一个符合六年级阅读水平的最基本的技术术语一览表以满足初学者的需求。(我们在此使用阅读水平作为内容和文体的参照，并不是说所有希望深入了解的读者的阅读水平均为十年级或所有初学者的阅读水平都是六年级。)

在编写技术报告时，为了照顾到所有的读者，要对照图13-1所列的"书面风险信息包含的内容"添加有用的提示、术语表和索引。同时，还要再额外运用一些可用于受众辨识信息的方法，比如撰写前言介绍各部分的要点，在各部分之间、段落之间和句子之间加上过渡性的内容，以及为一些段落提炼主题句。此外，还要通过对句子和段落的编排把受众熟悉的信息放在前面，将难懂的、较新的信息置后。

编制信息材料的清单

☐ 根据目标受众需求编制信息材料
☐ 信息材料应包含以下任何能够满足受众需求的内容：
　☐ 目标和内容
　☐ 风险的性质
　☐ 备选方案
　☐ 不确定性
　☐ 风险管理
　☐ 风险的利益
　☐ 受众可采取的措施
　☐ 联系方式
　☐ 术语表
　☐ 公制换算表
　☐ 有用的提示
　☐ 索引
　☐ 相关信息的列表
☐ 在提供数据之前，先描述数据采集和分析的过程
　信息的措辞：
　☐ 切勿把受众称为"受害者"
　☐ 区分估计的结果与事实
　☐ 避免使用科学记数法

- ☐ 避免使用数学公式
- ☐ 避免使用指数
- ☐ 避免使用"保守"一词，或对其作出清晰界定
- ☐ 切勿使用种族歧视或性别歧视的字眼以及其他可能冒犯受众的字眼

　　如采用故事体文风，应该：
- ☐ 加深受众的卷入程度
- ☐ 与受众相关
- ☐ 在受众理解和行动能力的范围之内

　　如使用定期寄发的通讯，应该：
- ☐ 预留获得许可的时间
- ☐ 创建邮寄列表
- ☐ 有更新邮寄列表的机制

　　通讯的文本应该：
- ☐ 避免使用首字母缩略词和缩写
- ☐ 运用醒目的标题或图形元素
- ☐ 保持连贯性

　　如使用传单、宣传册和情况说明书，应该：
- ☐ 聚焦受众的需求
- ☐ 保证内容自成体系
- ☐ 保持视觉的连贯性
- ☐ 在受众日常生活的地方派发

　　如使用海报、广告和展板，应该：
- ☐ 用受众可以理解的语言编写文本
- ☐ 文本信息简单明了
- ☐ 所有图形元素都强化了信息
- ☐ 将展示物置于受众能看到并会留意的地方
- ☐ 提供额外信息源

　　如使用文章，应该：
- ☐ 发表在目标受众经常阅读的出版物上
- ☐ 发表在合适的专业期刊上

　　如使用技术报告，应该：
- ☐ 根据受众需求安排报告的结构
- ☐ 借助合适的语言和编排引导读者阅读报告

参考文献

Golding, D. , S. Krimsky, and A. Plough. 1992. "The Narrative versus Technical Style in Risk Communication." *Risk Analysis*, 12(2): 27–35.

Green, M. , J. Zenilman, D. Cohen, I. Wiser, and R. Balicer. 2007. *Risk Assessment and Risk Communication Strategies in Bioterrorism Preparedness*, NATO Security Through Science Series-A: Chemistry and Biology. Springer, Dordrecht, Netherlands.

Hillier, D. 2006. *Communicating Health Risks to the Public: A Global Perspective.* Gower Publishing, Aldershot, Hampshire, England.

TrainingOnline. 2006. "The Impact of Language and Culture on Job Safety." *Reliable Plant Magazine*, January.

Wilson, T. 1989. "Interactions between Community/Local Government and Federal Programs." In V. T. Covello D. B. McCallum, and M. T. Pavlova, eds. , *Effective Risk Communication.* Plenum Press, New York, pp. 77–81.

拓展资源

Kolin, J. L. and P. C. Kolin. 1985. "Instructions." In *Models for Technical Writing.* St. Martins Press, New York.

No author. 1982. "Indexes." In *The Chicago Manual of Style.* The University of Chicago Press, Chicago, Illinois, pp. 511–560.

第十四章　风险的可视化呈现

从洞穴墙上的象形文字到便携电子设备中的视频影像，人类一直倾向于采用形象直观的方式进行沟通。因此也就不难理解，当人们尝试了解风险并制定风险决策时，也希望通过图像或图表的方式弄清楚风险的方方面面。风险沟通者应该意识到，恰到好处的视觉呈现能够极大地帮助受众了解和思考风险，这是因为人类的大脑在透彻地理解视觉信息上拥有强大的能力。相关研究已表明，人们不需特别努力就能"摄入"600幅图片，而后将其与新增图片进行区分的准确率超过了98%(Shepard, 1967)。

图像已经被证实可以帮助人们理解和记忆内容(Graber, 1990; Lang, 1995; Shepard, 1967)。例如，在把条形图和饼图用到产品标签上说明营养成分之后，消费者对营养信息的理解较只使用文字说明的时期有显著提升(Geiger等, 1991)。而纯口头信息在辅以精心挑选的图片后，能使信息传播得更快、更具象、更准确(Graber, 1990)。

图像可以使抽象的概念变得清晰易懂，而抽象恰是风险信息的一个固有特征。一项研究显示，当人们比较抽象概念时，其对图片(刺激物)的反应时间比文字(刺激物)要短(Paivio, 1978)。好的图像也能够帮助受众针对抽象或复杂的概念构建心智模型(Graber, 1990)。还有一个典型的研究以如何产生闪电为题，以是否使用图表为变量，测试人们理解与解决问题的能力。结果显示，得到了图解和文本两种信息的测试组比只得到了文本信息的对照组更好地理解和解决了问题(Mayer等, 1996)。

除了提高理解能力和增加反馈，图像还能够帮助人们把事实置入到一定的背景中。例如，图表等形象化的数字信息比数字本身更能让人产生一种全局观，从而让人对信息的理解更加深刻(Lacerda, 1986)。此外，图解还能够将不易察觉的数据模型展现出来(Tufte, 1990)。

本章将详细介绍风险信息的可视化呈现，包括使用照片、图片、插图、示意图、坐标图、表格、标识等多种方式。在实践中，风险沟通者经常会在展板、海报、传单、情况说明书、报告、简报、宣传册、产品标签、视频、网站和其他多媒体形式的解释性物料中，将风险信息作可视化处理。形象地描绘风险信息的方法不胜枚举，但关键是要与受众的特点和需求相匹配。没有哪一种方式适用于所有的受众和情境，我们的目的是为风险沟通者生动地传播风险信息提供思路、工具和指南。

然而需要注意的是，风险的呈现方式仅仅是影响人们感知风险和选择行动的一个方面。有的风险专家认为只要他们能够恰当地描绘风险，公众就可以得出与技术专家（或政策专家、风险管理者、工厂经理、政府或公共卫生官员）相同的结论。而正如第四章提到的，公众对风险的反应受到很多因素的影响，如风险的性质、负责沟通风险的组织的可信度等（Bord 和 O'Conner, 1992; Johnson 等, 1992; Slovic, 1987）。因此，将量化信息呈现出来的方式虽然重要，却也只是诸多影响因素中的一个。

不过，无论可视化呈现的角色如何，其都不失为一个能够帮助公众理解风险和风险对策的有效工具。在将风险可视化的过程中，风险沟通者应该采用清晰、易懂、非操纵性的及对制定决策有益的方法。本章基于相关研究和实践，为风险沟通提供系列实用方法。为简单起见，除非特殊说明，"图表""图像"和"图示"在本章不作区分，可互换使用。

〉》针对特定受众和用途进行可视化设计

在决定描绘风险的哪些方面以及如何将其呈现的过程中，风险沟通者应确认以下三个问题：人们想知道什么？他们需要知道什么以助其作出合理决策？视觉化信息将被如何使用？

> 好的设计应当考虑到信息使用的时间、地点和方式。——Edward R. Tufte(1997, p. 115)

第一步是分析受众的信息需求。受众的信息需求可能会因人而异。在一项关于地方河流污染的研究中，州监管机构想知道污染程度是否以及在什么条件下会超过法定限制；农民想知道用河水灌溉农田会产生什么危害；原住民部落则关心环境问题怎样影响子孙后代，以及以当地鱼类为主要食物来源的部落成员是否面临更大风险。对此，研究人员在研究过程中与这些利益相关者保持了紧密的沟通，以使研究结果能够涵盖上述各个方面。该研究还制作了多个图表，将河流受污染的不同情况和各种河水使用方式的污染程度作出描述。

第八章给出的受众分析的相关建议也有助于风险沟通者确定哪些信息需要可视化,以及采用什么方式可视化。

对于很多风险沟通工作,尤其是保护沟通,不能局限于只发布受众想知道的信息,而是有必要纳入受众没想到但也应该知道的、能够帮助他们合理评估风险的信息。第一编介绍的心智模型方法可用于识别给定风险的重要事实性误解或信息鸿沟,而这些是在风险沟通信息中必须涉及的。

卡内基梅隆大学曾使用心智模型方法针对电场和磁场的主题制作了一个宣传册。这份宣传册对电场和磁场带来的多种潜在健康影响及规避方法进行了说明,同时,它还用可视化方法帮助受众理解电场和磁场的风险,这包括不同场源产生的场的强度,接近场源时场的强弱变化,场的测量方式,电力系统所处的等级,科学对这些健康影响的证明方法,以及暴露程度和剂量的概念等(Carnegie-Mellon University, 1995)。图14-1即选自于这本宣传册,因为有研究发现非专业人员通常会低估远离场源时场强度衰减的速度,所以这幅图加上了特别的图示和辅助说明来澄清上述误解。

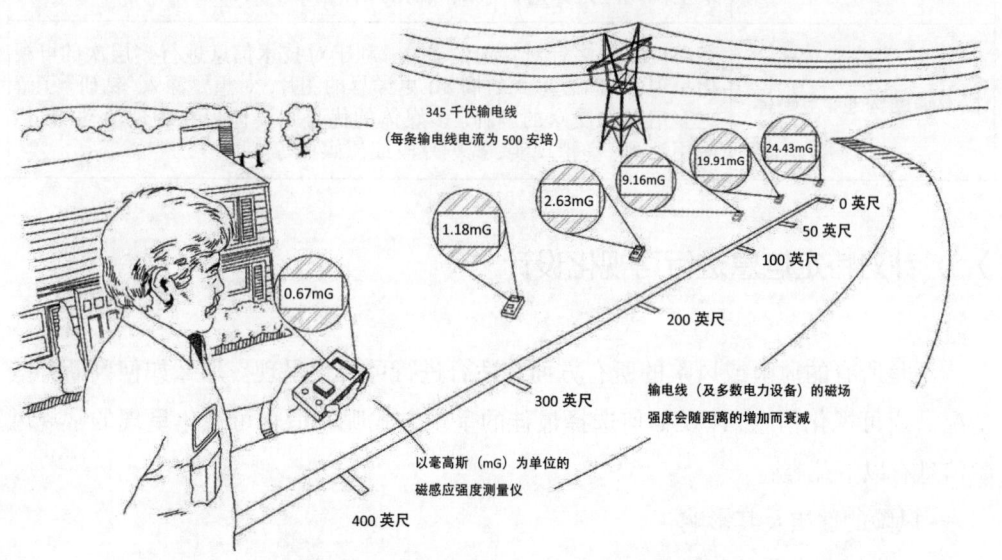

图14-1 电场和磁场的健康风险宣传册的插图。图中的数值显示了随着与345千伏输电线距离的增加,60赫兹的磁场强度衰减的过程。(来源:卡内基梅隆大学,1995;已获使用许可)

除了明确公众想要知道和应该了解的信息,可视化设计需要关注的另一个问题是在哪里及如何使用视觉化信息。表14-1展示了各类可视化选择的相关考虑。

表14-1 在各类媒介上呈现视觉化信息的考虑

媒介形式	相关考虑
印刷材料（简报、传单、情况说明书、宣传册）	这类材料会对风险作出非常详细的解释说明；人们可以在方便的时候自在地阅读。相较于其他形式，这类材料容量较大，因此可以使用更为详细、多样的视觉设计。通常，这也是唯一一种适合使用数字密集的图示、图表、表格及流程图的形式。
海报和展板	主要用于吸引注意力和传递部分关键信息。如果在针对风险的公众会议上展示，可以加入更多的解释性信息。图表必须让人在几英尺外也能清楚地看到，图表内的信息也应明显易读。此类媒介形式更加适合使用图片和一些简单的图表。
现场报告	确保在场的受众可以清晰地看到所有的视觉信息（或向其分发讲稿）。可视化可重点用于呈现背景、风险知识以及多数受众感兴趣的问题。准备印刷形式的补充材料，发放给想要了解更多信息的受众。
新闻媒体	面向广泛的普通受众。图表主要用于吸引受众注意或传播某个要点。应确保视觉信息简单、整洁。建议在电视上呈现风险正在被处理，针对报纸可考虑使用以图片为主的可视化方式（如图标或符号）来呈现风险是如何扩散或减弱的。详见第十六章。
技术辅助沟通，多媒体	互动性强且多针对特定的受众。利于对技术信息进行多层次的可视化呈现，如图表形式的摘要，更详尽的图片，对想要深入"钻研"了解更多情况的受众的解释。多媒体的优势主要体现在表现活动，包括使用动画、虚拟现实、视频片段或流媒体等。

〉》针对特定信息进行可视化设计

不是所有的风险或风险的所有方面都适合进行可视化呈现。那么如何判断哪些情况需要可视化信息，以及如何选择最佳的呈现方式呢？适合可视化呈现的常规风险信息有以下几类：

- 风险的性质及其影响
- 风险的大小及显著性
- 风险发生的概率及对人们产生影响的可能性
- 随着时间变化，风险增加或降低的程度
- 规避风险的方案及各方案的利弊

表14-2列出了对上述五类信息进行可视化的相关建议。但正如下文将会提到的那样，到底选择哪种方法仍要以受众分析和信息预测为基础。

表14-2 各类风险信息的可视化方法

风险信息	可视化方法
风险及其影响	如果风险的影响是可见的（如可见的健康影响，对农作物和食物的影响等），可通过照片或图解的方式帮助人们识别风险。此外，需呈现可能引发风险的情况或对风险的提示，如工厂中堵死的防火门、会产生电磁场的高压线（图14-1）、有毒物质警示标识上的骷髅头标志、不健康或不安全的行为及其后果。
风险的大小和显著性	通过受影响的人口规模反映风险的大小，可使用数字或图示。借助曲线图或条形图描述随着时间的推移，风险加重或减弱的趋势。谨慎地将该风险与其他类似的风险进行比较来说明相对强度（见表14-3和第六章）。考虑为受众设定"干预水平"——一个受众可能愿意采取行动来减少风险的风险状态。
对特定人群产生影响的可能性	针对不同情形分别呈现可能性和不确定性。如果条件是给定的，建议使用如"发生概率为几分之几"的表述。可以使用表格、图示或图表呈现各种情形下风险的不同水平（见图14-6）。还可以使用流程图指导受众采取行动以降低受风险影响的可能性。
随着时间变化风险发生的改变	使用图表、曲线图或象形图（描述风险的小图片）来表示风险变化的过程和趋势。在涉及多种变量（如随时间推移而使风险发生变化的各种条件）时，可考虑使用多个可视化方式加以表现。
规避风险的方案及其利弊	比较不同的方案，列出每一种方案的利弊。如果各方案存在相同的变量或比较标准类似（如费用、环境影响、健康影响等），可考虑使用表格的方式进行呈现。如果比较的难度较大，可通过版式设计避免它们在同一标准下形成对比。

一种进行可视化设计的方法是先针对核心议题提出一系列的问题，然后再决定如何用可视化的方法解答这些问题。这里我们以一个例子说明怎样运用这种方法，在该例子中，关键问题被用来指引一份年度校园安全报告的视觉化设计(St. Clair, 1956)：

• 本地的事故发生率与全国及其他类似社区的事故发生率相比较的结果如何？建议使用曲线图对此进行呈现。

• 过去一年是否采取过安全事故的预防措施？建议使用条形图呈现变化幅度：本年度与往年相比事故数量有所下降。

• 我们在安全教育中还存在哪些短板？用线形图显示正常状态，再加上条形图凸显未达到正常状态的、应在下一个学年重视的方面。

• 下一学年需要作出哪些特别强调？用小图片表示下一学年需要更多地强调安全问题的课程领域。

从这一案例可以看到，有时最好的方式是尽可能多地呈现风险的方方面面，为受众提供更多的信息和选择。在此基础上,再采用一定数量的图表并对风险的特定信息加以突出将非常有益。有研究表明,一次信息充分的陈述的传播效果能媲美甚至优于那些已被认为效果良好的传播形式(Weinstein, 1989)。另外,没有证据表明受众会因信息的多寡而产生困惑。

〉》测试图表的传播效果

在完成受众分析、明确图表的用法并设计好图表信息初稿之后,就到了选取目标受众的样本对这些初稿加以测试的环节。测试图表的传播效果通常会被纳入风险信息或材料的评估工作,例如在测试宣传册或口头报告时,就会连同其中的图表一同进行测试。这一测试将会提供受众的反馈意见。在这里,我们重点讨论如何让图表测试发挥最大的功效。

> 与其使用设计不良或制作不佳的可视化信息,还不如不用。——Peter J. Hager & H. J. Scheiber(1997, p. 171)

我们可以利用访谈、焦点小组和其他技术手段最大限度地收集反馈信息(见第六章的"尽可能对信息进行预测")。询问受众他们认为每个图表都意在说明什么问题,他们的回答将帮助你确认这些图表是否达成了它们的使命。向受众咨询图表中是否存在其认为不清晰、容易误解、令人疑惑、不完整或不准确的信息。向受众了解他们在阅读某个图表时有哪些感受或者想到了什么。此外,还可询问受众对图表的各种反应。基于这些反馈,你可能会发现有些图表存在着居高临下、令人恐惧、过于专业等问题,或者包含了并非传播者本意的意思。例如,2011年美国国土安全部基于公众和相关机构的建议,更换了国土安全部警报系统(Homeland Security Advisory System)的颜色编码警报系统,因为这些公众和机构认为警报系统应该更加精确、时效性更强、能清楚地指出危险可能影响的区域并为公众应对提供指导。

完成测试后,风险沟通者就能知道如何修改图表和怎样对其作出增删,从而使其满足受众需求、实现沟通目标。

下面的案例阐述了预测试对图表呈现的价值。这是一份环境风险信息手册,基于从测试中获得的意见,制作者对其作出了一些修改(西北太平洋国家实验室<Pacific Northwest National Laboratory>, 1994, 1995)。这份手册针对普通公众设计,以下是来自学生、教师、农民代表、州监管机构、卫生部门官员和从业者、环保人士及其他社区成员的反馈:

- 人们希望将当前污染物的数量与相关标准进行比较。于是，只要合适，有关饮用水、空气及食物里污染物的安全限度就会被标注于相关的插图和表格之中。图14-2即是一张据此重新设计的地图。

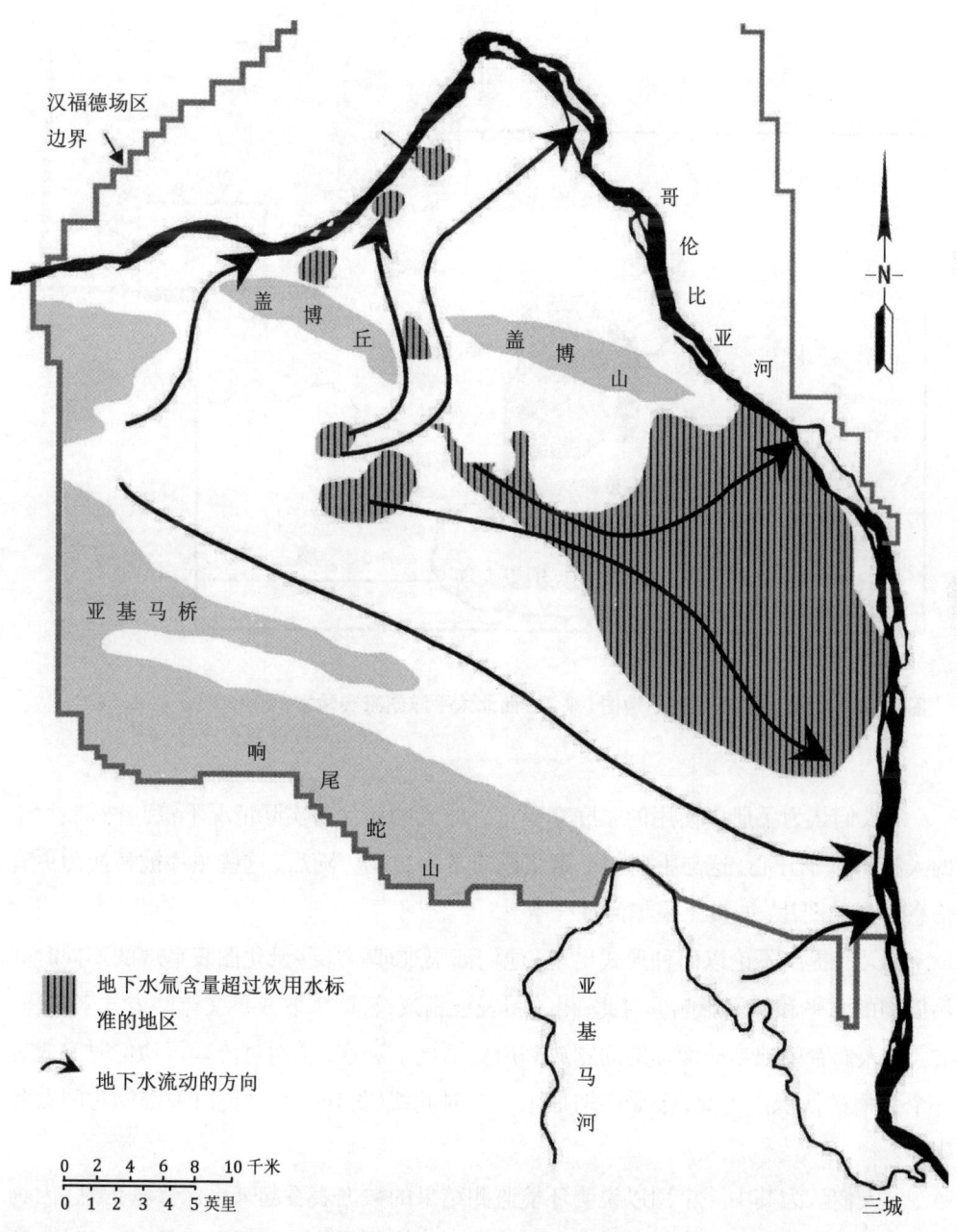

图14-2　1994年重新设计的某联邦危险废物处理场所附近地下水污染状况图。这张图显示了过去几年饮用水超出国家标准的地区。（来源：西北太平洋国家实验室，1995）

- 人们希望能对地图进行更详细的说明、更清晰的解释。为此，地图清晰地标注出污染的位置以显示污染物移动的方向(见图14-2)。同时，加入了小幅的州地图(图14-3)，帮助受众定位该区域。

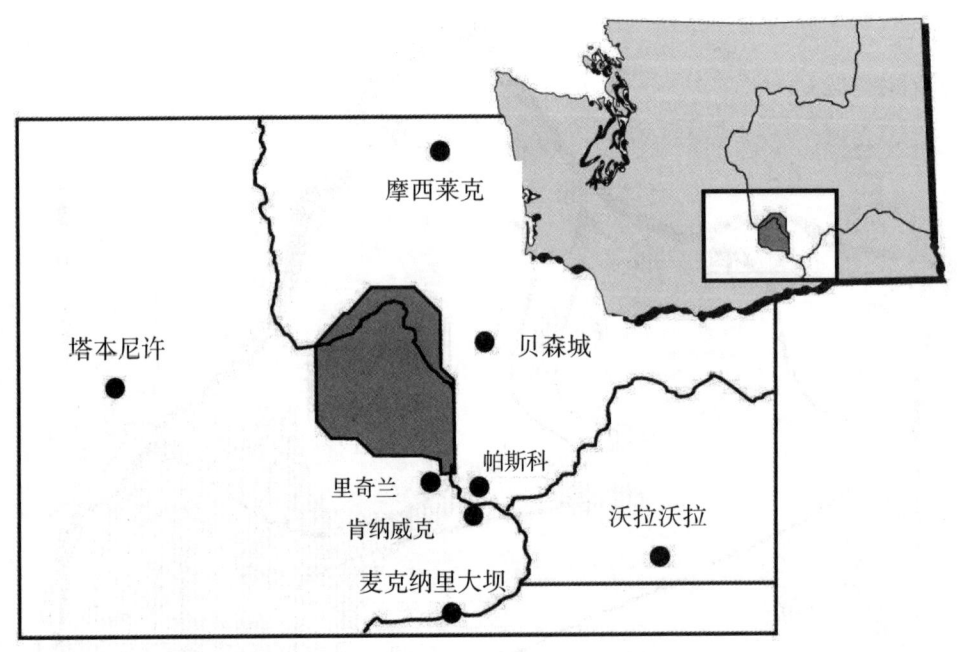

图14-3　细节更加具体的州地图(来源：西北太平洋国家实验室，1995)

- 人们认为手册中使用的家庭享受户外时光的照片与实际情况不符，并且照片中的人笑得过于开心，这与手册的严肃主题非常不协调。随后，这些照片被替换为更有信息含量的图片，如员工采集河水样本。
- 人们提出不论以何种形式出现，他们都很难理解那些量化图表呈现的不同时间污染物的水平和暴露影响。对此，相关图表被删减，转而采取故事文体的方式来描述。
- 人们希望把当前面临的问题放到历史语境下观察，从而对清理行动何时完成有一个大概的认识。为此，手册中增加了一个时间线(图14-4)，以突出关键的时间点和事件。
- 人们认为其中一个用以说明环境监测结果的数据表看起来更像参考信息，因为它只对某些读者才有用处。根据这个意见，这张数据表被移到了手册的后面部分，从而使其注重细节的特点不至于影响到整体的"故事性"叙事。

1943 年之前	1943	1944	1945	1945(至 1947)	1947	40 年代晚期
	汉福德核工厂建造完成，在第二次世界大战中生产用于制造核武器的钚。		开始对哥伦比亚河和山艾进行监测。		杜鲁门总统宣布冷战开始。鉴于国际形势，汉福德核场区扩大生产。	
哥伦比亚盆地最早的居民是原住民部落，后来矿工、农民及其他人也移居到此处。		第一组核设施开始运行。		钚提取过程向空气中释放了大量的放射性碘。		开始对动物和地下水进行监测。

汉福德的核产量达到顶峰。其向土壤、地下水和哥伦比亚河排放了大量的放射性和化学废料。		汉福德场区的核生产设施关闭。		某科学研究对汉福德场区排放的辐射剂量及对周边居民的影响进行了评估。		
1955 (至 1965)	1960 (至 1975)	1964 (至 1989)	1965	1987 (至 1990)	1989 (至今)	
	在发现储存高放射性核废料的单壁储罐发生泄漏之后，开始改用更加安全的双壁储罐。		约翰逊总统宣布减少核武器原料的生产。		一项针对 40-50 年代居住在汉福德下风向的居民是否出现了更多的甲状腺疾病的健康研究启动。这项研究预计在 1998 年完成。汉福德场区的新使命变为完成清理并研发新型技术。	

图14-4　包含时间点和事件的时间线，为解释污染场所的相关风险提供了历史背景。（来源：西北太平洋国家实验室，1995）

〉》运用图像将风险信息个性化

人们通常希望了解风险对自己和家人意味着什么。运用可视化图表，我们就能使风险信息具有个体特征或满足人们的个体需求。

将风险个性化的一种方法是使用图片逼真地呈现风险对个体产生影响的显著特征。健康专家常在宣传册或海报中使用图片，向病人展示可能预示着某些健康问题的症状并提醒他们注意。例如，图片可以准确地呈现早期牙龈疾病及可能发展成皮肤癌的症状。县级农业推广代表和农药控制官员也会使用图片来说明某些害虫的危害，以及帮助人们了解不恰当地对农作物使用农药会带来的影响。

另一种将风险信息个性化的方法是向人们展示与风险相关的各类情境，以及个体如何把这些情境和自己关联起来。图14-5源于一本风险信息册，用来帮助人们检测其从各种辐射源中受到的辐射剂量。在对手册内容做预测试时，这幅图被人们认为是整本册子中最有价值的内容之一。

我受到的辐射剂量是多少？

通过这个简单的表格，你能知道自己每年受到多少辐射。请在右边一栏填写相应的数字，它们的和将是你平均每年受到的辐射剂量。

		你得到的年均剂量 （毫雷姆）
你的居住地点	• 海平面上的宇宙辐射（来自外层空间）	26
	• 根据你所在的海拔（英尺）加上相应的毫雷姆：	_____
	0-1000ft=2[a] 5-6000ft=29	
	1-2000ft=5[b] 6-7000ft=40	
	2-3000ft=9[c] 7-8000ft=53	
	3-4000ft=15 8-9000ft=70	
	4-5000ft=21[d]	
	(a) 包括三城、沃拉沃拉、西雅图和波特兰	
	(b) 包括拉斯维加斯	
	(c) 包括斯波坎市	
	(d) 包括盐湖城	
	• 地面辐射（来自地球）	加 23 _____ 加 46 _____ 加 90 _____
	• 房屋构造 —如果你的房屋由石头、砖或混凝土建造	加 7 _____
	• 如果你的居住地距汉福德 50 英里以内	加 0.03 _____
你的饮食和呼吸	• 来自内部的辐射（在你身体里） —来自食物和水（美国平均水平） —来自呼吸的空气（氡）（美国平均水平）	40 200
你的生活方式	• 搭乘喷气式飞机旅行 —基于每年的平均水平，每飞行 1000 英里	加 1 _____
	• 如果你看电视	加 1 _____
	• 如果你每年要接受某些医疗诊断 —如牙科、胸部 X 光（美国平均水平）	加 50 _____
	• 如果你要接受放射治疗——每一次治疗	加 430 _____
	• 如果你每年要做一次乳房 X 光片	加 75 _____
	我每年受到的辐射总量	_____

注：一年 360 毫雷姆是美国居民的平均水平。

图14-5 此图用于帮助人们确定每年从各类辐射源那里受到的辐射剂量。（来源：西北太平洋国家实验室，1995）

罗切斯特大学也使用类似的方法制作了尼古丁上瘾自测表,该表成为某戒烟指南的一部分(图14-6)。如果测试者的得分在5分及5分以上说明其可能是尼古丁上瘾者。

	尼古丁上瘾自测表 (在问题后面的答案处划钩)		
	你是否会在每天早晨醒来后的30分钟内吸烟?	否	是
	在图书馆、剧院、医师办公室等禁止吸烟的地方,你是否很难控制吸烟的欲望?	否	是
	你每天的吸烟量是否在10支及以上?	否	是
	你每天的吸烟量能达到25支吗?	否	是
	你在上午的吸烟数量会比一天中的其他时间吸的更多吗?	否	是
	在生病卧床的时候,你还会吸烟吗?	否	是
	若选择"是"则得到1分。		
	你得了多少分?_____分		
	你的得分越高,说明你尼古丁上瘾的程度越深。如果你的得分在5分或5分以上,说明你对香烟尼古丁已经相当上瘾。尼古丁替代疗法和安非他酮缓释片将对你非常有帮助。		
	不论你上瘾的程度有多深,你都可以戒烟!		

图14-6 尼古丁上瘾自测表(来源:罗切斯特大学医学与牙学科院,2001)

美国疾病预防和控制中心的一项区域性研究使用了如图14-7的"路线图"(road map)方法,这份"路线图"基于人口统计学和生活方式两个因素,指引人们算出自己在过去发生的放射物泄漏中遭受了多少辐射。在人们得出自己所属的类型之后,就可以在下一幅对应图中找到相应的辐射剂量。这一图表被普遍认为不仅操作简单,而且非常实用。

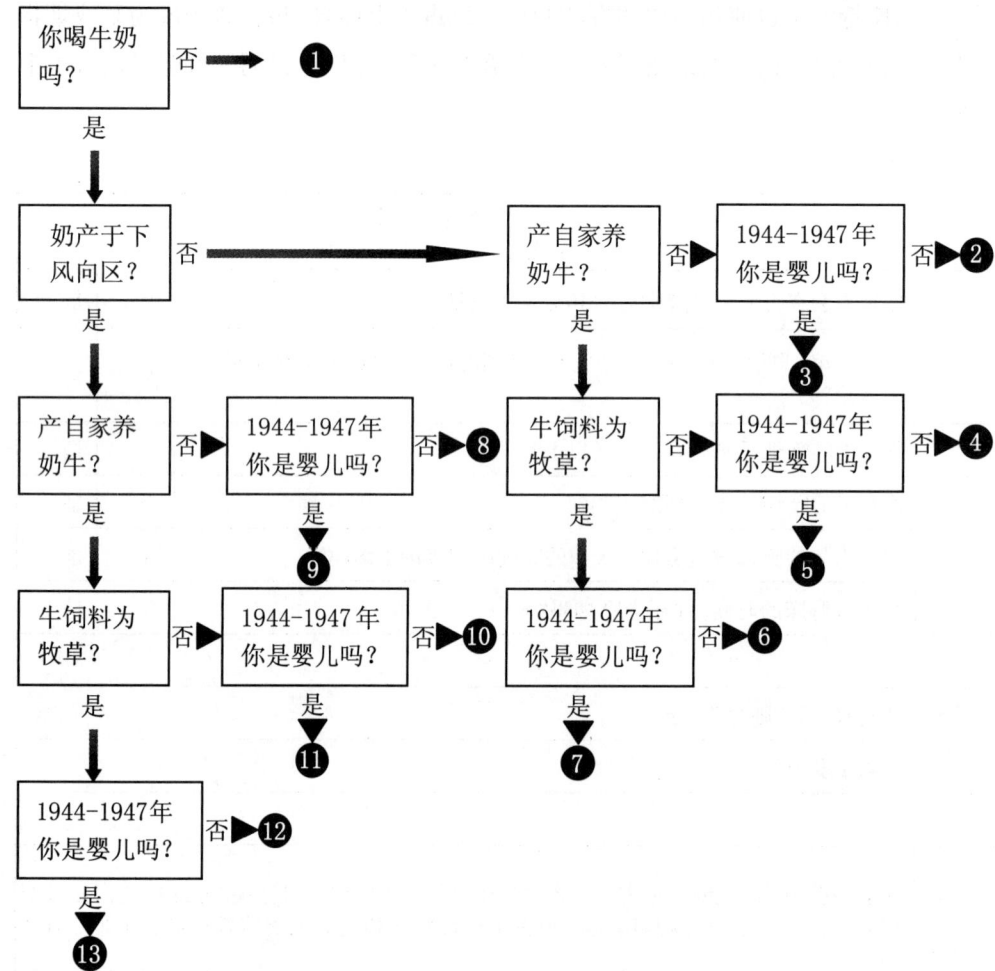

图14-7 "路线图"实例。通过回答这些问题，受众可以找到与其最为匹配的类型，这些类型以标注不同数字的圆圈来表示。（来源：技术指导小组，1990）

〉》用可视化方式比较风险

无论是专家还是门外汉都想知道如何将不熟悉的风险与自己较为熟悉的风险或其他风险作比较。在这一方面，我们可以借助可视化方式（例如使用常见的数字量表）比较风险的水平、影响和备选方案。

在一项研究中，人们十分乐于看见将氡和石棉会带来的健康风险与吸烟的健康风险作比较（Weinstein等，1989）。他们认为这样的比较有助于更好地理解风险数据，减少对风险模棱两可的认识。而研究者则表示这一比较受到肯定的原因，是其凸显了吸烟会加剧氡和石棉带来的健康风险。

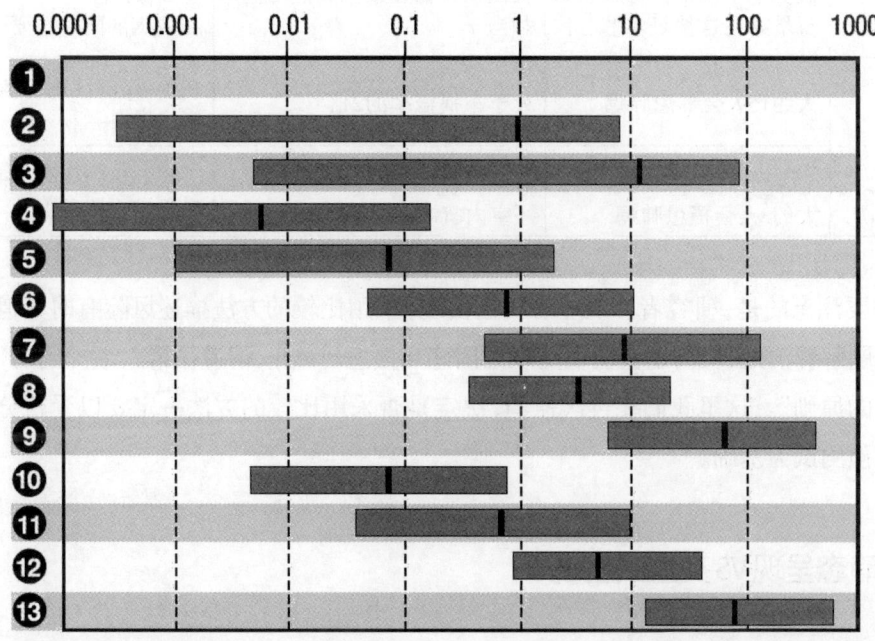

条中的竖线代表中位数。它是该类型人群所受辐射剂量的分水岭,表示有一半的人受到的辐射比这一数值要多,另一半人受到的辐射小于这个数值。

图14-8 各类型人群所受辐射剂量的大致范围。图左侧标注数字的圆圈代表不同类型的人群,与图14-7相对应。(来源:技术指导小组,1990)

表14-3通过将氡和其他常见的意外相比较,以另外一种方式呈现了其对于吸烟者的风险。美国国家环境保护局运用此表来帮助市民了解其家中的氡风险,并给出应对建议。(除了这张表,还有另一张附随的表描述了不吸烟的人面临的氡风险,在此不作展示。)

表14-3 吸烟者面临的家中的氡风险及相应的应对建议

氡浓度	假如有1000个吸烟者终身暴露在这种氡水平之下	仅因氡暴露而罹患癌症的概率相当于	怎么做:在戒烟的同时还要
20pCi/L	大约135人会罹患肺癌	死于溺水概率的100倍	修缮房屋
10pCi/L	大约71人会罹患肺癌	死于家中火灾概率的100倍	修缮房屋
8pCi/L	大约57人会罹患肺癌		修缮房屋
4pCi/L	大约29人会罹患肺癌	死于空难概率的100倍	修缮房屋

续表

氡浓度	假如有1000个吸烟者终身暴露在这种氡水平之下	仅因氡暴露而罹患癌症的概率相当于	怎么做： 在戒烟的同时还要
2pCi/L	大约15人会罹患肺癌	死于车祸概率的2倍	在2-4pCi/L内可考虑修缮房屋
1.3pCi/L	大约9人会罹患肺癌	（室内氡浓度的平均水平）	（低于2pCi/L时，氡含量很难再降低）
0.4pCi/L	大约3人会罹患肺癌	（室内氡浓度的平均水平）	

需要注意的是，研究者和从业者均已发现，采用比较的方法描述风险有时非但没能把问题解释清楚，反而还会引发受众的困惑和愤怒。对此，请遵循第六章提到的"比较风险的原则"。这里我们要再次强调，决定是否采用比较的方法一定要以受众分析和信息预测试为基础。

〉》静态呈现VS交互式呈现

风险信息可视化呈现的另一个需要讨论的方面是采用静态的还是交互的方式。若从直觉上判断，邀请人们通过创造、改变或填写图表的方式积极地处理信息，显然会比只让他们被动地浏览图表更能提高其对风险信息的理解和决策能力。

然而，实际情况却并非必然如此。在一项研究中，被试者需要了解两种甲状腺癌症治疗方案的风险并选出更好的一个。这些被试者被分为两组，分别通过阅读静态资料和填写图表的方式完成任务。经过测试，研究者发现使用交互式图表适得其反：只有少数人完成了图表，且在最佳方案的识别上也不如静态组。因此，研究者认为交互的方式虽然在视觉上具有吸引力，但也会增加人们的认知负担，分散其在理解数据信息时的注意力(Zikmund-Fisher等，2011)。

这一研究并不是想告诉我们放弃对在线协作或基于技术的视觉手段的使用。事实上，虚拟世界和其他拟真环境对学习和培训很有帮助，在卫生保健领域更是效果显著(Hansen，2008)。不过，这一研究也提醒大家技术的使用并不是越复杂越好。还是那句话，要基于风险沟通的受众和目的来决定采用哪种可视化方式，并提前对其加以测试。

〉》描述可能性和不确定性

风险沟通者经常受困于如何呈现风险的两大特性：可能性和不确定性。死亡、疾病、伤害不仅会以不同的几率发生,还会在很多情况下发生。

> 可能性是指事件发生的概率。不确定性则代表了某种危害尚未确知的那些因素。

可能性是指事件发生的概率。比如,告诉一些人在他们一生之中罹患某种癌症的概率是十分之一,就是说明了一种可能性。判断某种情况发生的可能性常常以一些确定的和不确定的因素为基础。预测癌症发病率的可确定因素有年龄、性别、吸烟习惯等。

不确定性则代表了某种危害尚未确知的那些因素。例如,我们很难对某个特定的人身患癌症的原因下定论,因为这种疾病的触发因素非常多,且这些因素中还有一大部分至今没有得到全面的医学解释。

关于人们如何对可能性和不确定性作出反应的研究结论出入很大,有的甚至互相矛盾。对于那些必须就风险的可能性和不确定性进行沟通的人而言,这一难题既让人沮丧也令人兴奋。在这里,我们会介绍在这方面较为突出的研究成果,并结合多种风险沟通的情境给出操作建议。

呈现可能性 >>>

在解释可能性时会经常用到比值比的方法,即用一个分数中的分子来表示某种情况发生的机会,用分母代表所有可能性的数量。例如,比值为1/10就表示某种情况发生的机会是十次中的一次。

即便人们理解了代表可能性的数值,也无法保证他们会作出何种反应。例如在遗传咨询中,有些客户只关注比值比的分母——那些没有得到消极的遗传特征的大多数人——进而消除了心中的疑虑,而有的客户却只关注分子——少数因遗传到消极的遗传特征而受到伤害的人——然后被吓坏了(Weinstein等,1994)。此外,越来越多的医学、公共卫生甚至是气候方面的研究都显示,人们对可能性的感知会因后果的严重程度而异。也就是说,当风险被描述为"Y发生的可能性是X分之一"时,人们会认为Y的后果如果严重X的值也应该更大。比如,即使发生的概率都是1/20,人们也会感到感染流感的可能性要小于患上结肠癌(Pighin等,2011)。

研究显示,相较于条形图(图14-10),人们更加喜欢使用人形图(如图14-9)来估计风险的可能性(Goodyear-Smith等,2008;Schapira等,2001,2006),这是因为他们觉得人形图更易识别、更易理解、更有冲击力。然而,当要同时比较不止一种风险的时候,人们就会更加青睐如图14-11中所示的垂直的条形图。

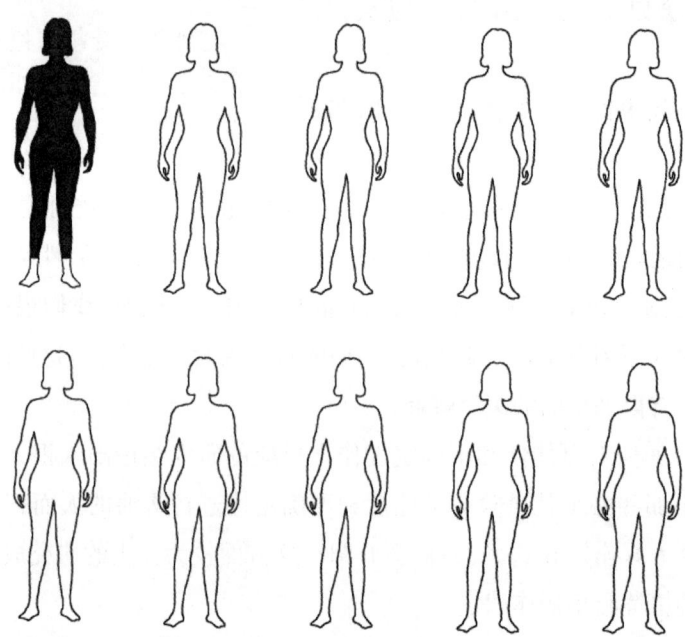

图14-9　风险估计时使用的人形图。图中10名女性图标中有一个被突出，用来表示50岁的女性罹患乳腺癌的终生风险为9%。这种方式被证明优于图14-10中采用的条形图方式。（来源：Schapia等，2001；已获引用许可）

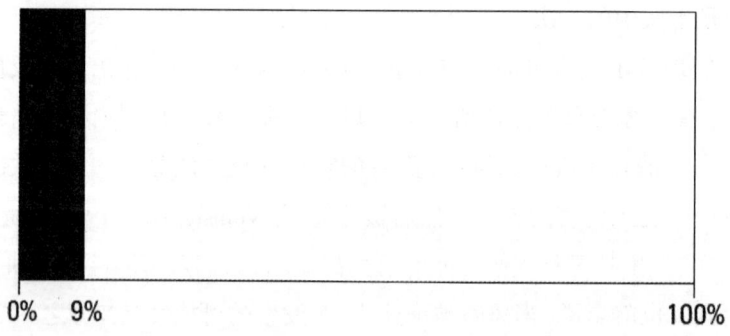

图14-10　通过条形图展示风险可能性。该图与图14-9所要表达的内容相同。（来源：Schapia等，2001；已获引用许可）

在使用人形图时需要注意的一点是不要用"×"符号划掉受害者。杜克大学风险沟通实验室的一项研究显示，女性不喜欢在人物线条画中用"×"将其中的乳腺癌患者"删去"（Lipkus和Hollands，1999），而像图14-9那样用颜色填充的方式效果会更好一些。

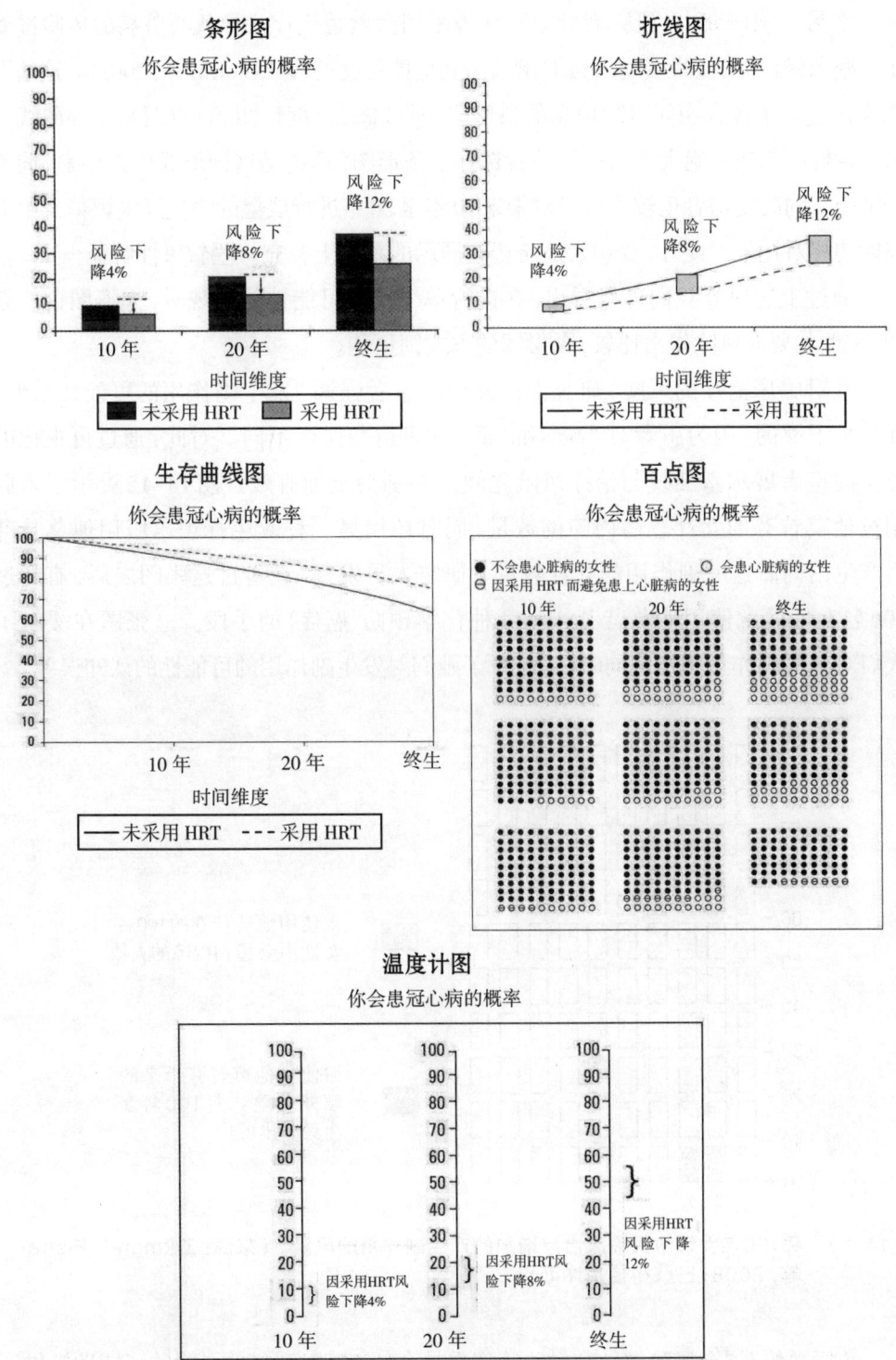

图14-11 上述五幅图展示了是否采用激素替代疗法（HRT）对患心脏病风险的影响。相较于其他图示，女性更加青睐条形图（第一幅图）。（来源：Fortin等；已获得使用许可）

在另一项研究中，研究者针对女性因采用激素替代疗法导致心脏病的风险准备了一些图像设计，女性受访者被要求选出其更能接受的形式(Fortin等，2001)。这些图像设计包括了含有相同风险信息的条形图、折线图、温度计图、百点图和生存曲线图(图14-11)。结果，绝大多数的受访者选择了条形图，理由是这种形式更为朴素、简单和清晰。同时受访者也较为认可对未来10年至20年进行展望的终生风险评估及绝对风险的相对比较。此外，受访者还希望在图示的基础上补充一些叙事性解释。

通过上述研究我们可以看出，在进行单个风险可能性的展现时，人形图比较管用，但假如要对风险作出比较，条形图的方式则更佳。

针对临床治疗的风险，研究者还发现向患者强调"发生副作用的可能性很低"往往是不够的，因为患者对"高"和"低"的理解与医生不同。对此，通过可视化的方法向患者展示基准线与治疗风险之间的差别会更加有效。图14-12展示了未服用过他莫昔芬的女性患白内障的数量，同时还用另一种颜色标识出服用他莫昔芬后产生白内障这一副作用的女性数量。研究人员发现，在看过这张图之后，有超过600名女性愿意使用他莫昔芬作为一种化学预防(癌症)的手段。这张图在缓解了人们对药品副作用担忧的同时，还减少了她们对发生副作用的可能性的认知误差。

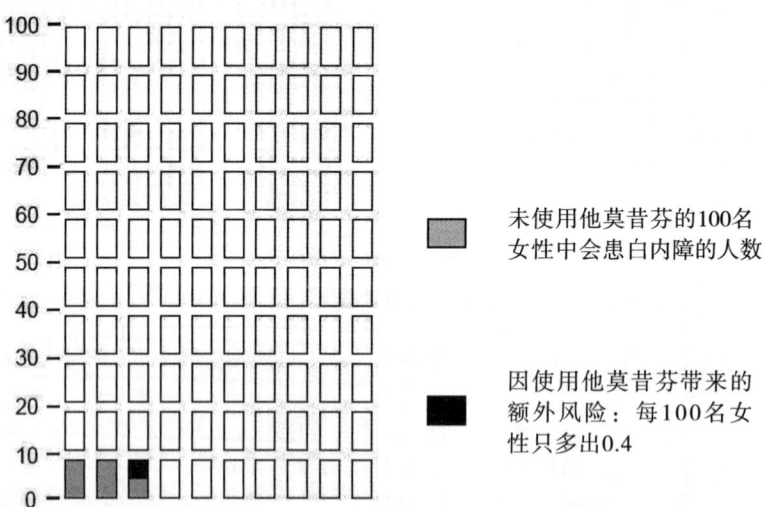

图14-12 每100名女性中因临床治疗增加的产生副作用的风险。（来源：Zikmund-Fisher 等，2008；已获得使用许可）

美国总统/国会风险评估和风险管理委员会(1997)对解释低风险的可能性提供了一些经过实践检验的有益方法，比如运用类比法，百万分之一相当于30秒之于一年、一英寸之于16英里或1滴之于16加仑；又如用每年或假设70年的有生之年里会有多少人受到影响的方法来表达风险。在解释或呈现这类可能性的时候,需要注意澄清百万分之一的可能性并不是对实际风险的估计,而是一个统计数值的上限。

另一种表述可能性的方法是将人口单位换算为某种情况发生的时间,例如3500年可能会有1人死亡。美国俄亥俄州哥伦布市在某项分析中,将百万分之一的致癌风险描述为该风险每204年才在哥伦布市导致一起死亡案例。该分析将这一风险与每天死亡发生的频率和若干天内某些可测量的风险(如心脏病、癌症、谋杀、车祸)发生的频率进行了比较。哥伦布市市长认为,这种类比能够帮助市民了解联邦或州政府在环境、交通、人力资源和教育等方面的政策会在多大程度上影响社区生活(Presidential/Congressional Commission, 1997)。这一方法与表14-3所呈现的方式相似。

此外,在使用比值比时应该选择同一分母加以比较,如1/10000和337/10000。相较于分数或小数(如0.01/100),整数更容易被人所理解(1/100000)。因此,如果风险非常小,应该选择采用分母较大的表达方式(Fischhoff等, 2011)。

在呈现可能性时,还有两个问题需要注意。第一,尽管很多案例(包括上述的那些案例)都表明在实践中设计风险可能性的呈现方式能起到一些作用,但也有别的研究证明,受众对描述可能性的信息和对其他风险信息的反应并不相同(Schapira等, 2001; Weinstein等, 1994)。所以正如"测试图表的传播效果"部分所讨论的,需要对信息进行预测以帮助你选择出最佳的呈现方式。第二,要避免通过淡化或夸大风险的手段来影响受众。对于共识沟通而言更是如此,因为共识沟通的目的就是要通过尽可能客观地描述风险来帮助人们作出合理评估。

> 要避免通过淡化或夸大风险的手段来影响受众。

呈现不确定性 >>>

风险评估并不是一项精确无误的科学,不确定性与生俱来。受到风险波及群体的人口统计学特征等多种因素的影响,不确定性通常以一个风险估计或潜在后果范围的形式向受众呈现。

然而,对于风险评估和科学中通常存在的不确定性,人们并不熟悉,这使得风险沟通工作更具挑战性。在一项研究中,有多达20%的被试者很难识别关于风险的新闻报道中那些用估计范围(与"范围"相对的另一个选项是代表风险水平的"单个数字")的形式呈现不确定性的内容(Johnson和Slovic, 1995)。对各类反映不确定性的可视化方案(表现形式及叙述方式)进行测试,将有助于发现受众的困惑进而找到最佳的呈现方式。

可能性信息的呈现方式能影响人们对风险的感知。而研究也显示,下述几种情形会强化人们对风险不确定性的感知,从而导致其认为风险水平更高:(1)风险比较模糊;(2)之前出现过对风险不利的证据;(3)最近发布了一项证明风险很高的研究;(4)风险的模糊状况不对等,有些状况下非常糟糕(Viscusi等,1991)。在呈现不确定性时,风险沟通者需要意识到这些影响因素。我们的目标不是用最讨人喜欢的方式劝导受众,而是尽可能客观地对其进行呈现。

在处理不确定性问题时,风险管理者和沟通者也在解决自己的信用问题。承认不确定性被证明能够提升受众对信息发布机构的可信度的感知(接受机构无法得知确切数字的事实),而不是对机构无能的感知(他们搞不定)(Johnson和Slovic,1995)。一位受访者在阅读了假定是某美国政府机构发布的不确定性信息之后,称该机构是一个"诚实的傻瓜"——一种不太光彩的评价。我们也赞同从业人员所提倡的要正面应对风险的不确定性,这方面最好的方法就是在承认不确定性的同时,解释其存在的原因,描述如何做才能更好地理解它,同时还要向受众说明能够降低风险的做法。

同时呈现可能性和不确定性 >>>

有些风险同时具有可能性和不确定性,那么这两个特性就都需要呈现。例如,在一个情境中,美国国家飓风中心(National Hurricane Center)首先发布了聚焦飓风不确定性的警报图,然后根据公众的反馈,又补充了另一张图显示飓风的可能性。第一张图(图14-13)呈现了"不定度圆锥"(cone-of-uncertainty)。在访谈、调查和测试中发现,许多人误认为只要他们不在黑线标出的路径上,自己就是安全的(Broad等,2007)。但实际上,即便这条线准确地预测了飓风眼的移动路线——其实很难做到——许多人仍忘记了风暴带来的强风会向各个方向肆虐至几十英里之外。根据风暴的严重性及其影响来判断,处在图片白色区域的居民都会有危险。

为了化解公众对黑线区域危险的过分担忧,国家飓风中心在2006年又发布了另一张图来表现热带风暴或飓风级强风在一定时间内(如24小时内)对特定区域产生影响的可能性(图14-14)。经过两年的测试,这张图表能在强风暴是否来袭以及何时来袭等方面为居民提供一个清晰的说明,并帮助他们作出重要的决策。

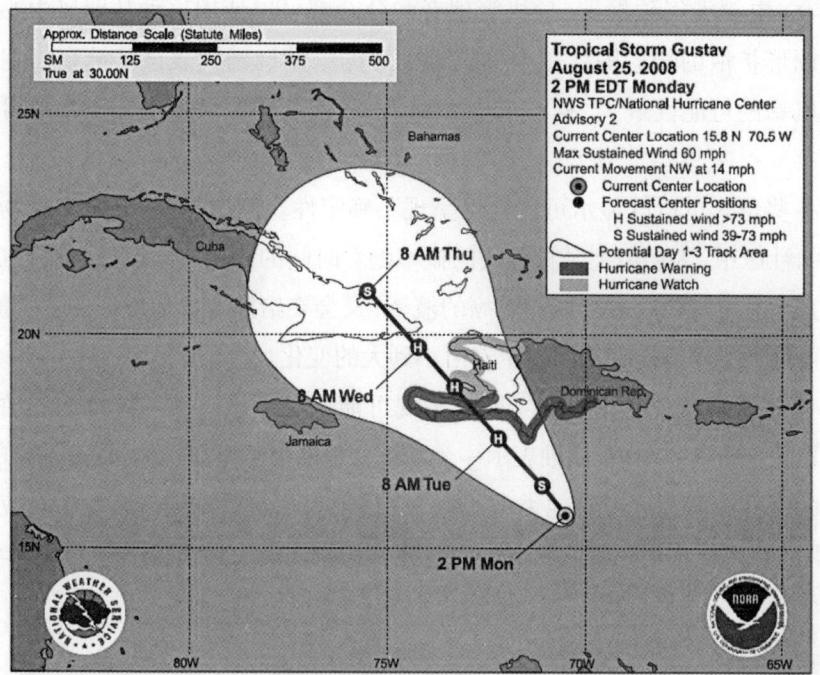

图14-13 在飓风警报中常用的"不定度圆锥",许多人误认为只要他们不在黑线标出的路径上,他们就是安全的。(来源:美国国家飓风中心)

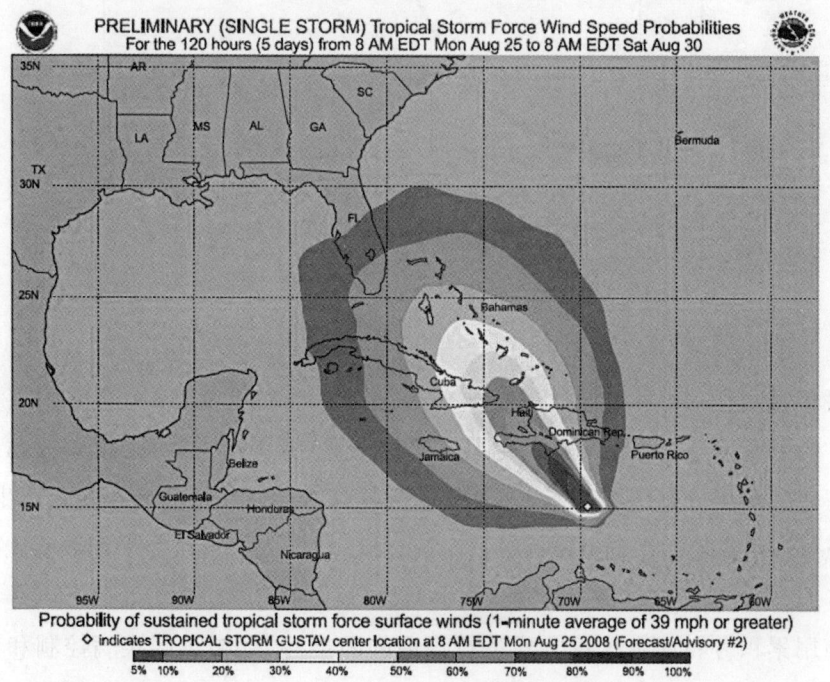

图14-14 用于飓风警报的另一张图,展示不同地理区域遭受风暴的可能性。最靠近中心的一圈椭圆代表该区域在一定时间内遭受强风暴的可能性最大。(来源:美国国家飓风中心)

如今，电视天气预报员、危机管理者和公众都可以使用这种从飓风中心向外呈多个椭圆形扩散的全彩图。图中最靠近中心的一圈椭圆代表该区域在一定时间内遭受强风暴的可能性最大，椭圆离中心越远，其代表的区域遭受强风暴的可能性就越小。

有一些形式可以既显示可能性也呈现不确定性。例如，在一个有毒废物处理场所附近的社区中，人们患上某种疾病的概率随着时间的变化不断增加，而社区中某个人因暴露于有毒废物处理场所而患癌的概率，又会在给定的置信度条件下，随着一个区间内可能的暴露值的变动而发生着由小到大的变化。

累积分布函数就是一种用于同时呈现可能性和不确定性的统计方法（如图14-15）。在累积分布函数图中，横轴表示一个随机变量的取值范围，它可以是暴露的范围、对健康的潜在影响程度或其他类型的数据；纵轴表示与横轴随机变量相对应的概率范围。图14-15显示居民暴露状况的中值在1至10之间（这个案例没有确定单位）。

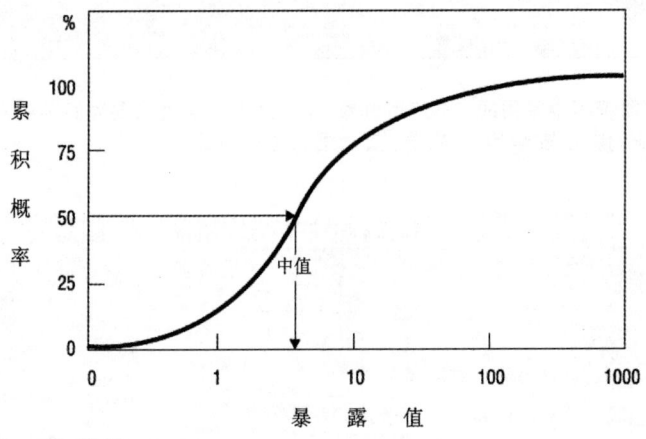

图14-15　累积分布函数示例

对于这类图表，风险沟通者需要对其加以考量和测试，以判断它们究竟会优化信息的呈现还是会导致受众的困惑。艾伯特烈克和摩根（Ibrekk和Morgan，1987）发现在使用累积分布函数时，若不对其进行解释将会使大批非专业受众产生误解。当累积分布函数使用平均数（mean）这个统计概念时，人们会认为平均数要比图中标示的高，此外他们还常将最大值误认为平均数。

使用累积分布函数这种方式进行沟通的困难性，还被美国疾病控制和预防中心资助的一项开展多年的环境风险研究所证实（Technical Steering Panel，1990）。人们基本不会使用或提到累积分布函数所提供的数据。尽管相关图表被提供给数十家国内外媒体,却没有一家媒体对其进行发布或传播。在解读这些图片时,许多人将关注点放在风险的最高值(最坏的情况)上,却对这一情况发生的可能性有多低以及可能受到这一情况影响的受众有多少等问题加以选择性忽视。对此,更为常用的呈现方式如图14-8,通过提供多种范围及每一个范围的风险水平中值(median)来展现。

〉》警示标识

警示标识中包含值得特别关注的视觉元素。关于如何为处方药、草药方剂、家用化学品等设计警示标识的研究十分丰富。

请自学使用图像传递警示性信息的有关规定。例如,有很多国家已经规定香烟包装上要使用大幅警示图片或照片,因为研究发现这一做法可以减少人们吸烟(Hammond等,2007)。很多此类图片故意设计得非常触目惊心,以此来提高人们的关注并呈现吸烟带来的严重危害。图14-16展示了一些例子。

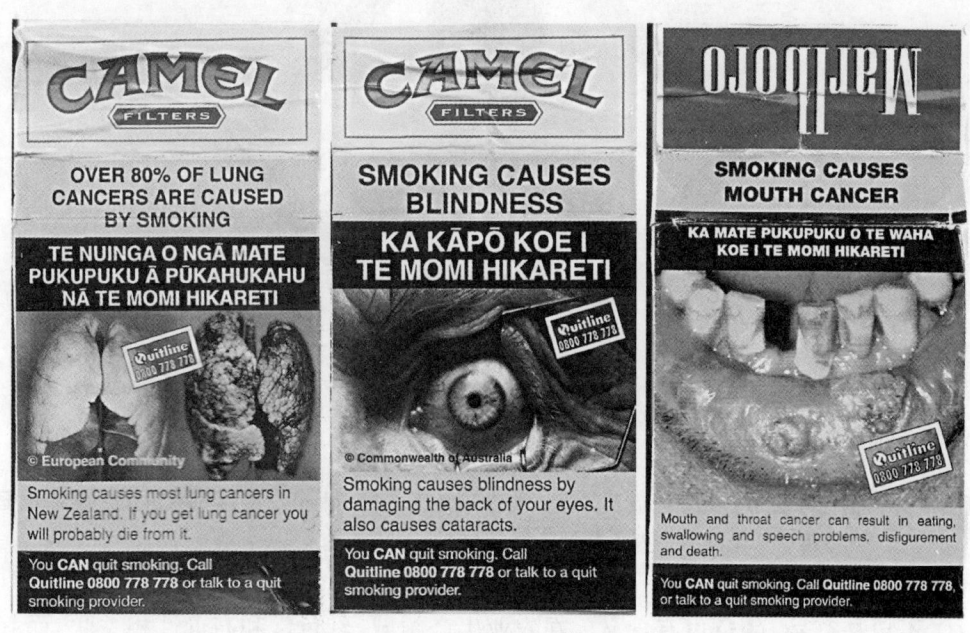

图14-16　香烟警示标识示例。这是新西兰的香烟包装,同时使用了英语和毛利语两种语言。

对于化学品危害的标识方法有一个全球范围内自愿遵守的指南——《全球化学品统一分类和标签制度》(见第三章),该制度由联合国欧洲经济委员会及其合作机构制定。此书付梓之时,已有67个国家宣布执行。美国职业安全与卫生管理局也在调整相关规定,逐步与该制度接轨。这一制度要求在化学品标签上使用专门的符号或图形对特定危害进行警示。例如,致癌物或其他危害健康的警示符号是一个标有白色锯齿状星星的黑色人身轮廓(图14-17)。同时,这一制度还规定化学品标签必须标注"危险""警告"等警示词,以及与各类危害级别相匹配的标准用语。在这本书出版之后,有关化学品标签的最新要求也在联合国经济委员会官方网站上公布(http://www.unece.org/trans/danger/publi/ghs/pictograms.html)。需要注意的是,采纳这一制度只是开始,若想使人们理解标识的含义,相关的教育必不可少。在赞比亚,人们更喜欢联想起来比较容易的具象警示符号,如骷髅头和交叉骨、火焰或类似于鬼魅的图案。而诸如惊叹号或圣安德鲁斯十字(一个倾斜的X)这些同样用于指示危害的符号,就没能被人们很好地理解(Banda和Sichilongo,2006)。

图14-17 指代呼吸道过敏、癌症及其他人类健康危害的警示标识。给这一标识加上菱形边框是《全球化学品统一分类和标签制度》规定的作法。

不单是符号,颜色也有含义。在农业生产领域,红色常和高毒性相关联,而其他颜色如黄色和蓝色则没有这样的含义。此外,用于指代危害的工业术语也有很多。在工业和交通领域,人们更倾向于使用词语"危险"而不是"有毒"(Banda和Sichilongo,2006)。

美国国家标准学会为制作与评估符号和标识设定了Z535.3标准,这套标准最常用于规范工作场所标识和商业危险性标识(ANSI,2002)。该标准指定符号的正确解读率至少要达到85%,而误解率则不得超过5%,因为人们对符号的解读可能会直接导致其采取与符号诉求截然相反的行动。

例如,有研究者使用这一标准对用于药品包装的4个版本的警示标识(图14-18)做了测试,这些标识旨在提醒女性服用药物后可能会危及胎儿(Goldsworthy等,2008)。测试对象选择了目标受众中可能怀孕的青春期女孩。

图14-18 面向青少年进行测试的4个药物警示标识设计版本。(来源:Goldsworthy等,2008;已获使用许可)

测试完成后,出现了风险沟通者常要面对的左右为难的问题。被试者认为标识(C)令人印象最为深刻,因为其使用了通用的识别符号——骷髅头和交叉骨。然而,正确解读率最高的却是标识(B)。鉴于所有的标识都符合ANSI的标准,且只是目标受众的偏好存在差异,研究者最后决定放弃被试者认为"最好"的标识(C)。

此外,另一个重要的发现是当为标识增加文字说明后(图14-19),正确解读率变得更高了。准确地说,是添加的"可能怀孕"的字样提升了少女们对相应内容的关注。综上,一个更理想的解决方案是将骷髅头和交叉骨的图案融入正确解读率更高的标识(B)中,然后辅以文字说明,接着将其与其他标识再次放到一块作测试。

警告:导致出生缺陷!
若你已经怀孕或可能怀孕请不要服用。

图14-19 为加强受众理解而添加文字说明的药物警示标识。(来源:Goldsworthy等,2008;已获使用许可)

〉》考虑设定行动水平

对于危机沟通和保护沟通这类即便存在不确定性,仍然需要谨慎地采取某个具体明确的行动的情况,一些专家建议设定行动水平(又称行动阈值)。表14-3就是一个例子,该表中的行动建议和不同的氡浓度水平相对应,也就是说,当风险达到某一级别时,就建议读者采取某种行动。

> 风险阶梯能够帮助人们"锚定"风险上限和下限的参照点。

还有一种被称为"风险阶梯"(risk ladder)的图表也可以有效地解释风险,并在相应的行动水平上给出建议。风险阶梯能够帮助人们"锚定"风险上限和下限的参照点,同时设定出一个人们需要随风险可能性增大而遵循哪些建议的行动标准(Weinstein等,1989)。图14-20呈现了一个风险阶梯,对氡浓度的范围和相应的行动水平作出描述。

具体而言,这个风险阶梯包含的信息有:风险大小、参照风险、行动水平(4pCi/L,即4皮居里/升)以及对如何理解风险和采取行动的建议。研究显示,图14-20所示的风险阶梯有助于受众区别各级风险水平、根据自身所处的风险水平选择相应的缓解方法,此外还使受众在理解风险信息时变得更加自信(Weinstein等,1989)。

一个有趣的发现是,风险在风险阶梯中的位置,比表示风险大小的数字更能影响受众对所受威胁的感知(Sandman等,1994)。因此,如果风险沟通的目标是让受众对那些他们或许并不在意的风险给予更多的关注,那么把这个风险置于接近风险阶梯顶端的位置就不失为一个好办法。不过风险阶梯也有一个缺点,那就是它可能使人误认为在行动水平之下就是安全的,而超出这一水平就是危险的。但实际上氡的变化往往是一个连续的过程,风险沟通者应向受众传达这一点。举例来看,图14-20的风险阶梯不仅在"4pCi/L"处设置了行动水平,同时还对每一个风险层级作出解释并提供了建议。

〉》风险信息呈现的伦理问题

许多风险沟通专家认为,通过恐怖诉求等形式表现的劝服性信息具有操纵性,应该只向受众提供事实并由他们自己作出决定。实际上,除了露骨地劝服,风险信息的传播还有很多具有欺骗性的呈现方式。在这里,我们就探讨几个可视化呈现风险的伦理问题。

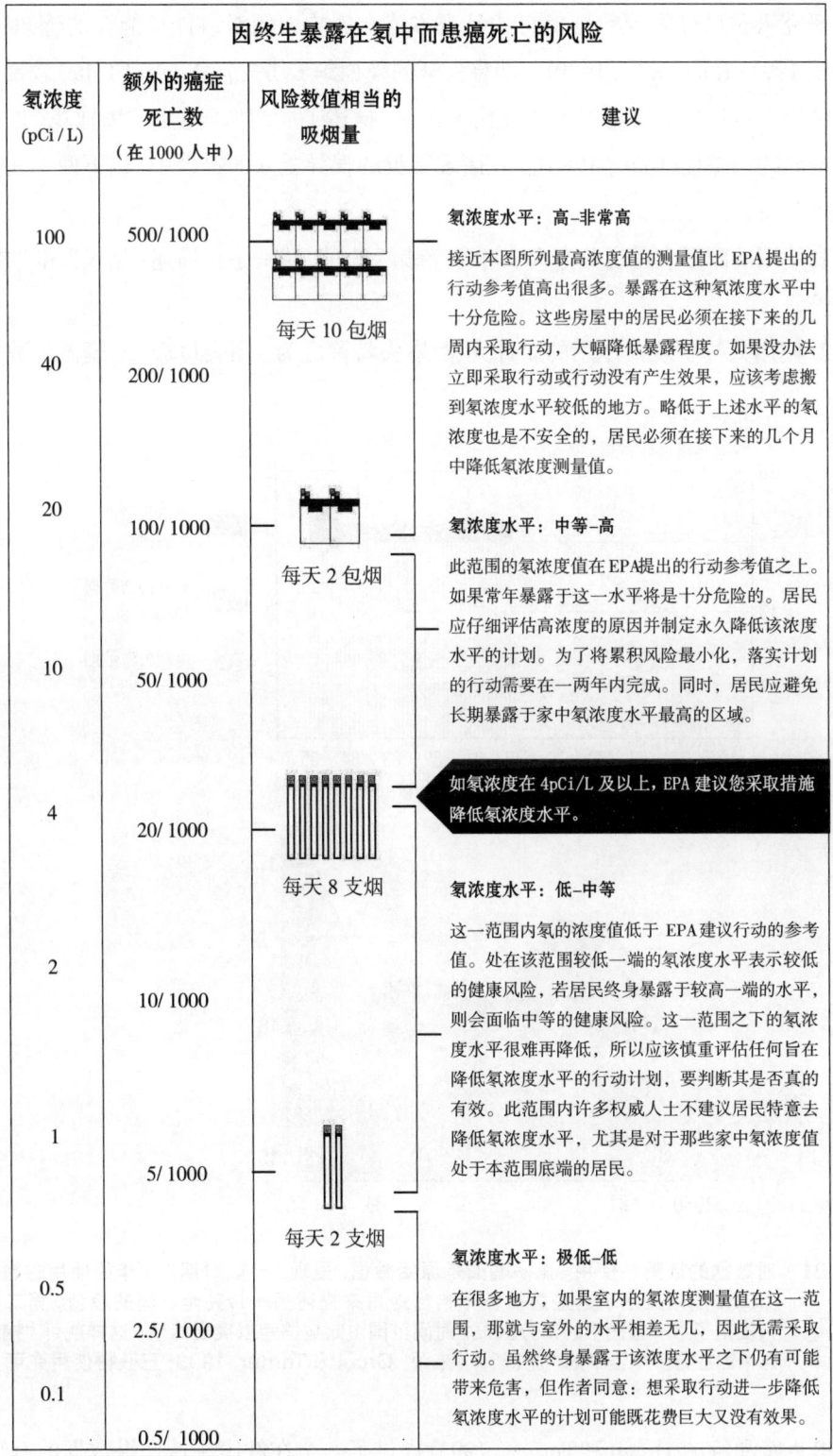

图14-20 针对氡的风险阶梯。该图将氡浓度水平与额外的癌症死亡数及风险数值相当的吸烟量加以对比,"建议"一栏给出了采取(或不采取)行动的行动水平。(来源:Lipkus 和 Hollands,1999, p. 152;已获使用许可)

研究人员已经发现数据信息的呈现方式会影响人们对事件可能性的感知(例如Britton, 1991; Halpern 等, 1989)。耶鲁大学的爱德华·塔夫特(Edward Tufte)教授在他那本讨论定量信息的视觉展示的经典著作中,描述了人们如何设计"鬼把戏"以故意掩盖图形的完整性(Tufte, 1983)。在诸多常见的误导受众的错误中,以下两个尤需风险沟通者注意:

1. 使用的图形表述过分夸大实际数字表示的量,特别是在描述"增长"和"减少"的时候。

2. 使用只具有装饰作用的设计元素(塔夫特称之为"图表垃圾"),模糊了数据的含义。

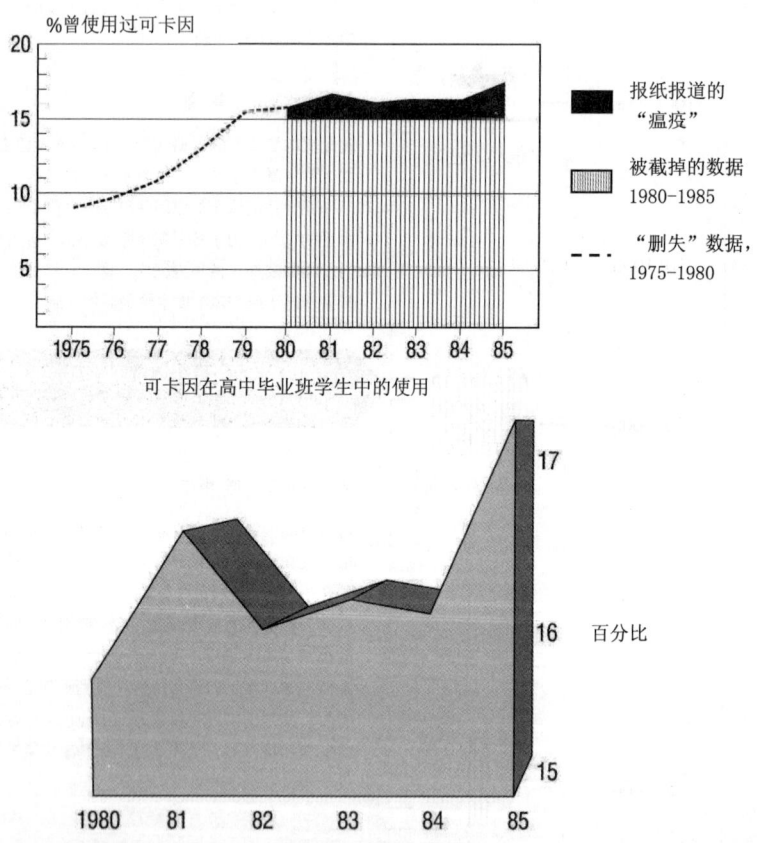

图14-21 对数据的欺骗性使用。第一幅图是原始数据,呈现了一段时期内可卡因使用的趋势;第二幅图则显示了这些数据被不恰当地用来描述另一种完全不同的趋势。第二幅图只使用了第一幅图中的部分数据,时间范围由此被缩短以突出峰值,这样就可"揭示"可卡因在青少年当中的"流行"。(来源: Orcutt和Turner, 1993;已获得使用许可)

奥克特和特纳(Orcutt和Turner, 1993)提供了一个在健康领域操纵数据的有趣案例。他们展现了主要的新闻杂志如何通过选择性地使用和呈现政府调查数据,从而一手炮制了20世纪80年代中期的青少年"可卡因大流行"的报道。图14-21呈现了改编版本的数据,从中可以看出新闻杂志是如何欺骗受众的。

容易形成数据操纵的另一个情况——特别是在描述不同治疗方案的情境下——是对不同参照值的使用,或更确切地说是用相对风险与绝对风险进行比较。图14-22展示了这样的比较。两张图表均表示两种药物在治疗同一组病人时的效果。但左边的图表只选择已经遭受严重副作用的病人数作为参照,结果显示两种药物都可以帮助降低副作用发生的几率,且最高能降低50%。毫无疑问,这种结果会使病人倾向于选择接受这种药物治疗。但实际上,制药商进行这样的比较是失当的,因为这种描述让风险降低得太过显著了。

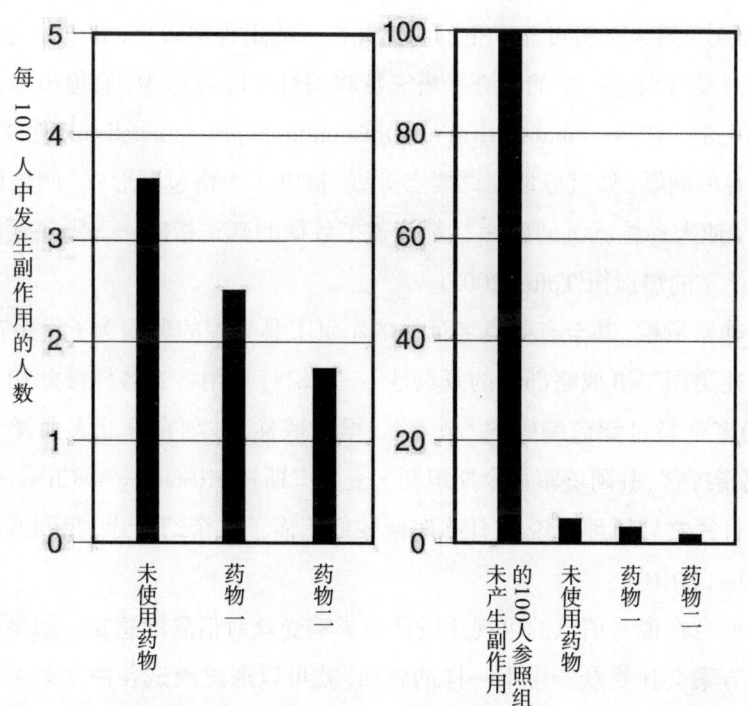

图14-22　相对风险与绝对风险的比较。左边的图表仅采用少数发生副作用的病人来展示相对风险,右边的图表则纳入了未产生副作用的100人参照组。由于左边的图表突出了风险被大幅降低的假象,故而被用来劝导受众接受药物治疗。

右边的图表则纳入了100人的参照组,从而提供了另一种视角。这一图表显示,在与100人的参照组加以比较之后,两种药物对减少副作用的帮助最多只有约2%。由此可以得出的结论是,无论服用哪一种药物意义都不大,因为参照组中绝大多数人不论有没有接受这种药物的治疗都没有产生副作用。事实上,相较于相对风险,许多风险沟通专家更推荐使用绝对风险,因为绝对风险不会对受众产生过多的误导,也可以让受众自行作出对其有帮助的决定(Gigerenzer和Edwards,2003)。

除了被蓄意地操控,图表的使用还存在着粗心大意的问题,这会让关键信息遭到忽视,进而形成错误的甚至是悲剧性的决策。爱德华·塔夫特用有力的证据证明,正是由于没能对O型环损坏和温度间的关系进行恰当呈现,相关风险未被清楚地传达,才导致了1986年"挑战者号"航天飞机的坠毁(Tufte, 1997)。为此他还展示了有关O型环的一系列图表,指出这些图表对发生损坏的原因和影响的描述不够清晰,数据排序不够恰当,以及存在易使人误解的"垃圾图表"。

此外,塔夫特还抨击了演示文稿(PowerPoint)的不当使用是导致2003年"哥伦比亚号"航天飞机失事的潜在因素之一。当时,美国国家航空航天局使用幻灯片呈现了对"哥伦比亚号"航天飞机可能产生的隔热瓦损害的工程学研究,并以此为依据在航天飞机飞行时没有做进一步的调查。塔夫特将幻灯片陈述称为"官僚极端理性主义的演示文稿汇演"(PowerPoint festival of bureaucratic hyper-rationalism),他指出,很多幻灯片中存在的问题,如过分地强调要点等级、被电子表格包围形成"网格监狱"、将推理分裂为"使人昏昏沉沉的碎片",都掩盖了数据的真正指向——隔热瓦出现状况确实会导致严重的热损伤(Tufte, 2003)。

另一个非常滑稽,甚至有些臭名远扬的军事工具失控的典型例子发生在2010年前后。为描述美国军事战略部署的复杂性,一张幻灯片用各式各样彼此相连的连接点来表示60多个经过颜色编码的"节点"。据报道称,驻阿富汗北大西洋公约组织(NATO)最高指挥官、驻阿美军司令斯坦利·麦克里斯特尔(Stanley McChrystal)将军在看过这张幻灯片之后风趣地说:"什么时候我们搞懂了这个幻灯片,我们就赢得了战争。"(Bumiller, 2010)

上述案例意在说明信息的可视化设计会影响受众对信息的感知。如果你觉得不同的可视化方案会让受众产生不一样的感知,就可以通过测试各种方案来了解它们会在多大程度上对受众产生影响。你的目标就是让可视化设计尽可能清晰、客观地呈现与风险有关的信息。同时,图表的形式还应突出对事实性信息(例如针对污染物的测量数据)的描述,使其得以被目标受众理解。

〉》在群体决策中使用可视化信息

对于涉及群体决策的共识沟通,通过可视化的方法对风险信息及其解决方案进行展示将非常有益。例如,某社区的成员正在考虑要不要在当地某条河流上建造大坝，他们可能希望直观地"看到"大坝对当地经济、公共娱乐以及鱼群繁殖习性的潜在影响。在这里，视觉化的影响信息能够为成员讨论解决方案或权衡利弊提供共同基础。

计算机辅助决策软件系统也会对群体决策有所帮助。交互式计算机图形这一类系统可以对不同因素产生的影响进行实时展示。借用上一个例子，通过输入合理的数据，这类系统就能自行计算并制作图表以展示大坝建成后鱼群数量的增加或减少。同理，其还可以以图解形式表示大坝随时间推移的发电数量，以及建大坝或不建大坝两种情况下的成本与节约情况（第十八章会介绍更多有关利用计算机开展共识沟通的内容）。

某个环境领域的公司已经在用户友好型界面的研究上取得了一定的成功，其目标是让非专业人士看懂风险评估计算机模型的运作方式。这一界面将向用户展示输入（影响风险的因素，如生活方式等）是如何影响以及在多大程度上影响风险评估的。

风险可视化呈现的清单

在将风险的相关信息加以可视化的过程中：
☐ 已确定目标受众及图表的使用方法。
☐ 针对风险的特定方面进行可视化设计。
☐ 尽可能个性化地对风险作出可视化呈现。
☐ 保证可视化呈现出的定量内容忠于原始数据。
☐ 已对可能性和不确定性加以恰当描述。
☐ 已对图像做了测试并根据反馈作出修改。

参考文献

American National Standards Institute (ANSI). 2002. *Criteria for Safety Symbols*, Z535-3-Revised. National Electrical Manufacturers Association, Washington, DC.

Banda, S. F. and K. Sichilongo. 2006. "Analysis of the Level of Comprehension of Chemical HazardLabels: A Case for Zambia." *Science of the Total Environment*, 363: 22–27.

Bord, R. J. and R. E. O'Connor. 1992. "Determinants of Risk Perceptions of a Hazardous WasteSite." *Risk Analysis*, 12: 411–416.

Britton, R. L. 1991. *The Influence of Presentation Format on Interpretation of Paternity Test Results: Due Process or Deception?* Unpublished master's dissertation, University of California, Irvine, California.

Broad, K., A. Leiserowitz, J. Weinkle, and M. Steketee. 2007. "Misinterpretations of the 'Cone ofUncertainty' in Florida during the 2004 Hurricane Season." *Bulletin of the American Meteorological Society*, 88(5): 651–667.

Bumiller, E. 2010. "We Have Met the Enemy and He Is PowerPoint." *The New York Times*, April 26, 2010. http://www.nytimes.com/2010/04/27/world/27powerpoint.html?_r=1&ref=technology (accessed January 25, 2013).

Carnegie-Mellon University. 1995. *Fields from Electric Power*. Department of Engineering and Public Policy, Pittsburgh, Pennsylvania.

Fischhoff, B., N. T. Brewer, and J. S. Downs, eds. 2011. *Communicating Risks and Benefits: AnEvidence-Based User's Guide*. Food and Drug Administration, U.S. Department of Healthand Human Services, Silver Spring, Maryland. http://www.fda.gov/downloads/AboutFDA/ReportsManualsForms/Reports/UCM268069.pdf (accessed January 25, 2013).

Fortin, J. M., L. K. Hirota, B. E. Bond, A. M. O'Connor, and N. F. Col. 2001. "Identifying Patient Preferences for Communicating Risk Estimates: A Descriptive Pilot Study." *BMC Medical Informatics and Decision Making*, 1: 2. http://www.biomedcentral.com/1472-6947/1/2 (accessedJanuary 25, 2013).

Geiger, C. J., B. W. Wise, C. R. M. Parent, and R. G. Hanson. 1991. "Review of Nutrition Labeling Formats." *Journal of the American Dietetic Association*, 91(7): 808–815.

Gigerenzer, G. and A. Edwards. 2003. "Simple Tools for Understanding Risks: From Innumeracyto Insight." *British Medical Journal*, 327: 741–744. http://bmj.bmjjournals.com/cgi/content/full/327/7417/741#REF21 (accessed January 25, 2013).

Goldsworthy, R. C., N. C. Schwartz, and C. B. Mayhorn. 2008. "Interpretation of Pharmaceutical Warnings among Adolescents." *Journal of Adolescent Health*, 42(6): 617–625.

Goodyear-Smith, F., B. Arroll, L. Chan, R. Jackson, S. Wells, and T. Kenealy. 2008. "Patients Prefer Pictures to Numbers to Express Cardiovascular Benefit from Treatment." *Annals of Family Medicine*, 6: 213–217.

Graber, D. 1990. "Seeing Is Remembering: How Visuals Contribute to Learning from Television News." *Journal of Communication*, 40: 134–155.

Hager, P. J. and H. J. Scheiber. 1997. Designing and Delivering Scientific, *Technical, and Managerial Presentations*. Wiley, New York.

Halpern, D. F., S. Blackman, and B. Salzman. 1989. "Using Statistical Risk Information to Assess Oral Contraceptive Safety." *Applied Cognitive Psychology*, 3: 251–260.

Hammond, D., G. T. Fong, R. Borland, K. M. Cummings, A. McNeill, and P. Driezen. 2007. "Textand Graphic Warnings on Cigarette Packages: Findings from the International Tobacco Control Four Country Study." *American Journal of Preventive Medicine*, 32(3): 202–209.

Hansen, M. M. 2008. Versatile, Immersive, Creative, and Dynamic Virtual 3-D Healthcare Learning

Environments: A Review of the Literature." *Journal of Medical Internet Research*, 10(3): e26. http: //www. jmir. org/2008/3/e26(accessed January 25, 2013).

Ibrekk, H. and M. G. Morgan. 1987. "Graphical Communication of Uncertain Quantities to Nontechnical People." *Risk Analysis*, 7: 519–529.

Johnson, B. B. and P. Slovic. 1995. "Presenting Uncertainty in Health Risk Assessment: Initial Studies of Its Effects on Risk Perception and Trust." *Risk Analysis*, 15: 485–494.

Johnson, B. B. , P. M. Sandman, and P. M. Miller. 1992. "Testing the Role of Technical Informationin Public Risk Perception." *Risk: Issues in Health and Safety*, 3: 341–364.

Lacerda, F. W. 1986. *Comparative Advantages of Graphic versus Numeric Representation of Quantitative Data*. Unpublished doctoral dissertation, University of Virginia Polytechnic Institute and State University, Blacksburg, Virginia.

Lang, A. 1995. Defining Audio/Video Redundancy from a Limited-Capacity Information Processing Perspective." *Communication Research*, 22: 86–115.

Lipkus, I. M. and J. G. Hollands. 1999. "The Visual Communication of Risk." *Journal of the National Cancer Institute Monographs*, 25: 149–163.

Mayer, R. E. , W. Bove, A. Bryman, R. Mars, and L. Tapangco. 1996. "When Less Is More: Meaningful Learning from Visual and Verbal Summaries of Science Textbook Lessons." *Journal of Educational Psychology*, 88: 64–73.

Morgan, M. G. , H. K. Florig, I. Nair, C. Cortes, K. Marsh, and K. Pavlosky. 1990. "Lay Understanding of Low-Frequency Electric and Magnetic Fields." *Bioelectromagnetics*, 11: 313–335.

Orcutt, J. D. and J. B. Turner. 1993. "Shocking Numbers and Graphic Accounts: Quantified Images of Drug Problems in the Print Media." *Social Problems*, 40: 190–206.

Pacific Northwest National Laboratory. 1994. *In Summary: Environmental Report 1993*. Prepared for the U. S. Department of Energy, Richland, Washington.

Pacific Northwest National Laboratory. 1995. *Hanford: Your Environment and Your Health*. Prepared for the U. S. Department of Energy, Richland, Washington.

Paivio, A. 1978. "Mental Comparisons Involving Abstract Attributes." *Memory and Cognition*, 6(3): 199–208.

Pighin, S. , J. -F. Bonnefon, and L. Savadori. 2011. "Overcoming Number Numbness in Prenatal Risk Communication." *Prenatal Diagnosis*, 31: 809–813.

Presidential/Congressional Commission on Risk Assessment and Risk Management. 1997. *Risk Assessment and Risk Management in Regulatory Decision-Making*. Final Report, Volume 2, Washington, DC.

Sandman, P. M. , N. D. Weinstein, and P. Miller. 1994. "High Risk or Low: How Location on a 'Risk Ladder' Affects Perceived Risk." *Risk Analysis*, 14(1): 35–45.

Schapira, M. M. , A. B. Nattinger, and C. A. McHorney. 2001. "Frequency or Probability? A Qualitative Study of Risk Communication Formats Used in Health Care. " *Medical Decision Making*, 21: 459–467.

Schapira, M. M. , A. B. Nattinger, and T. L. McAuliffe. 2006. "The Influence of Graphic Format on Breast Cancer Risk Communication. " *Journal of Health Communication*, 11(6): 569–582.

Shepard, R. N. 1967. "Recognition Memory for Words, Sentences, and Pictures. " *Journal of Verbal Learning and Verbal Behavior*, 6: 156–163.

Slovic, P. 1987. "Perception of Risk. " *Science*, 236: 280–285.

St. Clair, R. A. 1956. *Presenting School Safety Facts: A Format for Graphic Presentation of Accident Data in the Annual Safety Report.* Unpublished thesis, Stout State College, Menomonie, Wisconsin.

Technical Steering Panel. 1990. *Initial Hanford Radiation Dose Estimates.* Washington Department of Ecology, Office of Nuclear and Mixed Waste, Olympia, Washington.

Tufte, E. R. 1983. *The Visual Display of Quantitative Information.* Graphics Press, Cheshire, Connecticut.

Tufte, E. R. 1990. *Envisioning Information.* Graphics Press, Cheshire, Connecticut.

Tufte, E. R. 1997. *Visual Explanations: Images and Quantities, Evidence and Narrative.* Graphics Press, Cheshire, Connecticut.

Tufte, E. R. 2003. *The Cognitive Style of PowerPoint.* Graphics Press, Cheshire, Connecticut.

University of Rochester School of Medicine and Dentistry. 2001. *Clear Horizons: A Quit Smoking Guide Especially for Those 50 and Over.* The Smoking Research Program, James P. Wilmot Cancer Center and Department of Community and Preventive Medicine, Rochester, New York.

U. S. Environmental Protection Agency, U. S. Department of Health and Human Services, and U. S. Public Health Service. 1992. *A Citizen's Guide to Radon(Second Edition): The Guide to Protecting Yourself and Your Family from Radon.* U. S. Government Printing Office, Washington, DC.

Viscusi, W. K. , W. A. Magat, and J. Huber. 1991. "Communication of Ambiguous Risk Information. " *Theory and Decision*, 31: 159–173.

Wallack, L. , L. Dorfman, D. Jernigan, and M. Themba. 1993. *Media Advocacy and Public Health: Power for Prevention.* Sage Publications, Newbury Park, California.

Weinstein, N. D. , P. M. Sandman, and N. E. Roberts. 1989. *Communicating Effectively about Risk Magnitudes.* U. S. Environmental Protection Agency, Office of Policy Planning and Evaluation, Washington, DC. EPA 230/08-89-064.

Weinstein, N. D. , P. M. Sandman, and W. K. Hallman. 1994. "Testing a Visual Display to Explain Small Probabilities. " *Risk Analysis*, 14: 895–896.

Zikmund-Fisher, B. J. , P. A. Ubel, D. M. Smith, H. A. Derry, J. B. McClure, A. Start, R. K. Pitsch, and A. Fagerlin. 2008. "Communicating Side Effect Risks in a Tamoxifen Prophylaxis Decision Aid: The

Debiasing Influence of Pictographs." *Patient Education and Counseling*, 73(2): 209–214.

Zikmund-Fisher, B. J., M. Dickson, and H. O. Witteman. 2011. "Cool but Counterproductive: Interactive, Web-Based Risk Communications Can Backfire." *Journal of Medical Internet Research*, 13(3): e60. http://www.jmir.org/2011/3/e60 (accessed January 25, 2013).

拓展资源

Covello, V. T., P. M. Sandman, and P. Slovic. 1988. *Risk Communication, Risk Statistics, and Risk Comparisons: A Manual for Plant Managers*. Chemical Manufacturers Association, Washington, DC.

Gray, J. G. Jr. 1986. *Strategies and Skills of Technical Presentations: A Guide for Professionals in Business and Industry*. Greenwood Press, Westport, Connecticut.

Maibach, E. and R. Parrot, eds. 1995. *Designing Health Messages: Approaches from Communication Theory and Public* Health Practice. Sage Publications, Newbury Park, California.

Raines, C. 1989. *Visual Aids in Business*. Crisp Publications, Waterloo, Ontario, Canada.

Sandman, P. M. and N. D. Weinstein. 1994. *Communicating Effectively about Risk Magnitudes: Bottom Line Conclusions and Recommendations for Practitioners*. U. S. Environmental Protection Agency, Washington, DC. EPA-230-R-94-902.

United Nations Economic Commission for Europe. "Globally Harmonized System of Classificationand Labeling of Chemicals." http://www.unece.org/trans/danger/publi/ghs/pictograms.html (accessed January 25, 2013).

Wogalter, M. S., D. M. DeJoy, and K. R. Laughery. 1999. *Warnings and Risk Communication*. Taylor & Francis, London.

第十五章　面对面沟通

通过口头陈述进行的面对面沟通是风险沟通的另一种方式。面对面沟通的具体形式多种多样，例如：

- 一对一互动(医护人员与病人、雇主与员工、同龄人之间、邻里之间的沟通)
- 小团体交流(面向社团成员、社区成员和组织成员的发言)
- 演讲局
- 开放参观
- 针对风险的预防、分析和监控等活动做公开演示
- 视频展示
- 为洞察受众的关切或认知而开展的受众访谈
- 信息展会
- 正规学习情境(从小学课程到大学课程、继续教育课程、培训研讨会)

> 在本书中，我们将面对面沟通与利益相关者参与作出区分。面对面沟通特指那些通常只是某类群体(要么是风险沟通者，要么是身陷风险的受众)负责大部分甚至是所有发言的沟通形式(单向传播)。

在本书中，我们将面对面沟通与利益相关者参与作出区分。面对面沟通特指那些通常只是某类群体(要么是风险沟通者，要么是身陷风险的受众)负责大部分甚至是所有发言的沟通形式(单向传播)。而正式听证会和其他具备双向沟通特点的小组互动将在第十七章"利益相关者参与"部分加以介绍。

面对面沟通的优势和劣势我们已在第十章作出讨论。本章主要探讨面对面沟通在准备和进行过程中一些比较重要的事项，并针对不同类型的面对面风险沟通活动提出具体的指导原则。

〉》面对面沟通需要注意的事项

通过诸如国际演讲会(Toastmasters International,简称TI)之类的组织,许多人已经掌握了在面对面互动中有效发言或聆听受众的方法。但是对于风险沟通而言,还需要强调几点,其中最关键的就是选择谁来引导面对面互动。

遴选合适的发言人 >>>

不论是以受众表达为主(如受众访谈)还是以组织发言人表达为主,风险沟通者都要面临选择由谁来担任发言人这一问题。有时风险沟通项目的负责人可以作为组织的发言人,有时其他管理者或专家也能够代表组织发言。此外在一些情况下,也可以选择组织外部的人来承担这一工作。那么,风险沟通者究竟该何时挑选及如何挑选发言人呢?这里我们给出两个关键的标准:受众接受度和组织认可度。

> 挑选发言人的两个关键标准就是受众接受度和组织认可度。

受众接受度

很多因素都会影响受众对发言人的接受程度。首先是可信度,即受众认为发言人是否值得信赖。更确切地说,受众会相信发言人说的话吗?通常,发言人的资格(在该领域是否拥有足够高的学历或多年工作经验)、受众与该组织或发言人的相处经历(组织内有他们信任的人吗)和发言人表达关怀态度的能力是决定可信度的几类要素。英国有关公众信任感知的研究表明,人们在选择最信赖的风险信源时,将政府机构及政府和企业的科学家排得较为靠后,而把朋友和家庭排在前面(Bennett和Calman,1999)。无论是由受众还是发言人主导的面对面沟通,可信度都至关重要。(也可参考第五章了解更多遴选发言人的信息。)

另一个影响受众接受度的因素是权威性。发言人是否能够回应受众的关切,这在受众可以提问的情境中尤为重要。如果受众的关切是技术类问题,那么一名科学家或工程师就是最佳选择;假如受众关心的是管理问题,那么最好选择一名负责制定决策的经理;若能在安排好的房间里交流互动并与受众(坐在曲面桌或圆桌边)互有问答,那么选择多名专家将更为有效。不过,若是受众把这种形式视为组织在"合伙对付他们"或者发现专家之间意见不合,那么这么做则注定失败。例如,有研究者回顾有关公众回应核电厂事故警示的文献时发现,人们喜欢多方打听以确认信息,并会因其准确性而提升对信息的信任。但是,信息的一致性才是受众判断其可靠的关键

(Mileti 和 Peek, 2000)。

另一个需要考虑的影响因素是发言人能否使用受众可接受的说话方式。正如本章后面的指导原则部分将要提到的,最适合担任互动(不管由谁来完成大部分发言)引导者的是能够用受众的语言进行表达的人。这样的素质既包括使用符合受众偏好的语言的能力,也包括以创新方式来阐释高深技术信息的能力。

此外,发言人还应认识到姿势、手势和面部表情等非言语交际(nonverbal communication)的作用。对于接受度来说,肢体语言的重要性一点儿也不亚于信息的内容及表达方式。著名的风险沟通研究者和顾问科万罗(Vince Covello)曾指出,在受众高度关注的情况下,其所获得的信息有高达75%源自肢体语言,而非话语表述。在一些低信任度但高关注度的风险沟通情境中,他建议发言人在倾听受众关切时尽量不要点头,因为在利益相关的受众看来,点头不仅不代表积极倾听反而是对受众指控的承认。英国的研究者发现,当发言人在灾难发生后讲话时(即使是通过电视或互联网传播),受众往往会同步理解其面部表情、声音和姿势(Bennett 和 Calman, 1999)。发言人必须注意到这些细微线索以有效地传递风险信息。

> 从受众的角度看,最佳发言人应该是一个可靠的、积极回应受众关切的人,同时还应是一个令人信服的演讲者。

综上所述,从受众的角度看,最佳发言人应该是一个可靠的、积极回应受众关切的人,同时还应是一个令人信服的演讲者。

组织认可度

组织确定发言人人选时也会考虑许多因素。在受众发言为主的情况下,这个人能够成为一个好的倾听者吗?即便在受众的关切看起来有悖科学常理或不符合组织要求时,他是否也能保持风度,冷静地记录这些问题?在主要由发言人讲话的场合,这个人能否完成演说?他有没有接受过公开演讲的培训,是否知道如何处理媒体关系和回应尖锐的问题?能否做到言辞恳切?最重要的是,从组织的角度出发,这个人是否了解组织的规则、哲学及正在开展的风险相关工作?除此之外,根据各个组织的具体情况,还会有许多因素可能左右发言人的选择。在拍板之前,风险沟通者需要与组织的管理层和公共事务办公室交换意见。

确定合适的人选

在明确标准之后,风险沟通者就可以通过许多渠道寻找发言人。你的选择有医护人员、组织内部或外部的该领域公认的专家、风险管理者、部门经理、公共事务(公关)人员或名人。各类发言人的优势和责任也不尽相同。

尽管有的医护人员认知环境风险的方式与病人并无二致,但这类群体深受受众信任,往往能对与健康或一些环境风险相关的技术类关切作出实质回应。例如,在一次覆盖全美国几个主要城市的大规模研究中,风险研究者发现医生是最受信任的化学风险信息源(McCallum 等,1991)。然而,除非医护人员自己关注该风险,要么与组织有联系,抑或发现其病人受到了风险的影响,否则他们可能太过忙碌而无法代表组织发言——在需要进行频繁的互动(如受众访谈)或需长期承担义务(如作为演讲局的主讲人)的情况下尤其如此。

组织内部的专家非常了解风险和组织,但可能并不受公众信任。而同样了解风险的组织外部的专家也许有较高的可信度,不过正如医护人员一样,他们要么日程紧张,要么薪酬过高,因而也常常无法代表组织发言。此外还需注意的是,组织聘请这些专家的行为本身也可能会降低受众对专家们的信任,而外部专家往往也不太明白组织重点关注的问题。

风险管理者和部门经理对风险和组织十分熟悉并能回应受众的部分关切。然而,受众却不那么轻易地相信他们。在受众发言为主的情境(如受众访谈)中,风险管理理者和部门经理常常难以跳出风险评估程序或组织要求的框架去认真聆听受众的心声,而非试图纠正其错误的认知。

公共事务人员知道组织关注什么,如果其素质较高且对技术问题有一定程度的了解,那他们或许还能从科学层面谈论风险。不过大多数情况下,由于人们对公共事务人员存在刻板印象,认为其与"麦迪逊大道"[①](Madison Avenue)一样操纵受众,因而他们在敌对受众的眼中毫无可信度。公共事务人员在演说方面的专长最好用来主持会谈和展示,或者辅导发言人。

在保护沟通及意在通过游说来获取支持的共识沟通中,组织会邀请名人作为发言人。通常,名人既不熟悉组织也不了解风险,除非名人宣称自己亲身经历过风险,否则受众也不会太信任他们。假如名人不是因为自身经历过风险并因此自愿付出时间以提醒人们预防或降低风险,那么聘请他们可能会花费高昂。不过,名人的高关注度对于创造受众对特定风险的认知度及促使受众采取行动还是有一定效果的。一个典型案例就是那场以尤尔·伯连纳(Yul Brenner)为号召人物的非常成功的禁烟运动,这位舞台剧和电影界明星在一条电视公益广告里提到抽烟如何缩短了他辉煌的职业生涯及寿命。

---

① 麦迪逊大道是纽约曼哈顿区的一条著名的大街,美国许多广告公司的总部都设立在这条街上,而这条街也逐渐成为美国广告业的代名词。-译者注

第五章的表5-3提供了更多有关选择合适发言人的信息。

为受众准备可以带走的书面材料 >>>

> 如果不用书面材料作为发言的补充，那么受众不仅不会把你想表达的信息牢记心中，甚至可能在你刚刚讲完时他们就全部忘记了。

面对面沟通的一个弊端在于，除非受众善于记笔记，不然一旦发言结束，他们就没有任何资料可以带走以便回顾要点。纵然有些人通过聆听就能记得住别人说了什么，但大多数人都需要视觉信息以强化记忆。因此，如果不用情况说明书(强调要点的单页宣传册)等书面材料作为发言的补充，那么受众不仅不会把你想表达的信息牢记心中，甚至可能在你刚刚讲完时他们就全部忘记了。

利用视觉辅助手段 >>>

尽可能在面对面沟通中使用视觉辅助手段。在小组沟通时，可视化信息要保证从房间最后面也能看清楚；若是在较为私密的沟通情境中，则要将可视化材料放在触手可及的地方。需要说明的是，假如在使用可视化材料时一开始就不得不用"你可能看不清这个，它其实展示的是……"这样的话来表示歉意，那么不管设计多么专业、用色多么有创意、措辞多么精彩，可视化材料都派不上什么用场。风险沟通者可用单个词汇或者短语来强调要点，并向观众解释各个概念间的逻辑关联，也可以借助照片、图画和图表进一步阐释核心观念。更多关于风险信息可视化呈现的信息可参考第十四章。

使用受众的语言 >>>

一方面，发言人应该使用受众可以理解的词汇。在一次关于风能发电场选址的公众会议中，可以看得出提议建场的组织发言人为了向受众介绍相关情况，下了很大的功夫去准备幻灯片和口头陈述，但令人遗憾的是，在描述与受众息息相关的电场设计方案时，该发言人用"风轮直径"来说明高度和距离。尽管在开场白中他事先说明了风轮直径是多少英尺，然而仅凭这样就想让受众做到以下几点是很不现实的：(1)注意到这条涉及陌生概念的信息；(2)在发言人再次提到该信息之前能一直记着它；(3)可以在脑海里自己算上一算。对现场的所有受众来说，发言人明明直接用"英尺"表示距离就能把事情说得很清楚，可事实却是发言人每多提一次这个词，受众的反感情绪就更强烈一些，直到连发言人自己也明显地意识到很多受众都不愿意再听他讲下去了。

另一方面，发言人要尽可能地讲受众常用的语言。不过，假如受众说的是非标准英语，发言人则无论如何都要讲标准英语。若是受众从话语中感到发言人是居高临下的，那发言人想要传递的信息就很难被人相信。如果英语并非受众的主要语言(在许多西班牙裔社区中即是如此)，此时就需要寻找一个能说当地受众主要语言的发言人(风险沟通者自己或值得信赖的其他人)。

切忌过度承诺 >>>

当面对受众提出的问题而无法作出回答时，只有在确实能够找到答案的情况下，发言人才可以向受众承诺以后会告诉他们答案。面对不熟悉的问题，最好的回答是"我不清楚，但我会去查明"。然而，经常发生的情形是，发言人会承诺提供那些其根本无法获得或属于保密及专利范畴内的信息。在回应受众时，发言人很容易承诺之后会提供信息，这是因为他认为那些发问的受众不太可能会揪住这些问题不放，但事实却是发问者会记得你的这次失言，并告诉其他人你的组织没有兑现承诺，而这将有损组织的可信度。如果发言人确实承诺要回复信息，一定要留下需要该信息的人的联系方式，并争取在一两天之内作出回应。

此外还需要注意的是，发言人切勿作出组织办不到的承诺。例如，若受众要求举办更多的公众会议，而发言人在未确认组织是否有足够的时间和资源时就贸然答应，那么就很可能无法遵守自己许下的诺言。可想而知，这样做不仅会增加受众对组织的敌意，同时也将让组织变得不那么值得信赖。

〉》 各类面对面沟通的指导原则

接下来我们将分别介绍每类面对面风险沟通的活动。

专题演讲 >>>

专题演讲(speaking engagement)是面对面风险沟通中最常见的形式之一。为确保受众能理解演讲中所传递的信息，风险沟通者可以参考以下指导原则：

• **辅导缺乏演讲经验的发言人**。有时，同时满足受众和组织需求的发言人却没什么(甚至根本没有)演讲经验。这样的人选需要经过辅导才能高效地沟通。仅为其撰写一篇讲稿通常用处不大，一来讲稿使用的是别人的措辞，这些"新手"很可能用不惯；二来复述别人的想法无法帮助发言人应对受众提出的不曾预料到的问题。因此，对"新手"们进行如何成为一名高效演讲者的培训辅导是极有必要的。在这方面，美国卡内基基金会(Dale Carnegie Foundation)或者国际演讲会等提供的课程对于帮助"新手"们克服面对受众的恐惧感十分有益，而由有见地的沟通者根据具体的情境和组织需要设计的内部培训课程也同样非常有用。除此之外，发言人还应该学习如何应对敌对受众、怎样与新闻媒体打交道以及风险沟通的基本原则。

- **提前排练**。只要有条件，即便是一名经验丰富的发言人也应该提前排练。排练时要使用与正式演讲时的场合相似的灯光、音响和房间，邀请一些人充当受众去注意听发言人所讲的技术细节、受众关切和法律事宜，并请他们在关注发言内容的同时也观察发言人的肢体语言。某个发言人在演讲时习惯用中指扶眼镜，当他被要求对着镜子练习后，注意到了这个动作，然后轻而易举地记住不再这么做以免冒犯受众。

- **练习回答问题**。借助受众分析信息预测受众可能提出的问题。在自己陈述的过程中就应该尽可能多地解答相关问题。如果认为受众也许还想了解更多的细节，为了有备无患，发言人就要提前准备好妥当的答案。在排练时可以请现场的听众向发言人提问。另外发言人也需要练习如何处置敌对状况和应对新闻媒体(可参考第十六章)。

- **挑选易接近的、舒适的环境**。这一点对于风险沟通演讲的可信度而言非常重要。面对面沟通的环境或场所应该让受众感到容易接近、舒适放松。我们讲的舒适并不是说座椅柔软、伸脚空间很大——虽然如能达到这样的条件也是件好事。准确地说，舒适是指中立的、不会引起消极情绪的环境。例如，社区附近某联邦机构的礼堂设施完善、灯光充足且座椅舒适，该机构所有的公众会议都选择在此召开。然而，礼堂的布局是固定的：一边是高高的舞台，另一边是剧院式的座位，这很容易让人产生"我们与他们对立"的感觉。假如我们把这样的场地设计和该机构公众会议的决议常遭受抨击的事实联系起来，就会觉得或许选择别的场地召开公众会议会更合适一些。

- **根据环境着装**。如果在全市的商界领袖面前作正式演讲，发言人穿着西装会比较得体；若是在野餐时发言，一身休闲服就已足够。发言人不应总想着要和受众穿得一样，除非其本身的日常穿衣风格也是如此。通常，受众更认可真诚的而非亦步亦趋的发言人。

- **调整音响和灯光**。音响和灯光要满足演讲的需求。需确保坐在最后一排的受众也能听清发言人的话。假如需要使用麦克风，一定要让发言人知道如何操作，并把操作装置放在其触手可及的地方。要是发言人使用投影作为视觉辅助，那么在把灯光调暗以让受众看清投影内容的同时，也要让发言人和受众能看见彼此，要知道，完全黑暗的房间既存在安全隐患，也容易让一些受众昏昏欲睡。另外，如有必要，还要确保发言人或其助理在陈述的过程中能接触到调光器，以便在需要时调亮灯光找到提问的人。

- **熟悉设备**。如需使用投影设备、挂纸白板等视觉辅助工具进行展示,要确保发言人知道相关设备的位置并清楚如何操作。备好灯泡、U盘和延长电线等备件,这样即使设备出了状况,展示仍可以继续。此外,还要确认展示现场的供热设备、通风设备和空调系统有专人负责,如果房间太热或是太冷,就算脾气再好的受众也会发怒。

演讲局 >>>

与等别人要求去作演讲不同,许多负责风险沟通的组织主动组建了演讲局(speakers bureau)。演讲局由特定领域中的某些各有专长的发言人组成,他们只要很少的酬劳(甚至免费)就愿意为当地社区和组织作演讲。这些发言人既可能都隶属于某个组织,也可能只是跟组织签约提供服务的专家。若要组建演讲局来沟通风险,需注意以下事项:

- **遴选各类潜在受众都信任的发言人**。演讲局的专家们必须能面向几乎每一类有演讲需求的利益相关者群体做演讲,因而有必要选择在广泛的潜在受众中有信任基础的发言人。根据受众的具体需求,演讲局的发言人可以包括医护人员、科学家、工程师、监管者、风险管理者或高校职员。

- **确保发言人接受过适当培训**。虽然演讲局的成员都已是各领域的行家,但他们很可能还需要接受一些培训——不仅涉及他们所支持的风险沟通工作,还关涉风险沟通的原则和技巧。

- **如有可能,制作统一的材料支持发言人的工作**。正如本章前面部分所提到的,在演讲时发言人既要带上相关信息材料以向受众派发,也要准备适合演讲场合的视觉辅助材料。然而,假如目标受众对风险沟通组织非常抵触,就应避免使用那些旨在宣传组织的信息材料。当受众认为发言人与组织之间的关联并不那么紧密时,他们就可能更信任该发言人,也更愿意接收风险信息。

开放参观和公开演示 >>>

开放参观和公开演示也是面对面沟通风险的常见形式。开放参观就是邀请部分受众实地察看他们认为会引发风险的设施或场所;而在公开演示中,受众可以旁观或参与一项评估、预防、监控或降低风险的活动。对于这两种形式,下述几条指导原则都很适用:

- **要让参观和演示完全开放**。不要拒绝某些受众,并且务必在受众都能参加的时间里组织这些活动。例如,如果大多数受众都有全职工作,那就应该将参观和演示的时间定在工作时间之前或之后,当然还可选择周末。

- **保证所有受众都可轻松参加。**例如备好轮椅并确保电梯能承载轮椅上下运行,要确保有熟悉手语的人来帮助听力障碍者。若是穿什么鞋和(或)衣服很重要的话请一定提前告知受众,比如,假如没有预先通知受众要走崎岖不平的路,一些穿着高跟鞋前来的女士在行动时就会非常不方便。通常都要告知受众需要走多远的路以及会遇到哪些情况,以便受众事先做好准备。

- **像遴选发言人那样谨慎地选择参观和演示的负责人。**这些负责人需同时被受众和组织认可、可以回答受众所关心的问题、能用受众易于理解的语言交流。

- **明确组织参观的目标。**你是想劝服受众相信你们正在进行的工作是绝对安全的吗?(使用劝服时存在的问题可参考第五章)是希望提升受众对某一问题的认识吗?是试图向受众提供制定决策所需的信息吗?风险沟通者要确保参观和演示有利于实现相关目标而不是起反作用。

- **兼顾组织和受众的需求。**要保证参观和演示既能满足受众的需求又不会泄露组织的专有信息或机密信息。比方说受众想了解的是组织如何培训员工,那么向其展示漂亮的景观非但不能让他们满意甚至还会触怒他们。曾有一名危险废物焚化厂的经理带着当地园艺俱乐部的会员参观工厂,参观过程中有位女士询问他如果吸入那些烟囱排放出的烟会有多危险,遗憾的是,经理用一种傲慢的姿态回应她根本不必担心这一点,并讲道其危害至多就像吃一个花生酱三明治一样。结果,这位女士用手提包打了他。所以,风险沟通者要想受众之所想、急受众之所急,应该仔细倾听并诚实、礼貌地回答问题。

- **事先演练。**既要让相关负责人练习自己的发言,也要模拟演练参观和演示的具体环节。请参与演练的受众像局外人一样聆听发言,要知道有时组织内部觉得清晰的概念对于受众而言却十分陌生并可能完全被误解。这里介绍一个例子。某化工厂拥有良好的安全记录、有据可查的实用流程和训练有素的员工,但它却被指责没有对安全问题给予足够的重视。为此,管理者邀请了一个屡次发声的激进团体参观工厂,并向其详细地讲解了工厂已经采取的防护措施。不承想,该团体的负责人在参观结束后却对守候在门外的媒体讲了这样一句话:"我们现在了解到这里确实有不安全的因素,不然他们怎么会对安全问题投入这么多的精力!"这个例子提醒我们在设计参观和演示时一定要认真分析受众。

视频展示 >>>

视频结合了信息材料和面对面沟通的许多特点,适用于正规学习环境或在家自学等多种情境。相较于海报和展板等视觉形式，视频能容纳更多的信息，并且其旁白就像口头陈述那样会增加与人交流的感觉。因此，视频的内容应该遵循制作信息材料的基本原则，而视频的陈述则可像发言人和视觉辅助演示一样依照面对面沟通准备及进行的基本原则。

专业视频的制作成本高昂——高端成品每分钟都要花费数千美元。不过，根据具体的目的、目标及受众需求，风险沟通者也可以借助手持摄影机制作性价比相对较高的简单视频。无论选择哪种方法，风险沟通者在制作视频时都需设立一个非常具体的目标，且这个目标应是除视频外的其他形式无法完成的（如描述一个不适合向受众直接展示的危险情境）。视频在呈现动态变化过程时优势明显，如果无需如此，风险沟通者则可利用静态图片获得差不多的效果。

写视频脚本时避免选取一些没几天就会过时的内容，从而尽可能地延长视频的使用期限。此外还应聚焦于一些有关风险的长期的、恒久的话题，以使视频得以用于多种情境。

聘请经验丰富的编剧和摄像师非常重要。切记视频如同电视，受众更关注（也更容易记住）画面而不是旁白。为了使视频更有冲击力，视频的脚本需要和动态的视觉资料有效地整合起来。

如想让风险沟通视频更好地发挥作用，风险沟通者务必细致地考虑受众的需求：

 • **视频如何发行？** 宣传册、通讯等信息材料的成本不高，我们可以通过邮寄或在信息展会上散发的方式大量分发；与它们相比，视频的复制费用就高多了（一般来说每份高达10美元），除非风险沟通者准备将其制作成数字媒体或通过网络分享，否则难以做到批量分发。在制作视频前，要确保有现成可用的分发渠道，如医护人员、教育系统、专业组织或活跃的网站等。视频往往会占用相当大的存储及带宽资源，因此若是风险沟通者计划通过组织自己的网站发布视频，就一定要保证设备具有相应的承载能力。

 • **视频在何处展示？** 视频的展示环境与分发渠道同等重要。假如视频要在一个正规学习环境（如公立中小学、大学或是组织的培训课程）中使用，就需补充学习目标、学生用书和测试等材料和信息；如果视频要用在口头报告中，则需添加演讲的内容和其他材料；如若视频是在家中学习使用的，内容就要自成体系、丰富全面。

 • **是否有发言人现场答疑？** 作为面对面沟通的一种形式，视频最大的缺点就是除非有发言人在展示现场，否则受众根本没有机会提问。如果放映视频时总是有发言人在现场，视频就没有必要做得面面俱到。

制作视频时还需要特别考虑视频的画质。这一点同样要根据受众的情况作出判断。尽管高水准的影视制作公司制作出来的视频在特技和演技上足以媲美好莱坞最震撼的电影,但实际上这样的视频可能会疏远一些受众——特别是那些对组织怀有敌意的受众,原因是他们认为高品质视频是广告界惯用的掩饰手段。此外,虽然随着技术的进步视频的价格已经大幅下降,可仍然有一些受众将视频视为高端产品,并由此对其产生疏离感,而这在政府组织用纳税人的钱制作视频的情况下显得更为突出。假如你的受众具有这样的特点,那最好还是制作简单的视频或另寻他途来沟通风险。

受众访谈 >>>

通过受众访谈,风险沟通者可以更好地了解受众,受众也有机会分享他们的关切。在发起共识沟通时,受众访谈的作用非常明显。

受众访谈和调查活动类似,只不过其问题更具开放性。例如,在调查时,针对受众如何认识家用杀虫剂使用的问题可能会让受访者在量表中给防治害虫的不同办法打分;而在受众访谈中,风险沟通组织的发言人或许只会简单地询问:"请说一说你是如何防治害虫的。"不过需要提醒的是,和调查一样,访谈问题的顺序和提问的方式对受众回答的影响也是极大的。一般而言,问题要先"一般"后"具体",要先聚焦正面或中立的话题,再过渡到那些可能引起敌意或其他消极反应的话题。

除了上面提到的这些,受众访谈应遵循的指导原则还有:

• **全方位地触及受众**。风险沟通者要尽可能地访谈到所有类型的受众以广泛地获取其看法。一个可行的办法是按照现有的受访者名单开始访谈,在访谈要结束时询问受访者还应访问哪些人。最初的一些访谈会提供给访谈者大量新的访谈对象名单,但渐渐就会发现同样的名字被多次提及。这意味着风险沟通者已经接触到了绝大多数目标受众。另一种风险沟通者可采取的办法是焦点小组访谈法(可参考第十七章了解更多的信息)。

• **让受众感到舒适**。风险沟通者要确保访谈场所能使每位受访者感到舒适。一般而言,每次访谈最好在受访者家里或他们自己选择的地点单独进行。风险沟通者着装应休闲但不失专业。访谈中风险沟通者应自己少说而让被访者多多发言。

• **访谈前清楚地解释流程**。风险沟通者要帮助受众理解访谈的目标、访谈结果的用途以及会如何告知他的关切已被听取。如想录音、做笔记,一定要事先征得被访者的同意,或者在其可见的状态下记录信息。如果可以,就让受众查看和校正与其关切和想法有关的访谈记录。

• **在纠正受众明显的错误观念或认知前要三思**。风险沟通者常会(特别是当受访者对话题明显持消极态度时)忍不住地打断受访者以纠正其错误观念或就某个看法与受访者展开争论。在受访者刚刚发表观点后就去纠正其观点中的错误,这很可能会激怒他们或让他们感到难堪,这样的话他们也许就不再直言相告了,甚至还会终止访谈。另外要强调的是,此类纠正也是劝服的一种形式。在访谈前要回顾第五章中有关使用劝服的信息,并决定若出现以上情况该如何处理。

信息展会 >>>

信息展会集纳了多个风险沟通组织,每个组织都有自己的展位。对这些风险感兴趣的受众可以选择符合其兴趣或关涉其利益的风险沟通组织进行交流或取阅其信息材料。这些组织也可以现场做一些预防风险、分析风险或监控风险的演示。通常,信息展会可专门面向特定组织的员工(用于安全和健康保护沟通)或一个当地社区(用于环境、安全及健康保护沟通,或危机沟通的计划阶段)举办。此外,信息展会还能用于提供信息以开展共识沟通工作。

信息展会也是一种混合了信息材料和面对面互动的沟通形式。若想让信息展会真正发挥效用,风险沟通者需参考第十三章有关信息材料的内容,以及本章关于如何选择合适的发言人及发起参观和公开演示的指导原则。

培训 >>>

我们在第三章曾提到《职业安全卫生法》明确规定了要对工作中需使用危险物品的员工加以培训。此外,培训也可用来帮助人们了解风险的相关概念及组建危机应对小组。

如何准备有效的培训材料是一门学问。风险沟通者需重点考虑受众、培训目的和包括时间在内的可用资源等要素。例如,在办公室利用1小时午餐会议围绕人体工学话题对文职人员所作的培训,相较于在社区花费一周时间就危险物品对一群消防员进行的培训,其材料的展示方式和材料数量完全不同。培训时通常需要遵循的指导原则有:

- **闻之不如见之,见之不如行之。** 古语道:"吾听吾忘,吾见吾记,吾做吾悟。"基于受众、目的和资源的实际情况,尽量让受训者有机会亲身体验所讨论的风险。例如,某核设施负责指导基础辐射安全的培训师在其培训过程中,除了用到辐射探测器,还借助了烟雾探测器、燃气提灯罩和陶器等物品,以教会学员自行判断周围哪些东西有辐射。

- **突出重点。** 风险沟通者要说明白希望学员从培训中收获什么,以及如何呈现这些信息。许多涉及预防、管理、分析和监控风险的培训之所以没什么效果，是因为其课程内容太过宽泛了。最好能确保让学员掌握一些关键概念，而非在一周之内填鸭式地讲授与获取高等学位一样多的课程。

- **不要尝试培训敌对受众**。如果目标受众对负责风险沟通的组织或者风险本身持有强烈的敌意，那此时对其进行培训并不是沟通风险的最佳选择。风险沟通者应该首先着手了解和解决敌意的来源。

第十八章还介绍了更多有关计算机辅助培训的内容。

面对面沟通的清单

风险沟通发言人或引导面对面互动的人：
☐ 同时获得了受众和组织的认可
☐ 准备好可供受众带走的作为口头陈述补充的书面材料
☐ 运用了便于受众阅读和理解的视觉辅助
☐ 使用受众理解的语言表达
☐ 不过度承诺，只提供那些可以发布的信息
☐ 若欠缺经验，已经接受培训辅导
☐ 已经练习了：
　☐ 演讲
　☐ 回答问题
　☐ 应对媒体
　☐ 处置受众的敌对状况
☐ 在中立的场所展示
☐ 着装与环境匹配
☐ 能让坐在最后面的受众听见
☐ 知道如何使用麦克风
☐ 如果需要，可以接触到调光器
☐ 熟悉视觉辅助设备的操作，备好可供不时之需的备件
☐ 知道若要操作供热设备、通风设备和空调系统应该联系谁

演讲局：
☐ 选择了受众信任的发言人
☐ 对发言人进行了风险沟通培训
☐ 配有统一的材料

参观和公开演示：
☐ 安排在受众方便的时间
☐ 所有受众都能轻松参加
☐ 有合适的发言人
☐ 有明确的目标
☐ 兼顾了受众和组织双方的需求
☐ 已事先演练

视频展示：
☐ 遵循了准备信息材料和选择发言人的基本原则
☐ 已有现成可用的分发渠道
☐ 根据展示环境补充了相关材料
☐ 若发言人不在展示现场，内容已足够全面可使受众自行理解
☐ 视频画质符合受众预期

受众访谈：
☐ 广泛地听取了受众的看法
☐ 在受众觉得舒适的环境中进行
☐ 在开始前清楚地解释流程
☐ 已预先做好包括如何应对受众错误观点或认知的计划

信息展会：
☐ 遵循了信息材料和选择发言人的基本原则
☐ 遵循了参观和公开演示的基本原则

培训：
☐ 强调动手实践或可视化沟通的方法
☐ 突出了重点
☐ 针对乐于接受培训的受众进行

参考文献

Bennett, P. and K. Calman. 1999. *Risk Communication and Public Health*. Oxford University Press, New York.

McCallum, D. B., S. L. Hammond, and V. T. Covello. 1991. "Communicating about Environmental Risks: How the Public Uses and Perceives Information Sources." *Health Education Quarterly*, 18(3): 349-361.

Mileti, D. S. and L. Peek. 2000. "The Social Psychology of Public Response to Warnings of a Nuclear Power Plant Accident." *Journal of Hazardous Materials*, 75 (2000): 181–194.

拓展资源

Peters, R. G., V. T. Covello, and D. B. McCallum. 1997. "The Determinants of Trust and Credibility in Environmental Risk Communication: An Empirical Study." *Risk Analysis*, 17 (1): 43–54.

第十六章 与新闻媒体合作

电视、报纸、广播、杂志和互联网等可以覆盖广泛受众的新闻媒体渠道,可以说是当今社会最大的信息来源。很多人通过在传统媒体或网络媒体上获得信息来形成他们对于健康、环境和安全风险的看法。

在传播风险相关信息时,管理人员、技术专员和医护人员以及沟通专员通常以风险信息的主要提供者、解读者、把关人或渠道的身份来应对新闻媒体。由于记者、编辑和制片人等媒体代表在向公众传达风险信息时扮演着各有差异而又非常重要的角色,因而我们专设一章来讨论风险沟通者应如何与媒体代表合作的问题。

互联网如何用于风险沟通将在第十八章详述。本章会探讨怎样通过社会化媒体与记者互动,但直接利用社会化媒体进行风险沟通的内容则放在第十九章。第二十一章罗列了在突发事件中应对媒体的注意事项,至于媒体在公共卫生活动中的作用可参阅第二十三章。

〉》新闻媒体在风险沟通中的角色

针对一个与风险相关的议题,电视制片方和报纸等媒体机构可以选择不同的角色和参与程度,参与程度由低到高依次为:(1)报道既有信息;(2)影响描述议题的方式;(3)独立提出吸引公众注意的议题或限制其报道;(4)为风险的相关决策提供方案,包括对议题采取的立场。该部分主要介绍媒体机构在风险沟通中的参与程度,以及风险沟通者需要考虑的相应策略。无论媒体机构的参与程度如何,对于风险沟通者来说,与媒体代表构建并维持一段富有成效的关系十分重要。

> 针对一个与风险相关的议题,媒体机构可以选择不同的角色和参与程度。

影响媒体机构在风险沟通中扮演哪一种角色(或多重角色)的因素有很多,沟通情境的类型就是其中之一:是保护沟通、共识沟通还是危机沟通?当危机迫在眉睫时，考虑到必须尽快提醒受众保护自己，记者很有可能先报道既有的信息。随后，媒体机构或许将更多地以一个调查者的角色去披露危机产生的原因，而这也许需要与官方的调查组织、公民团体、政策制定者等展开合作，以共同描绘风险全景，剖析风险成因，提出可行方案。

媒体机构参与程度最低的情形下，风险沟通者可能需要接受记者的采访或被要求提供新闻报道所需的信息，也可能需要物色媒体代表，借助新闻资料包、媒体发布会和新闻稿等形式向其提供突发新闻或时事动态的相关信息。更多关于向记者提供信息的内容详见本章"与新闻媒体互动的指导原则"部分。

在保护沟通中，媒体机构可能会致力于阐明和降低一些既有的风险，如面对诸如帮会犯罪、儿童免疫接种率低或老年人营养不良等问题时，通常采用的方法是向社区描述风险的负面影响，并为个人、团体乃至整个社区提供降低风险的行动建议。这会使媒体机构置身于利益相关者的阵营，从而得以联合其他力量一起描述风险问题并提出可行的解决方案。同时，政策制定者和技术专员也可以直接与媒体及其他社区代表合作来完成上述工作。如果你也处于这种情境，可参考本章接下来提到的与媒体代表合作的指导原则。

在媒体机构参与程度最高的情况下，编辑或制片人有时候会认为特定议题意义重大，其所在的媒体机构必须更多地参与其中，甚至还有必要公开表明立场。这些议题往往对社区及意见不一的利益相关者影响极大，需要整合各方观点以达成共识，例如，是否要在社区内新建一个联邦监狱？是否应该对田野燃烧作出一定的限制？是否要新建或拆除一个大坝？是否要合并两家医院来降低成本？

针对此类议题，媒体机构还能以倡导者的姿态更深入地参与进来。例如，编辑或制片人可与意见领袖共同探讨风险的性质、利益和后果、备选方案、各方观点以及可能的解决方案等。他们甚至还可以预设一个报道立场并用相关报道对其加以支持。这种方式通常需要发表社论或类似的评论，而非单纯地报道新闻事实。基于这样的参与程度，编委会等媒体代表会主动定期地与其他利益相关者开展合作，以全面描述某一特定风险的性质与后果，并就此提出解决方案。

正如前文提到的，无论媒体机构的参与程度如何，风险沟通者都应当与媒体代表构建并维持富有成效的关系，而其重要性在本章的后面部分还有进一步的阐述。风险沟通者与媒体代表保持良好的合作关系，利于媒体作出更准确、更平衡的报道。例如，位于加拿大安大略省汉密尔顿市的麦克马斯特大学的一项调查研究表明，媒体对于禽流感(avian influenza)等传染病的报道可以让受众对风险有更为准确的认识，然而，这个研究也发现媒体的报道很可能会增强受众对风险的感知(Young等, 2008)。

不过,当媒体机构就某一特定风险发布或报道一些你无法认同的观点时,如果你本身是一个可靠的、正当的信息源,那么他们很有可能会听取你的意见。

比较新闻媒体与其他利益相关者 >>>

媒体代表在自身使命及立场或主张两个方面明显不同于其他利益相关者,而这两方面的特征能决定媒体的参与程度。在使命方面,媒体机构的首要任务是向受众提供实时的新闻和娱乐信息。在有关风险的议题中,这项任务优先于媒体参与。因此,不同于公民团体等其他利益相关者需负责制定可行方案、敲定协议细节,甚至还要执行该协议并评估效果,媒体机构主要是报道并阐明风险议题。尽管媒体参与能强有力地左右风险议题的最终结果,但通常媒体机构在决策制定过程中的责任至多只是提出解决方案。

在立场或主张方面,媒体之外的利益相关者在涉及风险的群体决策中常以某类"支持者"(如医护人员、房屋业主或休闲爱好者)代言人的身份出现。在小组讨论中,他们会反映其代表的利益群体的价值观和判断。相比之下,记者普遍以客观报道和平衡报道为目标。正因如此,媒体代表可能会担心卷入某个风险议题将招致公众对其专业素养和报道倾向的诟病,从而对是否直接参与议题犹豫不决。事实上,美国最高法院(U. S. Supreme Court)在1997年曾裁定一份华盛顿州的报纸可以因为某记者参加的业余活动(包括基于各种社会原因秉持的激进主义)而正当地取消她的新闻采写任务,理由是这些活动会使这位记者撰写的报道存在偏见,进而有损报纸客观公正的声誉(Nelson v. McClatchy Newspapers, Inc. 等, 1997)。

有效互动而非两极分化 >>>

无论媒体怎样参与风险议题,就"如何描述风险"这一问题与其他参与者达成一致都不是一件容易的事。科学家和政策专家有时会认为新闻媒体对健康和环境风险的报道过于简化、内容有误、危言耸听。而从记者的角度出发,他们在个别情况下也会因技术和政策专业人士的不配合、傲慢或试图干涉等问题而倍感沮丧。

不过,负责处理健康和环境风险的人员同样无法承受忽视媒体代表或媒体报道对组织的批评所带来的后果。每一个行业都已发现新闻媒体具有影响其财务盈亏的力量。2012年,牛肉产品公司(Beef Products Inc.)因新闻诽谤起诉美国广播公司新闻网(ABC News),控告该媒体将纹理精细的牛肉称作"粉红肉渣"的失实报道使其在美国的四个工厂被迫关闭了三个,同时导致650多名工人失业。1989年,美国哥伦比亚广播公司(CBS)的时事评论节目《60分钟》指责农药"阿拉尔"(Alar,丁酰肼)造成的危害,导致节目播出的当季度华盛顿州苹果产业的销售额损失了大约1.3亿美元(O'Rourke,1990)。

另一方面,也有证据表明对一场灾难报道得越多,相关救助和经济援助到位的速度也就越快、规模也就越大。以2010年海地地震为例,灾难发生后10天内报纸和电视对灾难的报道数量是同年巴基斯坦那场毁灭性洪灾的3倍,而对海地的人均经济援助则是对巴基斯坦的10倍(Ferris和Petz,2011)。

> 与记者开展富有成效的合作能够使公众变得更加明智、更有自主权、更能以解决问题为导向。

这里我们要再次强调,与记者开展富有成效的合作能够使公众变得更加明智、更自主权、更能以解决问题为导向。例如,正是因为媒体的报道,公众才广泛地增强了对艾滋病和大肠埃希氏菌(Escherichia coli)等风险的认知。

与媒体代表有效合作的第一步是了解其报道目标和制约因素。只有这样,风险沟通者才能真正运用那些针对保护沟通、共识沟通或危机沟通的指导原则。本章接下来会从大众最为熟悉的电视、报纸(印刷版或网络版)和广播等新闻媒体入手进行探讨。社会化媒体的相关内容则可参阅第十九章。

〉》理解"文化"差异

某国家实验室的一名研究员就某项将要面向公众使用的技术首次接受记者采访。面对记者的兴趣和追问,他感到受宠若惊,认真地解释了该技术的工作原理及用途,并且毫无顾忌地谈论了一些可能存在争议的特性,根本没有在意公众可能会对此产生排斥心理。新闻报道发布之后,研究员感觉自己被出卖了,因为报道的论调都是对该技术的曲解——只强调有争议的方面而不谈其好处。"我还以为记者是我的朋友",研究员哀叹道。

事实上,这个案例中问题的关键在于该研究员错误地将采访看作是同事间非正式的讨论,既不了解记者的报道任务,也没有明确自己的受访目标,结果无意中促成了这篇对自己的技术进行贬损的文章。

这个事件说明,主题专家和媒体代表对待风险沟通的方式并不相同,我们可将这些不同称为"文化"差异——因为这两个群体拥有不一样的、有时甚至还会相互抵触的价值观念、传统和实践经历。理解下面几种文化差异将有利于风险沟通者更好地与记者合作。

新闻媒体是事件导向 >>>

记者在进行采访报道时主要关注某一事件或某个当前风险的实际情况。例如,《环境风险报告》发现,晚间新闻的环境报道并非科学的环境风险信息。新闻报道是由时效性、接近性、显著性、重要性、人情味等传统的新闻价值以及电视新闻的视觉表现力标准所驱动的(Greenberg等, 1989)。

> 新闻报道是由时效性、接近性、显著性、重要性、人情味等传统的新闻价值以及电视新闻的视觉表现力标准所驱动的。

由于员工在技术议题上缺乏足够的专业知识,再加上空间和时间的限制,媒体很少会解释在各种条件下发生某种危害的可能性,风险波及的更广泛的社会或政策议题,以及其他相关背景信息。相比之下,技术和政策专家则高度重视如何促进公众作出理性决策,这意味着他们要告诉公众风险的直接影响和长期后果,风险的成本和利益及其备选方案,以及在危险处理过程中存在的道德和经济问题。因此,对风险沟通者来说,仅依靠新闻媒体提供的背景信息不足以作出明智的决策,尤其在制定复杂的风险决策时更是如此。

某些风险能得到更多的报道 >>>

研究表明,美国新闻媒体过多地报道灾难性的、暴力的、新近发生的、与美国相关的风险(例如, Adams, 1986; Combs和Slovic, 1979; Singer和Endreny, 1993)。戏剧性、有代表性、受害者可确认(尤其是儿童或名人)等因素都会使风险更加显著。争议越大,就越有报道价值。

媒体报道风险的频率与该风险发生的几率并不相称。例如,尽管因疾病死亡的人数是因意外事故罹难人数的16倍之多,但报道致命空难事故的频率却远比报道心脏病的要高。

> 媒体报道风险的频率与该风险发生的几率并不相称。

其结果就是,人们一贯根据媒体的报道而错误地判断某些致命事件发生的概率(例如Combs和Slovic, 1979),这也给风险沟通者的工作增加了难度。这样我们就不难理解为什么那些危机情境中的风险沟通者会很容易得到媒体的关注,而在保护沟通或共识沟通中,风险沟通者就很难通过媒体的专题讨论节目(栏目)向受众传递信息。

新闻独立性和截稿时间会影响内容 >>>

许多技术专家把新闻媒体看作是向公众传递技术信息的渠道或管道(Nelkin,

1994)。正因为把媒体视为一种实现其目标的工具,他们希望能像自己在专业领域所做的一样,也能把控面向受众的信息流,一旦其观点遭到质疑,他们就会觉得媒体背叛了自己。

在业界、政界和学界,广泛的同行评审体系能够确保信息在发布前已得到权威人士的核准。该过程可以消除技术误差并使各方有机会就信息呈现方式达成一致。相比之下,新闻记者担当着独立的社会"看门狗"(watchdog)的角色,允许消息源审核新闻内容无异于为媒体审查打开了大门。新闻记者引以为傲的是可以为受众带来不受企业宣传或学界鼓吹影响的独立报道,虽然大多数记者都希望了解实情,但在如何表述上却不愿意被牵着鼻子走。

截稿时间也影响着消息源对报道内容的审核。大多数记者根本没有时间就报道内容再回头与每个消息源一一核对,而当记者愿意花时间向消息源求证时,又会发现提供信息的人又想增加新的内容、改变原来的说辞、对用词吹毛求疵、争辩文章的主旨或解读、忽视报道的篇幅限制等问题。受新闻独立性和截稿时间这两个因素的影响,风险沟通者通常很少能够控制报道的内容。

为求平衡需要反对意见 >>>

美国人对公平公正的报道的理解就是对于一个既定议题要呈现出各方不同的观点。颇具讽刺意味的是,这种试图保持平衡的做法有时候却会无意中导致新闻报道的失衡——一个自诩为专家侃侃而谈的人或善用媒体的特殊利益集团的观点竟然可以和同行评议学者的意见甚至是世界范围内的科学共识相提并论。因此,许多记者都不愿意援引非科学的或某些特殊利益群体的观点,就是为了避免报道有失偏颇。

> 很多对于报道内容不准确的指责,并不是因为报道中出现了严重的事实错误,而是对尝试用可读性更强、更吸引人的手法去诠释复杂的技术信息的质疑。——Dorothy Nelkin (1994, p. 233)

科学界的专家有时会在同一个主题上意见相左,这也给记者的报道增加了难度。例如,2009年美国爆发甲型H1N1流感病毒时,联邦和地方的有关部门在各自的新闻发布会上公布的信息相互矛盾,这让媒体感到十分混乱,而由此发布的"专家决斗"式的新闻报道亦使受众陷入困惑,并担忧风险是否仍然不为人知——要不然专家们也不会无法就此达成一致。

信息是浓缩、简化、个性化的 >>>

在今天这样一个信息过剩的社会中,媒体报道必须千方百计地争夺受众的注意力。电视、广播、互联网及其他新闻媒体的报道一般不会连篇累牍,更何况大多数记者通常也缺乏足以撰写长篇报道的科学技术知识储备。

在描述风险时,记者会把告知人们潜在的危险及指明应对方法视为己任。为了做到这一点,他们将为公众提供明确的危险警示标识,并告诉公众去何处寻求帮助、如何降低风险。然而,诸如可能性、不确定性、风险范围、急性风险和长期风险的对比、风险权衡等对于技术专家而言非常重要的概念,在很多媒体报道中诠释得并不到位。

> 在描述风险时,记者会把告知人们潜在的危险及指明应对方法视为己任。

为了使风险报道更为人性化和个性化,媒体机构经常会报道身陷危险困境的个体,至于这个人是否具有代表性则不去深究。例如,在2003到2004年间,媒体对于乳腺癌的报道多采用个人叙事的视角,而非运用数据或统计资料,这两类报道的数量比是2:1(Atkin等,2008)。

这种将信息浓缩、简化、个性化的方法有助于公众理解风险信息,但也有可能造成用于个人风险决策的信息不全面或信息失衡等问题。

〉》与新闻媒体互动的指导原则

理解风险专家和媒体人之间的差异是有效互动的第一步。要知道存在差异并不意味着二者相互排斥,我们可以找到这两个群体"文化"的共同利益点,进而培养互利互惠的合作关系。为了成功地与媒体互动,我们提出了以下几条指导原则。除非另有说明,这些原则均适用于保护沟通、共识沟通和危机沟通。

与地方和区域新闻媒体代表保持良好关系 >>>

记者的报道需要对当地有价值的信息和观点。风险沟通者应该把自己看作能帮助记者更好地完成报道的消息源。美国加州大学伯克利分校公共卫生学院教授、伯克利媒体研究中心(Berkeley Media Studies Group)主任劳伦斯·瓦莱克(Lawrence Wallack)建议向记者提供及时准确的信息、本地活动的案例、关键问题的总结和可用资源的名称(Wallack等,1993)。

与媒体代表建立合作关系使风险沟通者更有可能在一个特定事件的报道中获得公平申诉的机会,而维持长期合作关系的最佳方式是要让他们知道你想为媒体提供信息而非仅仅借机满足自己的利益需求。要确认负责报道你所在组织的记者和编辑,

> 维持长期合作关系的最佳方式是要让他们知道你想为媒体提供信息而非仅仅借机满足自己的利益需求。

与其会面并交换联系方式。平时可以召开圆桌会议或简介会听取记者的反馈、与其分享组织的信息，也可以邀请记者参加应急演练和日常训练。组织需要达成的目标之一，是针对一个或多个主题将组织塑造成善于发声、值得信赖的消息源，这样的话媒体以后一旦有需要就会主动与组织寻求合作。组织的其他目标应包括明确组织外联工作涉及的媒体、在与记者合作的过程中听取反馈意见、提高报道的准确性(Hyer和Covello, 2005)。

此外，风险沟通者接触的对象不能仅仅局限于记者个人。美国巴尔的摩市约翰霍普金斯大学医学院的媒体关系主管乔安·罗杰斯(Joann Rodgers)指出，与媒体的接触范围应该扩大到那些能够决定报道哪些新闻以及如何进行报道的媒体把关人，比如报社编辑、编辑委员会和电视制片人等(Lebow和Arkin, 1993)。

知道何时与媒体接洽或媒体何时会找上门来 >>>

当公共卫生风险或环境风险迫在眉睫时，风险沟通者必须立即与媒体代表取得联系，一起商量如何将避免或降低风险的措施及时告知公众。我们建议那些可能会面临危机沟通情境的组织预先制定好媒体应对方案，包括起用经验丰富的发言人等。总裁、业务经理、机构负责人等组织高层领导要准备好通过新闻媒体向公众清晰而坦诚地发布风险信息。

> 这些准备工作并不是为了淡化风险形势或转嫁责任，而是尽可能迅速、高效地提醒人们注意风险的危险性。

这些准备工作并不是为了淡化风险形势或转嫁责任，而是尽可能迅速、高效地提醒人们注意风险的危险性。(可参考第二章以了解更多危机沟通的信息，参考第十五章了解更多遴选和培训发言人的信息，参考第二十一章了解突发事件中与媒体合作的建议。)

要留心那些与你们相关的可能会引起媒体关注的工作，比如涉及媒体近期报道热点(如汽车前排安全气囊对矮小乘客的危险性)的工作，又如适用于当地情况的工作(如一项因洪水导致饮用水污染的研究在受洪涝灾害威胁的社区会得到更多的报道)，再如关涉广泛公众利益的工作(如任何能够提高或降低癌症风险的工作)。某公司的研发人员研制出了一台探测乘客是否携带不易察觉的塑胶或金属武器的机场安检仪。每当发生可能涉及武器的航空事故时，该公司的研发人员就时刻准备着回应媒体对机场安检技术的一系列质询。

在通过媒体向公众发布风险信息的过程中,风险沟通者需认识到时效性和准确性的重要性,确保发布的信息经过缜密的设计从而足够可靠并经得起质疑。如一位科学家在圣诞节前独立发布了其关于手机潜在电磁危害的初步发现,但该研究既没有经过同行评议也没有在发布时解释这只是初步的研究。结果,在媒体报道后引发了很大的争议,以至于很多销量因此受到冲击的手机制造商意欲对该科学家所属的公司提起法律诉讼。

仔细地准备信息和材料 >>>

与媒体进行有效的互动离不开仔细的筹划。在准备接受采访时,风险沟通者要预测记者可能问到的问题并提前想好如何回应。表16-1列出的一些问题可以帮助风险沟通者做好应对采访的准备。

表16-1 接受采访之前要考虑的问题

背景问题	约访的记者叫什么名字?供职于哪家媒体?手机号码是多少?
	这位记者在此之前做过哪些报道?
	通常都有哪些人会阅读、观看及(或)收听该报道?
流程问题	这篇报道将于何时在哪里发布?
	该报道的截稿时间是什么时候?
	采访将会在何处进行?
	采访需要进行多长时间?
	报道的篇幅会有多长?
	记者会在采访结束后再回头就受访者说过的话求证吗?
主旨问题	这篇报道的主题是什么?
	记者希望在这次采访中讨论的话题是什么?
	记者会在采访中提什么类型的问题?
	记者做过相关的背景调查吗?
	记者希望在采访之前获取背景材料吗?
	在此之前还有哪些人就该议题接受过记者的采访?
	他们都说了什么?
	还有谁会接受采访?

改编自文森特·科万罗的研究(CDC等,2003)。

在采访中一定要有两三个希望告知受众的简短的关键信息。曾主持美国环境保护局在大西洋中部地区的"沟通与政府关系"项目的雷内·亨利(Rene Henry)在他的书中提到，新闻广播中采访原声的使用平均约为7.2秒，而引用印刷材料中的内容则平均只占1-2秒(Henry, 2000)。因而，在制作关键信息时，风险沟通者要着重考虑受众最需要知道的、最想知道的和最关心的信息。(更多如何制作信息的内容可参考第九章。)即便在采访中记者并没有问到与上述内容相关的问题，沟通者也可以主动将对话引导到这些关键点上。如此一来，既回答了记者的问题，又突出了最重要的信息。在这方面，海耶尔(Hyer)和科万罗(Covello)(2005)为风险沟通者提供了30多个在采访时也许能派上用场的引导式陈述。

> "那些不做功课就接受采访的科学家们"就相当于被要求面对几千乃至数百万对某个主题几乎一无所知的受众作出毫无准备或没有任何提示的口头陈述。鉴于这项任务的重要性，科学家们不该过于托大，而应持有敬畏。——Robert McCall(1988, p. 87)

风险沟通者也要善于利用组织内部公共事务专家或顾问的建议和培训。很多组织在发布高度关涉公共利益的调查结果时，都会聘请有媒体工作背景的专业培训师为即将成为新闻发言人的技术人员和管理人员举行大量的实战演练，包括练习如何阐明调查结果的意义及回应各类挑战性的问题。若想了解更多在不同情境下挑选合适新闻发言人的信息，请参阅第十五章"遴选合适的发言人"。

此外，风险沟通者还可以考虑提供一些可为媒体所用的照片或视频素材。要记住，对于电视而言让受众印象深刻的往往是画面而非文字。

知道何时说"不" >>>

在采访中，记者经常会问一些超出受访者专业范围的问题。如果问题的答案你并不知道，你完全可以如实相告，或者为记者推荐了解这方面情况的人士，要避免对假设情况加以推测，尤其不要猜测涉及数量的问题。例如，当被问到社区内会有多少人遭受某一风险的影响时，可以基于多种条件给出一个大致范围。

在针对某个特定议题代表组织发言时，相关人员还要意识到自己的职责范围。一位技术专家拒绝与某知名公民自由组织的领导人一起接受电台采访，因为记者想邀请他们讨论公众对于该专家正在研发的一项新技术的接受程度，而该专家认为采访中可能展开的争论对他的技术项目而言毫无价值。他跟记者解释道："我是一名工程师，不是宪法律师。"不过，这位专家后来接受了另外一个聚焦该技术的需求和应用的媒体采访。

在接受记者采访时，受访者无需觉得有义务回答每一个问题。对于那些你不希望在报纸上看到或是在广播中听到的问题，可以选择不回答。尽管我们在电影里经常看到，但现实中切勿相信能够和记者"私下说说"。千万不要说"无可奉告"，在危机沟通的情境中尤其如此，因为受众会因此认为组织已然"认罪"。适当的回应方式可以是：

> 在接受记者采访时，风险沟通者无需觉得有义务回答每一个问题。

- 我目前还不知道，但我们正在努力了解情况。
- 我们会在【一个具体的时间】或【了解到 X 之后】更新信息。
- 这方面我并没有参与因此不太了解，但我可以告诉你……
- 这无关指责，而是拯救生命【财产、环境】，我们正在做的事情是……

用受众可以理解的方式表达信息 >>>

不论是为媒体代表提供印刷或视觉信息材料还是接受采访，都要记住你的传播对象不是同行而是普通受众，他们之中的大部分人对风险问题的了解远没有你那么深入。因而你应该引导记者去更好地解释研究成果，将所有技术行话替换为受众能理解的术语和概念。在实践中，风险沟通者可以想象成如果是在向并不知道你在做什么的邻居或亲戚做介绍，那么怎样才能让他们明白。

人们会需要一个"标准"来评估某种新的或不常见的风险。例如，媒体在报道电磁场的暴露情况时常会借用家用电器进行比较。(在比较时一定要慎重，详见本书第六章的"比较风险的原则"。)在这个方面，我们必须明确关于某种风险人们应当了解的基本信息是什么。

> 受众通常最想知道两件事：风险将会给我和我的家人带来怎样的影响？面对风险我能做些什么？

一般来说，受众通常最想知道两件事：风险将会给我和我的家人带来怎样的影响？面对风险我能做些什么？

风险沟通者也要考虑为媒体代表准备包含与某个主题或事件相关的事实性和说明性背景信息的新闻资料包。记者既可参考资料包中的信息将报道更好地和背景情况关联起来，亦可通过这些信息了解一些技术细节。在媒体代表受邀参加活动(如关于本地或区域风险的信息发布会)时向其发放新闻资料包是比较通行的做法。假如他们报道的主题会涉及你所在的组织(特别是当该主题非常复杂时)，一定要向他们提供电子版或打印版的新闻资料包。如果电子版文件太大，最好备有打印版的新闻资料包，因为出于对病毒和恶意软件的担心以及服务器空间的限制，有的记者不会从网上下载大文件的附件。

新闻资料包可包括以下材料：情况说明书，专业期刊或杂志上刊登的文章，问答列表，新闻通稿，反映该主题的照片，联系方式和名片。这些材料都应使用直接明了的非技术性语言来呈现，越贴近记者的报道用语越好。新闻资料包的内容不宜过多，工作繁忙的记者会无视那些充斥着专业术语、官方报告或是组织自我推广信息的新闻资料包。

全面客观地阐释风险 >>>

在向媒体代表提供印刷、视觉或者口头信息材料时，要讲清楚这些新的发现与以往研究的关系，即是传承发展还是矛盾对立。这种"全景式"的方法对受众更好地评估风险有一定的价值。区分相对风险和实际风险是帮助受众评估风险量级的办法之一。《华盛顿邮报》(The Washington Post) 健康报道领域的特约记者克里斯汀·拉塞尔(Cristine Russell)曾提到这样一个例子：有研究称某种药物会导致患癌风险增加九倍(相对风险)，却并没有事先说明癌症实际风险的概率只是百万分之一，这就是在误导公众(Russell, 1993)。同时，拉塞尔还建议风险沟通者区分个人风险和社会风险，要弄清楚风险究竟属于公共卫生问题还是只会影响某一小部分特定人群。

为了使风险报道发挥出更大的作用，英国广播公司新闻频道(BBC News)为记者制定了以下指南(Harrabin等, 2003)，这对风险沟通者准备信息材料或许有帮助：

- 风险到底是什么？风险有多大？会影响哪些人？
- 风险是如何测量的？样本规模有多大？
- 这项研究由谁资助？资助者的声誉如何？
- 如果你要报道相对风险，那么风险基线是什么？（例如，如果某一风险的概率是1/2000，即使其严重性翻倍，概率也只有1/1000。）
- 在风险"是否安全"之外，你是否还询问了"有多安全"？
- 如果一个科学家或者一个受害者的观点与多数科学观点发生冲突，那么这些冲突有无在报道、讨论和后续问题中得到清晰的呈现？
- 有没有告诉受众了解更多信息的途径？
- 你能不能用比较风险的方式帮助受众更好地理解风险？
- 你是否向受众介绍了风险的背景信息？（例如，如果女性因避孕药恐慌而拒绝服药，那她将面临来自堕胎或分娩的更大的风险。）
- 报道的规模和风险的程度是否成比例？报道将增强还是削弱风险的社会影响？

- 我们能否把一则关于特定风险的报道作为讨论另外一个相关风险的"跳板"？（比如，火车安全和交通安全。）

建议记者采访一些从不同角度看待风险的人，比如风险引发者、风险管理者、风险获益者、风险研究者或风险预防者。邀请这些人出席新闻发布会并发言的好处显而易见。这种全面分析的方法可以通过展示多元的维度和观点让受众对风险有一个清晰的认识。

参考由医疗决策知情基金会(Foundation for Informed Medical Decision Making)资助的著名网站"健康新闻评论网"(HealthNewsReview. org)给出的标准特别有助于准备医疗风险信息。该网站致力于提高有关医学疗法、医学测试、医疗产品及医疗程序等医疗新闻报道的准确性，从而帮助消费者评估医疗卫生领域新方案的可靠性。此外，该网站还独立地运用自己提出的标准来评估关涉医疗问题的新闻报道。从风险沟通者的角度出发，若想符合上述标准，就一定要确保自己的信息回答了以下问题：

- 卫生干预的成本是多少？
- 疗法/测试/产品/程序中的利与弊都是什么？
- 医学证据的质量如何？
- 信息源是否独立？
- 存在何种利益冲突？
- 新方案与现有的替代方案的比较情况如何？
- 疗法/测试/产品/程序的可用性如何？
- 方案的创新性如何？

尊重记者的截稿时间 >>>

要尽快回复记者。如果你向记者允诺会提供更多的口头或书面信息、视频、照片、对资料的评论等内容，就一定要兑现承诺。大多数记者会明确地告知他们的截稿时间，假如你不太确定，就需要与他们核实。你可能只有一次机会向记者提供信息，若是你没能及时回复，那么最终发布的新闻报道就不会包含你的观点。

坚持信息披露的道德操守 >>>

在与媒体代表沟通的过程中，要公开有关所有权权益和其他潜在利益冲突的信息。这条原则对于那些与你或你的组织有直接利益瓜葛的科学成果或降低风险的技术而言尤为适用。雅各布斯女性健康研究所(Jacobs Institute of Women's Health)声称，越来越多的自利性信息的发布实际上都是在做广告，比如有些卫生机构会强调经期前综合征和更年期的风险,这只不过是他们用来获取利益的幌子罢了(Lebow 和 Arkin, 1993)。

识别可能会在幕后影响研究结果的赞助商(比如某些肺癌研究是由烟草企业赞助的)就是一种坚持信息披露道德操守的表现。如果你隐藏了某些事后证明是有益于你、你的组织或赞助商的内容,那么你和你的风险沟通工作就会失去新闻媒体和公众的信任。

当不准确的或具有误导性的信息被发布时要采取行动 >>>

尽管你可以鼓励记者在发稿前与你进行"事实核查"(fact-check),但记者几乎不会在报道发布前让消息源审核稿件。不过你有权向记者询问这篇报道的要点,或请记者复述他引用的你在采访中的言论。

> 不要抱怨记者的写作风格,埋怨其遗漏了无关紧要的细节,或指责一些对报道主旨没有多大影响的问题。

如果已发布的报道中有不准确的、不全面的或是误导性的信息,你可以提醒记者使其认识到这些问题。在提醒时要注意方式方法,不要抱怨记者的写作风格,埋怨其遗漏了无关紧要的细节,或指责一些对报道主旨没有多大影响的问题。要牢记你的终极目标不是纠缠记者让其赔礼道歉,而是力求下次报道更加准确。

大多数记者会欣然接受指正,因为他们也希望自己被人信赖。但是,不要期望记者会自动纠错,怎么报道往往受到媒体代表、编辑、制片人的左右,有时甚至取决于媒体机构的某种策略。

评估新闻媒体报道 >>>

不论与媒体的关系如何,只要你把媒体报道视为风险沟通工作的一部分,就一定要评估它的效用。对此,海耶尔和科万罗(2005)提出了以下几条以过程为导向的指标:

- 报纸、广播、电视及网站对你的信息的报道数量,以及信息呈现的显著性(如置于头版)
- 信息报道的准确程度,编辑是否合理,会不会被曲解
- 有关别的组织的信息的报道是否强化了你的信息

这些评估信息既能用来调整当前的新闻媒体策略,也可作为下一步工作的参考。比方说,通过评估信息,你或许会意识到有必要更多地针对关键信息与媒体和其他组织进行互动,也能在了解到先前报道中的错误或分歧后请新闻发言人将其公之于众

并作出澄清，又或者发现媒体报道含有一个先前并未考虑到的"偏见"后，联系诸如商业报刊等其他媒体来专门对此话题进行讨论。

如想了解更多评估方面的信息请参考第二十章。此外，第十九章介绍了评估社会化媒体的具体原则，第二十三章提到了对公共卫生活动的评估。

〉》使用技术工具

如今已经有越来越多的组织在使用互联网和其他技术工具快捷、有效地和记者进行互动。很多组织的网站都开辟了多媒体板块，方便媒体代表和公众进行访问。例如，世界银行(The World Bank)在其官方网站上提供视频和

> 很多组织的网站都开辟了多媒体板块，方便媒体代表和公众访问。

广播新闻、用于更好地讲述故事的额外的视频素材(B-roll)、图片库及可供下载的公益广告(Public Service Announcements, PSAs)等内容。此外，网站还有一个密码保护的网络新闻中心，经过认证的记者可在组织统一发稿前借此获取新闻。

下面我们将介绍几种组织与新闻媒体合作时常用的技术工具。更多关于在风险沟通中运用技术手段的信息请参见第十八章。

新闻分发服务 >>>

许多组织通过网络订阅服务向记者分发新闻稿。科技领域有很多这样的服务可供记者获取与风险相关的新闻，由美国科学促进会(American Association for the Advancement of Science)运作的互联网新闻服务"EurekAlert!"就很有代表性。基于这个平台，期刊、科研机构、大学、政府机构、企业等组织可以在线向记者和新闻媒体分发与科学相关的新闻。此外，"EurekAlert!"还向公众提供新闻和信息来源。和许多其他的在线新闻服务一样，你必须以"公共信息官"(public information officer)的身份注册之后才能提交新闻稿；同时也只有以记者或自由撰稿人的身份注册的用户才有权限获取可用在新闻报道中的某一日期前禁止报道的信息。

"Newswise"也是一个专门提供世界各地科研机构研究成果和新闻的网站，它和"EurekAlert!"的功能类似，不过不能向记者提供尚未公开的学术研究。

有些记者也会使用一些能将记者和消息源加以关联匹配的服务。例如，借助美通社(PR Newswire)的特色订阅服务"采访热线"(ProfNet)，记者可以免费提交选题，接下来"采访热线"会对选题加以编辑并通过电子邮件发送给企业、专家等订阅者，

订阅者看到选题后可直接和记者联系并针对选题进行回复。"全民帮助记者"(Help a Reporter Out, HARO)的功能也和"采访热线"类似,不过它不收取机构用户的费用。

很多组织还利用自己创建或订阅的电子邮件列表来定期分发新闻稿。使用这种方式时,要确保分发的每篇新闻稿都列有组织联系人的电子邮件地址和组织的网站地址。为了获得记者的关注,在邮件中要运用描述性的主题(如不能写成"来自ABC公司的新闻稿",而应该写成"降低石棉对人体伤害的新发现")。此外,也可视情况决定是否附上背景信息和图片的链接。当然,不能少了"退订"的选项。

视频和音频类新闻稿件 >>>

视频和音频类新闻稿件可用于制作广电媒体的新闻报道。美国农业部(U. S. Department of Agriculture, USDA)的广播媒体和技术中心每年制作90多条涉及生物技术、水质、食品安全等话题的视频新闻,这些新闻稿件不仅会在商业电视台播出,还会通过全国性的"辛迪加节目"(syndicated programs)向农村受众传播。此外,受众还可以在该中心的官方网站上观看流媒体形式的新闻稿件。广播台也能利用电话拨号服务和美国农业部官方网站上的mp3音频文件获取农业部每年超过2000份的广播新闻报道和新闻发布会的内容,这种方式使广播公司得以借助互联网直接获取高质量的晚间广播稿件。

需要注意的是,有些记者会将视频新闻稿件视为一种加工好的宣传素材而拒绝使用。为了体现新闻的客观性,他们更倾向于从多元视角出发呈现事件的全貌,而不是一味按照稿件提供的组织的思路来报道。不过,对于那些预算有限的媒体(比如市场规模较小的媒体)来说,视频新闻稿件这种无需进行高额投入的形式就是一种不错的选择。对视频新闻稿件的评判离不开媒体对其效用和投入产出的考量,这和其他沟通方式的标准一样。

如要发布视频新闻稿件,组织需考虑:

- 自身的网络基础设施是否可以满足播放高品质视频文件所需的带宽条件。为了避免造成网站瘫痪,组织的信息技术专家可能会建议创建一个独立于主站点的在线新闻编辑室。另外,组织也可考虑将视频新闻稿件上传至YouTube和Vimeo等视频分享网站,从而使其得到更广泛的传播。
- 向媒体提供简洁的视频剪辑。维克媒体(Wieck Media)的蒂姆·罗伯茨(Tim Roberts)分享的经验是将视频剪辑成15到20秒的片段。记者们更乐意使用不必再额外花时间编辑的视频。
- 与目标媒体保持联系,一有视频新闻稿件发到网上就马上通知他们,或者在新闻稿件中列出网站的链接。

公益广告 >>>

公益广告是服务于公众利益的广告，其目的是培养、唤醒公众对重要社会议题的意识，改变公众的态度和行为，并促成积极的社会变革。与企业发布的旨在推广某种商品、品牌或服务的商业广告不同，公益广告通常由政府和非营利组织发布。公益广告在保护沟通和危机沟通中十分常见，比如"反肥胖症运动"（anti-obesity campaign）和美国联邦应急管理局（Federal Emergency Management Agency）告知公众如何在洪水过后获得帮助。大部分公益广告都在电视和广播上播出，报纸、杂志和网站也会刊发一些公益广告。

多数公益广告是作为一种公益服务在媒体上免费发布的，但也有发布在付费的广告时段和版面的情况。一些非营利组织和政府机构，比如美国国家药品控制政策办公室（Office of National Drug Control Policy）和美国疾病控制和预防中心就购买了用于发布公益广告的媒体时段和版面，这为他们提供了更多广告位的选择和排期方面的自主权。

> 多数公益广告是作为一种公益服务在媒体上免费发布的。

公益广告在过去更为常见，因为美国联邦通信委员会（Federal Communication Commission）强制要求广电媒体证实其运营符合公众的利益。现如今管制放宽，大多数广电媒体都设定了自己的标准来履行为当地社区提供公共服务类节目的义务，有的广电媒体也会制作与当地事务相关的新闻节目来代替公益广告，还有一些广电媒体则播出付费广告主提供的公共服务类信息及由媒体自己的明星们作为号召者的自我宣传（on-air promotions）内容。广电媒体常在没有多少受众关注的清晨时段播放公益广告，这样的话即便没有遵循法律精神的实质也算是遵守了法律的字面条文。为了扭转公益广告被削弱的局面，有的组织选择向媒体分发视频新闻稿件和视频素材的方式来传播更多与风险相关的内容。

尽管如此，公益广告仍被视为风险沟通整体战略中的一环。有时，当地的广告公司会为风险沟通组织免费拍摄公益广告，地方媒体也愿意给予一定的支持。美国广告委员会（Advertising Council）还提供了几十条免费的高品质公益广告，涉及的风险话题从"消防安全对哮喘儿童的影响"到"国土安全"不一而足。在创作公益广告时，一定要针对目标受众制作内容，并将其提炼为一条精华信息。

此外，组织还需了解媒体政策、交付时间及格式要求。如果是涉及某一具体活动的公益广告，至少要在活动举办前两周将广告提交给媒体，从而让其有足够的时间来做排期。

至于公益广告的效果,你可根据你在公益广告中留下的联系电话、网站以及媒体提供的广播数据统计进行评测。公益广告研究中心(PSA Research Center)有很多各类公益广告主题的文献和案例研究,如想深入了解某类主题,这也是个不错的资源。

远程发布会 >>>

远程发布会用电话会议的形式来替代或优化传统的新闻发布会,它可以在任何地方举行而无需参与者亲临现场。有时远程发布会也会以网络流式音频广播的形式呈现。自2001年以来,美国疾病控制和预防中心每年举行40多场远程发布会,具体议题包括炭疽病、天花、西尼罗病毒和严重急性呼吸综合征等。在组织远程发布会时,美国疾病控制和预防中心会向其媒体通信讨论组(listserv)发送电子邮件信息,并为参会者提供只听模式的电话专线,在提问环节参会者可按电话的相应数字键后进行提问。该中心的媒体关系部门会邀请一组专家参与发布,在简短的开幕陈述后记者即可向专家们提问。远程发布会结束后,美国疾病控制和预防中心会把会议的记录文稿发布在官网上面供记者和公众浏览。

如果考虑举办远程发布会,组织需要规划好电话线路的承载能力。例如,美国疾病控制和预防中心就购买了100条电话线路来应对远程发布会期间及会后的大量来电。

社会化媒体 >>>

社会化媒体的兴起对记者如何报道风险及其他议题产生了重要影响。一方面,记者更多地通过社会化媒体平台发布新闻,这样就能更好地面向细分受众传播信息;另一方面,记者又会从社会化媒体中发现和丰富新闻选题。

> 我们不再在广播中首发信息,而是先在推特和脸书上爆料,然后再在广播节目中陈述细节。
> ——一位广播记者(Middleberg和McClure,2011)

一项遍及全美的媒体调查发现,有高达四分之三的美国记者会使用脸书(Facebook)、博客(blogs)、推特(Twitter)、维基百科(Wikipedia)和领英(LinkedIn)等社会化媒体(Middleberg和McClure,2011)。他们借助这些工具了解个人或组织的情况,参与会话,监测舆情,跟进有兴趣的议题,发掘选题并探寻消息源。该调查还显示,有一半的记者都注册了与工作相关的推特账号,三分之一的记者开设了专门的脸书主页,其他一些人则拥有自己的博客和播客。

在这样的背景下,风险沟通者该如何与新闻媒体互动呢?首先,可以关注记者们的社交媒体,了解他们都报道了些什么、对什么感兴趣、哪些人最适合报道组织的新闻;其次,可开通自己的博客或其他社会化媒体来吸引记者的注意,正如前面提到的调查指出,56%的记者声称自己会在报道中引用博主的观点;最后,还可在社会化媒体中公开发表评论以树立自己的专家形象。

在社交网站上建立个人档案并且添加相关的标签或关键词,记者就能快捷地搜索到你的账号。然而,在向媒体的博客兜售选题时务必要考虑周全,设身处地去想,记者们若是经常收到一些与其关注的话题无关的推介内容,他们一定会非常恼火。因此,既要慎重地选择媒体博客进行沟通,也要有针对性地设计沟通的内容。

尽管社会化媒体作用明显,但我们仍要重视与记者的个人交往。2011年的那份调查还表明,在调查报道中记者还是更青睐传统的沟通方式和人际关系。

关于组织自己如何利用社会化媒体沟通风险的内容详见第十九章。

与新闻媒体合作的清单

在计划与媒体代表合作时,已经做到:
☐ 了解新闻媒体的角色和任务,并将其纳入风险沟通目标的考虑因素。
☐ 与最有可能报道特定风险议题的媒体代表们建立了良好的关系。
☐ 拟定好何时与媒体接洽及当媒体找上门时的应对计划。
☐ 使用了合适的社会化媒体与记者互动。

与媒体代表共事时,已经做到:
☐ 针对特定的媒体准备风险信息和材料。
☐ 提供给记者他们所需要的以及你想传达的信息,并且使用目标受众可以理解的语言。
☐ 有专人回应你专业领域和职责范围之外的问题。
☐ 知晓并尊重记者的截稿时间。
☐ 理解并坚持信息披露的道德操守。
☐ 当不准确的或者具有误导性的信息被发布时采取了恰当的行动。

参考文献

Adams, W. C. 1986. "Whose Lives Count?: TV Coverage of Natural Disasters." *Journal of Communication*, 36: 113–122.

Atkin, C. K., S. W. Smith, C. McFeters, and V. Ferguson. 2008. "A Comprehensive Analysis of Breast Cancer News Coverage in Leading Media Outlets Focusing on Environmental Risks and Prevention." *Journal of Health Communication*, 13(1): 3-19.

CDC (U. S. Centers for Disease Control and Prevention), Agency for Toxic Substances and Disease Registry, Oak Ridge Institute for Science and Education, and the Prospect Center of the American Institutes of Research. 2003. Emergency Risk Communication CDCynergy (CD, February 2003). http://www.orau.gov/cdcynergy/erc/ (accessed January 23, 2013).

Combs, B. C. and P. Slovic. 1979. "Newspaper Coverage of Causes of Death." *Journalism Quarterly*, 56: 837-849.

Ferris, E. and D. Petz. 2011. *A Year of Living Dangerously: A Review of National Disasters in 2010*. The Brookings Institute and the London School of Economics Project on International Displacement, Washington, DC.

Greenberg, M. R., D. B. Sachsman, P. M. Sandman, and K. L. Salomone. 1989. "Network Evening News Coverage of Environmental Risk." *Risk Analysis*, 9(1): 119-126.

Harrabin, R., A. Coote, and J. Allen. 2003. *Health in the News: Risk, Reporting and Media Influence*. King's Fund, London.

Henry, R. A. 2000. *You'd Better Have a Hose if You Want to Put Out the Fire: The Complete Guide to Crisis and Risk Communications*. Gollywobbler Productions, Windsor, California.

Hyer, R. N. and V. T. Covello. 2005. *Effective Media Communication during Public Health Emergencies: A WHO Handbook*. World Health Organization, Geneva, Switzerland. WHO/DCS/2005.31. http://www.paho.org/cdmedia/riskcommguide/Effective%20Media%20Communication%20Handbook.pdf (accessed January 23, 2013).

Lebow, M. and E. B. Arkin. 1993. "Women's Health and the Mass Media: The Reporting of Risk." *Women's Health Issues*, 3(4): 181-190.

McCall, R. B. 1988. "Science and the Press: Like Oil and Water?" *American Psychologist*, 43(2): 87-94.

Middleberg, D. and J. McClure. 2011. "How Are Media and Journalism Evolving? Insights from the 3rd Annual Middleberg/Society for New Communications Research Survey of Media in the Wired World." Presented at the 6th Annual SNCR Symposium and Awards Gala, November 4, 2011, Cambridge, Massachusetts.

Nelkin, D. 1994. "Reporting Risk: The Case of Silicone Breast Implants." Technical Risk in the Mass Media. Franklin Pierce Law Center. http://ipmall.info/risk/vol5/summer/nelkin.htm (accessed February 7, 2013).

Nelson v. McClatchy Newspapers, Inc., et al., No. 97-187-CSX, U. S. Supreme Court (1997). O'Rourke, A. D. 1990. "Anatomy of a Disaster." *Agribusiness*, 6(5): 417-424.

Russell, C. 1993. "Hype, Hysteria, and Women's Health Risks: The Role of the Media." *Women's

Health Issues, 3(4): 191-197.

Singer, E. and P. M. Endreny. 1993. *Reporting on Risk: How the Mass Media Portray Accidents, Diseases, Disasters, and Other Hazards*. Russell Sage Foundation, New York.

Wallack, L. M., L. Dorfman, D. Jernigan, and M. Themba. 1993. *Media Advocacy and Public Health: Power for Prevention. Sage Publications*, Newbury Park, California.

Young, M. E., G. R. Norman, and K. R. Humphreys. 2008. "Medicine in the Popular Press: The Influence of Media on Perceptions of Disease." *PLoS One*, 3(10): e3552.

拓展资源

Advertising Council. http://www.adcouncil.org/psa (accessed January 23, 2013).

Atkin, C. and L. Wallack, eds. 1990. *Mass Communication and Public Health: Complexities and Conflicts*. Sage Publications, Newbury Park, California.

Bertrand, J. T. and R. Anhang. 2006. "The Effectiveness of Mass Media in Changing HIV/AIDS Related Behaviour among Young People in Developing Countries." *World Health Organization Technical Report*, Series 938, 205-241.

Clement International Corporation. 1991. *Risk Communication Manual for Electric Utilities, Volume 1: Practitioner's Guide*. Electric Power Research Institute, Palo Alto, California. EPRIEN-7314.

Elder, J. P., E. S. Geller, M. F. Hovell, and J. A. Mayer. 1994. *Motivating Health Behavior*. Delmar, Albany, New York.

EurekAlert! http://www.eurekalert.org (accessed January 23, 2013).

Flynn, J., P. Slovic, and H. Kunreuther, eds. 2001. *Risk, Media, and Stigma: Understanding Public Challenges to Modern Science and Technology*. Earthscan Publications, London.

Newswise. http://www.newswise.com (accessed January 23, 2013).

Olshefsky, A. M., M. M. Zive, R. Scolari, and M. Zufl iga. 2006. "Promoting HIV Risk Awareness and Testing in Latinos Living on the U.S.-Mexico Border: The Tit No Me Conoces Social Marketing Campaign." *AIDS Education and Prevention*, 19(5): 422-435.

PR Newswire. http://www.prnewswire.com (accessed January 23, 2013).

Profnet. http://www.profnet.com (accessed January 23, 2013).

PSA Research Center. http://www.psaresearch.com/index.html (accessed January 23, 2013).

Rice, R. E. and C. Atkin, eds. 1989. *Public Communication Campaigns*. 2nd ed. Sage Publications, Newbury Park, California.

Rice, R. E. and C. Atkin. 1994. "Principles of Successful Public Communication Campaigns." In J. Bryant and D. Zillman, eds., *Media Effects: Advances in Theory and Research*. Lawrence Erlbaum Associates, Hillsdale, New Jersey, pp. 365-387.

Sandman, P. M. 1986. *Explaining Environmental Risk*. U.S. Environmental Protection Agency, Office of Toxic Substances, Washington, DC.

Sandman, P. M., D. B. Sachsman, and M. L. Greenberg. 1988. *The Environmental News Source: Providing Environmental Risk Information to the Media.* Risk Communication Project, Hazardous Substance Management Research Center, New Jersey Institute of Technology, Newark, New Jersey.

U. S. Department of Health and Human Services, Public Health Service, and National Institutes of Health. 1992. *Making Health Communication Programs Work: A Planner's Guide.* Office of Cancer Communications, National Cancer Institute, Bethesda, Maryland. NIH Publication No. 92–1493. http://www.cancer.gov/pinkbook(accessed January 23, 2013).

Walters, L. M., L. Wilkins, and T. Walters. 1989. *Bad Tidings: Communication and Catastrophe.* Lawrence Erlbaum Associates, Hillsdale, New Jersey.

West, B., P. M. Sandman, and M. R. Greenberg. 1995. *The Reporter's Environmental Handbook.* Rutgers University Press, Piscataway, New Jersey.

Windsor, R., N. Clark, N. R. Boyd, and R. M. Goodman. 2004. *Evaluation of Health Promotion, Health Education, and Disease Prevention Programs*, 3rd ed. McGraw-Hill, New York.

第十七章 利益相关者参与

让受众或利益相关者直接与负责沟通、评估和管理风险的人员进行互动是非常有效的风险沟通方式。例如，1993年当一处遭废弃的"一战"化学战研究设施在华盛顿特区西北部的某高档住宅区地下被发现后，美国陆军工程兵团(U. S. Army Corps of Engineers)随即控制住了局面并每天都与社区居民互动沟通。他们组织的社区参与被认为防止了恐慌、抗议和诉讼的发生(Henry, 2000)。

利益相关者参与可采用自助小组(self-help group)、焦点小组和咨询委员会等多种形式。利益相关者既能通过研讨会等形式解决一个特定的风险问题，也可以借由接受调查或操作监测站等形式参与风险的评估或管理工作。最常用但效果却最差的利益相关者参与形式是正式的听证会或公众会议，它们由组织选定时间和地点邀请受众发表正式的观点，这些证言会被抄录并运用在随后的风险管理之中。

一些利益相关者参与项目失败的原因在于缺乏早期和持续的参与(Kasperson, 1986)。在涉及风险的关键选择仍未拍板定案时所开展的利益相关者参与最为有效。一旦组织确定了行动方案，参与的机会就只会落到那些可以教育受众的利益相关者身上了，但是仅通过利益相关者参与来教育受众，要比其他可用于教育受众的风险沟通形式花费更多的时间和金钱。此外，许多利益相关者都期望有更实质性的参与，如果他们意识到自己的活动受限，就会产生敌对情绪，并进一步对风险沟通工作形成制约。

> 在涉及风险的关键选择仍未拍板定案时所开展的利益相关者参与最为有效。一旦组织确定了行动方案，参与的机会就只会落到那些可以教育受众的利益相关者身上了。

利益相关者参与正迅速成为开展共识沟通和制定危机应对计划的优选方式。美国总统/国会风险评估和风险管理委员会与美国国家研究委员会的风险评定委员会(National Research Council's Committee on Risk Characterization)这两个一流的专家组主张利益相关者参与应该贯穿风险评估、风险管理和风险沟通的全过程(Commission,

1997/NRC，1966)。另有研究表明，公众可能更加支持有利益相关者参与而达成的决策，即使其并未亲自参与其中(Arvai，2003)。

第十章我们已讨论了利益相关者参与的优势和不足。本章将探讨利益相关者参与的必要条件，给出各类利益相关者参与活动的指导原则，并为如何选择利益相关者参与形式提供建议。

〉》利益相关者参与的要求

在选择利益相关者参与形式之前，风险沟通者要同时考虑组织和利益相关者的需求。风险沟通组织与利益相关者的互动方式必须令双方都能感到舒服自在，而风险沟通者也要评估各类利益相关者参与活动是否适用于当前的情境。

组织的要求 >>>

无论哪种形式的利益相关者参与，若想获得成功都需要组织全力以赴。与风险评估和风险管理过程相关的所有人——科学家和工程师、公共卫生专业人士、技术人员、沟通人员、公共事务专员、风险管理者和组织的部门经理——都要相信利益相关者有权利参与也有能力参与。不管是谁，只要对此心存疑问或有所保留，就会被利益相关者轻易地感知，从而为有益的互动设置障碍。由于许多组织很少开展利益相关者参与工作，因此其风险沟通中的有效参与也一直都很有限。不过，在那些成功参与的案例中，利益相关者和组织双方都认为为参与所付出的努力是值得的(案例请见 Aleknavage 和 Lyon，1977；Beierle，2002)。

> 无论哪种形式的利益相关者参与，若想获得成功都需要组织全力以赴。

风险沟通者需要制定清晰的计划来让所有卷入风险评估和风险管理过程中的人员认可利益相关者参与活动。你需要了解目的和目标、受众(利益相关者)、日程安排以及可支配的资源。如果这些因素表明利益相关者参与可以作为沟通风险的有效方式，你接下来还需要找到一个能让组织信服的理由。这个理由可能是利益相关者拥有对风险评估或管理工作而言颇有价值的想法，也可能是除利益相关者参与之外没有别的方法可以取得预期结果，还可能是有法规或政策要求实施利益相关者参与。通过向其他涉及沟通、评估和管理风险的人展示该计划和令人信服的理由，并列举利益相关者参与使风险管理决策更加高效的案例，能帮助风险沟通者说服管理层让利益相关者以一种有益的方式参与进来。(请参阅本章参考文献所列的资源：Aleknavage

和Lyon, 1997; Arvai, 2003; Beierle, 2002; Imholz等, 1990; 更多案例分析请见本书最后的资源部分。）

大多数组织对利益相关者参与的担忧在于害怕失去对风险决策的控制。然而，实际上利益相关者参与是有助于决策的，这表现在：

• 在决策过程中尽早洞悉利益相关者的想法，避免组织在做出决策后才发现利益相关者不愿意或者不能够支持及执行该决策。

• 在受到风险影响的各利益方之间建立共识，使决策获得其他方法所不能带来的重视。

• 有助于防止发生诸如诉讼等会耽误决策制定和实施的冲突。

此外，相比于别的风险沟通形式，邀请利益相关者参与风险的沟通、评估或管理，可以更好地提升他们的意识、使他们了解情况并激励他们展开行动。

利益相关者的要求 >>>

利益相关者的一些特征会对其与组织的互动能否成功产生影响，这些特征包括细分群体的规模和数量、关注程度以及最为重要的——敌对程度。

如果利益相关者非常分散，覆盖了许多地区，且对风险和组织的认识存在差异（例如美国全体民众），就很难制定出一个能满足所有人需求的利益相关者参与方案。即使只从每个细分群体中选一名代表，也可能需要成立一个有几百名成员的委员会。利益相关者参与的许多形式只有在不超过10人参加时才有效（例如焦点小组），人越多就越难达成一致（在共识沟通中），也越难以进行任何有意义的讨论（在保护沟通或者制定危机沟通计划中）。当利益相关者的代表数以百计时，可能会成功的利益相关者参与形式包括正式听证会、在利益相关区域组织的多次会议和由一名冲突消解专家运作的共识构建委员会。技术的进步也使大规模的参与更易实现。详细信息请参考第十八章。

> 利益相关者的一些特征会对其与组织的互动能否成功产生影响，这些特征包括细分群体的规模和数量、关注程度以及最为重要的——敌对程度。

假如利益相关者对风险无动于衷，利益相关者参与也会十分困难。若是利益相关者确实对风险毫不担心，而组织却认为风险真实存在，那么在有效促进他们参与制定决策和防范风险之前你可能需要先唤醒利益相关者的意识。

有些人认为沉默或是早期缺乏参与都是利益相关者冷漠的迹象。但实际上，缺席会议或对文件不予置评可能意味着敌意而非冷漠。敌对情绪是开展有益的利益相关者参与的最大障碍。如果利益相关者不相信组织且对组织进行风险评估、风险管理或风险沟通的方式感到不满，有意义的参与活动就很难施行。反过来看，如能表明组织确实是在倾听并解决利益相关者的关切，有效的利益相关者参与又可以成为减少敌意的最佳方式之一。当存在敌对的利益相关者时，通过小组互动来构建共识和制定决策是最佳选择。正式听证会则是这种情境下最糟糕的做法，这是由于:(1)听证会的布局会强化"我们与他们对立"的思维方式;(2)正式听证会的过程对于组织告知利益相关者在风险决策中将如何考虑或处理他们的关切毫无助益;(3)正式听证会往往是单向传播。

致力于促进和优化公众参与实践的专业组织——国际公众参与协会(International Association for Public Participation, IAP2)提供了另一种方式来考量利益相关者对实质性参与的可能期待。该组织列出一份指导利益相关者参与工作的核心价值清单，其中关涉风险沟通的有：

- 公众对于影响他们生活的相关行动的决策应该有发言权。
- 公众参与要承诺公众的贡献将影响决策。
- 公众参与过程要围绕利益进行交流，并满足所有参与者在程序方面的需求。
- 公众参与过程要找出那些可能受到决策影响或者关注决策的人，并为他们的参与提供帮助。
- 公众参与过程要吸纳参与者一起来设计参与的方式。
- 公众参与过程要告知参与者他们的努力是如何影响决策的。
- 公众参与过程要向参与者提供进行实质性参与所需的信息。(改编自IAP2, 2000)

〉》各类利益相关者参与活动的指导原则

一旦了解了组织的许可条件和利益相关者的需求，风险沟通者就能判断出当前情形下何为最有效的利益相关者参与活动。为了确保各类参与活动达成目标，风险沟通者需要遵循相关指导原则。

正式听证会 >>>

由于听证会主要采取单向传播的交流方式，因此在纳入利益相关者参与风险评估、风险管理和风险沟通方面的效果并不理想。

正式听证会是由组织代表首先展示风险信息，之后再由受众成员对此作正式的意见陈述的沟通方式，例如针对环境影响报告举办的听证会。由于听证会主要采取单向传播的交流方式,因此在纳入利益相关者参与风险评估、风险管理和风险沟通方面的效果并不理想。事实上,一些研究表明,正式听证会既能增强参与者对风险的感知度,也会降低他们对主办组织的信任度(McComas,2001)。

不过,正如本章之前提到的,正式听证会有时也是一种有用的利益相关者参与形式(如当利益相关者散布各处且包含多个细分群体时),有时法律亦要求组织举行听证会(如旨在征求公众意见的环境影响报告发布后)。需要指出的是,组织通常也可通过研讨会、开放日或其他不怎么正式但更为有效的利益相关者参与的形式来遵守法律精神。

如果风险沟通者必须举办正式听证会,遵循以下指导原则可以确保成功:

- **选择利益相关者不仅不会持有负面情绪甚至还能产生正面情绪的时间和地点。** 地点上挑选足够容纳所有人的房间,时间上则要避免与利益相关者的工作和参加重大集会的时间发生冲突。例如,在有大量爱尔兰裔天主教徒的城镇,几乎没有人会在圣帕特里克节参加听证会,即使参加也会充满敌意。

- **确保关键的决策制定者出席。** 除非有权威人士出席会议,否则利益相关者一般不相信组织会处理他们的关切和意见。在几次关涉危险废物储存罐的潜在危险的听证会上,与会者的意见就说明了这一点——尽管他们也表达了很多关切,但其最主要的意见是:"为什么组织的领导不在?我们想听到他的观点,也希望他来听听我们说什么。"

- **找一个优秀的主持人,** 他需要有以下能力:(1)保障会议正常进行,并且整个过程中没有人觉得被忽视;(2)聚焦问题和关切,从而使所有人都能理解它们;(3)被受众所信任(通常意味着这个人是独立于组织之外的)。在某个听证会上,一位来自联邦机构的主持人能叫出每个受众的名字,并对他们的陈述给予看似真诚的评价。我们都被深深打动了,直到听见坐在前面的一位女士探过身子悄悄对自己的同伴说:"她太虚伪了!好像她真的关心一样!"主持人似乎做得无可挑剔,但仍然没能满足利益相关者的需求,这是因为她本身就是组织的一员,利益相关者完全不信任她。

- **准备好记录意见。** 在很多情况下,正式听证会的法律目的是记录受众的关切。现场可使用录音笔记录,也可以让法庭速记员记录,还可以利用录像机记录。仅仅做笔记或是在挂纸白板上记录是不够的,不过它们是绝佳的辅助方法,因为这能向受众表示风险沟通者正在聆听并记录他们的关切。但是,这两种方法都不足以帮助风险沟通者回想起当时利益相关者确切的措辞或潜在的关切。

- **预留问答时间。** 许多听证会只是提供机会让组织和受众各抒己见,但对互动却不作安排。典型的流程是,组织的发言人先做有关风险的展示,然后受众成员轮流到讲台上或使用麦克风表达自己的关切。要在组织展示和受众发表意见之间预留时间，以使受众得以针对风险进行提问。对这些问题作答可能会消除受众的某些顾虑，这样你随后就不必再专门处理这些关切了。

- **回应受众的关切**。听证会一结束，风险沟通者就要确保与会人员及其支持者获悉其意见和关切如何被用于制定与风险相关的决策。通常，组织会印发听证会中记录的意见，并添加自己的解读和注释以表明这些意见会得到怎样的处理。不幸的是，只有很少一部分人能看到这类文件，其余的大多数受众就会质疑（如受众会想既然没什么反馈，何必这么麻烦来参加听证会），这会进一步损害受众对风险沟通组织的信任。风险沟通者最好通过电话或信件方式逐个联系提出意见的人，解释清楚如何处理他们的关切。考虑到某些听证会的参与人数成百上千，这项工作可能令人望而却步，不过，假如组织的可信度及受众的敌对程度至关重要，风险沟通者就有必要花费时间和资源去完成这项工作。

小组互动 >>>

小组互动一般都需要召开某种形式的会议。关于如何让会议更加高效的建议已有很多，这里有必要指出的是，对于以风险沟通为目的的会议，在遇到下述情形时不能指望小组互动能起到什么作用：

- 数据是保密的。
- 对于风险整体而言，该主题无关紧要。
- 参与者表现得愤怒或充满敌意。
- 决策已经制定（Doyle 和 Straus, 1976）。

对于各种类型的小组互动（自助小组、焦点小组、研讨会或咨询委员会），有助于其取得成效的因素有：

- **选择小组全体成员都方便出席的时间**，以及一个他们不仅不会持有负面情绪反而可能产生正面情绪的地点。如果焦点小组和咨询委员会是独立的，那么应该在远离组织的地点召开会议；假如重点是强调组织确实在聆听他们的声音，那么就在组织内举行会议。对自助小组而言，要选择有益于分享情绪的会场（布置舒适的私人场所）。
- **从一开始就明确目的、目标和预期结果**。风险沟通者要确保小组成员和组织都了解会面的原因、拟达成的目标、各自在制定决策时受到的范围或资格的限制，以及预期结果。例如，当开展小组互动来决定已得到清理的某"超级基金"场所未来的用地方案时，其目的就是探讨各种可能性并向组织提出建议。其目标就是定期开会、在代表中进行分工、咨询法律权威人士和利益相关者，以及基于搜集到的信息提出建议。预期结果是年底向组织提交一份陈述研究背景和建议的报告。

- **为会议的掌控和沟通设定原则。**由谁来掌控会议，是组织的代表、其他成员还是轮流负责？如何制定决策，是书面投票、电子投票还是举手表决？是经过全体成员讨论后再由大家推选出的某位负责人拍板决策吗？由谁来调节冲突？是必须达成共识，还是尽可能全面地了解关切和意见？小组中由谁来展示信息以及向谁作出展示？组织中由谁来展示信息以及向谁作出展示？风险沟通者需要制定小组运作的计划，并确保每一位参与小组的利益相关者及组织成员都能接受。

- **确保组织对小组给予支持。**支持可以通过以下方式体现：有受小组尊敬的组织成员出席会议；提供资金、会议场地和支持人员（例如制定报告或提供指导的人员）等资源；向小组或媒体等外部组织发送支持证明。如果组织既没有人出席会议也没有提供资源，那么上述最后这条建议也毫无意义。（在利益相关者特别敌对的情况下，对小组加以支持也会降低小组的可信度，所以在采纳该项建议前一定要仔细评判当前的形势。）如若组织没有表示支持，小组互动就难以维持；反之，小组互动就能成为极为有效的风险沟通方式。

也有研究者基于对各类小组互动的研究来判定对有效互动而言至关重要的因素。例如，一些研究者考察了一个由联邦机构、承包商、原住民部落和利益相关者组成的团队的工作，借此评估曾受某核设施排放影响的一个主分水岭面临的潜在风险。他们发现，对公平和能力的感知是互动成功的关键。公平就是每个人都有同样的机会决定规则和议程、发言和提问、获得信息及分析的结果，能力则是指对语言概念的理解和就现实达成共识的能力。妨碍小组互动的主要问题包括对流程规则的重视不足、组织的管理层不支持其代表在小组互动中作出的决策、没有正式的争议解决机制，以及缺乏对术语和概念的共通理解(Kinney 和 Leschine, 2002)。

接下来我们还将分别就各类具体的小组互动形式给出更多有针对性的指导建议。

自助小组

自助小组通常是为了鼓励那些已经意识到个人危险行为(如嗜酒或染上毒瘾)的利益相关者来防范或化解他们生活中的风险。自助小组也可以帮助那些正在进行危机善后工作的利益相关者。一般来讲，自助小组会由一名受过培训的引导者(常常是心

> 自助小组通常是为了鼓励那些已经意识到个人危险行为(如嗜酒或染上毒瘾)的利益相关者来防范或化解他们生活中的风险。自助小组也可以帮助那些正在进行危机善后工作的利益相关者。

理学家或医护人员)来引导。风险沟通者既可以聆听小组的关切,提供或制作信息材料回答具体问题(更多关于制作信息材料的信息参见第十三章),也可以帮助引导者探索有效的方法以支持小组成员管理相关风险。

焦点小组

> 在风险沟通中,焦点小组可用于了解受众的风险感知、协助制作风险信息、预先测试风险沟通信息和材料、选择风险沟通方式、制定用于管理特定风险的备选方案,以及评估风险沟通工作。——Desvousges 和 Smith(1988)

焦点小组通常在一定的时间周期内进行(从几个小时到几个月不等),其成员多是为了特定目的(如评估某个完成清理工作的政府"超级基金"场所今后的用地方案)而加入的利益相关者代表。在风险沟通中,焦点小组可用于了解受众的风险感知、协助制作风险信息、预先测试风险沟通信息和材料、选择风险沟通方式、制定用于管理特定风险的备选方案,以及评估风险沟通工作(Desvousges 和 Smith,1988)。焦点小组有助于风险沟通者聚焦某一特定主题了解一个利益相关者群体的多元意见和主流观点。尽管焦点小组仍然算是单向传播且因此受到了一定程度的限制,但由于组织意在征询利益相关者的意见,因此相较于其他形式的单向传播,利益相关者或许会认为焦点小组的参与程度更深。

为了更好地探知小组成员对特定主题的态度和意见,焦点小组互动需要一位娴熟的主持人来引导大家畅所欲言。值得一提的是,该主持人必须与风险没什么关联,即不能被认为是该风险领域的专家或从事风险工作的专业人员,否则这次会议就可能变成一场问答会。主持人常会安排一些任务或练习以聚焦小组成员的讨论或确认小组成员的感知(Desvousges 和 Smith,1988)。

所谓的"焦点"体现在以下几个方面:

- **焦点成员**。一旦与会人员超过10人,焦点小组就无法很好地发挥作用了。因为这一方面会限制每个成员的发言时间,另一方面还可能致使一部分成员因为阵势过大而吓得不敢发言。如果利益相关者小组人数众多、层次各异,风险沟通者可以尝试根据其多样性组织多个焦点小组。例如,你可以分别会见环境团体代表、市民团体代表和劳工代表。
- **焦点时间**。会议应简短并按时进行,最好不超过2小时(Desvousges 和 Smith,1988)。焦点小组中,几乎每位成员发表意见的时间都是有限的,珍惜并善于利用这些时间,会让利益相关者更认可焦点小组的价值。
- **焦点工作**。正如之前我们提到的,要确保所有成员都了解会议的目的及自己的意见如何发挥作用。

- **焦点成果**。风险沟通者应基于小组成员的意见开展行动,不能回避浮现出来的问题。一旦付诸行动,或只要有了行动计划,就要更广泛地告知利益相关者你们将如何回应他们的关切。

最后我们再次强调,一定要选用一名受过培训的引导者主持焦点小组会议,这是小组成员和风险沟通者都能获得有意义的成果的重要保障。

研讨会

研讨会与焦点小组类似,其目的都很具体(例如,为了决定选择哪个方案来解决某繁忙机场附近社区的飞机噪音问题)。不过,研讨会的教育性要强过参与性。开展评估前风险沟通者将向利益相关者提供一系列展示和信息,这些展示是为了确保参加研讨会的全体成员对正在讨论的话题有共同语言,并对风险有相近的理解以便展开讨论。但人们在举办研讨会时,常常不太重视增进与会人员对研讨会目的的共通理解、明确研讨会磋商所需的程序以及如何使用研讨会的成果。

若想了解研讨会展示方面的内容,请参考第十五章关于专题演讲的指导原则;如要制作辅助展示的信息材料,请参考第十三章的有关指导原则;假如打算举办研讨会,则可参考本章前面部分介绍的与小组互动相关的指导原则。

咨询小组

咨询小组由一定数量的利益相关者代表组成,他们可以就其关心已久的议题向组织提出建议。在保护沟通、共识沟通和危机沟通中都可以运用咨询小组。一些政府机构还将咨询小组用于环境清理工作。例如《综合环境反应、补偿和责任法》强烈建议组建市民咨询小组,并准备好技术援助资金以支持其运转,技术援助资金使咨询小组可以雇用自己的风险顾问来帮助他们了解和回应风险评估中的信息;《应急计划和社区知情权法案》设定了许多包括市民咨询小组的应急计划活动。2003年美国的生物恐怖主义防备计划指导原则也倡导成立咨询小组。此外,企业亦组建员工小组来提供健康和安全方面的建议,不少企业还成立了自己的市民咨询小组,用来协助企业与当地社区维持良好的关系。

> 在保护沟通、共识沟通和危机沟通中都可以运用咨询小组。

美国国防部成立了多个"恢复顾问委员会"(Restoration Advisory Boards, RABs),即专为特定军事设施的环境恢复而设的咨询小组。此类咨询小组由军事设施代表、美国国家环境保护局代表、州政府和当地政府代表、部落政府代表以及受影响的当地社区代表组成,这些成员与军事设施的决策者分享社区的观点,并向社区反馈有关军事设施环境恢复活动的信息。需要说明的是,该委员会并非制定决策的主体,其职责是向军事设施的指挥官提供建议。

自1994年以来,美国国防部已经在美国本土及其海外领地设立了300多个"恢复顾问委员会"。"防务环境恢复计划"(Defense Environmental Restoration Program)的网站也有许多关于"恢复顾问委员会"的资源,包括政策、指南、操作手册和全国各顾问委员会的名录(参见本章的拓展资源)。美国能源部也在冷战时期遗留下来的多个待清理场所成立了类似的咨询小组——"特定场域顾问委员会"(Site-Specific Advisory Boards)。

咨询小组的存续时间通常比其他小组互动形式更长(一些延续数年的自助小组除外),因此要求加入其中的利益相关者必须为此花费大量的时间。这一要求对那些有资格参与咨询小组的利益相关者形成了限制,而解决之道主要有以下两种:

第一种方法是想办法对成员付出的时间作出补偿。对于那些因为安全问题召集起来的员工来说,可以将参与小组会议视作其工作的一部分,确保他们参与会议及向同事反馈信息都有相应的报酬。对于组织外部的利益相关者而言,可以与他们的雇主协商为其请假,同时也为其提供报酬。这种方法的缺陷是一些成员可能会把这样的报酬看作特殊的待遇,以至于在没什么贡献的情况下仍要极力留在小组。

第二种方法是不断地轮换小组成员,这样每位成员就都无需花费过多的时间。根据咨询小组召开会议频率的要求,代表各自团体的小组成员可以出任一个季度、一年或者数年。这种方法的不足是持续的人员流动导致咨询小组不得不针对同样的议题对成员们进行反复的培训,从而影响到小组的工作进展。

由于咨询小组的应用很普遍,因而人们已经总结出很多确保其成功的经验,比如:

- **囊括各利益方的代表**。在保护沟通工作中,受风险影响的每一个群体都需要有一名成员出席。例如,在组建员工安全委员会时,就需要纳入多种普通员工——如办事员、管理人员、体力劳动者以及科学人员/工程师/白领员工——的代表。在危机沟通计划工作中,小组成员应该包括组织内外部所有参与协助应急响应工作的团体的代表,如市、郡一级政府的代表、当地消防员、红十字会等非营利组织及新闻媒体。在共识沟通中,需要达成共识的各个群体都应有代表加入咨询小组。例如,为环境清理工作而设的咨询小组的成员通常来自环保组织、民选官员、商业利益相关者、监管机构、原住民部落政府以及被称为"公众"的模糊笼统的群体(Serie和Dressen,1992)。"公众"代表是最难招募的,可行的策略包括在报纸上发布广告,以及联系已经组织好且议程又不冲突的公众团体(例如,当地的家长教师协会可以为环境清理工作甄选一名公众代表,但这位代表很可能正忙于参与教育系统的科学课程改革)。

- **提供有意义的背景信息。**一些机构担心提前分享信息会束缚咨询小组的思维和观点,而实际上,咨询小组常会从概要和具体的技术资料中获益,同时,小组成员也需要了解对机构形成制约的种种因素。假如小组提出的建议由于法律原因无法实施,那小组的工作对于机构或机构与小组的关系而言就毫无促进作用。

- **聘用独立的技术顾问。**不论咨询小组是否由《超级基金法案》特许设定(这样就能申请技术援助资金),聘用独立的专家顾问都是有益的。这些顾问有助于阐明风险信息,并能针对风险评估和管理的过程给出多元的观点和视角。如果负责管理风险的组织与顾问就风险数据的解释达成一致,组织的可信度就得到增强;若是存有异议,那也能指明哪些地方仍需额外的信息和更多的沟通。麻省理工学院城市研究和规划系的爱德华·谢尔(Edward Scher)和哈佛法学院"公共纷争项目"(Public Dispute Program)的莎拉·麦克南(Sarah McKearnan)建议,为确保成功,这些技术顾问必须被所有的利益相关者细分群体所信任,充分了解技术问题和流程,引导而非驱使小组互动,并且能够与小组互动的引导者密切合作(Scher和McKearnan,1997)。

- **花时间进行团队建设。**要让团队成员互相了解,从而使他们更愿意分享观点和信息。此外还要设立一个流程来聆听所有的观点,而非只是最突出的那些。

风险评估中的互动 >>>

利益相关者越来越多地要求参与到研判风险的过程之中,例如如何针对特定的化学品制定规则,如何为应对公共卫生突发事件做准备,以及如何在环境清理决策中描述风险特征。几年前,许多科学家、工程师和其他决策制定者怎样都无法想象由一个外行来进行复杂的风险分析。然而,随着可在个人计算机上使用的风险评估模型软件的广泛普及,这种参与已经成为现实。

利益相关者可以获取科学家和工程师用来计算风险的原始数据。通常,如果一个利益相关团体依据《信息自由法》(Freedom of Information Act)提出要求,那么即使极不情愿,政府机构也必须提供相关的信息。根据《应急计划和社区知情权法案》的规定,使用危险化学品的企业必须向当地社区公开有关化学品类别和用量的信息,而某些寻常的癌症注册信息可能也会公开。通过这些原始数据和计算机模型,许多利益相关团体能够自己计算风险数据。由于利益相关团体和风险评估机构运用的假设和情境可能不同，因此双方得出相异的评估结果也就不足为奇。当两个估算结果差异较大时，组织的可信度就会受损，并可能严重妨碍到后续的风险沟通工作。

基于这种情形，帮助利益相关者去评估风险是顺势而为的表现。风险评估者要将针对风险评估的独立检验看成一个优化评估工作的机会。你需要从一开始就与利益相关团体一道对假设、模型的局限性和要开发的情境加以确定，要尽可能地将他们对于假设和情境的建议整合到你们的风险评估工作中。若条件不允许（可能由于时间或资金的限制，或者是模型的局限性），则要向利益相关团体解释原因。此外，风险评估者还要教会利益相关团体怎么去使用他们选定的模型，允许他们查看输入模型的数据，以及概括性地给他们讲解模型如何发挥作用。这些步骤很可能会让双方的评估结果趋同，不过即使结果仍不一样，利益相关团体也会赞赏你们在利益相关者参与方面所做的努力，并由此抛开敌对情绪，以接纳的心态与你们探讨这些差异，继而一起将风险沟通工作继续下去。

决策制定中的互动 >>>

> 美国公众日益要求在风险决策的制定中扮演更重要的角色。——Creighton(1992)

著名的利益相关者参与顾问詹姆斯·克雷顿(James Creighton)指出，美国公众日益要求在风险决策的制定中扮演更重要的角色(Creighton, 1992)。监管机构、其他政府机构和企业在制定与环境、安全和健康风险相关的关键决策之前，通常都会与利益相关者协商。本章所述的大多数活动都可用来帮助利益相关者参与决策的制定。在实际工作中，风险沟通者要重点考虑：

• **参与的范围**。在决策中采用"利益相关者参与"的意图是什么？是为了让利益相关者针对风险评估和风险管理的备选方案提出评选标准吗？是为了让利益相关者就评估或管理风险的首选方案给出建议吗？是为了让利益相关者围绕"多元的利益相关者如何响应不同的风险管理策略"发表观点吗？利益相关者和负责管理风险的组织必须对参与的确切范围达成一致，否则参与就无法取得成功。

• **参与的结果**。在获得利益相关者的意见后将会怎样？在大多数风险情境里，决策的最终制定者就是负责管理风险的组织，而这些组织几乎不会让出决策权。实际上，在由政府机构管理风险的情况下，法律法规也明文禁止放开决策权。为了确保组织的可信度和风险沟通工作的成功，必须要让利益相关者了解他们及组织各自的决策权限。

下面几个部分将讨论风险决策制定中几类具体的利益相关者参与形式，包括有辅助审议和替代性纠纷解决机制。

有辅助审议

有辅助审议是一种委托一组人员围绕特定议题进行讨论并推荐解决方案的利益相关者参与方式，所谓的"有辅助"指的是其运作通常会由一名主持人（引导者）引导进行。其具体的操作方法既可以是非正式的"网络聊天室"讨论组，也可以正式如非营利组织"全美开讲"（AmericaSpeaks）策划组织的、吸纳了全美数千位市民参与的电子会议——"21世纪城镇会议"。而对于那些对社区产生影响的风险议题，"公民陪审团"（Citizens Juries®）和专题研究组（study circles）这两个方法尤其有效。

公民陪审团

美国明尼苏达州明尼阿波利斯市的"杰弗逊研究中心"（Jefferson Center）曾研发并注册了一套名为"公民陪审团"的流程，意在使人们有机会参与知情讨论（informed discussions）的同时，也让决策者和更多的公众了解到一旦人们有机会深入研究一个问题，他们到底会关注什么。公民陪审团会按照人口统计特征随机选择公众代表，在为期3-5天的会面中，与会代表将使用一套指定的、有人辅助的流程来研究公共政策问题并发表自己的看法；陪审团还会在"听证会"上聆听"证人"的发言，与其他代表一起商讨复杂的问题，进而阐明观点、提出建议。

公民陪审团已被用于处理地方性、区域性和全国性的重要的公共政策议题，其中关涉风险的议题包括环境风险比较、土地使用规划、农业和水资源政策、转基因食品（Opinion Leader Research, 2003）、固体废物处置（Jefferson Center, 2001）和全球气候变化（Jefferson Center, 2002）。英国公共政策研究所（Institute for Public Policy Research, IPPR）在20世纪90年代也开始组织系列的公民陪审团（Coote和Franklin, 1999），自1996年以来其在英国已经实施了100多个公民陪审团项目。许多别的国家也都采用了这种方法。虽然杰弗逊研究中心于2002年解散，但是公民陪审团却以多种形式延续了下来。

公民陪审团与咨询小组有许多相似之处，二者都独立于组建它们的组织之外，其会议皆允许观察员列席，最终的报告也均会进入公共领域。人们希望组织能按照小组的建议行事，如果组织拒绝采纳建议，则要给出公开的解释。

当然，公民陪审团与咨询小组也存在差异。对于公民陪审团而言，尽管其设计过程往

> 公民陪审团只对那些短期内会进行密集讨论和审议的一次性决策或参与有价值。

往需要三四个月,但最后用于审议的时间一般只有四五天,这就使得公民陪审团只对那些短期内会进行密集讨论和审议的一次性决策或参与有价值。履行完职责之后公民陪审团就会解散,因此它无法处理那些随时间推移而不断发生变化的议题。

专题研究组

专题研究组是另一种协商和解决问题的方法,它会针对某个(往往是)与社区政策或社区需求相关的议题,组织来自不同背景、持相异观点的8至12名成员进行数次会面以对其展开讨论。他们的会面一般发生在几周或几个月之内,并由一位受过培训的主持人(引导者)加以引导,其重点是从多个角度审视议题,这个过程无需建立共识,而是要发现大家普遍关注的领域,以最终制定出行动策略。

在一个大规模的专题研究组项目中,来自某社区、市、郡、学区或地区的人们在同一个时间段分别聚集到不同的专题研究组。各小组都探讨一样的问题并为整个社区寻求解决方案。在一轮商讨结束后,所有的小组成员集合召开了一个大型的社区会议以共同制订行动计划。根据"日常民主"(Everyday Democracy,前身是"专题研究组资源中心"<Study Circle Resource Center>)的统计,自1989年以来已有550余个社区创建了社区范围内的专题研究组。

专题研究组聚焦的风险话题有社区发育(community growth)问题、土地使用和邻里犯罪等。2003年,美国新罕布什尔州朴次茅斯市成立了多个专题研究组,吸引了近400人参与,最终促使该市的计划委员会批准了一个购买10英亩土地作为公共保护栖息地的方案。纽约州布法罗市也有专题研究组(有350多人加入)发起了建议警员每天停车一小时去巡察邻里商业区的"停下车走一走"(Walk and Park)项目和旨在预防犯罪的"重建社区关系"(Putting the Neighbor Back in the "Hood")项目。

> 倡导者认为研究小组能推动市民与社区领导者构建新的关系。

专题研究组的倡导者认为,这种方法能帮助市民掌控议题,发现公共政策与个人经历的关联,更深入地了解自身和他人的看法和关切,更好地提升协作能力,以及推动市民与社区领导者构建新的关系。"日常民主"的网站上提供了操作指南、引导者培训指南、评定表和最佳实践报告等有助于社区成立专题研究组的资源。

替代性纠纷解决机制

制定风险相关决策时容易激起观点上的冲突,有时甚至还会引发纠纷。任何形式的替代性纠纷解决机制都是以非诉讼或非行政裁决的方式来解决纠纷的,这避免了由局外人将方案强加于各方当事人的情况。研究表明,由于替代性纠纷解决机制效率高、成本低，且过程令人满意、公平、易理解，并能最终解决争端(Cook等，1980)，所以当事人往往更愿意选用这种方式而非走法庭审理程序。

> 替代性纠纷解决机制是以非诉讼或非行政裁决的方式解决纠纷的。

美国联邦和州的法规已对替代性纠纷解决方式作出了具体的规定，许多机构也采用这类方式处理某些问题(Herring，2001)，甚至连互联网也被用于在线解决纠纷(Katsh和Rifkin，2001)。

替代性纠纷解决机制最常用的三个方法是引导(facilitation)、谈判(negotiation) 和调解(mediation)。这三种方法都需要中立的第三方来促成当事人达成一致，此外它们还有一些共同的目标：允许当事人在公平的流程中自愿参与，精心制定一个有建设性的、双方都满意的解决方案，并在保全各方颜面的前提下改善当事人的关系(Renken，2002)，它们在与风险相关的公众参与过程中被广泛使用。接下来我们将分别对其加以介绍。这里需要强调的是，这些方法的概念尚无统一的定义，在某种程度上可以互换，甚至从业者和专业协会之间对不同方法的内涵也有分歧。

引导

引导由中立的第三方提供过程指引和专业知识来协助小组完成工作。引导者可以促进组员的交流并加强彼此的理解。对

> 引导者可以促进组员的交流并加强彼此的理解。

于讨论中的实质性问题，他们要做到不偏不倚，同时引导者还要专注于沟通过程、对各方的引导及提供程序指令。引导者需运用有助于小组成员阐明问题、激发创意、确定目标或方案的优先次序以及解决问题的技术和技巧。如果发生冲突，引导者要运用作业程序处理技能(process skill)帮助人们跳出个人议程的框架而继续专注于小组任务。

除了启动流程的首次会议之外，引导通常不以有引导者出席的私下会议形式进行，这一点与其他替代性纠纷解决机制的方法并不相同。

国际引导者协会(International Association of Facilitators，简称IAF)建议在下述情况中使用独立的(即独立于小组之外)引导者：

- 当存在不信任、偏见或对立时。
- 当参与者的教育背景、社会地位和经济条件各异，来自不同阶层，或是权力差异显著时。
- 当任务或问题不明确，或者各方参与者对任务或问题的认识存有异议时。

- 当全体小组成员都不仅想参与小组的团队过程(group process)和组织工作,还希望参与决策制定过程时。

国际引导者协会提供专业引导师认证(Certified Professional Facilitator, CPF)服务,并建有一个可按国家和美国各州进行检索的认证引导者名录。认证以引导者展示出的能力为基础,这包括创建合作的客户关系、规划适当的团队过程、创造并维持参与的环境、带领团队获得适当并有用的成果、创建并维护专业知识,以及展现正面的专业态度。

在风险沟通领域,引导被广泛运用于解决诸如环境清理、资源管理、输电线路和设施的选址以及栖息地修复等问题。风险沟通者通常在其中扮演以下两种角色中的一种:一种是受过培训的引导者;另一种是联络人,负责挑选和(或)推荐引导者,并向其提供相关的背景信息和资源。

谈判

谈判是第三方协助各方当事人达成协议或为各方当事人推荐和解方案的替代性纠纷解决方法。谈判历来被认为是"零和博弈"(zero-sum game),因为人们会假定一方的收益必然意味着另一方的损失。不过,在20世纪80年代,哈佛法学院教授罗杰·费舍尔(Roger Fisher)和威廉·尤里(William Ury)研究出一个饱受称赞的谈判方法——原则式谈判,其前提是同时满足各谈判者的需求是有可能的,以及冲突中蕴含着这样的机会(Fisher等,1991)。该方法要遵循四个原则:

1. 将人的因素(负面情绪、观念差异和沟通困难)与谈判的具体问题区别开来。
2. 关注双方实质性的利益,而不是表面的立场。
3. 在决策前要创造各种可供选择的解决方案。
4. 采用双方共同商定的客观标准,该标准是合法的、实用的、同等适用的,并且不受单独一方的意愿所左右。

发掘和评估谈判者的方法与下文即将提到的选择调解人的方法相同,这里先不作赘述。

调解

通过让当事人就各方未来的行动达成协议,调解可以帮助人们解决或更好地管理纠纷。调解脱胎于劳资谈判,家庭、企业、学校、工厂以及公共政策问题中的利益相关者经常采用这种方法。在中立调解人的参与下,当事人得以明确自己作为参与者的角色和基本规则,识别并讨论问题,确定共同的目标和议题,创造各种可供选择的方案,谈判并达成协议。调解人和当事人之间的私下会议可被用来增进彼此的信任、探寻解决方案,或者在不为外界所知的前提下打破谈判的壁垒。调解协议将以书面形式由各方代表签署,具有与任何契约相同的法律效力。

至于如何遴选调解人,阿拉斯加司法委员会(Alaska Judicial Council, 1999)给出的流程建议如下:

- **明确调解目标**。即根据纠纷的性质和解决该纠纷的背景,明确风险沟通者期望调解人做什么。要考虑预算和时间要求。调解组织可以帮助风险沟通者了解哪些服务最适用于当前情况。
- **整理一份名录**。调解组织通常会有按州编制的调解人名录,例如"冲突解决协会"(Association for Conflict Resolution)的调解人名录。
- **联系数名调解人并请他们提供信息**。这些信息包括宣传材料、个人简历、推荐信和书面协议样本。风险沟通者可从培训情况、经验、认证和费用方面入手审阅这些材料。此外,还要询问他们愿不愿意举办一个供当事人作出遴选决定的介绍会。
- **面试调解人**。风险沟通者的目标是更多地了解他们的培训经历、知识、经验、风格、保密政策和费用。
- **比较并确定调解人**。风险沟通者不妨推荐两到三名调解人,以让所有当事人能从中共同选定一位。

一些项目和协会可对调解人作出认证,而有的州和机构在调解人认证上也有着各自的要求。

这里我们还将特别介绍调解的一种类型——环境调解(或环境纠纷解决机制)。环境调解通常会涉及土地使用、农业水权、危险废物、原住民部落与联邦州政府之间的自然资源协议、设施选址和增长管理等问题,例如美国南卡罗来纳州的注册调解人帮助市民解决环境健康和自然资源方面的纠纷。在尝试建立公众对许可决议、公共项目规范和自然资源配置的共识时,政府官员越来越多地开始寻求调解人的帮助(Blacklocke, 2001)。在美国加利福尼亚州,由技术问题引发的争执使得针对范登堡空军基地(Vandenberg Air Force Base)的生态风险评估被搁置了两年,但经过环境调解之后,人们对技术问题达成了共识(Poncelet 和 Widman, 2001)。

公众参与和纠纷解决专家吉姆·克雷顿(Jim Creighton)提醒,只有满足下述条件时,环境调解才能成功(Creighton 等, 1998):

- 各方当事人均已意识到再也无法将自己的意愿强加于对方。
- 在利益上的相对权力比较接近,没有人会过分地担忧自己的利益受到侵占。
- 各方当事人确信达成一致会比继续争执更为有利。

- 各方当事人之间泾渭分明。
- 各方当事人都意识到大家一起坐下来协商的必要性。
- 各方当事人都有能力使各自的支持者执行协议。
- 协议有约束力。

协商式规则制定是一种更为具体的环境调解类型,这一方式会运用多方调解的技巧来解决公共政策方面较大的争端。在实践中,来自企业、消费者、环境组织和政府机构等利益相关者群体的代表将与调解人共同商讨政府法规。在各方达成共识后,政府机构可以将成果作为拟议规章的基础。当然,规章仍需接受公开的评核并遵循正式规章制定流程的所有步骤。

如有需要,可从美国环境争议解决协会(US. Institute for Environmental Conflict Resolution, IECR)获取环境调解领域的专家名录。

风险管理中的互动 >>>

> 风险管理互动旨在让利益相关者参与管理风险。

风险管理互动旨在让利益相关者参与管理风险。在涉及个人健康风险和安全风险的保护沟通中,通常只有身陷风险的人才能管理风险。在共识沟通和危机沟通中,让利益相关者参与风险管理的情形也越来越常见,如让利益相关者收集和分析某设施附近的环境样本以确认污染物是否影响了当地区域。风险管理中成功的利益相关者参与的例子已是屡见不鲜,这是因为这种互动对告知风险信息和提升风险意识而言极为有效。让利益相关者高效地参与风险管理的指导原则有:

- **明确目的和目标**。风险沟通者希望通过互动实现什么以及如何实现?假如你的目的是告知受众,那么合理的目标就是让受众亲自参与风险的科学评估,例如受众可以与科学家一起运行风险计算模型,探索与生活方式改变相对应的系列参数的变化如何影响结果。如果风险沟通者的目的是提升风险意识,那么目标就可能是向受众展示如何管理风险,例如受众可以参访在建的设施以确认其安全保护措施。若是风险沟通者的目的是构建风险管理的共识,那目标则可以是围绕紧要问题展开对话,例如风险沟通者可以举行关于青少年毒瘾危害的沟通策略的研讨会。总之,风险沟通者需具体问题具体分析。

- **确定互动的范围**。风险沟通者具体需要受众做什么?如果受众要在现场或实验室参与互动,他们需要做什么以及谁对他们负责?如果受众与管理人员并肩工作,谁来决定他们在组织内能做什么以及他们可以接触到什么信息?他们要工作多久?

最终形成什么成果，是向其支持者提交一份报告、一篇新闻稿还是一篇期刊文章？在一开始就界定范围可以帮助风险沟通者制定有意义的互动计划。

- **确保被选中协助管理风险的人能代表利益相关者群体**。安排风险管理互动会耗费很长时间，如果风险沟通者选来协助管理风险的人无法代表利益相关者，那这些时间就白白浪费了。除非互动代表被利益相关者群体所信赖，否则利益相关者不会对他们说的话感兴趣。

- **确保被选中协助管理风险的人受过适当的培训**。出于安全方面的考虑及技术上的可信度，参与风险管理的人员必须接受适当的培训。风险沟通者可以让他们参加组织的培训课程，或者根据他们的需求举行特别的会议。

- **确保被选中协助管理风险的人能广泛传播信息，同时还要在机制和资源方面为其提供相应的保障**。例如，当参与风险管理活动的代表需要为利益相关者群体写一篇通讯的时候，风险沟通者可以提供帮他们打字的文书援助。实施此类利益相关者参与的主要目的在于分享风险管理信息，因此若是信息来自于参与了风险管理的利益相关者成员，那么利益相关者群体就会认为它们非常可靠。相反，如果这些信息是由风险沟通者代替参与者发布的，那么在利益相关者的眼中它们的可靠性并不比组织自己发布的强多少。要确保选中的参与者有很好的表达能力，能使用其代表的利益相关者群体可理解的语言呈现风险。

- **展现组织的支持**。在这种类型的互动中，组织必须积极地开展针对参与者的计划、培训、监督和评估工作。向参与者发布新闻信息，在组织的文献中提及参与者的姓名（须得到他们的同意），或者邀请他们与组织的最高管理层共进晚餐，都是对其工作表示感激的好办法。（不过前提是利益相关者或这些参与者不会把最后一种表示感谢的方式视作组织在贿赂他们。）

- **当心与工会发生冲突**。分配给这些参与者的某些工作可能会受到工会规章制度的限制。风险沟通者要提前与工会代表讨论参与者之于组织的重要性，如果工会代表能理解到组织未来的声誉和业务很大程度上取决于受众对特定风险的了解程度，他们就更可能接受参与者对其专业领域的介入。

根据具体情境选择最适合的利益相关者参与形式 >>>

表17-1列出了各类利益相关者参与形式的优点和缺点，风险沟通者需要根据自己的工作判断其属于保护沟通、共识沟通还是危机沟通之后来做出取舍。至于这三种风险沟通情境中哪种互动形式最为有效，可参考表17-2作出的总结。

表17-1　风险沟通中各利益相关者参与形式的优点和缺点

互动类型	优点	缺点
正式听证会	容易实施；达到了某些法律的最低要求；允许跨地域的群体参与	可能增强敌意；只关注最突出的关切；使部分受众成员感到不满；参与感较弱
自助小组	促使受众行动；授权于受众	只有受众能影响风险时才会奏效；需要组织和利益相关者长期投入
焦点小组	规模小，目标和时间表明确，所以对一些组织而言更易操作	规模和时间有限；可能无法代表所有受众；对某些利益相关者来说算不上实质性参与
研讨会	既是参与也是教育；可以获得多元的观点	需要技术知识；需要组织和利益相关者协同工作，但在有敌意的情况下不太可能做到这一点
咨询小组	有更多的时间供利益相关者了解风险；可以帮助制定决策	有效性随着时间推移而降低；需要组织进行回应；需要相当多的资源（时间、金钱、人员）
风险评估互动	提供针对流程的可靠意见；提高风险评估被接受的可能性	需要技术知识；对于一些技术专家而言"挑战性"太强
决策制定互动	可以形成更易接受的决策；参与程度最高	需要组织让渡部分控制权；在一些情况下可能不合法
风险管理互动	使利益相关者了解风险；授权于利益相关者	需要技术知识；只有受众能影响风险时才会奏效

表17-2　保护沟通、共识沟通和危机沟通中有效的利益相关者参与形式

有效程度	保护沟通	共识沟通	危机沟通
最佳	自助小组；风险管理互动	决策制定互动；咨询小组；研讨会；风险评估互动	焦点小组
一般	焦点小组	焦点小组；风险管理互动	自助小组
最差	正式听证会	正式听证会	正式听证会

*除非提前数月就对互动作出计划，否则在危机中无法实施利益相关者参与。如果早有计划，焦点小组可以快速召集会面以帮助风险沟通者了解受众的需求并传播信息。危机之后可以运用自助小组来帮助受众走出困境。

利益相关者参与的清单

☐ 尽早发起利益相关者参与活动，并使其贯穿整个风险评估和管理的过程。
☐ 组织致力于筹备利益相关者参与活动，并基于以下两点选择具体的参与形式：
　☐ 组织的需要
　☐ 利益相关者的需要
☐ 形成书面互动计划

正式听证会：
☐ 时间和地点让受众舒适自在
☐ 关键的决策制定者受邀出席
☐ 已经安排了优秀的主持人
☐ 有人负责记录意见
☐ 预留了问答时间
☐ 会后与受众沟通，告知他们其关切如何用于风险决策

小组互动：
☐ 时间和地点让参与者舒适自在
☐ 小组的目的和目标均已明确
☐ 已经设定了沟通的原则
☐ 小组已经决定如何运作
☐ 组织会有受人信任的人员出席
☐ 组织会提供资源
☐ 已经提供技术支持

自助小组：
☐ 小组由一个受过培训的引导者主持
☐ 提供拓展信息以满足受众的需求

焦点小组：
☐ 主持人被认为是独立的
☐ 利益相关者的代表不超过10名
☐ 每次会议不超过2小时
☐ 小组的目的一致
☐ 小组清楚其意见将被如何使用

研讨会：
☐ 展示遵循了专题演讲的指导原则

□ 所用资料遵循了信息资料的指导原则
□ 遵循了小组互动的指导原则

咨询小组：

□ 组织已经针对参与者的时间投入制定了管理机制
□ 小组囊括了各利益方的代表
□ 小组有可靠的技术顾问

风险评估互动：

□ 已与利益相关者一起对评估的假设、模型的局限性和要开发的情境加以确定
□ 尽可能将利益相关者对于假设和情境的建议整合到风险评估工作之中，若条件不允许则要作出解释
□ 已经教会利益相关者使用模型
□ 利益相关者已经查看了输入模型的数据
□ 已经向利益相关者解释模型如何发挥作用

决策制定互动：

□ 已经明确了参与的范围
□ 利益相关者知悉其意见如何用于决策

风险管理互动：

□ 参与者清楚目的和目标
□ 已经确定了互动的范围并得到参与者的认可
□ 选定的参与者能代表受众
□ 选定的参与者已经接受了适当的培训
□ 选定的参与者有能力传播风险信息
□ 组织已展现出对参与者的支持
□ 已经就可能出现的冲突咨询了工会

参考文献

Alaska Judicial Council. 1999. *A Consumer Guide to Selecting a Mediator*. Anchorage, Alaska. http://www.ajc.state.ak.us/reports/MediatorGuide.pdf (accessed February 7, 2013).

Aleknavage, J. and B. Lyon. 1997. "Citizens and Manufacturers Work Together." *ChemEcology*, June–July: 7–9.

Arvai, J. L. 2003. "Using Risk Communication to Disclose the Outcome of a Participatory Decision-Making Process: Effects on the Perceived Acceptability of Risk-Policy Decisions." *Risk Analysis*, 23(2): 281–290.

Beierle, T. C. 2002. "The Quality of Stakeholder-Based Decisions." *Risk Analysis*, 22(4): 739-750.

Blacklocke, S. 2001. *Alternative Environmental Dispute Resolution in South Carolina: Emerging Opportunities to Build More Sustainable Communities.* http://www.mediate.com/articles/blacklocke.cfm (accessed February 7, 2013).

Commission (Presidential/Congressional Commission on Risk Assessment and Risk Management). 1997. *Risk Assessment and Risk Management in Regulatory Decision-Making.* Commission, Washington, DC.

Cook, R., J. Roehl, and D. Sheppard. 1980. *Neighborhood Justice Centers Field Test: Final Evaluation Report.* U.S. Government Printing Office, Washington, DC.

Coote, A. and J. Franklin. 1999. "Negotiating Risks to Public Health—Models for Participation." In P. Bennett and K. Calman, eds., *Risk Communication and Public Health.* Oxford University Press, Oxford, United Kingdom, pp. 183-194.

Creighton, J. 1992. "What Does It Take for a Decision to 'Count'?" Presentation to the U.S. Department of Energy, Richland Operations Office, Richland, Washington. Creighton and Creighton, Palo Alto, California.

Creighton, J. L., C. M. Dunning, J. DelliPriscoli, and D. B. Ayres, eds. 1998. *Public Involvement and Dispute Resolution: A Reader on the Second Decade of Experience at the Institute for Water Resources.* Institute for Water Resources, U.S. Army Corps of Engineers, Alexandria, Virginia.

Desvousges, W. H. and V. K. Smith. 1988. "Focus Groups and Risk Communication: The 'Science' of Listening to Data." *Risk Analysis*, 8(4): 479-484.

Doyle, M. and D. Straus. 1976. *How to Make Meetings Work.* Wyden Books, Chicago, Illinois.

Fisher, R., B. Patton, and W. Ury. 1991. *Getting to Yes. Negotiating an Agreement without Giving In*, 2nd ed. Penguin Books, New York.

Henry, R. A. 2000. *You'd Better Have a Hose if You Want to Put Out the Fire: The Complete Guide to Crisis and Risk Communication.* Gollywobbler Productions, Windsor, California.

Herring, M. 2001. "Summary of State Alternative Environmental Dispute Resolution Institutions." http://mediate.com/articles/scsg1.cfm (accessed February 7, 2013).

IAP2 (International Association for Public Participation). 2000. "Core Values for the Practice of Public Participation." http://www.iap2.org/displaycommon.cfm?an=4 (accessed February 7, 2013).

Imholz, R. M., T. B. Hindman, and D. M. Brubaker. 1990. "Lessons Learned from Applying External Input to DOE Policy Decision Making." In *Proceedings of the International Topical Meeting on Nuclear and Hazardous Waste Management, Spectrum '90.* American Nuclear Society, La Grange Park, Illinois, pp. 12-15.

Jefferson Center. 2001. *Citizens Jury®, Metro Solid Waste.* June 18-22, 2001, St. Paul, Minnesota. Jefferson Center, Minneapolis, Minnesota.

Jefferson Center. 2002. *Citizens Jury®*, *Global Climate Change*. March 18-22, 2002, Baltimore, Maryland. Jefferson Center, Minneapolis, Minnesota.

Kasperson, R. E. 1986. "Six Propositions on Public Participation and Their Relevance for Risk Communication." *Risk Analysis*, 6(3): 275-281.

Katsh, E. and J. Rifkin. 2001. *Online Dispute Resolution: Resolving Conflicts in Cyberspace*. Jossey-Bass, San Francisco, California.

Kinney, A. G. and T. M. Leschine. 2002. "A Procedural Evaluation of an Analytical − Deliberative Process: The Columbia River Comprehensive Impact Assessment." *Risk Analysis*, 22(1): 83-100.

McComas, K. A. 2001. "Public Meetings and Risk Amplification: A Longitudinal Study." Presented at the Society for Risk Analysis Annual Meeting, December 2-5, 2001, Seattle, Washington.

NRC (National Research Council). 1996. *Understanding Risk: Informing Decisions in a Democratic Society*. National Academy Press, Washington, DC.

Opinion Leader Research. 2003. "FSA Citizens' July: Should GM Food Be Available to Buy in the UK?" Final Report. Prepared for the Food Standards Agency, London.

Poncelet, E. C. and G. Widman. 2001. *Better Together: Mediating an End to an Ecological Risk Assessment Dispute at Vandenberg Air Force Base*. http://www.mediate.com/articles/poncelet.cfm (accessed January 22, 2013).

Renken, D. 2002. *The ABC's of ADR. A Comprehensive Guide to Alternative Dispute Resolution*. http://www.mediate.com/articles/renkenD.cfm#edn2 (accessed January 22, 2013).

Scher, E. and S. McKearnan. 1997. "Do's and Don't's from a Philadelphia Story: How to Find Helpful Expert Advice." *Consensus*, April 1997, No. 34, pp. 1, 8, and 12. MIT—Harvard Public Disputes Program, Cambridge, Massachusetts.

Serie, P. J. and A. L. Dressen. 1992. "Creating a Context for Public Confidence in Environmental Remediation Programs." In *ER '91, Proceedings of the Conference for the U. S. Department of Energy*, pp. 31-35, U. S. Department of Energy, Washington, DC.

拓展资源

American Bar Association Section on Dispute Resolution. http://www.abanet.org/dispute (accessed January 22, 2013).

Association for Conflict Resolution. http://www.acrnet.org (accessed January 22, 2013). Carpenter, S. L. and W. J. D. Kennedy. 2001. *Managing Public Disputes: A Practical Guide for Government, Business and Citizens' Groups*. Wiley, New York.

CR Info: The Conflict Resolution Information Source. http://www.crinfo.org (accessed January 22, 2013).

Defense Environmental Restoration Program. http://www.dtic.mil/envirodod (accessed January 22, 2013).

Everyday Democracy. http://www.everyday-democracy.org/en/index.aspx (accessed January 22, 2013).

Imholz, R. M., G. E. Rubery, and D. M. Brubaker. 1992. "Case Studies on Designing Meetings for Effective Institutional Interactions." In *ER '91*, *Proceedings of the Environmental Restoration Conference for the U. S. Department of Energy*, pp. 27-30, U. S. Department of Energy, Washington, DC.

International Association of Facilitators. http://www.iaf-world.org (accessed January 22, 2013).

Jefferson Center. http://www.jefferson-center.org (accessed January 22, 2013).

Lynn, F. M. and G. J. Busenberg. 1995. "Citizen Advisory Committees and Environmental Policy: What We Know, What's Left to Discover." *Risk Analysis*, 15(2): 147-162.

National Association for Community Mediation. http://www.nafcm.org (accessed January 22, 2013).

National Center for Information Technology and Dispute Resolution. http://www.umass.edu/research/research-units-facilities/national-center-information-technology-dispute-resolution (accessed February 7, 2013).

National Coalition for Dialogue and Deliberation. http://ncdd.org/ (accessed January 22, 2013).

National Institute for Advanced Conflict Resolution. http://www.niacr.org/ (accessed February 7, 2013).

National Institute for Conflict Resolution. http://www.nifcr.com/ (accessed February 7, 2013).

Moore, C. W. 2003. *The Mediation Process: Practical Strategies for Resolving Conflict*, 3rd ed. Jossey-Bass, San Francisco, California.

U. S. Institute for Environmental Conflict Resolution. http://www.ecr.gov (accessed January 22, 2013).

第十八章 技术辅助沟通

科技给予风险沟通无数种可能性。相关网站能唤起公众的风险意识、提供降低风险的方法；远程会议系统和流媒体可快速地向媒体和用户传送风险信息；数据收集与测量设备可上传内容来揭示风险信息以支持决策；借助在线虚拟世界，人们得以磨炼自身在应急响应和其他风险关联活动中的技巧；此外，电子论坛能邀请利益相关者对风险决策作出评论，人们可用电脑模型计算各自所面临的风险的大小，群体决策软件则在决策制定过程中发挥着良好的辅助作用。

尽管技术手段的用处很多，但是有时技术辅助沟通未必优于其他沟通方式，事实上这类方式可能不够实用且成本高昂。第十章已经讨论过技术辅助沟通的优劣之处，本章主要介绍如何基于不同用途来挑选技术手段，并给出在工作场所、保护沟通、共识沟通以及危机沟通中使用各类技术手段的建议。本章所提供的网址在本书出版时都是有效的。

在第十九章的社会化媒体部分，我们还介绍了在风险沟通中有效运用社交网站、博客与播客、微博、视频、图片和文件共享网站、地图软件以及移动电话的方法。

〉》挑选技术手段

与其他风险沟通方式一样，挑选何种技术手段进行风险沟通，首先要考虑沟通的目的和目标。表18-1提供了一些将技术手段和沟通目标相对应的参考。

受众需求是另一个考量因素。受众必须拥有相关设备和软件并熟悉有效操作的方法。这突出了针对目标受众进行软件使用测试的重要性，在受众独自使用该技术手段(身边没有人解答疑问或缺少辅助操作支持)时尤其如此。

第三个考量因素是媒介自身。技术手段的设计应发挥媒介本身的特性。例如，网站要使

> 技术手段的设计应发挥媒介本身的特性，而非成为其他媒介的替代品。

用导航栏让人们快速地找到自己感兴趣的部分以查询更多的细节;计算机辅助培训要尽可能地向学生实时反馈答案正确与否;遇到紧急情况时发送给员工的电子邮件和其他告警讯息需要不断更新,确保员工了解事情的最新动态。不过,由于在发生自然灾害等状况时会造成断电,因此计算机辅助手段在此类情境中就不应被列为传播危机信息的首选方式。

接下来的部分将具体介绍各类技术辅助沟通手段的用法。如果需要针对特定情况设计或调整技术手段,可向技术专员咨询建议。若想更进一步了解每一类技术手段,可参考本章最后列出的拓展资源。

表18-1　适用于不同沟通目标的技术手段

风险沟通目标	适用的技术手段
安全与健康培训	计算机辅助培训或课程、虚拟世界
紧急情况发生后让员工知悉风险	电子邮件、共享数据库、文件共享空间、移动终端示警
提供实时的风险讯息	网站、电子邮件、邮件列表管理系统、远程会议系统、社会化媒体、信息亭、流媒体、CD和DVD、面向移动终端的内容推送
分享信息并接收受众对于特定风险的反馈(参与式过程)	互联网、电子邮件、局域网、文件共享空间、中心区域的电脑、社交媒体的指定空间。以上工具需具备反馈功能或至少有一个用来接收评论、讨论问题的联系方式。
收集并分析公众的评论	定制软件、指定的网络空间
支持群体决策进程	定制软件、具有辅助功能的软件和硬件的组合工具

〉》工作场所的风险沟通

对员工开展的风险沟通主要有两类:(1)确保员工接受必要的培训;(2)让员工随时了解包括紧急情况在内的当前有关健康、安全和环境的问题。

计算机辅助培训 >>>

计算机辅助培训含义较广,既包括可自定学习进程的DVD课程培训,也包含在线虚拟世界等能将分布于各地的讲师和学员相连接的实时互动的多媒体培训。利用计算机辅助培训来传播风险知识、测试员工对所做工作的了解,不仅经济实用,还更为连续、快捷、简单。常见的风险培训主题包括设备操作、危险化学品处理、消防安全及办公室安全须知。

美国通用物理公司(General Physics)曾根据规范性文件中的信息和准则开发出一个计算机辅助培训程序(Lobbin, 1997)，这一软件包含了集纳60多个事态或情境的测试题库，核电厂的员工可用它测评自己对汇报核事故的规定的理解程度。

俄勒冈健康与科学大学的研究者也开发出一套旨在提升工作场所的安全性和减少工伤事故的软件程序。该大学职业与环境毒理学研究中心(Center for Research on Occupational and Environmental Toxicology)的助理主任肯特·安格(Kent Anger)用这套软件培训那些从事田间劳作、食物制备、粉刷及建筑维护等体力劳动的工人。通常这些工人的受教育水平和英语水平都有限，对电脑也不熟悉，故而教授他们用以保护自身的标准的安全程序就会是一个不小的挑战。安格对技术手段的创新性使用正是为了解决这一难题。

目前，越来越多的组织都在使用实时在线培训，位于不同地点的人可以通过电脑同时接受讲师的教学。如想参加这类培训，学员只需用网络浏览器登录特定服务器即可自动连接到培训系统。在学习过程中，学员可以借助远程通讯会议或基于互联网的电话会议观看或收听讲师展示的实时教学内容，并能进行在线练习。讲师发布参考文献后，学员们只需轻击鼠标就能下载。此外，学员们还可与讲师及其他学员展开会话，或发送电子邮件进行交流，而网络摄像头可以向学员展示讲师的一举一动。美国西北太平洋国家实验室的专家唐·克拉克(Don Clark)针对实时在线培训提出了如下建议：

• 在在线培训中，人们每次持续学习的时间通常不会超过一小时，因此培训课程应尽量短小精悍，或分成几个阶段进行培训。

• 学员应该身处一个安静的、最好锁上门的房间内。周围的环境一定要足够安静，以便在线培训的参与者能听清彼此的语音通话，同时还要知道周围任何的噪音都会被传至所有的参与者。

• 学员要确保在其所在的办公室接受培训时不会受到干扰。因为与传统的课堂不同，在在线培训中，员工们都待在自己的办公桌前，同事们也许会在培训过程中不小心闯入。需要在工作位上接听多个电话的员工应该提前安排好通话，或是将电话接到其他工位，这样就不必担心为了接电话而总要不时地中断培训。

远程教育是以互联网为基础的另一种计算机辅助培训手段，它能让学员自主安排时间和地点去学习课程。按照安排，讲师和学员可以一起做项目，讨论相关问题，利用互联网、电子邮箱和各种文件共享空间或是多媒体共享空间来布置作业和测试。例如，美国橡树岭科学与教育研究所(Oak Ridge

> 远程教育能让学员自主安排时间和地点去学习课程。

Institute for Science and Education)就使用了卫星上行链路和下行链路传输、视频会议、公司网站和公司内网等多种技术手段向社会提供关于安全和健康风险管理的一系列的课程及认证。

又如，位于华盛顿特区的沃尔特里德陆军医疗中心(Walter Reed Army Medical Center)研发出一个基于网络的互动式远程学习工具"Health-e Voice"来提升美国国防部卫生保健提供者的临床风险沟通技巧，它采用互动仿真体验培训医师们如何更好地与近期被征调的老兵沟通那些医学无法解释的症状，而非只是把这些症状看作心理或压力上的问题而置之不理。美国国防部希望通过提高临床风险沟通技巧来减轻患者不必要的焦虑和对身体健康的担忧，缓解医患关系中存在的沮丧与紧张情绪，重建患者对卫生保健提供者和医疗体系的信任。

任何形式的培训都需要一个坚实的基础——这不仅包括研究一套切实可行的规则、明确组织在特定培训领域中的职责，还包括了解职员已知和亟待掌握的知识、确定培训目标和利用技术传授知识的有效手段、测试培训材料、评估培训效果。

值得一提的是，有的培训中讲师需要实时观察学员做一些事或者学员需要练习一个实操性的技能，对此，传统课堂或实地面授仍是最好的选择。还有一些培训适合混合式教学，比如在培训设备操作时，学员们可以先通过在线课程了解基本知识，然后在课堂上组队由讲师一边指导一边进行实际操作。

> 一些培训最好还是在传统课堂中进行。

在新增一个计算机辅助培训项目或是用计算机辅助培训取代传统培训时，培训者往往必须展示投入与回报的分析以说明增加技术支出的价值，比如减少了交通费用和人事成本、短时间内即可培训更多员工，以及测验与评分的自动化。需要强调的是，和其他培训一样，计算机辅助培训也应评估学员的学习效果，这包括他们在知识、技能、工作表现和业务提升等方面发生的改变。

在设计关于风险的计算机辅助培训课程时，相关人员还需考虑以下因素：

- **留心敌意产生或增加的可能性。**一些现成的计算机辅助培训和由组织内部研发的培训应用，一看就知道在设计创作过程中没有遵循风险沟通的原则。一定要注意那些不恰当的风险比喻、技术术语、对非专业观点或反对观点的轻视以及其他可能会无意间引发或加剧受众不满的因素，因为它们会降低风险沟通成功的几率。如果是你亲自设计培训课程，还是要在测试以后再用于员工的实际培训。曾有一组核专家为某核设施的员工培训课程编写风险沟通的案例，当风险沟通团队对案例设计稿审查完毕之后，就需要将案例制作成影片。在影片制作过程中，为了压缩时间并降低制作成本，核专家们省略了几处有逻辑的内容。然而，这些被略去的内容含有员工在工作中常会采取的关键行动(如员工在发现安全隐患时提出"暂停")。当这部影片在演练中首次播放时,接受培训的员工过于关注工作程序上的错误,以至于他们没能"听到"风险沟通的信息。

- **改编现成的课程**。在大型机构制作出自己的计算机辅助培训课程之后,一些小型机构常常在这些现成的课程中补充一些自己的信息材料、演示资料以及其他形式的风险沟通信息,以确保培训能全方位地满足参与者的需求,并呈现具有本组织特色的信息。

风险沟通者也可以从美国培训与发展协会(American Society for Training and Development)、应用学习技术学会(Society for Applied Learning Technology)、美国远程教育协会(United States Distance Learning Association)和美国远程教育和培训委员会(Distance Education and Training Council)那里获得更多的指导和资源。

告知员工风险 >>>

在那些大部分员工都能连接到计算机网络的组织中,特定的风险信息可以实现快捷而高效的传送。组织常会针对潜在的、即将显现的风险向员工示警,这样他们就会加以防范,例如可通过全员电子邮件、短信或即时消息提醒,通知员工风暴锋面(storm front)即将来袭,并提示大家尽早下班以避开危险天气。

全员电子邮件通告或是电子通讯也能用来提醒员工遵守特定的安全规程,或提示员工一个安全稽查或消防演习即将进行,让大家做好准备。在发送全员邮件时,请注意以下要点:

> 使用简短消息。正如一位信息专家所说的,"如果需要翻页,读者就不会翻页了"。

- **使用简短消息**。正如一位信息专家所说的,"如果需要翻页,读者就不会翻页了"。所以,要尽量把信息的篇幅控制在标准电脑屏幕的一页以内。假如实在无法缩减,就在文中插入标题方便人们快速了解概况。
- **告知员工为什么要关注**。尽可能在消息开头就点明消息的重要性。在一些组织里,员工们每天会收到几百封电子邮件,即便是公司总裁的信件也难以从众多邮件中脱颖而出,因此务必给他们一个读下去的理由。
- **引导员工**。让员工知道公司期望他们做什么。是希望他们采取相应措施吗?是希望他们关注某个问题吗?出于什么目的呢?向职员解释公司对他们的期望能够帮助他们明白这则消息的价值并给予回应。
- **提供可获取更多信息的途径**。因为公司向员工发出的是精简的信息,所以有必要为想了解更多信息的员工提供额外的信息资源。

电子邮件的另一个用途是公司可通过这种手段及时向员工提供关于某突发事件或意外事故的最新信息,即可用于内部危机沟通。例如,在一次化学品泄漏后,公司可能需要告诉员工发生了什么,解释现已造成的健康影响或环境影响,并说明为扭转局面正在采取的措施。一般来说,这类信息由公司总裁或其他高层领导发出,邮件中还常附有指定联系人的姓名与电话,以便于员工获取更详细的信息。

共享的数据库或内网等公司内部的电子通信也可以用于更新公司特定的议题。美国电话电报公司(AT&T)环境健康安全工程中心(Environmental, Health, and Safety Engineering Center)为了和各分支机构分享即时的环境信息而研发了一套功能完整的电子工具(Davis, 1995)。该中心须协助其分支机构了解最新的环境问题,包括世界范围内环境法规的持续更新。

为了开发这套电子信息系统的新功能和支撑系统运作的数据库,该中心发起了一项针对内部用户的调查并进行了需求分析。用户输入密码登入系统后,可直接从数据库下载信息并生成各种数据报告。在某些情形下,用户可对系统发出指令,这样系统会将用户所需的信息直接传送到他们的传真机上。

基于客户调查和需求分析结果,该中心为内部机构创建了以下计算机数据库:

- 一个在线数据库,提供诸如美国电话电报公司的政策、业务及培训机会等环境与安全方面的常规信息。

- 一份单独的公司化学品详单,包括一个许可化学品的即时清单和一个关于公司内部所有化学品制造、进出口、加工和使用的数据库。这个数据库是遵守美国《有毒物质控制法》(Toxic Substance Control Act, 简称TSCA)及危险品沟通相关准则的主要工具。任何没有被列在详单上的化学品都须经过合规检验后方可在公司内使用。

- 一个记录工伤或患病情况的系统,该系统可制作美国职业安全和卫生管理局的报告和其他用于事故数据统计和分析的定制报告。

- 一份关于公司员工在工作中使用的化学和危险材料(产品)的化学品安全技术说明书。

环境健康安全工程中心的代表托马斯·戴维斯(Thomas Davis)提醒道,组织常轻易地提供给客户一堆主次不明甚至是毫无意义的信息(Davis, 1995)。在信息爆炸的环境中,人们没时间吸收和消化所有的信息,因此定期将电脑提供的信息分好优先级并评估其对用户的价值就变得相当重要。

> 风险沟通者很容易将一堆主次不明甚至是毫无意义的信息发给受众。正确的做法是定期将信息分好优先级并评估其对受众的价值。

使用电脑告知员工的好处在于每个连上电脑的员工都能持续而快捷地接收信息，一旦确立了核心联络人，信息更新就能即刻共享。不过这种手段也存在泄露公司敏感信息的风险。公司管理层在给内部员工发送信息时，理应预料到这些信息都有可能被外界(包括媒体)获悉。

对于持续发酵的环境、健康以及安全议题，组织也可以使用电脑进行在线讨论，这一方式包括内部网站或电子问答论坛等文件共享空间。员工们能围绕特定话题进行非正式或正式的讨论、提出质疑请公司指定的人选回答，公司的所有人员都能看到这些问答信息。

美国电话电报公司环境健康安全工程中心使用了一个电子邮件共享系统的电子文件夹来促进自己和内部用户的双向对话。该文件夹内含一系列环境与安全信息，如技术发展、新的法律法规、中心建议、环境与安全目标实现进度更新、员工的评论与提示。与难以更新的传统邮件列表不同，电子文件夹可让用户自行选择感兴趣的材料。在使用共享文件夹时，该中心会非常谨慎地避免高度敏感或禁忌的信息出现在其中。

此外，还有许多公司在使用现成的或定制的软件进行内部知识管理。有时候这些软件被称作企业门户或电子空间，它们除了经常用于项目合作，还可用于风险最优应急措施的分享与警报接收。很多软件会从各类数据库抽取信息，例如，基于宝洁公司(Procter & Gamble)的订阅平台，员工们通过电邮或是自己专属的个性化门户上的帖子就能获取最新信息。美国国家航空航天局的网络技术问题数据库列出了一些在项目的设计或评审过程中需要关注的重要问题，这利于员工发现问题并防患于未然，这个数据库类似于一个可让员工自由浏览和输入信息的"备忘录"。

〉》网络与单机多媒体应用

人们越来越期待风险信息的多媒体呈现。数码工具的应用使得风险信息和相关讨论更惹人注目、更及时、更具互动性。多媒体呈现的手段有在线多媒体工具、移动平台、网络与卫星广播以及应急计划和应急培训课程。

在线多媒体工具 >>>

在线多媒体工具将视频、图像、文本、动画、虚拟漫游(virtual tour)、互动工具等整合到一起。用户控制着信息的流动并可以尽情浏览感兴趣的话题。例如，美国疾病控制和预防中心(CDC)推出一系列在健康领域广受关注的、名为CDCynergy的培训

CD，这些采用多媒体格式的CDCynergy培训工具包成为包括心血管健康、免疫和突发事件沟通等在内的健康传播计划和教育的理想课程（CDC等，2003）。

> 在线多媒体工具将视频、图像、文本、动画、虚拟漫游、互动工具等整合到一起。

许多机构提供在线的音视频节目，如美国职业安全和卫生管理局的网站就发布了涉及"石棉使用安全""工作场所暴力"等多个员工安全主题的流媒体视频和幻灯片演示。

不少在线多媒体工具都具有互动性且可以定制。如美国癌症协会(American Cancer Society)的"治疗决策工具"(Treatment Decision Tools)的互动练习功能就可帮助病人理解并选择定制治疗方案，用户只要回答关于自身癌症诊断和检测结果的相关问题，就能获取关于治疗方案、存活率与复发率的定制信息。"你的疾病风险"(Your Disease Risk)是伯恩斯犹太医院(Barnes-Jewish Hospital)与华盛顿大学医学院使用的一个在线工具，在该工具的网站上，用户可以了解到自己患上五种常见疾病的风险并得到个性化的预防提示。很多在线戒烟项目也使用了可定制的在线工具，既便于戒烟者监控自己的行为、提供社会支持，还可以安排强化措施的时间以配合戒烟者的努力。

通常，这些工具都含有教育功能，如美国毒物与疾病登记署(U. S. Agency for Toxic Substances and Disease Registry)的网站上就有一个有关遭受垃圾场危险废物伤害的评估过程的、内容丰富的互动学习课程，该课程包括了对社区成员如何参与评估过程的说明，并在用户学习时提供互动的自测题和其他用来测试用户知识的练习。

> 酌情利用音视频、动作、声音和互动习题等媒介本身的互动特性和多媒体特性。

美国运输安全管理局(U. S. Transportation Security Administration)的网站设置了"流言终结者"(myth busters)板块来回应公众的特定看法，该机构借此澄清了"官员骚扰出游的儿童""联邦空中警力不足"和"记者被当局列入旅行'监视名单'"等谣言。

越来越多的医疗机构为了个性化的沟通而开始使用多种多样的在线多媒体工具。有研究显示，通过一个安全的网络连接与医生或药剂师进行沟通的病人更有效地降低了心血管疾病的风险(Green等，2008；Temple University，2006)。而使用能够向病人解释出院计划的"虚拟护士"(virtual nurse)，既可以节约病人的医疗费用又能降低再住院率(Landro，2011)。"露易丝"——这位经焦点小组讨论后命名的虚拟护士——显示在配有轮子的电脑显示屏上，可开动到病人的床边核对病人的出院信息包，病人则借助一块触摸屏作出回应，比如要求"露易丝"重复某些信息。

如果你拥有一些他人也能用得上的在线信息，可以考虑使用微件(widget)。微件是一个网站的在线应用程序，能被"拖拽"并展示在其他网站上。美国疾病控制和预防中心就在其网站上提供了用于季节性流感信息更新、公众卫生数据和其他热门主题的微件。当某一机构把从其他网站上获取的微件加装到自己的网站后，该机构无需对其进行技术维护，因为提供微件的组织会自动更新它的内容。

此外，还可以使用快速响应码(QR codes)让受众连接到你的网站。快速响应码类似于条形码，能被置于文献、海报、情况说明书及任何平面载体上。用户只需用智能手机下载一个免费的读取软件并用其扫描快速响应码，就能自动链接到快速响应码制作者所提供的站点，如一个网站或是网站上的一个视频。

> 在基于计算机传播的信息中，尽可能提供索引、摘要和其他的导航类提示，这些内容甚至会比印刷文件中包含的还要多。

在编写网络或单机程序时，需尽量使它们能够对目标受众产生预期的效果。开发人员除了酌情利用音视频、动作、声音和互动习题等媒介本身的互动特性和多媒体特性，还应确保这些程序可在所有标准的电脑平台和网页浏览器上正常运行并对程序的运行期限加以确定。此外，如能提供一个包含更多有关程序主题信息的网站和方便人们了解详情、解疑释惑的机构联系方式，也能起到积极的作用。

还有必要提醒的是，在组织的网站上发布视频时，一定要保证组织的设备有足够的承载能力，因为高品质的视频文件会占用大量带宽，而这可能会造成网站瘫痪。

移动平台 >>>

这里我们将移动平台定义为一种用于在中心站点和各远程终端之间进行语音和数据传输的服务或应用程序，它会用到手机、平板电脑和其他移动终端设备中。

这些应用程序得以发挥作用是因为移动网络和移动设备的特性：在很多国家都广泛使用、可定位、个性化、能与用户其他接口设备相连、低成本的运算能力、整合了一系列传感器、支持移动性。

此类应用程序中有许多都有助于开展公众和个人的(尤其是健康领域的)保护沟通。健康类应用程序覆盖了远程诊断与监控、自我诊断、长期健康状况管理、临床信息系统、向目标受众发送健康讯息、公共卫生领域的数据收集、医院管理及供应链管理等多个方面(Freng等，2011)。本书付梓时，独立开发者已开发出超过12000个适用于iPhone和iPad的健康保护应用程序,有的应用程序借助手机发送或传输有关发病率和病情报告的信息,有的则通过全天候的远程医疗提供诊断与治疗服务。

一个典型的例子是"T2情绪跟踪器"(T2 Mood Tracker),这款应用程序由美国国防部的国家远程医疗技术中心(National Center for Telehealth and Technology)于2010年发布,可用于智能手机和其他无线终端以帮助受命的美国军人了解自己的情绪和压力的变化。通过触摸屏上的可视化图表,用户就能跟踪自己的焦虑、沮丧、总体幸福感、生活压力和创伤后压力等各项指标。依托该应用程序,用户得以将药物治疗方案、家庭环境或工作环境的变化与自己的情绪变化关联起来。该应用程序的研发者声称,记录下特定时间、特定地点发生的经历后,病人就能更准确地向卫生保健提供者传达自己情绪状态的信息,从而提升医疗质量。

数码心脏监测仪、听诊器、血糖监测仪等诊疗设备也可以经由远程连接将数据传送给卫生保健提供者。有的应用还设有虚拟医生问诊的功能,医生可利用家用监控设备和Skype这类通讯软件进行诊断。

远程数据分享技术还可用于危机公关。2011年日本发生福岛核事件后,有人发起了一个旨在获取更多关于全国辐射水平的信息的众包监测(crowdsourced monitoring)。人们会将用盖革计数器获得的数据输入到中心信息源——该信息源聚合了政府、非营利组织和其他多个来源的辐射读数。

另一个在危机沟通中用到众包方式的例子是"地区资产核查与应急网络"(Regional Asset Verification & Emergency Network,简称RAVEN911),这是一个多层次制图工具,为美国俄亥俄州辛辛那提的"紧急第一反应"提供支持。"RAVEN911"利用实时数据传送和从推特(Twitter)上收集到的情报生成被冲倒的输电线位置和受洪灾影响的路段等详细信息。不仅如此,当地政府还和其他地区的政府合作使用这一应急管理系统,以协助消防部门在赶到事发现场之前评估风险和潜在的威胁。这个开源系统会为应急人员提供一个"通用指挥界面"(common operating picture),方便他们更好地执行紧急任务,如在洪涝区选择最佳的撤离路线。

在以风险沟通为目的开发或使用移动应用程序时,要特别关注下述几方面的问题:

• **用户使用**。沟通者试图沟通的对象是否有使用和维护这些应用程序的能力?这些服务平台的可靠性如何——涉及远程通信状态、电力支持、存储能力、安全性以及传感器和其他诊断工具等周边设备的性能。

• **程序维护**。由谁来根据需要及时更新应用程序?如何让用户知悉有更新版本发布?

- **隐私安全**。通过应用程序获取用户的健康状况和所在位置等个人信息合乎法律和道德规范吗？用户是否会被告知自己的信息将被采集并分享？如何确保信息安全？用户能不能调整隐私设置并保持匿名？代表世界范围内移动运营商权益的全球移动通信系统协会(GSMA)针对采集并使用私人信息的移动应用程序发布了通用的软件隐私规则与设计准则(GSMA, 2011, 2012)，这可以作为保证用户隐私安全的重要参考。

网络与卫星广播 >>>

远程发布会(telebriefing)、网络研讨会(web seminar，亦称在线研讨会webminar)、网络广播(webcast)、实时流媒体(live streaming video and audio)和卫星广播(satellite broadcast)越来越频繁地应用于面向特定受众或规模化群体的传播中。和传统大众媒体一样，此类技术手段不仅能在短时间内同时面向多个受众传递信息，还有着传统大众媒体无可比拟的互动性和促进参与者讨论的便利性。

远程发布会和新闻发布会(或记者招待会)相似，不同之处在于远程发布会采用了电话会议的形式，它的优势是可以在任何地方举行而无需参与者亲临现场。通常，组织者会提前对发布会进行策划，然后发布一些紧急的、时效性强的话题并邀请人们加入讨论。有时候，远程发布会也会以网站流式音频广播的形式呈现，人们可致电提问。对于用于互动的免费电话热线，组织者一般都预先通过通信讨论组、电子邮件列表或是需要密码的空间来限定参与者的范围。组织者可以事先将电子演示文稿或其他材料发送给参与者或放在自己的网站上。

自2001年以来，美国疾病控制和预防中心每年举行40多场公共卫生领域的远程发布会，具体议题包括炭疽病、天花、西尼罗病毒、严重急性呼吸综合征(SARS)等。该中心会把每次远程发布会的记录文稿发布在官网上面。

> 网络广播和流媒体视频有的是实时播放，有的是录播存档后供有需要的用户点播。

网络广播和流媒体视频是经过格式转换后传到网上供人们收听或观看的音视频节目。这些节目有的是实时播放，有的是录播存档后供有需要的用户点播。直播节目播放前会有宣传，人们只需点击一个在直播开始时会自动激活的网站链接，就能收看该节目。为了保证清晰的视听效果，受众需要一个标准的媒体播放程序和足够的带宽。此外，直播结束后参与者还能获得音频文件、记录文稿和其他相关参考资料。

这方面的典型例子有：美国癌症协会的"癌症幸存者网络"(Cancer Survivors Network®)充分利用互联网的多媒体特性向网民提供可下载的脱口秀、带字幕的访谈、网络广播、网络聊天与讨论区以及其他网络资源。美国食品药品监督管理局(FDA)的网站为健康专家们提供了一档15分钟的新闻栏目"FDA患者安全资讯"(FDA Patient Safety News),该栏目的内容涵盖了经美国食品药品监督管理局最新批准的产品、产品召回和安全警示、用来保护病人和避免医疗失误的小提示等多个方面。人们可以观看视频片段、查找与每篇报道相关的更多信息、在线举报问题产品。

卫星广播能同时覆盖全国各地的接收网络,人们利用集体接收站或个人接收机就能收看相关节目。许多卫星广播具有互动性,如美国疾病控制和预防中心通过卫星、卫星广播运营商Dish Network、网络广播和网络会议在美国和加拿大同步播放节目。在节目播出期间,专家小组将借助传真、电子邮件和电话解答观众的提问。

在制作网络多媒体节目时,风险沟通者可参考下述原则:
- 在介绍材料中或网站上清楚地说明用户观看节目的操作方法。
- 设定节目的时长,直播节目需注明时区。
- 列出观看和收听节目的设备要求。最简便的方法是向用户发送一个链接,他们点击查看后就能知道自己的系统能否支持节目的顺畅播放。此外,也可考虑提供多种带宽选项来满足不同用户的需求。
- 提供解决方案,如当用户遇到麻烦时安排一位技术专员进行支持,或指定人员用电子邮件与用户沟通。
- 告诉人们该去哪里寻找更多与特定话题相关的信息,如网络或其他渠道。
- 在远程发布会中,一开场就对发言人作出清楚的介绍,另外也要请所有的参与者(包括提问者)介绍他们的姓名和单位。
- 若只是针对特定受众发布信息,就需要为联机访问设置密码。
- 可制作一份简明扼要的调查问卷置于网络节目的末尾,以方便参与者评价并借此改进节目的策划。

〉》传统的电子论坛

许多机构也在使用电子邮件列表(e-mail list)、通信讨论组(listserv)和新闻组(newsgroup)等相对传统的电子论坛进行风险讨论。

电子邮件列表和通信讨论组能让订阅者接收和发送风险信息。对于传统的邮件列表而言,尽管组织也会向订阅者提供一个可用来咨询的联系人,但多数时候它只是组织将信息发送给订阅者的单向传播手段。美国疾病控制和预防中心就有20多个涉及非卧床护理、慢性疾病预防等多个主题的邮件列表。"食品安全网"（Food Safety Network）也有几种电子邮件列表，提供当前公众对食品问题的风险认知信息，这些信息从遍及全球的新闻和科学来源获取，每天会发送给学术界、企业、政府、农场社区、新闻界和普罗大众的订阅者。美国白血病和淋巴瘤协会（Leukemia and Lymphoma Society）在自己的网站上推出了在线实时聊天功能以传送专业信息，用户只要点击链接就可以迅速联系到能够实时解答其问题的专业人士。

一些通信讨论组被打造成为可供讨论的平台，任何订阅者都能将讯息发送给讨论组内的所有成员，也能就各条讯息作出回复。例如，风险分析协会（Society for Risk Analysis）针对风险分析和风险沟通分别使用了独立的通信讨论组。又如，欧洲风险沟通网络（European Risk Communication Network）利用通信讨论组为欧洲的风险沟通研究者和实践者搭建了风险沟通最优方案的讨论平台。

国际感染性疾病学会（International Society for Infectious Diseases）运作着一个旨在加快识别植物、动物及人类的主要感染性疾病的国际电子播报系统"PROMed"。在该系统发布的信息无需政府部门审批，讨论组的主持人囊括了医学与流行病学的各类专家。讨论组的内容有正式的报告、新闻媒体的非专业报告及来自订阅者的个例报告。"PROMed"是通报国际首例严重急性呼吸综合征并帮助追踪该病毒传播势态的系统。

有的通信讨论组会保存以往发布的消息，如商业网站"风险世界"（Risk World）就保留了数个涉及风险分析、风险管理和技术手段等风险相关话题的讨论组。

网络新闻组（Usenet）是一个可通过互联网访问的讨论组资源，包含根据主题划分层级的各类专题新闻组。人们会把相关文章和讯息发布至这些新闻组，有时得由新闻组的版主审核批准后才显示在新闻组中。许多网络新闻组具有商业性质，不过也有不少大学、研究实验室等学术机构运行自己的网络新闻组。

> 电子邮件列表、通信讨论组和新闻组具有几乎不受限制的"病毒式"传播的特征，这使得它们会对人们的风险感知产生潜在的影响。

电子邮件列表、通信讨论组和新闻组具有几乎不受限制的"病毒式"传播的特征，这使得它们会对人们的风险感知产生潜在的影响。有一项研究以美国国家航空航天局的钚动力空间探测器"卡西尼"（Cassini）为例，探讨网络新闻组对人们风险感知的影响力。该研究分析了1995年至1999年间"卡西尼"网络新闻组发布的讯息，结果发现，这个最初只有六个人在交流的新闻组在短短几年间吸引来900多位成员，最终的讯息量超过8000条（Rodrigue, 2001）。

运用电子邮件列表、通信讨论组和新闻组开展风险沟通时，还需关注以下要点：

- **细分主题**。面对正在激增的电子邮件列表，用户会根据主题和内容有选择地加入。同时，越来越多的用户也在屏蔽垃圾邮件、过滤包含特定话题的信息。这都要求风险沟通者细分电子邮件列表的主题或将信息按不同主题聚类。例如，不要用一个邮件列表囊括公司所有的安全风险，你可以将风险信息分别归入实验室安全、设备操作安全和办公室安全等细分的主题邮件列表以更好地满足受众的需求。
- **设定规则**。明确规定你所期待的电子邮件的使用行为。许多邮件列表明令禁止发布私人信息、公司产品或服务的广告信息、具有煽动性的或粗俗的(有时称为"情绪失控的")信息，以及禁止发送可能会导致邮件程序过载或携带病毒的附件。
- **阐明邮件列表是否经过审核**。很多邮件列表都有一个主持人负责接收新的讯息，并将它们妥善地发送给所有的订阅者。有时候这些主持人也扮演审核者的角色，他们会筛查帖子以避免将私人的、有煽动性的、多余的或偏离主题的信息发给订户。对于与风险信息相关的邮件列表而言，一定要让订阅者事先了解有无审核者，将用到哪些审核规则筛选信息，以及遇到审核者不慎删改了重要信息的情况时订阅者该如何申诉。若是审核者否决了某则讯息，需要让提交者知悉原因，并给予其修改或优化的机会。假如用户提交的讯息没有被发布而审核者也不作任何解释，那么就会导致用户的愤怒，其参与度也会随之下降。

〉》公共场所的互动多媒体应用

安装用户导航(User-navigated)程序的信息亭(Ckiosk，亦称自助服务终端)是风险沟通的另一种技术手段。很多这样的程序和互动式光盘程序一样，用户可自主地选择浏览信息并随意跳转到其他各类主题。许多信息亭用上了触摸屏，这比鼠标更便于用户操作。此外，在复杂程度上公共信息亭彼此也大不相同，有的运行自含式(self-contained)程序，有的则连接互联网或其他网络。公共信息亭可以用来上网浏览、发送电子邮件照片和视频、进行商业交易、观看虚拟世界中的展示和打印资料。

在社区中心、大学、图书馆或医疗中心等公共场所中的信息亭，也可以作为整个风险沟通计划中的一个组成部分，它无需人员值守，因此能解放员工去做别的工作，这既提升了沟通效率也降低了人事成本。通过询问，公共信息亭的电脑程序能根据用户的人口统计特征、经历、文化水平等个人资料为其

> 公共信息亭对于没有机会接触电脑的人群来说非常实用。

定制合适的信息。公共信息亭对于没有机会接触电脑的人群来说非常实用。

一个由联邦资助的气候变化研究项目开发了一个具有教育性的互动可触屏程序，现运行于阿拉斯加州一个社区中心的信息亭（见图18-1）。该信息亭使用了一台标准的台式电脑运行定制的多媒体程序——包含了以因纽皮特（Iriupiat）部落长者为主的阿拉斯加社区成员的采访资料，还辅以程序开发者提供的动画和材料介绍信息，它主要用来回答与研究项目相关的问题，并解释随着时间的推移气候是怎样发生变化的。

图18-1　位于阿拉斯加州巴罗的触屏信息亭设备。该设备使用视频和动画介绍了气候变化和在阿拉斯加北坡周围展开的研究。（来源：Mike Ebinger,《大气辐射测量气候研究设施教育和宣传》）

在一段视频中，一位当地的捕鲸船长在讲他如何发现海面上的冰正逐年变薄，而这会使春季捕鲸活动变得愈发困难和危险；一位长者又提到，海水的结冰期每年都在推迟，这将影响人们向冰面下撒网的时间；科学家们谈到了他们测量的内容和引发气候变化的原因。当地的居民和参观者对这个程序的运行感到十分兴奋，在信息亭启用当天，那里举行了载歌载舞的部落庆祝仪式。

信息亭在以鼓励人们改变行为为目的的卫生干预方面也发挥着积极作用。研究人员阿曼多·瓦尔迪兹（Armando Valdez）就为促进加利福尼亚州低收入、低文化水平的拉美裔女性的乳腺癌筛查设计了一个卓有成效的信息程序（Valdez, 2002），这个包含10个模块的程序被用来解决大量的形成性研究所揭示的目标受众中存在的错误观念和信息鸿沟。在视频中,拉美裔女性谈了自己的经历,接受了乳房X光检测,并给予及早检查的建议。该程序直接扭转了人们持有的"得了乳腺癌意味着被判了死刑""乳腺癌的风险会随着年龄的增加而降低"和"推迟治疗或许会让癌症病情好转"等常见的错误观念。

这个信息亭包括了一台标准的台式电脑、一个意在保护隐私及方便听力不好的人使用的耳机插孔和一台热敏打印机。使用者首先借助触屏来回答一些包括使用何种语言、年龄、乳腺检查史等在内的自我介绍的问题,然后根据自己的意愿登入不同的定制模块。每一个模块都强调了尽早接受筛查的重要性。使用者可以选择是否将去哪里检查的信息(包括哪些诊所费用较低或完全免费)打印出来。

针对该程序使用者的调查显示,她们不仅加深了对乳腺癌的认知,更有很大一部分人作出了行为上的改变——51%的女性在使用过该程序后接受了乳房X光检查,而其他的干预手段通常只能使20%-40%的女性采取行动。这也就是说,对于目标人群而言,信息亭干预相较视频、公益广告和印刷媒介等干预手段更为有效。

1997年,密歇根大学的健康媒介研究实验室(Health Media Research Laboratory)开发出一款名为"Health-O-Vision"的软件,并在商场、超市、医疗中心、图书馆、社区中心和其他人流量大的地点配置了100个互动式触屏健康信息亭。这些自助服务终端用来宣传戒烟与预防、癌症筛查、自行车头盔安全、免疫、心血管疾病预防、饮酒问题检测和性病预防等一系列健康类话题。它们被设计成电视机的模样,使用者可以选择不同的风险"频道"进行交互。此外,每个终端都通过互联网与密歇根大学健康媒介研究实验室的中心数据采集系统相连,能够采集用户使用与满足情况的数据。公共卫生与医疗专家、电脑程序员、修图师及好莱坞电影编剧协会(Hollywood Screen Writers Guild)的编剧们积极参与到这个由本州烟草税收资助的项目中。每年超过40万用户使用这些终端(Strecher等,1999)。

在设计信息亭时要牢记以下事项:

- 深入研究如何使信息亭融入整个风险沟通计划。
- 在评估开销时,不仅要计算硬件与软件的支出,还要考虑网络搭建、使用、维护与升级的费用。
- 了解目标受众想知道和需要知道的信息,然后据此制作信息。
- 在目标受众中测试信息的可用性,比如阿拉斯加的信息亭项目在2003年安装前经过一年多的开发和测试。
- 为用户和管理人员提供报错、解决技术问题及更新信息的方式。
- 用多种方法评估其效果。

〉》保护沟通中的技术辅助

当风险管理者、技术专家、公共卫生专家、公众代表和个人需要查询某个风险的即时信息时,总是会将互联网作为首选的资源。虽然互联网不易监管并因此常常遭到滥用和商业性开发,但网络上还是有很多网站是可靠的。表18-2列出一些提供有关健康、环境、安全与风险沟通的在线信息的机构。

表18-2 提供在线风险信息的部分机构

来源	重点内容
政府机构(示例)	
美国疾病控制和预防中心 http://www.cdc.gov 美国国家健康营销中心 http://www.cdc.gov/communication	可根据健康话题进行搜索。包含对抗生素使用、糖尿病、丙肝、皮肤癌和免疫等健康问题加以干预的策略和材料。可通过年龄、种族和环境(如都市、学校、工作场所等)搜索经过研究验证的干预方案。许多方案都有独立的网站并且支持下载。网站主要使用英语和西班牙语,也有部分网站使用多种语言。
美国国家癌症研究所 http://www.nci.nih.gov	包含可供下载的经研究验证的干预方案和一个风险沟通的文献目录。语言为英语与西班牙语。
美国职业安全和卫生管理局 http://www.osha.gov	工作场所安全和健康。
美国国立卫生研究院 http://www.nih.gov	其20多个研究所和研究中心(包括美国国家癌症研究所)关于医学和行为学的代表性研究。
美国毒物和疾病登记署 http://www.atsdr.cdc.gov	关于美国的危险物质和危险废物场所的信息。
美国国土安全部 http://www.dhs.gov	威胁报告、应急计划、联系人和相关资源。包括美国联邦应急管理局的应急计划和灾害救援。
美国国家环境保护局 http://www.epa.gov	可供搜索的环境保护主题列表、法律法规、相关资源和各州联络机构的信息。
美国食品药品监督管理局 http://www.fda.gov	与该机构的监管活动和管制的产品相关的信息。可按消费者、病人、健康专家、科研人员、企业和新闻界等类别进行搜索。
大学的科研机构(示例)	
卡内基梅隆大学工程与公共政策系 http://www.epp.cmu.edu	该系的风险分析和风险沟通部所开展的行为决策和政策等方面的研究。其研究方法包括心智模型法和国际公认的风险分级法。

续表

来源	重点内容
康奈尔大学传播系和环境中心的"环境风险分析项目" http://environmentalrisk.cornell.edu	针对公民和政策制定者的环境风险信息。
哈佛大学风险分析中心 http://www.hcra.harvard.edu	应用于风险分析的决策科学,包括公众如何应对风险。
美国约翰霍普金斯大学公共卫生学院 http://www.jhsph.edu/risksciences	其风险科学与公共政策研究所在促进公众健康方面的研究,以及其传播项目中心在公众健康干预方面的研究。
专业协会、学会和非营利机构(示例)	
美国癌症协会 http://www.cancer.org	关于各类癌症、治疗措施、统计数据和相关研究的信息,还有治疗决策工具和帮助病人理解与选择治疗方案的互动练习。
美国工业卫生协会 http://www.aiha.org	与职业和环境相关的健康及安全方面的信息。
英国癌症研究院 http://www.canceresearchuk.org	由这个英国最大的癌症研究慈善机构提供的癌症资讯、患者信息、论坛、可供搜索的临床试验数据库、播客和科研资助的机会。
国际公众参与协会 http://www.iap2.org	促进决策和政策制定中的公共参与。语言有英语、西班牙语和法语。
国际消费品安全组织 http://www.icphso.org	与在全球市场中生产与售卖的消费品相关的健康和安全议题,以及在线简报和会议记录。
国际抗癌联盟 http://www.uicc.org	全球新闻快讯、癌症纪录片节的信息。
美国国家安全委员会 http://www.nsc.org	与保护生命和健康相关的资源。
美国环境毒理学和化学协会 http://www.setac.org	基于科学的环境质量评估。
美国风险分析协会 http://www.sra.org	有关风险分析(包括风险评估、风险特征、风险沟通、风险管理和相关政策)的多学科、国际化信息。其下设的风险沟通特别小组(http://www.sra.org/rcsg)聚焦风险感知、公众参与、大众媒体风险报道、可靠性和可信度、社会影响和评估等多个方面。网站还提供了用于信息分享的通信讨论组。
美国技术传播学会 http://www.stc.org	为全世界的技术传播者提供的各类资源。

续表

来源	重点内容
数据库（示例）	
美国毒物和疾病登记署的危险物品泄漏和健康影响数据库 http://www.atsdr.cdc.gov/hazdat.html	有关美国危险场所的信息，可按州名和污染物的名称进行检索。
美国国家医学图书馆 http://www.nlm.nih.gov	包括"MEDLINE"和"PubMed"数据库的卫生类出版物及其他相关资源的数据库。
美国危险场所国家优先治理名录 http://www.epa.gov/superfund/sites/npl/index.htm	美国国家环境保护局超级基金项目的数据库，可按州名进行搜索。
世界卫生组织 http://www.who.int/en	可搜索各国的卫生统计数据，涉及慢性病、传染病、风险因素、死因、平均寿命等多个方面。它也是一个卫生类出版物的数据库，有许多材料可供下载。
商业机构（示例）	
风险世界 http://www.riskworld.com	与健康风险、环境风险、金融风险和技术风险相关的分析与管理的信息。含有新闻简报、新闻资讯、书评及其他资源的链接。

目前已经有很多出版物为互联网信息的发布提供了指导原则和标准，参考资料的列表位于本章末尾。在设计风险沟通的网站时，要重点关注以下几点：

> 你可以通过网站的"关于我们"部分详细介绍组织的角色和责任等信息来建立组织的可信度。

- 建立起组织的可信度。每个人都能在网上针对风险给出相关建议，对用户而言，特别是在看到完全相左的信息时，究竟该相信谁的观点是个难题。你可以通过网站的"关于我们"部分详细介绍组织的角色和责任等信息来建立组织的可信度。另外，援引其他组织或个人的证明也能起到一定的正面效果。例如，卡内基梅隆大学工程与公共政策系就在自己网站上的"别人眼中的我们"页面引用了知名第三方人士的评论为自己的项目背书。记得在网站上留下联系方式（电子邮箱、电话、通讯地址）供人们联系或询问。

- 提供风险信息的背景并对其进行解释说明。在发布风险信息时，要告知大家材料是如何准备的，信息准确度又是如何得到保障的。尽可能附上有关风险评估局限性的各种限定性陈述。例如，有医学专家提醒，在线癌症风险计算器不仅常常忽略对某一风险到底是患

> 确保所有可供下载的文章、演示文稿和其他相关信息都注明公开的时间并能追溯来源。

癌风险还是因癌死亡的风险作出说明,也很少解释风险是怎样和其他人或其他癌症风险比较的,此外还缺少对风险测算本身就存在的不确定性的程度的说明(Woloshin等,2003)。请声明风险信息最近更新的时间,确保所有可供下载的文章、演示文稿和其他相关信息都注明公开的时间并能追溯来源。

- **合乎伦理道德**。阐述网站运作的目的,点明所有的商业目的和广告,确认潜在的利益冲突或倾向,并向受众说明网站如何对采集到的个人隐私和机密信息进行保护。
- **与可信度高的第三方合作**。在使用互联网与受众(尤其是那些持不信任态度或带有敌意的受众)进行沟通时,可将互联网视作一个协作的平台。提供监管部门、环境组织、民间团体、大学和其他相关机构的网站链接,这通常需要提前向这些机构提出申请,在可能的情况下采用互换链接(分别在各自的网站上设置对方网站的友情链接)的方式。在创建友情链接之前还需获得你所在组织的首肯。一些政府机构和行业组织对于创建友情链接有自己的规定,意在避免为其他网站提供背书。
- **进行可用性测试**。内容为王,因此要确保用户能够找到自己需要的、以其惯用语言呈现的信息。要使网站的内容(包含图表和可供下载的文档)在各种电脑平台和带宽速度的条件下都能于几秒内打开。保证网站的结构、导航菜单和检索功能清晰有条理,从而便于用户查询自己所需的信息、知道自己在哪一级页面并能回到先前的页面。

除此之外,还需考虑风险可视化呈现(第十四章)和制作风险信息材料的相关原则(第十三章)。

〉》共识沟通中的技术辅助

对于将群体或个人纳入到决策过程之中的共识沟通,技术手段同样作用明显。接下来我们就介绍一些最常用的技术手段和相应的指导原则。

网站 >>>

在共识沟通中,网站可以用来描述风险、介绍降低风险的措施、邀请公众发表可用于草拟决议的意见。作为针对环境分析进行的公众参与的一部分,美国能源部和其他联邦机构常会将拟公开发行的文件的草案上传到网站上供公民查阅和评论,利益相关者可使用网站上的反馈表提交自己的意见。美国陆军工程兵团为其五大湖航运工作组创建了一个网页,以与利益相关者及地方官员分享有关沿岸基础设施的风险的信息,该网站会发布通告提示利益相关者即将召开的会议,附上往期会议的演示文稿,并提供利于加深受众理解和促进受众参与到决策过程之中的其他信息。

2012年,美国国家环境保护局推出了一个地理环境资讯工具"NEPAssist"(http://nepassisttool.epa.gov/nepassist/entry.aspx),用来辅助《国家环境政策法》规制范围内的环境评价进程和项目规划,该网络工具会展示用户指定地域的环境评估指标,从美国国家环境保护局的地理信息系统数据库和网络服务(web services)中动态地获取环境数据。用户可以在这款工具提供的地图上圈定美国本土任何一个想要了解的地区,然后选择查看关于该地区危险废弃物、大气污染物排放、污水排放、有毒物质释放、超级基金场所位置、人口数据、洪灾区、湿地等方面的数据信息。用户还可将地理特征(如显示在地图上的蓄水层轮廓)和当地的其他特征关联起来加以可视化呈现——这项任务在(有时非常晦涩难懂的)环境影响评价文件中很难实现。美国国家环境保护局希望该工具能简化决策制定者和利益相关者的评价流程,并能够在项目开展的最初阶段就提出重要的环境议题。

上面提到的这些应用程序得以有效地应用于共识沟通中的原因主要有:

• 利益相关者能在家中、工作单位、学校等各种场所便捷地使用它们展开互动。

• 它们将海量的信息划分成易于处理的信息单元,有助于决策者把握全局。

• 它们赋予利益相关者以最能满足自身需求的方式来处理数据的能力。

若想借助网站在共识沟通中有效地传播风险信息,就应确保你们的应用程序符合这些标准。另外也可以参阅第十七章以了解更多与利益相关者合作的信息。

局域网、外联网和电子公告牌 >>>

社区层面的决策制定有时也会受益于局域网(local area network,简称LAN)的使用。局域网实现了同一组织或同一地区的用户(如邻里)之间的电子沟通,网内的所有用户无需接入互联网就可以相互交流。组织可在局域网上发布供大家评议的文件、会议通知、公告和多媒体内容。例如,美国农业部的媒体与科技中心(Broadcast Media & Technology Center)利用局域网向华盛顿都会区传播讯息、发布会和录制好的音视频内容。若想扩大覆盖区域,则可连接两个或两个以上的局域网形成一个广域网。

外联网(extranet)是对外开放的内联网(intranet)。通过创建外联网,公司能允许指定的外部机构人员通过互联网连接到公司的内部信息资源。对于公司的敏感信息或专有信息，外联网会设置访问权限以保障其安全。公司一般使用外联网方便员工、供应商、客户和其他商业合作伙伴之间的商业通信和贸易往来。不过，外联网也可用于共识类沟通，如社区范围内属于不同局域网的工作组(workgroup)间的沟通。在允许网内用户接触公司内部文件和数据库等信息资源的同时，外联网也可以设置反馈机制方便用户评论或索取更多的信息。

电子公告牌(electronic bulletin board)或博客可用于组织内、局域网或向整个互联网开放。一个新闻组或一群有着共同爱好的人能通过聚焦特定主题的电子公告牌或博客相互

> 电子公告牌是把握热门话题"脉搏"的有效途径。

交流，登录电子公告牌或博客的人可以浏览所有讨论的内容并参与讨论。对于那些容易获得当前访问许可的人来说，电子公告牌和博客是把握热门话题"脉搏"、分享信息、澄清谣言和更正错误信息的有效途径。

一些运作电子邮件列表的指导原则也适用于局域网、电子公告牌、博客和外联网。在运用这些技术手段时，应确保你的受众知晓基本规则；让他们知道是否有审核者，如有的话还需阐明审核者的角色；聚焦讨论的主题从而使恰当的信息以符合受众需求的方式进行传播。

追踪并分析评论与回复 >>>

有的组织会使用软件程序追踪利益相关者的评论、议题及组织或机构的回复——谁在评论？于何时评论？说了什么？回复了什么？比如有政府机构专门开发出一套标准的数据库软件应用程序，用于记录公众咨询过程中有关公众说明会的信息(McMakin等，1995)，该数据库的字段(fields)包括评论日期、评论者姓名和单位、评论者所处位置、评论类别(主题)、记录员(会议的记录人)以及后续行动和日期。人们可在该数据库中检索字段并生成总结报告。数据库的信息录入和维护时间取决于说明会、评论和回复的数量。

位于安大略省的渥太华-卡尔顿区政府将一个原本用于管理销售和电话推销联络的软件改成了一款公众咨询商业软件(McMakin等，1995)。该政府代表辖区内的75万名市民负责当地的交通、环境服务、卫生、社会服务和城区规划。政府用这款软件制作成一个数千人的邮件列表供政府职员使用，并对职员在何时、以何种方式与市民就相关政策和项目咨询进行沟通作出规定。该软件能够追踪那些职员曾经联系过的市民及公众的评论，其提供的数据库还有输出邮寄标签地址和报告的功能。政府目前正在将数据库上传至以社区为基础的网络系统中，这样，特定地区内的所有选民就

都能使用该数据库,同时,这个社区网络系统也允许人们给政府发送电子邮件。

在2012年,有两款专为遵照《国家环境政策法》(NEPA)的相关规定而开发的在线协作工具得到了美国环境质量委员会(Council on Environmental Quality)的赞赏。这两款工具不仅使《国家环境政策法》规范的工作流程变得更为高效,如缩短了在线提交的公众意见处理和分析的时间,还进一步推动了部门协作、实现了《国家环境政策法》要求的相关文件的在线发布和存储。第一款工具是由美国国家公园管理局(National Park Service)开发的"规划、环境与公众评议"(Planning, Environment, and Public Comment,简称PEPC)网站系统(http://parkplanning.nps.gov/)。在网站上,用户可以浏览所有的国家公园根据《国家环境政策法》的评议要求而公开的文件。在每一个项目中,公众都能看到规划过程、会议通知和文件列表,同时还可进行在线评议。许多国家公园除了使用信件、传真和电子邮件等"传统"的手段收集意见,也把这个系统视为提交和接收评议的主要工具。此外,遵守《国家环境政策法》的各类组织还能使用"PEPC"系统进行项目管理——安排、精简和追踪执行该法案的进程。另一个在线协作工具是"国家环境政策法电子现代化"(Electronic Modernization of NEPA,简称eMNEPA)——一款被美国林务局(U.S. Forest Service)使用的网络工具和数据库套件(http://www.fs.fed.us/nepa/nepa_home.php)。

从风险沟通的角度看,这两个系统的主要特征是公开透明。无论是对评论进行追踪和分析的人员还是评论者都能看到整个决策制定的进程,了解各个评论如何对决策产生影响,并知晓最终的决议是什么。如果你的组织决定使用类似的系统,也请确保系统是公开透明的,并在信息发布到网上之前遵循既定的程序对其加以认真的审查。

促进群体决策 >>>

随着社区顾问小组和技术顾问的增多,以及公众研讨会和技术研讨会的数量日益增多,风险沟通者必须公平地考虑和平衡多种观点,这在达成共识的过程中尤为重要。然而,假如各方观点都比较极端或者讨论的议题错综复杂,那么将它们视同一律就难上加难。

如今,越来越多的支持群体决策的软件和硬件集成设备陆续面世,它们有助于激发头脑风暴的创意,呈现并衡量决策组成员的各类观点,将决策过程或体系中的"假设"(what-if)方案用可视化方式表示,对各事项进行排序和评级,发起投票,达成共识。使用这类软件时,既可以把所有的决策组成员安排到同一个会议室里,也可以让身处不同地点的组员相会在一个共享的网络空间之中,他们将借助电脑终端输入评论,而这些评论会显示在电子白板上或各自的显示器上。如果评论是匿名的，参与者会更自由地发表言论或是批评他人的观点而不用担心遭到报复(Jessup等，1990；Valacich等，1992)。虽然这个过程可能会在组内引发较大的冲突，但这种冲突的实质意义多过私人间的争论，因而能够促进决策的制定(Watson等，1998)。

值得注意的是，有研究显示，在人们必须达成共识的情况下，将面对面交流纳入沟通策略效果最佳。若想取得一致意见，人们需要更多的社会互动而不是独自待在各自的电脑前((Hiltz等，1986；Siegel等，1986)。还有别的研究认为，质量最高的群体决策是通过两个阶段形成的：以计算机为媒介(computer-mediated)的匿名沟通可用来开展头脑风暴，而面对面的互动则用于评估及达成共识(Olaniran，1994)。

> 研究显示，在人们必须达成共识的情况下，将面对面交流与以计算机为媒介的沟通相结合效果最佳。

一个名为"CH2M Hill"的环境工程公司开发出一款能帮助群体达成共识的软件程序(McMakin等，1995)。他们将该软件和名义群体法(nominal group technique，一个用于讨论和评估议题的结构化方法)——结合起来使用，操作步骤为：制定能抓住议题要点的标准；给各项标准分配权重(每位参与者都要独立地分配权重)；对权重进行统计分析；集体讨论分析的结果。这一过程可以重复数次，这样小组成员在寻找共同点的同时，彼此的观点也会渐渐趋于一致。决策进程的顺利推进，不仅需要相关人员熟练掌握记录统计分析详情的软件，还需要其运用出色的引导技巧帮助小组成员洞悉和厘清多元观点。

曾有一个清理美国能源部旧址的国家项目，在其公众参与环节也采用了以计算机为媒介的沟通方式去评定标准、投票并组织其他的群体活动。相关人员使用的软件可展示条形图等可视化结果，参与者则借助远程触控板录入信息及投票。负责该项目的机构的代表称，使用这个软件比用其他传统方法节约了不少讨论时间(McMakin等，1995)。

专业引导师、纠纷调解专家吉姆·克雷顿(Jim Creighton)针对群体决策中的技术辅助提出了以下建议(Creighton和Adams，2002)：

> 要重点关注用户参与的流程和群体决策的目标，而不是技术。——Creighton和Adams(2002, p. 180)

• **强调协作理念而非技术先行**。技术不会如魔法般地把形形色色的人(尤其是反对者)转变成协作伙伴。群体决策的程序必须经过专业设计以纳入所有的参与者、解决分歧并实现协作。

• **视具体流程选用匹配的技术**。如果只是发布可靠信源的信息简讯，那么使用电子邮件或用内网沟通就绰绰有余；但若是解决冲突，可能就需要更为复杂的技术手段来展示各方的观点。

• **计算成本与收益**。成本包括软件和设备支出、负责安装和维修的技师的酬劳、远程通讯的业务费以及主持人和(或)引导师的费用。不过要记得一并核算那些有可能减少成本支出的事项：更少的差旅、更短的会议和更高效的决策制定过程。

〉》危机沟通中的技术辅助

大多数在保护沟通和共识沟通中用到的技术手段同样适用于危机沟通。这里主要介绍在危机沟通中使用这些技术手段的基本原则。本书的第二十一章还会谈到突发事件中的技术辅助沟通，而重点探讨社交媒体的第十九章也会提及智能手机和其他互动技术工具如何应用于危机沟通。

网站、有线及无线技术 >>>

快速更新的网站作为一种有效的资源，可让公众了解万一出现紧急情况时要做什么以及一旦发生突生事件后怎么做。美国国土安全部、美国联邦应急管理局、美国红十字会等机构的网站都有向市民介绍遇到各种危险情况时应采取什么措施的信息。

网站也会被用来分享有关危险的基本情况和当下的应对举措等方面的信息。例如，由美国林务局携手其他机构共同开发的在线信息和报警系统网站"信息事件系统网"(InciWeb)发布关于美国发生野火的即时信息，用户可按照火灾的名称或州名检索火灾事件，查询每场火灾的扼制情况、受灾面积、图片和新闻报道，还能在注册后接收关于特定火灾的聚合内容(RSS feeds)。

目前，许多州政府和地方政府部门也在创建自己的社会化网络站点来进行危机沟通。例如弗吉尼亚应急管理局(Virginia Department of Emergency Management)和谷歌公司(Google)合作设立了其专属的YouTube频道，向弗吉尼亚州的市民播送突发事件信息及政府官员的公共服务公告。

> "反向911"系统拥有一个记录了特定区域市民电话号码和住址等信息的数据库，在发生紧急状况时，使用这个系统的组织就可借助它向市民的电话发送与危险相关的录音讯息。

如今，用于在危机情境中传送关键信息并对其加以实时更新的有线、无线远程通讯的使用也大大增加了。在美国，许多州和社区用上了名为"反向911"(reverse 911)的远程通信系统，该系统拥有一个记录了特定区域市民电话号码和住址等信息的数据库，在发生紧急状况时,使用这个系统的组织就可借助它向市民的电话发送与危险相关的录音讯息;该系统也向市民提供了一个号码,市民拨打后可以听到预先录好的紧急疏散程序等信息。"反向911"系统还能像电子邮件系统那样及时把信息发送至订阅者的移动终端(手机、寻呼机、平板电脑)。政府机构正越来越多地使用此类应急沟通系统让急救人员、职员和市民及时了解最新情况。

然而具有讽刺意味的是,尽管我们在紧急状态下如此依赖技术手段,但它们却常常最先靠不住。近年,世界各地都出现过危机发生造成的网站瘫痪、电话线路不堪重负、手机基站失灵和区域性断电等情况。因而风险沟通者应该备有替代的沟通方案,以应对常规公共沟通方法突然失效的情况。例如俄勒冈的化学武器库曾向附近的社区居民派发电池供电的语音报警收音机;还有一些组织把附带紧急情况下联系人名单的应急风险沟通计划存储在光盘上,并由电池供电的笔记本电脑运行,以备不时之需。

应急计划制订与演练工具 >>>

针对应急计划的制订与演练也有相应的技术工具,比如对计划和实施危机沟通较为有用的软件程序。这方面的例子如联邦紧急事务管理局和其合作单位使用了"标准统一建模、地图与集成工具包"(Standard Unified Modeling, Mapping, and Integration Toolkit,简称SUMMIT)。"SUMMIT"为分析师、应急计划制定者、应急人员和决策制定者提供了一个建模仿真软件包,让他们得以使用建模工具和数据资源套装制订计划、进行演练或应急响应操作。"SUMMIT"拥有支持情境设计和演练评估的危险情境库,比如其中有一个情境将烟羽污染建模与医疗影响、基础设施影响、医疗需求和医院床位短缺模型联系起来,烟羽排放的任何变化都会真实地自动反映到模型的其他部分。用户还能使用"SUMMIT"将建筑损害及其他灾后情况加以视觉化呈现,分析权衡那些对于有效应急响应而言至关重要的各种假设情况。自2010年以来,"SUMMIT"被广泛用于各种规模的应急演练以促进情境规划、提供重要的基础性情境数据、加强和优化现实感及"通用指挥界面"。

作为一种浸入式合成环境,虚拟现实网站也有助于规划危机沟通。这类网站可以让用户创造一个形象的网络虚拟角色,然后与其他在线的虚拟角色及3D对象进行互动。虚拟世界也会提供博客、维基百科、即时通讯和共享用户创造物品(sharing user-created objects)等资源,使用户按照感兴趣的主题相互连接起来。已有研究凸显出了虚拟现实技术在教育和培训中的种种优势。让学习者与别的网络虚拟角色在一个安全的模拟环境中互动,不仅有助于学习者缓解自己的焦虑、提升学习新技能的能力,还有利于鼓舞学习者进行配合、参与协作、消解冲突(Hansen,2008)。

最为完善的虚拟世界"第二人生"(Second Life)是一个全世界数百万人都在此"栖居"的3D环境。应急响应人员已经使用"第二人生"和一个名为"OLIVE"的商业软件开发工具包模拟出了现实中的灾难和突发事件(见图18-2和图18-3)。虚拟应急演练会将政府部门和医疗、交通等领域的专业机构纳入进来,以设计多部门协同的、规模可大可小的各种应急响应方案,这样用户就可具体针对危机沟通、应急指挥和资源管理中的各个环节进行练习,而辅以网络虚拟角色的模拟演练也能弥补关于急救人员的传统培训的不足。此外,在虚拟世界中,演练者还可以在最可能发生紧急状况的地点复制紧急事件而无需担心扰民(见图18-4)。一旦应急响应的情境被创建,散布于各地的参与者就能通过互联网对此进行多次演练。

图18-2 创建虚拟世界的软件"OLIVE"中的重大伤亡应急处理情境。有60位网络虚拟角色登录到这个用来进行应急演练的情境之中。(来源:科技应用国际公司,已获得使用许可。"OLIVE"技术中的应急准备和医疗特征由Forterra系统公司研发,美国陆军远程医疗与高新技术研究中心对其加以资助。)

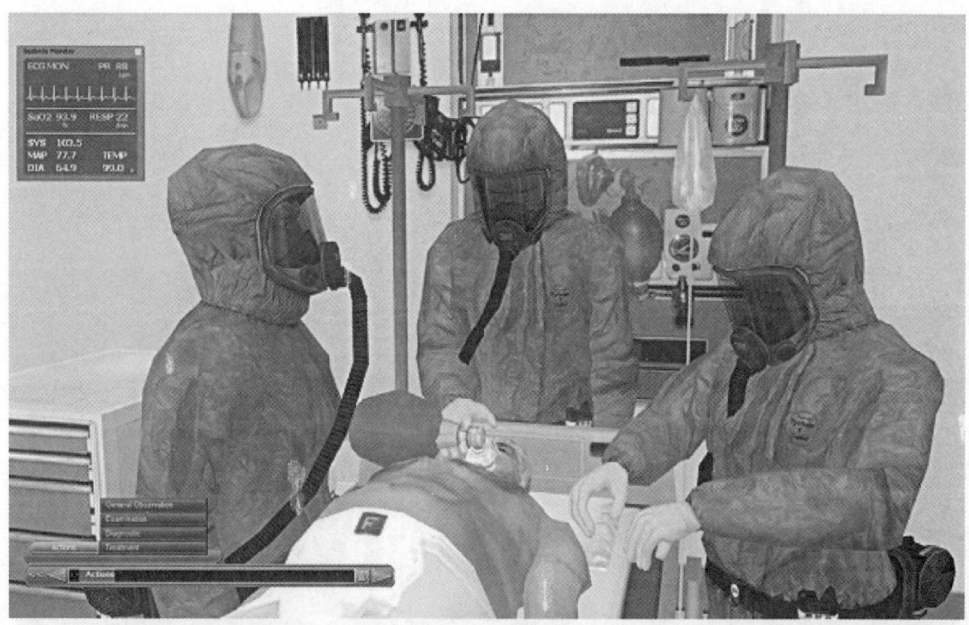

图18-3 虚拟现实急诊室演练。一名医生和两名护士正在"医治"一位受沙林神经毒气侵害的虚拟病人。图中医生和护士的虚拟角色由正在参与化学危害应急情境演练的真实的急诊部医师和护士来控制,病人则由一名角色扮演者操控。病人的生命体征由电脑模型生成并显示在屏幕左上角的"床边监护仪"上面。(来源:科技应用国际公司,已获得使用许可)

(a)

(b)

图18-4 斯坦福医疗中心,现实的中心(a)与虚拟的中心(b),用于应急培训。(来源:科技应用国际公司,已获得使用许可)

在虚拟世界的数量和名声与日俱增的背景下,现实世界中的政府机构和其他组织也越来越多地利用虚拟世界完成诸如教育公众和执行联邦法律等任务。"应急管理网络"(Emergency Management Nexus)是第一款专为政府公职人员设计的大型多人虚拟环境系统,它使用虚拟教室、训练设施和协作工作区来支持办公场所的教育培训和协作,以进一步提升职工工作效率、减少公司支出。"第二人生"中的国立卫生研究院"毒物小镇"(Tox Town)便于用户了解"各类化学环境健康问题和你生活、工作和娱乐的场所中的有毒化学物质";美国国家海洋和大气管理局地球系统研究所也能让人们体验一些自带互动天气地图的地球和天气模拟器。

"SciLands虚拟世界"(SciLands Virtual Continent)是"第二人生"中聚焦科学技术的部分,这里汇集了许多政府机构、高等院校和博物馆。这些组织会在"第二人生"中举行例会来分享观点、互相帮助及规划未来的项目。位于华盛顿特区的美国国防大学信息资源管理学院在"第二人生"中有一个岛屿,该学院虚拟的危机管理中心(实体在华盛顿麦克奈尔堡)就坐落在这个岛上。

由联邦政府雇员和联邦承包商结成的"联邦虚拟世界联盟"(Federal Consortium for Virtual Worlds)正在探索虚拟世界在政府工作中的应用。他们的主要任务是设立标准、分享最优的实践和政策、创建共享库并实施互助,该联盟的成员常常同时基于现实和虚拟的环境召开会议。

在选择创建或加入到虚拟世界中时,既要仔细考虑成本与收益,也要了解你的目标受众和利益相关者是否都会使用,还要关注到带宽的要求以及系统安全和防火墙的必要性。

技术辅助沟通的清单

□ 技术手段的选择应该视达成沟通目标的需要而定

□ 技术工具的设计应发挥媒介本身的特性,而非将其作为其他媒介的替代品

□ 通过网络发布的信息应分好优先等级并合理组织,从而方便用户找到所需的内容

□ 若条件允许,各类技术手段应先在目标受众中测试后再正式投入使用

□ 沟通的参与者能使用必要的软件和硬件设备

□ 用户愿意使用技术工具并知道如何有效地操作,否则需要向其提供相应的培训或辅助

□ 专有信息和敏感信息没有存在联网的电脑上

□ 发布于网络的信息应保持适当的更新以保证其有用性

□ 在公共参与的情境中,技术工具应包含支持双向沟通的反馈系统

□ 在危机沟通中有替代的沟通方案,以防断电或其他事故发生

参考文献

CDC (U. S. Centers for Disease Control and Prevention), Agency for Toxic Substances and Disease Registry, Oak Ridge Institute for Science and Education, and Prospect Center of the American Institutes of Research. 2003. Emergency Risk Communication CDCynergy (CD, February 2003). http://www.orau.gov/cdcynergy/erc (accessed January 21, 2013).

Creighton, J. L. and J. W. R. Adams. 2002. *Cyber Meeting: How to Link People and Technology in Your Organization.* Xlibris Corporation, Philadelphia, Pennsylvania.

Davis, T. S. 1995. "Communicating Environmental, Health, and Safety Information to Internal and External Audiences." *Journal of the Society for Technical Communication*, 42(3): 460–466.

Freng, I. A., S. Sherrington, D. Dicks, N. Gray, and S. Chang. 2011. "Mobile Communications for Medical Care: A Study of Current and Future Healthcare and Health Promotion Applications, and Their Use in China and Elsewhere." University of Cambridge and China Mobile.

Green, B. B., A. J. Cook, J. D. Ralston, P. A. Fishman, S. L. Catz, J. Carlson, D. Carrell, L.

Tyall, E. B. Larson, and R. S. Thompson. 2008. "Effectiveness of Home Blood Pressure Monitoring, Web Communication, and Pharmacist Care on Hypertension Control." *Journal of the American Medical Association*, 299(24): 2857–2867.

Green, M., J. Zenilman, D. Cohen, I. Wiser, and R. Balicer. 2007. *Risk Assessment and Risk Communication Strategies in Bioterrorism Preparedness*, NATO Security through Science Series-A: Chemistry and Biology. Springer, Dordrecht, Netherlands.

GSMA. 2011. "Mobile Privacy Principles: Promoting a User-Centric Privacy Framework for the Mobile Ecosystem." GSMA, London, United Kingdom. http://www.gsma.com/publicpolicy/wp-content/uploads/2012/03/gsmaprivacyprinciples2012.pdf (accessed January 21, 2013).

GSMA. 2012. "Privacy Design Guidelines for Mobile Application Development." GSMA, London, United Kingdom. http://www.gsma.com/publicpolicy/privacy-design-guidelines-for-mobile-application-development/ (accessed January 21, 2013).

Hansen, M. M. 2008. "Versatile, Immersive, Creative, and Dynamic Virtual 3-D Healthcare Learning Environments: A Review of the Literature." *Journal of Medical Internet Research*, 3(10): e26. http://www.jmir.org/2008/3/e26 (accessed January 21, 2013).

Hiltz, S. R., K. Johnson, and M. Turoff. 1986. "Experiments in Group Decision Making: Communication Process and Outcome in Face-to-Face Versus Computerized Conferences." *Human Communication Research*, 13: 225–252.

Jessup, L. M., T. Connolly, and J. Galegher. 1990. "The Effects of Anonymity on Group Decision Support System Group Process with an Idea-Generating Task." *MIS Quarterly*, 14: 312–321.

Landro, L. 2011. "Don't Come Back, Hospitals Say." *The Wall Street Journal*, June 7.

Lobbin, F. 1997. "10 CFR 50 Event Reporting Computer-Based Training Program." *Nuclear Plant Journal*, 15(5): 45.

McMakin, A. H., D. L. Henrich, C. A. Kuhlman, and G. W. White. 1995. *Innovative Techniques and Tools for Public Participation in U.S. Department of Energy Programs*. PNL-10664, Prepared for the U.S. Department of Energy, Pacific Northwest National Laboratory, Richland, Washington.

Olaniran, B. A. 1994. "Group Performance in Computer-Mediated and Face-to-Face Communication Media." *Management Communication Quarterly*, 7: 256–282.

Rodrigue, C. M. 2001. "The Internet in the Social Amplification and Attenuation of Risk." Presented to the 26th Annual Natural Hazards Research and Applications Workshop, July 15–18, 2001, Boulder, Colorado.

Siegel, J., V. Dubrovsky, S. Kiesler, and T. W. McGuire. 1986. "Group Processes in Computer-Mediated Communication." *Organizational Behavior and Human Decision Processes*, 37: 157–187.

Strecher, V. J., T. Greenwood, C. Wang, and D. Dumont. 1999. "Interactive Multimedia and Risk Communication." *Journal of the National Cancer Institute Monographs*, 25: 134–139.

TempleUniversity. 2006. Low-Income Patients Reduce Heart Risk Via Internet 'Visits'. http://www.temple.edu/temple_times/4-20-06/telemedicine.html(accessed February 7, 2013).

Valacich, J. S., A. R. Dennis, and J. F. Nunamaker. 1992. "Group Size and Anonymity Effects on Computer-Mediated Idea Generation." *Small Group Research*, 23: 49-73.

Valdez, A. 2002. "Innovative Multimedia Cancer Education Interventions for Latinas." Presented at the 130th Meeting of the American Public Health Association, November 9-13, 2002, Philadelphia, Pennsylvania.

Watson, R. T., G. DeSanctis, and M. S. Poole. 1988. "Using Group Decision Support Systems to Facilitate Group Consensus: Some Intended and Unintended Consequences." *MIS Quarterly*, 12: 463-478.

Woloshin, S., L. M. Schwartz, and A. Ellner. 2003. "Making Sense of Risk Information on the Web." *BMJ (Clinical Research Ed.)*, 327: 695-696.

拓展资源

American Society for Training and Development. http://www.astd.org(accessed January 21, 2013).

Distance Education and Training Council. http://www.detc.org(accessed January 21, 2013).

Eng, T. R. 2000. *Wired for Health and Well-Being: The Emergence of Interactive Health Communication*. U. S. Government Printing Office, Washington, DC.

McGovern, G. and R. Norton. 2002. *Content Critical: Gaining Competitive Advantage through High-Quality Web Content*. Financial Times Prentice-Hall, Pearson Education Limited, Edin-burgh Gate, United Kingdom.

Rice, R. E. and J. E. Katz, eds. 2000. *The Internet and Health Communication: Experiences and Expectations*. Sage Publications, Thousand Oaks, California.

Society for Applied Learning Technology. http://www.salt.org(accessed January 21, 2013).

Spyridakis, J. H. 2001. "Guidelines for Authoring Comprehensible Web Pages and Evaluating Their Success." *Technical Communication*, 47(3): 301-310.

Tsagarousianou, R., D. Tambini, and C. Bryan, eds. 1998. *Cyberdemocracy: Technology, Cities and Civic Networks*. Routledge, New York.

Usability. gov. National Cancer Institute's website of resources for "usable, useful and accessible websites and user interfaces." http://www.usability.gov/(accessed February 7, 2013).

U. S. Distance Learning Association. http://www.usdla.org(accessed January 21, 2013).

U. S. Food and Drug Administration website, video programs called "FDA Patient Safety News." http://www.fda.gov/psn(accessed January 21, 2013).

Van Duyne, D. K., J. A. Landay, and J. I. Hong. 2002. *The Design of Sites: Patterns, Principles, and Processes for Crafting a Customer-Centered Web Experience*. Addison-Wesley, Reading, Massachusetts.

第十九章 社会化媒体

社会化媒体是开展风险沟通的新方式。社会化媒体能够使个体在网络上彼此连接，并借助便捷的发布工具分享信息、视频、照片和观点，由此形成的针对各种议题的即时可见的讨论既有积极的作用也有消极的影响。专注于社群科技研究的弗雷斯特研究公司(Forrester Research)的分析师查伦·李(Charlene Li)和乔希·贝诺夫(Josh Bernoff)对线上活动的定期分析结果显示，越来越多的人选择使用社会化媒体联络他人、掌控个人体验、与他人(而非传统的机构)各取所需(Li 和 Bernoff, 2008)。

社会化媒体可以成为风险沟通一个有价值的组成部分，这不单是指它丰富了风险沟通的传播渠道，还在于它会就受众想要知道什么以及关心什么等问题为组织提供实时且持续的反馈，而组织也能随着局势的变化用它快速地作出回应。不但如此，社会化媒体还能够帮助组织融入到社区之中，增强人们对组织的信任。若使用得当，社会化媒体足以补充甚至替代视频、电话会议、现场会议、纸质媒体等又贵又死板的沟通方式。

> 随着新媒体的发展，今天的社会要求改变传统的、以组织向利益相关者发布信息为主的自上而下式的信息扩散模式。——Lucy Leiderman (2012, p. 1)

已有很多研究都在关注危机沟通中社会化媒体的应用情况。不过，社会化媒体也可以在保护沟通中发挥很大作用，在促进共识沟通方面也拥有巨大潜力。我们在第十章曾就社会化媒体的优缺点进行了讨论，在第十八章也介绍了网站、虚拟现实、网络论坛、多媒体程序等技术辅助沟通手段的一些使用方法。在本书这一版发行之时，社会化媒体的形式包括社交网站，博客和播客，微博，视频、图片和文件共享网站，地图，以及手机应用。社会化媒体的景观仍在不断改变，只要想得到，各种新应用就会迅速被研发出来。由于社会化媒体的广泛适用性，本章将首先讨论使用社会化媒体的一般原则，继而深入探讨其三个最主要的用途——分享内容、与利益相关者沟通、监测受众的认知变化，接着再给出各类社会化媒体具体的运用原则,最后还会介绍一些评估社会化媒体运用效果的方法。

〉》利用社会化媒体进行风险沟通的一般原则

社会化媒体能够实现对风险沟通而言至关重要的双向沟通。不过,使用这种方式时需要转变传统的风险沟通思维。一方面,受众在社会化媒体环境中对风险沟通有了更多的掌控权,正如公共健康传播专家克雷格·列斐伏尔(Craig Lefebvre)所说的,在网络世界中,专业人员可制作信息并将其传递给受众,同样的,受众也会主动与从业人员和其他受众交流(Lefebvre,2007)。社会化媒体赋予受众前所未有的控制权——他们可以自行决定看什么内容、如何作出回应以及是否采取行动。列斐伏尔建议专业人员通过协作、分享与互动融入社会化媒体。

社会化媒体与传统风险沟通方式的另一个区别在于社区感(the sense of community)。尽管一些社会学家和教育家担心人们对技术的依赖将减少人际间的互动,但"皮尤互联网与美国生活项目"(Pew Internet and American Life Project)发布的报告显示,社交网站三分之二的成人用户都会利用社交网站与家人和朋友联系(Smith,2011)。有的组织正在利用这种社区感来促进风险沟通。例如,美国军方倡导其官员使用社会化媒体(甚至是在作战地区)向公众发布信息、与家人保持联系、澄清来自各方的不实报道。美军在使用Facebook和家庭安定团体(Family Readiness Groups)分享信息的同时,还提供了集纳可靠消息的一站式互动信息源(Office of the Chief of Public Affairs,2011)。

社区感还会促进受众互相分享知识和建议。很多医疗人员、风险管理者及应急响应人员因这种"众包"模式带来的影响而感到有些悲哀:以往人们若想了解身体健康、环境管理、紧急情况等方面的信息,就会向有关企业或政府机构的专家咨询,然而如今却转为向社会化媒体构建的关系网络求助。不可否认,"众包"模式相当于扩充了人力资源,塑造了很多有信息优势的意见领袖式的人物,与那些人手不够的组织相比,他们的信息传播速度更快且可信度更高。正如一位政府机构官员讲到的,社会化媒体让没受到风险直接影响的人帮助组织更好地将相关信息传递到处于风险之中的人群(Tinker,2009)。

使用社会化媒体进行风险沟通还会带来其他的好处,比如提高组织的信心,使组织更加了解受众的需求,以及在紧急情况下能让组织作出更快的反应。红十字会就发现使用社会化媒体后减少了危机事态中媒体来电的数量,学会了在需要时可利用其他社交网站传播信息，以及更好地获取了态势感知(situational awareness)信息(Tinker, 2009)。此外，当电话线路或其他基础设施受损时，社会化媒体也可以成为危机沟通的有效手段。2008年，飓风"古斯塔夫"摧毁了包括美国社区应急响应小组(Community Emergency Response Team)的电话通知系统在内的通信系统，但幸好移动宽带仍然可以使用，这让该中心得以通过Facebook来发布相关信息。类似的案例还有2011年日本地震和海啸期间，由于电话线路瘫痪，人们便借助Twitter求助(Lindsay, 2011)。

由于前面提到的这些因素及别的相关因素，风险沟通者在使用社会化媒体促进保护沟通、共识沟通和危机沟通之前，必须考虑目标受众的特征和组织内部的种种障碍。

了解受众 >>>

对于任何类型的风险沟通方式而言，了解受众的需求都是很重要的，但社会化媒体存在一个较为特殊的情况，即受众会参与到风险信息的生产和传播中来；对此，风险沟通者需要考虑下述问题：

- **目标受众能否接入社会化媒体？** 截至2011年年底，发达国家中70%的家庭接入了互联网，但这个比例在发展中国家仅为20%。美国有78%的人口使用互联网，在互联网使用前50名的国家中排在第27位(ITU, 2012)。

- **目标受众怎样使用社会化媒体？** 有研究认为互联网用户可分为以下四类：创造内容的用户、针对他人的内容发表评论的用户、收集信息的用户和喜欢加入群组进行互动的用户(Li 和 Bernoff, 2008)。如果风险沟通的主要受众是愿意在网络上投入大量时间的"评论者"和"信息收集者"，那么至少有博客和播客可作为一种理想的选择；假如受众属于"参与者"，那么进驻Facebook等社交网站或许是更好的选择。此外，知道受众都在哪些社会化媒体上讨论你所要沟通的风险，也能够帮助风险沟通者选择社会化媒体。例如，Google快讯(Google Alerts)允许组织设定关键词并以此对互联网上出现的相关内容进行跟踪，从而可以了解这些内容的链接主要源于社交网站、博客、视频或文件共享网站还是这些社会化媒体的某种整合形式。

若想了解有关美国各类细分人群如何使用社会化媒体的详情，可参考"皮尤互联网与美国生活项目"(http://pewinternet.org/)。本书第八章也对怎样了解受众作出了详细的介绍。

使用社会化媒体的组织障碍 >>>

在本书的第四章我们已经讨论过风险沟通的种种制约，其中就包括风险沟通组织自身设置的障碍。有的组织在使用社会化媒体分享信息的问题上较为犹豫，这既有社会化媒体仍是一个相对较新的风险沟通工具的原因，也有人们认为社会化媒体上的风险信息不易控制的因素。2009年，一项针对500余家机构进行的调查显示，使用社会化媒体进行危机沟通的最大障碍是员工的时间或能力不足、对社会化媒体缺乏了解以及组织的文化因素(Tinker, 2009)。我们对组织使用社会化媒体沟通风险的研究还发现了其他障碍，比如担心组织形象受损、可能为不实信息推波助澜、信息安全、无法持续投入资源。

员工的时间或能力不足

任何组织都有可能面临人手不足的问题。第四章对如何克服这一障碍作出了大致的介绍。在使用社会化媒体时——特别是在危机沟通的情况下——与志愿者或其他组织合作是十分有效的方法，因为这些合作伙伴在紧急事态下可能不会像风险沟通组织那样不堪重负。例如，在保护沟通中，一个颇受欢迎的、旨在帮助用户告知家人和朋友自己如何与病魔抗争并痊愈的网站"爱心桥"(CaringBridge)，与包括医疗保健机构、信仰社区、保险机构及员工援助计划(employee assistance program)在内的多个组织建立了合作关系，这些合作伙伴会接受相应的培训和信息，学习如何与自己服务的群体分享"爱心桥"上的内容。

解决这一难题的另一种方法是让组织的员工人尽其才。一个致力于研究政府机构和私营机构如何使用社会化媒体进行保护沟通及危机沟通的公共关系专家小组提出，有效利用社会化媒体需要员工具备三种能力：信息收集和分析的能力、信息整合与推送的能力、对话能力。组织可以从传统的公共关系和沟通部门之外的员工身上发掘哪些人有这些素质，然后人尽其才(Lesperance等, 2010)，从而为开展社会化媒体的相关工作提供人力支持。

对社会化媒体缺乏了解

尽管社会化媒体的普及程度越来越高，但仍有一部分人没有完全接受它。个人使用经验的匮乏也意味着其在运用社会化媒体开展工作时不会太专业，而即便是一个日常生活中社会化媒体的重度使用者，要想使用社会化媒体进行风险沟通恐怕也不那么容易。克服这一障碍的方法之一是找到组织中有经验的社会化媒体使用者，了解是否有人因为社团或协会的需要而使用社会化媒体，有没有人为了私人用途而通过博客或文件共享账户。如果都没有，那么向那些来自高中或大学的实习生请教或许也能获取使用社会化媒体的有益参考。

对社会化媒体的一些错误认识也会阻碍其发挥出全部的作用。假如只把社会化媒体作为另一种信息传播渠道，对它的使用也就必然无法取得理想的效果。借助社会化媒体进行的风险沟通其实也是受众自行搜索其感兴趣的信息、创造更多的内容及与志趣相投的用户分享信息的过程，由组织发布信息并期待受众接收的传统方式应让位于受众自己组织信息以满足自身需求的模式。这一动态的互动过程需要组织在计划风险沟通时作出有针对性地设计。

组织文化

对于那些有严格控制风险信息传统的组织而言，使用社会化媒体是一项令人生畏的任务。对此有专家小组建议从试点项目开始逐步克服这一障碍（Tinker, 2009）。组织应将社会化媒体的运作纳入整体的风险沟通计划之中，对信息安全防护和受众需求给予同等重视。如想了解更多关于如何克服组织文化障碍的内容，可参阅第四章"风险沟通的制约因素"。

担心组织形象受损

社会化媒体上信息的自由流动及由非公共关系专业人员甚至是志愿者来管理社会化媒体，让组织的管理者心存顾虑：使用社会化媒体进行风险沟通究竟会不会损害组织形象？消除这一顾虑的方法可以是为社会化媒体的使用制定相应的指导原则。这样的原则需涉及诸多方面，比如什么时候可以提及组织的名称，如何获得组织的许可以发布与组织相关的信息，保密性、知识产权和隐私问题的提示，以及何时向组织的法务部门、公共关系部门或沟通部门发送信息。此外，组织也可向受众发布基于社会化媒体的互动准则（如禁止发布中伤他人的评论、不许说脏话）。需要注意的是，组织若在药物研发或医疗器械研究等保护沟通的情境中冒险使用社会化媒体进行风险沟通，最好加倍小心。对此，风险沟通者需要与组织的法律顾问作好沟通，以保证利用社会化媒体开展的风险沟通工作遵守了相关的规定和限制。

可能为不实信息推波助澜

组织对以"众包"模式和受众参与为主要特征的社会化媒体的另一个担忧是其具有散播不实信息或谣言的潜能。在回顾日本在2011年福岛核泄漏事故中的应急响应时，美国匹兹堡大学生物安全中心（Center for Biosecurity）发现社会化媒体确实传播了不实信息，但即便如此，很多新闻网站仍将社会化媒体视作重要的新闻来源而对其中的会话持续跟进(Center for Biosecurity, 2012)。不过也有研究显示，社会化媒体中不实信息的传播远不及人们最初担心的那样。比如，美国国会研究服务部(Congressional Research Service)发现，日本福岛核泄漏事故发生后社会化媒体上流传的一些不实信息并非人们有意为之(比如在一名遇险者获救后人们仍在转发的救援请求)，总的来看信息状况是不错的(Lindsay, 2011)。相似的结论还出自加拿大多伦多的公共卫生研究人员就Twitter上有关2009年猪流感大流行的信息所做的研究——不实信息只有不到5%。需引起重视的是，该研究同时指出，在数千条"推文"(tweets)中，只有1.5%链接了那些本来被认为在此类事件中应是最可靠信息源的政府和卫生机构所发布的信息(Chew和Eysenbach, 2010)。这一发现为我们指出了一条避免不实信息散播的最佳路径，即让组织成为传播准确信息的信源，并在不实信息开始散布时迅速作出应对，而做到这一点的唯一方法就是让组织融入社会化媒体。

信息安全

许多组织都有信息安全方面的顾虑，害怕社会化媒体平台上高度交互的环境会导致自己那些受到保护或不宜披露的信息被人有意无意地发布出去。此类信息既有商业机密、客户的个人资料，也有可能是阻碍刑事调查的应急响应细节。这些组织还担心会遭到恶意攻击、发生数据泄露等情况，因为竞争对手完全可以通过社会化媒体向组织的程序和系统植入恶意软件或绕过安全控制而获取访问权的"后门"(backdoor)病毒来窃取组织的数据。

这些担忧不无道理，因此组织需要决定愿意为使用社会化媒体承担多大的风险。虽然有的组织也有自己的网站，但却根本不想加入社会化媒体。有的组织会先对博客的评论加以审查后才将其呈现出来，并在相关政策中对这样的管控作出解释。有的组织会关闭自己YouTube视频下方的评论功能，或是监测Facebook页面的评论，把自己认为不恰当的言论删除。还有一些组织会阻止员工使用特定的社会化媒体网站。例如，有家公司就限制员工访问LinkedIn，员工们除非接入授权的网站，否则根本无法往LinkedIn上传文件，也看不到他人的个人资料。

对于各类组织而言，最要紧的事是制定相关政策以平衡使用社会化媒体的风险和利益。内部员工如何使用社会化媒体的政策也应清晰地纳入其中。

无法持续投入资源

不同于其他风险沟通方式，社会化媒体的运转需要持续地投入资源。通常，一份报告只需发布一次,一个电视节目一旦被制作出来也无需继续投入,但社会化媒体却需要频繁(常常是一天多次)持续的互动。另外,社会化媒体用户还渴望得到风险沟通者的即时回应,在涉及健康、安全等话题时尤其如此。西雅图警察局发现,在面临风险时,人们对信息时效性的重视甚至超过了准确性,只要信息保持不断更新,哪怕机构之前发布过错误的消息,受众也会原谅这样的失误(Lesperance等,2010)。此外,2009年胡德堡枪击案发生后,军方发言人就发现其记者发布会基本上都用来澄清那些正在社会化媒体上疯传的消息了(Office of the Chief of Public Affairs,2011)。

为组织制定使用社会化媒体的政策和计划有助于其克服这一障碍。在了解受众的基础上,使用与受众最匹配的社会化媒体形式并与其保持良好互动,会比盲目的"广撒网"而后难以为继要好得多。例如,北约防务学院(North Atlantic Treaty Organization <NATO> Defense College)曾提出使用社会化媒体要分三步走:

- 整合资源,包括获得管理层支持,争取所有卷入此项工作的员工的通力协作,以及聘请合适的人才。
- 优化沟通机制,找到能够吸引受众注意力的办法,并据此改进内容。
- 通过持续更新内容和与受众积极互动对话,管理和维持社会化媒体的运转(Leiderman,2012)。

只要有了资源和机制等方面的保障,社会化媒体就能用来满足受众日益增多的各类需求。例如,在2009年甲型H1N1流感大流行期间,美国疾病控制和预防中心运用了病毒式营销(viral marketing)的方法进行风险沟通,包括多次发送电子邮件告知受众最新情况,采用网络直播方便人们提问,提供一款可以链接到更多信息的微件,以及及时在官方网站上更新信息。

这里还想提醒的一点是,组织千万不要盲目地跟风采用新的社会化媒体工具,在使用每一种工具之前都应该首先对其进行深入了解,确保它符合受众和组织的需求。比如,某些社会化媒体工具的用户协议就对工具开发者的访问权和内容生产者对内容的所有权作出严格的限制。因此,风险沟通者需要仔细阅读社会化媒体工具的相关协议,以保证其可以真正促进风险沟通目标的实现且不会与组织的要求相悖。

〉》通过社会化媒体分享内容

信息分享是社会化媒体与传统的风险沟通方式最为接近的一种功能,但在社会化媒体上分享信息时吸引受众的参与是关键，不论是对保护沟通、共识沟通还是危机沟通都是如此。美国国会研究服务部的分析师布鲁斯·林赛(Bruce Lindsay)发现，社会化媒体已经成为人们查找紧急通告的第四大信息源。组织会使用社会化媒体发布警示、帮助寻找失散的家庭成员以及筹集救灾资金(Lindsay, 2011)。

组织可借助任意一种社会化媒体分享信息，但如何分享以及在多大程度上分享则需根据目标受众的特点和需求作出判断。北约防务学院的相关研究显示，Facebook的覆盖面最广，但信息传播最快的却是Twitter(Leiderman, 2012)。需要记住的是，不论怎样受众都希望与风险沟通者进行互动。如果你更新了一篇博客或发布了一则微博，请准备好回复受众的评论。

信息分享的最佳实践应该包括如下方面：

• 大多数社交网站都会提供模板，因此无须花钱请人设计页面。不过仍要**认真琢磨你想分享的信息的类型**，并运用图表和色彩有效地将其呈现出来。要避免使用冗长的文字或专业术语。此外还可考虑把你的社会化媒体站点打上组织传播的"烙印"，确保所有发布的信息都符合组织的传播机制。

• **分享目标受众关心的信息**(Lindsay, 2011)。受众会关心那些风险亲历者的故事、降低风险的具体方法或避免心爱之人受到风险威胁的预防措施。

• 社交网站是以社群为基础发展起来的，这意味着互动是它的基本属性。因此，**网站要为受众创造交互的机会**，可以让他们做小测试、玩游戏、看视频、分享自己关于风险的经历或与专家交流。

• 在有的社交网站上，拥有数百个"好友"（即经组织允许后可以访问组织页面的用户）就可以说是一件了不起的事情，其他的人也能通过好友关系找到组织的页面。但是，并非所有申请成为组织"好友"的用户对风险的看法都与组织一致。因此，需要**确定选择添加"好友"的标准**，并将这一标准告知参与社会化媒体运作的工作人员。

• 大多数社交网站都允许用户进行评论，且评论对所有人都是可见的。有时评论是页面中最有趣也最能引起争议的一部分。风险沟通者**在创建账号前就应制定评论的发布政策**，这样就可以过滤掉那些粗俗无礼的语言、中伤诋毁和其他令人不快的言论。

• **为受众提供方便快捷的信息分享功能**。很多社交网站上都设有"一键分享"的快捷按钮。风险沟通者也可以为受众定下规则，允许他们将组织发布的内容一字不差地转载到自己的主页上，以提高信息的曝光度。

最后，风险沟通者要记住的是，如果你不去分享信息，自会有人做到这一点。

2007年美国加利福尼亚州山林大火期间,当政府机构在满足公众信息需求方面表现吃力之时,当地的公共广播系统与Google合作,基于政府的相关报告开发出可以显示撤离路线和火情等信息的地图导航工具(Lesperance等,2010),并取得了很好的效果,以至于政府机构要求该广播团队在危机结束之前将这项工作继续下去。不过,这种自发的信息发布工作往往缺乏足够准确的信息,如此就会弊大于利。总之,即使是遇到紧急情况,组织的信息发布也要做到快速发布、准确发布和权威发布。

〉》 与利益相关者沟通

> 社会化媒体已渐渐成为我们日常生活中的一部分,人们在紧急状况下也会从它们那里寻求帮助。我们应该尽最大的能力去用好这类沟通工具,促进公众参与并及时向其发布信息。因为无论联邦、州或是地方政府做了多少努力,只有让公众加入我们,我们的工作才能够成功。——Craig Fugate, Federal Emergency Management Agency, press release(2010.08)

社会化媒体为组织创造了前所未有的与利益相关者便捷沟通的机会。已有很多例子证实出席公众会议的利益相关者的人数越来越少,他们更愿意在自己方便的时候在家上网发表评论。北约防务学院的相关研究也证明了社会化媒体能够提升透明度和公众参与程度,该研究特别提到了Facebook等社交网站,指出其不仅由用户控制内容,而且传播范围遍及全球(Leiderman, 2012)。

与利益相关者沟通有多种方式:

• **对受众的评论进行回应**。从理论上讲每一条评论都应该得到某种形式的回应,哪怕是一句简单的"感谢你的评论"。争议大的话题可能会收到几百条评论,如果时间允许则应对其中涉及的关键主题或问题进行回复。通过回复,不仅可以阐明相关信息、向受众提供更多的信源,还能用权威专家的准确信息有力回击不实的言论。

• **恳请公众就特定议题给出反馈意见**。风险沟通者需要做好接收不同意见的准备,同时确保受众知晓他们的意见将有哪些用途。当然,偶尔也会出现一些与讨论主题完全无关的、用语无礼的或对组织和风险信息进行强烈抨击的评论。对此,社区的自我调节机制有时会起作用——这些离题的评论会遭到支持组织及其工作方式的受众的驳斥。

• **允许受众发布与特定风险相关的信息**。风险沟通者可以明确告诉受众希望他们贡献哪些与风险相关的内容,制定并发布指南,继而据此审核受众贡献的内容。当然，还要对受众的贡献表示感谢。

与利益相关者沟通同时也指组织对他人发布的内容进行评论。当要评论他人而非自己的内容时，需要注意以下两点：

- **了解并遵循组织的政策。** 组织内部有无专门从事评论工作的人员？在评论发布之前，是否需要请人对其进行审核和批准？组织的员工在发表观点时能否公开自己的职务和隶属单位？

- **与那些提供相关信息且有不少"粉丝"的博客和网站保持沟通。** 一个博客是否受欢迎，可通过博客的订阅量及博客文章的浏览量来判断，但是不要忘了还有很多不发言的读者。此外，还可根据博客文章的转发和引用情况分析其阅读量并借此发现人气高的博客。风险沟通者除了对这些博客发表评论外，也能直接联系博主，向其提供他们在撰写博文时可以用到的内容。

〉》监测受众的认知变化

社会化媒体在赋予受众空前的信息掌控力的同时，也为风险沟通组织深入了解受众提供了前所未有的机遇。在本书第一版付梓之时，受众分析还需要投入大量的人力和物力进行访谈，研究联系哪些受众以及如何能够联系到他们，付出大量的时间、汗水甚至是眼泪。如今，社会化媒体则为组织提供了与受众互动、交流问题和相互了解的更为简便的方式。例如，红十字会就在利用社会化媒体掌握灾难发生后公众的需求；华盛顿特区的地方应急管理机构在奥巴马首次当选总统的就职典礼期间通过监测Facebook来支持该机构的风险管理工作。

监测受众认知变化的方式可以很简单，也可以很复杂。前者如从一段时间的受众评论中直接洞察趋势，后者如利用计算机辅助工具分析内容并生成报告。美国东南路易斯安那大学的研究人员通过观察Twitter上人们对类似流感症状的抱怨的增长趋势来监测流感疫情的爆发情况。通过这一方式，该机构能比依赖临床医生上报数据的美国疾病预防和控制中心更快地预测流感疫情的爆发(Southeastern Louisiana University, 2010)。渥太华的医学研究人员也宣称，互联网上对李斯特菌症(listeriosis)的搜索数量达到峰值的时间比官方公布该病爆发的时间早了近一个月(Wilson和Brownstein, 2009)。其他用来监测社会化媒体的保护沟通工具还有Google推出的"流感趋势"(Flu Trends) (http://www.google.org/flutrends)，用于追踪全球范围内与流感相关的搜索关键词并对实际病例数公布之前网络搜索的增加情况加以呈现，以及"健康地图"(Health Map) (http://www.healthmap.org)，用于跟踪全球各地出现的新型疾病。

不过，研究者也提醒，这些工具在互联网普及率较低的地区作用比较有限(Wilson和Brownstein, 2009)。

某些情况下(如在危机期间)难以对具体的受众评论进行有效的监测，对此，一些用来呈现社会化媒体内容变化趋势的工具应运而生。了解这些趋势能够帮助风险沟通者确定应对策略的哪个环节需要作出调整(如在危机中开放避难场所)，以及通过其他渠道发布的信息是否有效传达至受众。

另一种监测受众认知变化的方法是观察某些关键词汇或概念在博客中出现的频率，以及这些词汇是如何被使用的。这方面风险沟通者可以借助集成了多个博客的门户网站，如Technorati.com就搜集与整合了数百万博客及其他用户生成的在线内容。

对那些目标受众为了解风险信息经常访问的博客进行分析也有助于了解受众认知的变化。博客的基调、人气和受众的回复都暗示了受众对某一风险议题的关注程度。回复的数量和其中赞成与反对的倾向显示了受众的分化程度，回复中使用的语言也能够体现受众的阅读水平和表达能力。

> 在当前的社会化媒体时代，坏消息在事件发生后马上就会被散布开来，组织再也无法像以前一样还能有几个小时或是几天的奢侈时间来考虑如何应对危机了。——Amiso George, in George and Pratt (2012, p. 33)

诚然，这类监测活动能够为组织提供大量有价值的信息，但风险沟通者仍需意识到其间存在的问题。第一个问题是隐私。Twitter和Facebook被认为助推了2010年和2011年的"阿拉伯起义"(George和Pratt, 2012)，但专制政权同样也能运用社会化媒体进行监看。如果这种监测对受众而言是显而易见的或众所周知的，受众很可能会有这样的疑问：到底有多少信息被收集？这些信息会被保存多久？其用途是什么？这其中的某些问题或许在组织的政策与工作程序中已经有了解答。例如，美国国会研究服务部建议，由联邦政府资助的信息技术系统的更新与研发都需要进行隐私影响评估。国土安全部2010年针对借助社交网站发送信息的活动进行了隐私方面的评估，并在2011年扩大了评估范围，将一般意义上的社会化媒体都囊括了进去(Lindsay, 2011)。

另一个问题是监测成本。监测工具固然可以自行收集与分析诸如Twitter等微博网站上每天生成的数以百万计的内容，但某些监测工具是付费后才能使用的。此外，一些社会化媒体网站的拥有者意识到他们所掌握的这些数据可以成为另一种收入来源，因此也开始收取费用。在决定哪一种工具最适合组织之前，风险沟通者需综合考虑多个方面的因素。

〉》各类社会化媒体的指导原则

虽然各类社会化媒体都可以被用于风险沟通，但它们在保护沟通、共识沟通和危机沟通中分别发挥着不同的作用，见表19-1。

表19-1 各种社会化媒体在不同类型的风险沟通中能做什么

社会化媒体的类型	风险沟通的类型		
	保护沟通	共识沟通	危机沟通
社交网站（如Facebook，Google+）	提供有吸引力的风险信息 分享风险经历 收集有关风险沟通信息及风险保护措施的受众反馈 让那些处于风险中的人相互咨询和支持 及时处理不实信息、澄清谣言	收集适用于风险管理和风险沟通的有益建议 上传利益相关者会议的现场视频 就会议场所向受众征求意见	更新应急响应和受众可采取的保护措施的信息 回击不实信息 了解受风险影响的受众的情况
博客或播客（如Blogger，WordPress）	提供有吸引力的风险信息 分享风险经历 培训护理人员，为遭受风险的人提供额外的帮助	收集受众对于风险管理的反馈意见 提供利益相关者会议的录音	在危机发生前调整优化应急计划
微博（如Twitter）	将用户导向社交网站、博客或其他网站上有吸引力的内容 更新利益相关者采取行动的信息 收集受众对风险信息或议题的反馈	更新利益相关者参与活动的信息 征求受众对风险沟通或风险管理的建议	更新应急响应和受众可采取的保护措施的信息 回击不实信息 了解受风险影响的受众的情况
文件共享网站（如YouTube，Pinterest）	分享风险亲历者的访谈以激励人们采取行动 分享风险后果的图片以促使人们采取保护措施 将数据加以可视化呈现，赋予其更丰富的涵义	分享利益相关者会议的现场视频或幻灯片	在危机发生前与受众分享应急计划
地图	展现风险随着时间推移发生的变化 通过定位为采取保护措施的受众提供更多帮助	就会议场所向受众征求意见 在地图上显示活动举办的地点 展示改变环境的可选方案	展示风险（如火灾、洪水、传染病）扩散趋势 为实施保护措施提供导航（如指示疏散路线、标明紧急避难场所） 识别面临危险的个人和基础设施

续表

社会化媒体的类型	风险沟通的类型		
	保护沟通	共识沟通	危机沟通
手机	开发可以跟踪记录保护活动的手机应用（如糖尿病日常管理、体重控制） 提供相关风险研究的最新信息	向受众发送有关利益相关者会议的提醒 让受众通过手机就风险议题进行投票	更新应急响应和受众可采取的保护措施的信息 了解受风险影响的受众的情况

社交网站 >>>

社交网站仍是用户使用最频繁的社会化媒体之一。截至2012年9月，Facebook的注册用户超过了9.37亿，其中来自北美地区的用户约为1.84亿。国际性的互联网数据统计机构"互联网世界统计"（Internet World Stats）的数据显示，50%的北美用户、38%的澳洲/大洋洲用户和29%的欧洲用户在Facebook上都很活跃(http://www.internetworldstats.com)。

社交网站用户的个人主页会列出他们的兴趣、愿意公开的个人资料及显示出其正在做些什么的简短消息（即状态更新）。个人用户一般通过"点赞"（liking）或"加好友"（friending）来建立联系。大部分社交网站也允许企业、组织和政府机构创建官方主页，受众可关注这些主页来获取更多信息。在Facebook这样的社交网站上，有很多涉及酒后驾驶、虐待儿童、艾滋病毒/艾滋病、滥用药物、抑郁等保护沟通议题的主页。在人们围绕某一议题更新状态或发表评论的过程中，共识就会慢慢达成，从而对共识沟通形成支持。此外，Facebook还可以用来开展应急沟通，例如国际原子能机构就在其Facebook官方主页上及时更新福岛核泄漏事故的相关信息（Lindsay, 2011）。

介绍使用Facebook开展多样化传播活动的书籍与文章比比皆是。可参考本章的"通过社会化媒体分享内容"部分了解开展风险沟通的其他指导原则。

微博 >>>

微博被用户用来与朋友、家人、同事或"粉丝"分享信息，其信息内容比较简短，一般都在140字以内。微博上的信息可以从一个关系网分享至另一个关系网，根据分享频率的不同，特定的信息既可能被成千上万的人看到，也可能从头至尾也没几个读者。比如，2010年美国科罗拉多州博尔德的很多居民通过Twitter及时了解福迈尔卡宁火灾(Fourmile Canyon Fire)的最新情况，其重点关注并积极分享的信息有火灾照片、志愿者组织的联系方式及为受灾的人们祈祷的请求。

总的来说，通过微博进行风险沟通的关键是发布那些会越来越多地被风险潜在影响人群阅读和转发的信息。为了分析对用户而言有价值的信息具有何种特征，有研究者设立了一个网站，请Twitter用户按照"值得阅读""不好也不差""不值得阅读"的标准，匿名将"推文"样本划分等级。统计结果显示，仅有36%的"推文"被用户认为"值得阅读"，其中，回复"粉丝"提问的信息被标为"值得阅读"而非"不好也不差"的几率，是以"维持更新"为目的的信息(如"你好，推特")的2.83倍。他们总结的发布信息的最佳策略包括为回复"粉丝"的问题加上井号标签(#)———一种能让本来就对某类信息感兴趣的人群易于获取该类信息的方法，分享信息量大的资讯，贴出自己创作内容的链接进行自我推广，以及发布诙谐、尖锐的杂想。而"不值得阅读"的信息往往存在如下问题：枯燥无趣、老生常谈、内容不清晰、信息量小以及使用了太多的标签(如#)或符号(如@)。此外，用户也不太喜欢关注那些与自己不相关的其他地方的新闻，他们更青睐与己相关的、真实、易懂、简单明了的信息(André等，2012)。关于制定风险沟通信息的更多内容可详见第九章。

博客和播客 >>>

博客是一种分享作者和回应者的观点的线上评论，其呈现形式有个人日志和出版物等多个种类，读者的层次亦不低于主流媒体。博客的主题也包罗万象，只要是在某一领域有一定造诣且愿意表达的用户都可以借助它发表自己的观点。

美国运输安全管理局在这方面是一个很好的例子。一提到这个机构，人们不仅能想到它的友好和公开透明，还会谈及其高效运作的博客。该博客每周的独立访客数超过4000，博主们会与访客就旅客观察名单、最新的安检技术等任何运输安全问题进行坦诚的对话。这个博客还设有一个"题外话评论"的板块，其博主们会在这里针对该博客不包括的主题发表评论。

有的播客会嵌入到博客中，有的则在独立的网站上发布。一条播客通常是一个mp3格式的数字音频文件，用户可以直接通过互联网下载。播客往往以广播秀的形式出现，如今许多传统的广播机构都将播客作为一种新型的音频内容分发渠道。

尽管多数播客可以直接下载或以流媒体的形式在线播放，但它与其他数字媒体还有一个不同之处，即用户可以使用"播客聚合器"(podcast aggregator)或"播客捕捉器"(pod catcher)等聚合阅读应用程序自动购买、订阅和下载。

在世界卫生组织的官方网站上，有几十条有关世界范围内健康问题的播客。用户可以订阅这些播客并作出反馈，有的播客还附带文字稿。这些播客的主题包括2008年缅甸"纳尔吉斯"强热带风暴（Cyclone Nargis）之后的健康恢复工作、肺结核病的防治及气候变化对人类健康的影响等。美国疾病控制和预防中心也发布了包括大学生的健康与安全、应急准备工作等多种健康话题的播客，其中一些用的还是西班牙语。

那么，应该如何借助博客和播客与受众分享风险信息呢？

• 筛选出博客内容涉及特定风险的博主并将其加入媒体名单，随后向其发送官方新闻稿或其他媒体信息。

• 对他人的博客进行评论，借此提供风险信息或在讨论中与他人分享风险信息。注意不要太过明显地向读者提及你的组织，否则不仅显得过于唐突，还会给风险沟通工作带来麻烦。

• 监测关注特定风险议题的博客。假设当某位资深公共卫生医师在博客中批评世界卫生组织对大流行性感冒所采取的应对措施时，组织应及时回应，表明其在这个问题上的立场和态度。

• 开通官方博客。使用人性化的语言，提供生动有趣的事实性信息，确保每周至少更新两次。当然，最好能做到每天更新。

更多的内容可参考本章的"通过社会化媒体分享内容"部分。

视频、图片和文件共享网站 >>>

很多社会化媒体网站都为用户分享内容和获取评论提供了平台。YouTube支持用户上传视频，Flickr允许用户分享照片，在Pinterest上用户可以分享图片及图形，而Docstoc和Slideshare.net这样的网站则共享了很多幻灯片展示素材。有很多负责风险沟通的组织都开始使用这些网站分享风险信息。例如，eyeSIGHT INTERNATIONAL是一家倡导在全球范围内与世界卫生组织等机构通力合作以预防"可避免盲症"（avoidable blindness）的组织，其在Pinterest开设了名为"its story in pins"的主题页面，介绍组织的服务内容、功能及其志愿者团队，以鼓励更多的人参与和支持。

如想更加有效地利用这些网站进行风险沟通，需要注意以下几点：

• 获得使用许可。在上传照片之前，风险沟通者需要从被摄者那里获得使用这些照片的书面许可。如果风险沟通组织没有照片的版权，那么发布这些照片还必须获得版权所有者的授权。同样，在视频中使用任意一段音乐，都必须确保其要么已进入公有领域，要么组织已经购买了版权，又或者已获得了版权方的使用许可。涉嫌侵权的内容会被社会化媒体网站删除，而组织在有的情况下还会被版权所有者起诉。

- 无需在视频画质和照片清晰度上过度纠结，关键是要优化网络信息环境并确保信息对受众是有价值的。例如，美国前陆军总参谋长小乔治·W. 凯西(George W. Casey, Jr.)在旅行途中使用便携摄像机flipcam记录了自己与驻扎在世界各地的美国士兵的访谈，并将其上传到他的YouTube账号"ChiefCam"上(Office of the Chief of Public Affairs, 2011)。

- 确保共享的内容适合受众浏览。这既意味着不要在保护沟通和危机沟通中过度使用图片——如用车祸的照片提醒人们在行车过程中应系好安全带或不要发短信，或上传地震或龙卷风过后废墟中的尸体照片；也要注意在发布信息时将其与相关背景联系起来以免受众误读。

- 确保掌握你所发布内容的所有权。一些社会化媒体网站"拥有"其平台上用户发布的所有信息，甚至无需征得发布者的同意就能转卖这些信息。

地图 >>>

地图已被证明可以在危机沟通中发挥重要作用，因为其可以清晰地展示风险的扩散态势、安全的撤离路线及避难场所的位置。不仅如此，德国某大学的地理与灾难管理研究人员发现，地图还能用来提升人们对风险的认知，帮助他们形成清晰的风险框架，显著提高风险沟通组织的可信度(Dransch等, 2010)。

组织可借助在线工具或与Google等在线地图开发商合作来开发地图应用。例如，"危机救援营"(CrisisCommons，网址为http://crisiscommons.org/)将自己描述成一个由技术机构、危机应对组织和政府部门的志愿者组建的全球性社区，旨在与公众一起合作开发并使用技术工具，以帮助组织应对灾难和在危机前提升组织的应变能力和反应速度。"危机救援营"活动在2010年海地地震中曾利用地图技术协助政府应对灾难，表现十分活跃。

地图的关键要素仍然是互动。使用者需想方设法地为受众提供深入了解信息的方法，突出他们最感兴趣的部分，或者增加信息量以优化风险的呈现形式。关于如何使用可视化的方法沟通风险可详见第十四章。

手机 >>>

手机已经成为风险沟通的一个重要手段，其在危机情形下的作用尤其明显。国际电信联盟(International Telecommunication Union)的数据显示，截至2011年年底，全球手机用户数将近60亿，普及率达到86%(http://www.itu.int/ITU-D/ict/)。"皮尤互联网与美国生活项目"则估计,到2012年3月有46%的美国成年人使用智能手机;当需要获取信息时,三分之二的美国成年人会马上用手机拨打服务电话或接入互联网进行信息搜索;此外还有近20%的美国成年人表示他们曾在紧急情况下通过手机寻求帮助(Zickuhr, 2012)。

手机也已经在各类风险沟通中被作为发布风险信息的重要渠道。例如,智能手机的应用程序既能使用户及时了解每天的卡路里摄入量,从而有效监测血糖或控制体重,还可以为用户制定应急响应计划、帮助用户监测周围的空气质量。此外,2012年,美国联邦应急管理局还与联邦通信委员会及无线运营商进行合作,往加入"无线紧急警报系统"(Wireless Emergency Alerts)的用户手机上发送地理定位的文本警报:总统安全警报、针对儿童绑架的安珀警报和极端天气等迫近威胁的警报。该系统使用的广播技术还能保证警报信息在紧急情况下不会因无线语音和数据服务所造成的网络拥堵而无法及时地传达给手机用户。

通过手机分享信息时务必使信息简明扼要且适合小屏幕显示。风险沟通者或许需要创建一个专用于手机浏览的网站并进行持续更新,当然也可以与软件公司合作开发专门的风险沟通手机应用程序。

〉》评估社会化媒体的沟通效果

效果评估往往是最容易被忽视的风险沟通工作,使用社会化媒体时也不例外。本书在第二十章介绍了评估风险沟通的通行的方法,但对于社会化媒体来说,传统的评估指标并无意义。美国加州大学河滨分校网络零售业中心(Center for Internet Retailing)的相关研究提出了评估社会化媒体的三个关键要素:品牌认知度、品牌参与度以及口碑(Hoffman和Fodor, 2011)。

在保护沟通中,可能需测量博客的独立访客数,组织就特定议题在微博或社交网站中被提及的次数,以及在同类型网站上组织获得的"粉丝"数。在共识沟通中,或许要测量用户的评论数,评论用户的态度分化情况,以及他们的评论是否逐渐趋同。在危机沟通中,则要重点关注信息的到达率和人们通过手机反馈的其正在采取的措施。

其他研究者还发现,追踪信息的扩散状态是反映社会化媒体中受众参与程度的一个十分有价值的指标,比如一则消息在Twitter上被转发了多少次或一篇博客被其他博客或网站转载了多少次。另一个重要的指标是某段时间(一个月、一个季度或一年)内"粉丝"的增加数。此类性能指标有助于判断社会化媒体的使用效果,以及为此投入的时间和金钱是否获得了相应的回报。

使用社会化媒体的清单

☐ 在决定选用哪种社会化媒体时考虑了受众接入和使用社会化媒体的情况

☐ 确认工作人员有足够的时间和能力来运用社会化媒体与受众沟通

☐ 组织为社会化媒体的使用制定了指导原则,且使用社会化媒体开展风险沟通遵守了相关规定和限制

☐ 使用社会化媒体是风险沟通整体计划的一部分

在分享内容时:

☐ 有效地呈现信息以使其更有吸引力

☐ 信息中包含受众关心的内容

☐ 信息便于受众分享

☐ 制定评论的发布政策和选择添加好友的标准

与利益相关者沟通时:

☐ 为用户发布内容制定指南的同时,拟好应对不实言论和过激言论的对策

☐ 遵守了组织的相关政策

在监测受众的认知变化时:

☐ 监测方法已获得认可,在如何保护个人隐私等问题上也达成了一致

☐ 收集信息是为了进一步开展和优化风险沟通

☐ 选择使用的是对此次风险沟通最为有效的社会化媒体类型,且正在按照最佳实践开展工作

参考文献

André, P., M. S. Bernstein, and K. Luther. 2012. "Who Gives a Tweet? Evaluating Microblog Content Value." Presented at the Association for Computing Machinery Conference on Computer Supported Cooperative Work, February 11–15, 2012, Seattle, Washington.

Center for Biosecurity. 2012. *After Fukushima: Managing the Consequences of a Radiological Release*. University of Pittsburgh Medical Center, Baltimore, Maryland.

Chew, C. and G. Eysenbach. 2010. "Pandemics in the Age of Twitter: Content Analysis of Tweets during the 2009 H1N1 Outbreak." *PLoS One*, 5(11): e14118.

Dransch, D., H. Rotzoll, and K. Poser. 2010. "The Contribution of Maps to the Challenges of Risk Communication to the Public." *International Journal of Digital Earth*, 3(3): 292–311.

George, A. M. and C. B. Pratt, eds. 2012. *Case Studies in Crisis Communications: International Perspectives on Hits and Misses*. Routledge, New York.

Hoffman, D. L. and M. Fodor. 2011. "Can You Measure the ROI of Your Social Media

Marketing?" In K. Partridge, ed., *Social Networking*. The Reference Shelf, The H. W. Wilson Company, New York, pp. 62–74.

ITU (International Telecommunications Union). 2012. *World Telecommunication/ICT Indicators Database*. http://www.itu.int/ITU-D/ict/ (accessed January 28, 2013).

Lefebvre, R. C. 2007. "New Technology: The Consumer as a Participant rather than Target Audience." *Social Marketing Quarterly*, 13(3): 31–42.

Leiderman, L. 2012. "Policy Making in 140 Characters of Less: NATO and Social Media." Research Paper No. 77, NATO Defense College, Rome.

Lesperance, A. M., M. A. Godinez, and J. R. Olson. 2010. *Social Networking for Emergency Management and Public Safety*. PNNL-19601, Pacific Northwest National Laboratory, Richland, Washington.

Li, C. and J., Bernoff. 2008. *Groundswell: Winning in a World Transformed by Social Technologies*. Harvard Business Press, Boston, Massachusetts.

Lindsay, B. R. 2011. Social Media and Disasters: Current Uses, Future Options, and Policy Considerations. 7-5700, Congressional Research Service, Washington, DC.

Office of the Chief of Public Affairs. 2011. *U. S. Army Social Media Handbook*. U. S. Army, Online and Social Media Division, Office of the Chief of Public Affairs, Washington, DC.

Smith, A. 2011. "Why Americans Use Social Media." Pew Internet and American Life Project. http://pewinternet.org/Reports/2011/Why-Americans-Use-Social-Media.aspx (accessed January 28, 2013).

Southeastern Louisiana University. 2010. "Twitter Used to Predict Flu Outbreaks." Science Daily at http://www.sciencedaily.com (accessed January 22, 2013).

Tinker, T. 2009. *Special Report—Expert Round Table on Social Media and Risk Communication during Times of Crisis: Strategic Challenges and Opportunities*. American Public Health Association, Washington, DC.

Wilson, K. and J. S. Brownstein. 2009. "Early Detection of Disease Outbreaks Using the Internet." *Canadian Medical Association Journal*, 180(8): 829–831.

Zickuhr, K. 2012. "Three-Quarters of Smartphone Owners Use Location-Based Services." Pew Internet and American Life Project. http://pewinternet.org/Reports/2012/Location-basedservices.aspx (accessed January 28, 2013).

拓展资源

Agency for Health Research and Quality. *Social Media Standards and Policy* (*Example*). http://www.ahrq.gov/news/socmedia/socstandpol.htm (accessed January 23, 2013).

American Red Cross. 2010. *Social Media in Disasters and Emergencies*. http://www.redcross.org

(accessed January 23, 2013).

Centers for Disease Control and Prevention. 2011. *The Health Communicators Social Media Toolkit.* http://www.cdc.gov/socialmedia/Tools/guidelines/pdf/SocialMediaToolkit_BM.pdf (accessed January 23, 2013).

Centers for Disease Control and Prevention. *CDC Social Media Tools, Guidelines & Best Practices.* http://www.cdc.gov/SocialMedia/Tools/guidelines/ (accessed January 23, 2013).

Department of Health and Human Services. *HHS Center for New Media.* http://newmedia.hhs.gov/ (accessed January 23, 2013).

# 第四编
评估风险沟通工作

评估会使每一项风险沟通工作受益,有效的评估不仅能帮助目前的工作达成预期目的和目标,还可以让今后的工作更加成功。

从公共卫生的角度去看,向公众发布未经测试的信息就和向其发售未经检测的药品一样不负责任。

——巴鲁克·菲施霍夫(1989, p. 115)

第二十章 风险沟通评估

每一项风险沟通工作都应有相应的方案对其作出评估。只要条件允许,无论是在风险沟通项目执行的过程中还是在项目结束后都需进行评估。过程中的评估可以告诉你若想达成目标应进行哪些调整,项目结束后的评估则能让你知道应在今后的工作中作出何种改变。当然,在风险沟通工作进展到一半时实施评估也是可行的,这利于风险沟通者进行中途修正。不过,评估的方案和时机取决于风险沟通者的目的和目标(比如,对于危机沟通的评估可能需要在最糟的情况过去之后再进行)、资金和资源,以及组织的制约因素。

〉》为什么要评估风险沟通工作?

对风险沟通工作的评估会耗费时间和资源。而事实上,时间和资源在很多风险沟通工作中都并不充裕,那么,又何必多此一举呢?

一方面,评估提供的信息可以用来优化风险沟通的政策、流程和实践。大多数涉及风险沟通工作的组织都会不止一次地沟通风险,从某次风险沟通工作中获取的评估信息将有益于今后工作的开展。

> 因为很少有风险管理者真的想知道他们做得有多差,所以评估往往会倾向于展示好的表现而非那些凸显棘手问题的情况。——Peter Bennett 和 Kenneth Calman (1999, p. 257)

另一方面,评估也可用于证明风险沟通工作符合了法律的规定。正如本书第三章所提到的,很多风险沟通工作是针对法律或法规作出的某种程度的响应。让监管机构知道你已经对风险沟通工作进行了评估,这有利于证明你遵循了法律条文和法律精神。

此外,评估还能向组织的管理层表明风险沟通工作是有价值的。如果评估结果显示风险沟通工作达成了组织的预期目标,管理层就更乐意继续给予资金支持,而假如评估结果显示风险沟通工作没什么效果,那么评估信息应当指明哪里还需作出改进。

卡内基梅隆大学的研究者格兰杰·摩根(Granger Morgan)和他的同事为了将心智模型方法(更多内容详见第二章)用于风险沟通而提到了一些建议，它们对于风险沟通评估工作而言可能同样适用：

1. "永远不要基于工程师的最乐观的猜测去设计一个新的产品。你应该秉承谨慎的经验设计和细致检测的原则。同样的标准也应该适用于风险沟通。"

2. "为什么不肯花费大笔资金来获取正确的信息呢？要知道这些钱可能只是你基于对公众的正确理解所获得的巨大收益中的很小一部分。"

3. "假如没有经过充分的测试，我们就不该推出新药。同理，误解风险可能带来一系列有损健康(和经济)的后果，因此如果没有充分认识到某项风险沟通工作的影响，我们就不该草率地实施。"(Morgan等,2002, p.180)

〉》成功的含义

近年来，许多评估工作因没有提供多少对改进风险沟通有利的信息而饱受抨击。尽管精心设计的评估方案对评估的成功至关重要，但如果风险沟通工作本身能具有某些特定的因素，对它的评估也会变得更容易一些。前美国国家司法研究院(National Institute of Justice)负责研究与评估的代理副助理主任埃德温·蔡德莱夫斯基(Edwin Zedlewski)协助提出用"可评估性评估"(Evaluability Assessment)的方式来确定何种方案可以让组织的投资回报最大化。采用这种方法，各个级别的组织都能节约可观的时间和金钱。

这个方法从测定哪些方案能支持缜密的结果评估开始。这一过程通常需要1-5天的时间，并由下面列举的这类问题加以指引：
- 方案的各个组成部分是否已经定型而非仍在调整之中？
- 方案的运作环节与其预期成果之间是否存在有逻辑且合理的联系？
- 是否有足够的案例或观察结果来支撑数据统计结果？
- 能否从对群体产生作用的其他因素中清晰地判断方案所带来的影响？

如果这些问题的答案都是肯定的，那么这个风险沟通方案就是一个很易于进行效果评估的备选方案(Zedlewski, 2006)。

然而，我们仍然需要考虑这样的问题：某个风险沟通项目如何测量其具体的活动，以及怎样才能判断风险沟通工作是成功的呢？追本溯源，成功的风险沟通工作与风险沟通计划密切相关：你的目标达成了吗？假设你一开始就选择了正确的目标

> 追本溯源，成功的风险沟通工作与风险沟通计划密切相关：你的目标达成了吗？假设你一开始就选择了正确的目标并实现了它们，那么，你的风险沟通工作就成功了。

别的一些评估因素也可以为改善今后的风险沟通工作——尤其是那些使用信息材料、面对面沟通、风险的可视化呈现、大众媒体和技术辅助应用等方式开展的工作——提供有用的信息。

马里兰大学研究卓越沟通和公共关系的大卫·多泽尔(David Dozier)及其同事建议，若想做好评估工作，至少需要在风险沟通方案实施前和实施后对目标受众的认知、知识、观点和行为进行测量(Dozier等，1995)。此外，比起过程，他们更支持针对结果的评估。

风险沟通专家温斯坦(Weinstein)和桑德曼(Sandman)(1993)提出，在权衡风险沟通工作是否成功时要考虑以下几个问题：

- 受众理解沟通的内容吗？
- 受众接受借由信息表达的解释和建议吗？
- 与处于较低风险水平的人群相比，高风险人群是否对风险的感知更强，抑或有更强烈的行动意愿？
- 处于同等风险水平的受众对该风险的反应是否趋于一致？
- 受众是否认为信息有益、准确且清晰？

若是涉及技术辅助沟通，测量标准则包括临场感(presence)、影响力和受众到达率。克雷格·列斐伏尔(Craig Lefebvre)还推荐了一些适合保护沟通的社会化媒体测量标准：

- **教育**。你有没有针对与受众相关的议题和问题对他们进行教育？
- **参与**。你是否在用积极而有意义的方式吸引受众？
- **娱乐**。你提供的方式和信息有娱乐价值吗？
- **赋权**。人们有没有因为参与了你的沟通活动及体验了你的服务而相信并感觉自己被赋予了权力？
- **"布道"**。你是否抓住机会让客户和受众在与他人交流时成为你这些项目的倡导者？

而对于利益相关者参与的方式，又必须考虑另一些因素。对此，塔夫茨大学的早期研究提出其应该包括(Rosenbaum, 1978)：

- **可达性**。风险沟通工作是否使受众有更多的机会获取相关信息、当着决策者的面发表自己的意见以及追究官员的责任?
- **公平性**。在决策制定过程中,是否对所有观点都给予了平等的审议?
- **响应性**。风险沟通工作是否促进了公众对决策的认可?

更多新近的研究都表明,评估利益相关者参与的工作可能非常困难。对于一方来说似乎还算成功的结果,在另一方看来却可能完全没办法接受。例如,若是避免了诉讼,一些组织就会认为沟通工作大获成功。然而,利益相关者则会愤然离席,感到自己的权益被剥夺,而自己依旧笼罩在风险的阴影之中。再比如,两位杰出的风险沟通专家——风险沟通咨询公司 Focus Group 的苏珊·桑托斯(Susan Santos)和罗格斯大学的卡朗·切斯(Caron Chess)使用了两种不同的方法来评估公民委员会(citizen boards)针对环境清理问题向美国国防部提建议的沟通工作。其中,理论性较强的方法考虑到了本章前面提到的一些因素(如公平性),它对该沟通工作的评价很低。然而,基于利益相关者认知的方法得出的结论却是该沟通工作无论是从过程还是结果来看都是成功的(Santos 和 Chess,2003)。

至于还需考虑哪些因素,我们应当视具体情况而定,如资源、组织要求和受众需求。基于既有的资金和资源支持,你是否取得了最佳效果?如果有更多人力和财力的支持,还会不会有显著的变化?类似于所有材料都需经过七级审批这种事情,有没有耽搁工作进度或削弱受众对组织的信任?最近的一次选举是否影响到受众对某一风险的看法,而你是否预测到这样的情况并作出了相应的计划?表 20-1 列举了保护沟通、共识沟通和危机沟通中可能需要考虑的其他评估因素。

表20-1　保护沟通、共识沟通和危机沟通的评估因素

保护沟通	共识沟通	危机沟通
受众行为的危险程度是否降低了?	是不是各类细分受众都有代表参与了共识的构建?	是不是所有的受众都对风险有所警觉?
这种行为上的改变持续了多久?	受众对风险的了解是否足以作出决策?	受众对风险的了解是否足以作出决策?
是不是所有的受众都对风险有所警觉?	对决策是否形成共识?	受众行为的危险程度是否降低了?
受众对风险的了解是否足以作出决策?	决策能否执行?	有关风险的信息是否一致?

》评估类型

一旦决定了要对风险沟通工作进行评估,你就必须首先确定评估的类型。对

于如何确定风险沟通评估工作，卡斯帕森(Kasperson)和帕尔姆伦德(Palmlund)(1989)总结了一系列需要考虑的因素，包括评估目标、评估者的选择、评估时机、对评估者的培训和管理、如何安排受众参与、评估的范围以及如何评判其成功与否等。

首先要明确评估工作的目标。你为什么要进行评估呢？可能的原因包括：了解现阶段的工作进展以便对其加以适时调整；知悉今后工作中需要优化的地方；向管理者展示沟通方案的执行成效；证明其遵守了法律规定。这些原因均适用于保护沟通、共识沟通和危机沟通。

> 该由谁来评估你的工作呢？可能的人选有参与风险沟通工作的人员、上级管理部门、外部的专业评估机构及受众。

其次是决定实施评估的人选。该由谁来评估你的工作呢？可能的人选有参与风险沟通工作的人员、上级管理部门、外部的专业评估机构及受众。选择谁取决于组织要求和实际情况。表20-2罗列了这些评估者各自的优缺点。

表20-2　使用各类评估者的优缺点

评估者	优点	缺点
参与风险沟通工作的人员	工作人员熟悉风险沟通方案和风险沟通的实践；通常无需审批；组织信任	监管机构或受众可能对其缺乏信任；或许很难做到客观地评估
上级管理部门	积极的互动会增加支持；比外部机构花费少；评估人员熟悉组织的制约	消极的互动会减少支持；监管机构或受众可能对其缺乏信任
外部机构	评估人员熟悉风险沟通实践；受众和监管者对其较为信任；可能更加客观	也许比内部评估花费更多；可能不了解组织的制约
受众	互动可以增加支持；受众最了解自己的需求；能得到受众的高度信任	可能很难得到批准；不了解组织的制约或风险沟通实践

再次是选定评估时机。何时执行评估才能最有效地获取你所需的信息呢？是在风险沟通工作开始前(即评估工作计划)、进行中还是结束后？在工作进行中的评估应该定期开展，这么做一方面能保证获取充足的评估信息；另一方面，评估活动也不会因为重新安排员工的时间和分配评估所需的资源而受到影响。工作结束后开展的评估可以趁人们对工作还有印象的时候抓紧时间完成。不过，假如记忆的保持效果也属于评估因素的话，评估工作就应当晚些时候再进行。

评估者的培训同样需要考虑。评估者是否知道要得到什么，以及他们有没有能力获取所需信息？如果你起用了缺乏经验的评估者，就需要找有风险沟通经验的人对他们进行培训，告诉他们要寻找什么及怎样才能找到。即使你选择的评估者经验丰富，你也需要向其介绍具体情况。与我们合作的一位项目管理者为了使技术信息准确无误，一直以来都聘请一个技术专家团队来评估其风险沟通信息。他还把自己需要遵守的法律、预设的受众和其他背景信息向该团队作出概述，这样一来，评估者就能结合语境实施评估。他发现这一做法有助于过滤掉那些针对具体情境显得不合理的意见和建议。

你还需要对评估者的工作进行监管，从而确保他们在收集信息的时候不会妨碍你自身的工作，并将获得的信息及时提交以便使用。

另一个需要关注的问题是如何安排受众的参与。受众应该在什么时候、用什么方式参与评估工作呢？受众参与有多种方式，例如他们自己就可以以评估者的姿态出现，在你有一个互动咨询委员会或焦点小组的情况下更是如此。另外，他们也能作为调查的对象。

评估的范围也必须划定。对专有资料的获取范围（特别是当外部机构实施评估时）和对受众的接触范围都需要纳入考虑，组织要求的范围亦当考量。此外，为评估设定一个期限也很有必要。

最后要对风险沟通工作的成功与否加以评判。评估者如何确定你的工作是成功的呢？正如本章曾提到的，他们应基于你的计划来评估。你的目标有没有达成？如果只评估计划本身，那么他们就要对照你对计划内容的阐述进行评估。

以上述这些因素以及你的最终目的和目标为基础，你就能设计出一个可以获得所需信息的评估方案。

〉》实施评估

在风险沟通领域中，不同于其他方面的是，探讨评估的文献屈指可数（例如Kasperson 和 Palmlund，1989；Regan 和 Desvousges，1990；Santos 和 Chess，2003；Weinstein 和 Sandman，1993）。值得一提的是，卡内基梅隆大学的朱莉·唐斯（Julie Downs）针对我们这里所说的"保护沟通"介绍了三种评估类型（Fischhoff 等，2011）。

第一种是形成性评估（formative evaluation），它是计划过程的一部分。在这个阶段，沟通者通过研究来了解目标受众以及受众如何看待风险这样的问题。焦点小组（在本书第十七章中讨论过）、访谈（第十五章）和心智模型方法（第九章）在该阶段都是很实用的手段。对受众及他们可能作出的回应加以确切了解，是制定沟通计划和信息材料的基础。

第二种是过程评估，即对风险沟通计划的实施情况进行评价，以确保每一步都能产生最佳效果。这种方法在许多人参与计划执行的时候尤为重要,其实施也要尽可能地保持连贯性。过程评估有助于解释为什么一项风险沟通工作能够达成预期效果,并使其他人明白如若采用相似的策略应当有怎样的预期。

> 因为你的目的和目标很可能关涉受众的反应(改变行为、获得认知),所以评估者必须考虑受众的反应以确定你的工作是否成功。

第三种是结果评估——风险沟通工作的目的和目标的完成程度。因为你的目的和目标很可能关涉受众的反应(改变行为、获得认知),所以评估者必须考虑受众的反应以确定你的工作是否成功。

确定受众反应的最佳方法是调查和访谈。基于具体的情况,调查可以通过邮件、电话、电子邮件或在现场完成。在调查时你需要考虑到自己的资源、受众的易接触程度及其意向。例如,《协作领导力:公民和公民领袖如何发挥作用》(*Collaborative Leadership: How Citizens and Civic Leaders Can Make a Difference*)一书的作者大卫·克里斯利普(David Chrislip)和卡尔·拉尔森(Carl Larson),在该著作的研究撰写过程中开发了一种用于共识沟通活动的测量方法,该调查包含了5个维度(工作背景、工作设计、利益相关者技能和态度、达成共识的过程、结果),在执行时要求调查对象从以下备选项中勾选其一:认同、基本认同、基本不认同、不认同。根据与其他方法的结果比较可以看出,这种方法与沟通工作的成功显示出直接的关联性(Chrislip 和 Larson, 1994)。

访谈既可以与受众代表单独进行,也可以采用焦点小组的形式。不过有时候,时间或组织的制约却使得调查或者访谈难以操作。例如,一些政府机构必须获得美国管理和预算办公室的许可才能开展对象为10人以上的调查。

评估受众对风险沟通工作的反应还有一些方法可供选择,它们分别是:

- 审查风险沟通计划。评估者可以审阅你的计划,并基于受众需求、组织要求和监管要求进行评估。例如,监管人员通常会评估组织的"超级基金"场所社区关系计划,以确保社区知晓并参与活动。

- 审查内容的具体信息。假如评估者在理论、原则和风险沟通实践方面都受到过很好的教育,他们就可能通过审查风险沟通的信息而指出一些问题。例如,密歇根理工大学的哈里逊·卡朋特(J. Harrison Carpenter)发现,借助文本定义专业术语的方式会对内容形成潜在的操纵(可能粉饰太平,也可能渲染恐惧)。他一直致力于找出能将术语及其解释加以分类的方法,并希望通过这一方法对风险沟通材料进行测试,以保证信息以恰当的方式呈现出来(Carpenter, 1997)。

- 审查整个工作,重点分析内容的连续性、时间安排和后续跟进情况等因素。风险如何被沟通常常与风险信息本身同等重要。评估者或许能够决定一些模式是应当改变还是继续坚持。例如,评估者会审查某卫生保健活动信息的发布时间、覆盖范围和具体内容,从而确保信息能在合适的时间触及目标受众。

美国核能管理委员会的研究者提供了三种低成本的评估方法:(1)阅读当地报纸来了解新闻报道是否与关键信息和事实相吻合;(2)请同事观察你们与受众的互动以了解受众的回应;(3)会议结束后请受众给予反馈(Persensky等,2004)。

不管使用哪种方法,评估基本上都遵循类似的流程。迈克尔·里根(Michael Regan)和威廉·德斯冯格斯(William Desvousges)(1990)在他们为美国国家环境保护局编著的风险沟通评估手册中,建议将评估过程分成五个步骤:

1. **明确风险沟通的目的和目标**。在评估自己做得怎么样之前,你必须清楚你试图实现的目标是什么。有关设定目的和目标的更多信息可参考本书第七章。

2. **了解评估所需的信息**。你需要什么样的信息来证明达成了目标?例如,如果目标是提升受众对某一问题的认知,你就应该在风险沟通工作开始前进行调查,探知当前目标受众的认知情况。在风险沟通工作结束后,你要再做一次调查,通过与前期调查结果的比较来分析受众的认知有何变化。

3. **收集信息**。作为风险沟通工作的一部分,你需要收集评估所需的信息。

4. **分析数据**。接下来你需要审视收集到的信息,总结趋势或找出难题。

5. **得出结论**。你需要确定若想强化积极的趋势或解决难题,需要做出哪些改变。

此外,他们还建议评估活动应该囊括在最初的风险沟通计划之中,以确保时机、资源和收集的信息都恰如其分。

有关评估社会化媒体运作的内容详见第十九章,评估公共卫生活动的相关内容可参考第二十三章。

风险沟通评估的清单

☐ 影响风险沟通工作是否成功的主要因素已经确定

评估之前已确定以下方面:

☐ 评估目标

☐ 评估者

☐ 评估时机

☐ 评估者培训

☐ 评估者管理

☐ 受众参与

☐ 可能的范围
☐ 对成功的评判标准

我的评估目的是：

☐ 改进实践
☐ 确定工作是否继续
☐ 证明遵守法律

为了评估风险沟通工作，评估者要：

☐ 进行受众访谈
☐ 展开受众调查
☐ 审查风险沟通计划
☐ 审查内容的具体信息
☐ 审查工作中内容的连续性、时间安排和后续跟进情况

评估者要按照以下流程进行评估：

☐ 明确风险沟通的目的和目标
☐ 了解评估所需的信息
☐ 收集信息
☐ 分析数据
☐ 得出结论
☐ 与风险沟通团队分享结果

参考文献

Bennett, P. and K. Calman. 1999. *Risk Communication and Public Health*. Oxford University Press, New York.

Carpenter, J. H. 1997. "Define and Conquer: Technical Definitions and the Rhetoric of Risk Communication." Proceedings of the Fourth Biennial Conference on Communication and Environment, State University of New York–Syracuse, New York.

Chrislip, D. D. and C. E. Larson. 1994. *Collaborative Leadership: How Citizens and Civic Leaders Can Make a Difference*. Jossey-Bass, San Francisco, California.

Dozier, D. M., L. A. Grunig, and J. E. Grunig. 1995. *Manager's Guide to Excellence in Public Relations and Communication Management*. Lawrence Erlbaum Associates, Mahwah, New Jersey.

Fischhoff, B. 1989. "Helping the Public Make Health Risk Decisions." V. T. Covello, D. B. McCallum, and M. T. Pavlova, eds., *Effective Risk Communication: The Role and Responsibility of Government and Nongovernment Organizations*. Plenum Press, New York, pp. 111–116.

Fischhoff, B., N. T. Brewer, and J. S. Downs eds. 2011. *Communicating Risks and Benefits: An*

Evidence-Based User's Guide. Chapter 3: "Evaluation." U. S. Department of Health and Human Services, Food and Drug Administration, Washington, DC.

Kasperson, R. E. and I. Palmlund. 1989. "Evaluating Risk Communications." V. T. Covello, D. B. McCallum, and M. T. Pavlova, eds. , *Effective Risk Communication: The Role and Responsibility of Government and Nongovernment Organizations.* Plenum Press, New York, pp. 143-158.

Morgan, M. G. , B. Fischhoff, A. Bostrom, and C. J. Atman. 2002. *Risk Communication: A Mental Models Approach.* Cambridge University Press, New York.

Persensky, J. , S. Browde, A. Szabo, L. Peterson, E. Specht, and E. Wright. 2004. *Effective Risk Communication: The Nuclear Regulatory Commission's Guidelines for External Risk Communication.* NUREG/BR-0308, U. S. Nuclear Regulatory Commission, Washington, D. C.

Regan, M. J. and W. H. Desvousges. 1990. *Communicating Environmental Risks: A Guide to Practical Evaluations.* U. S. Environmental Protection Agency, Washington, DC. EPA 230-01-91-001.

Rosenbaum, N. 1978. "Evaluating Citizen Involvement Programs." S. Langton, ed. , *Citizen Participation Perspectives.* Lincoln Filene Center for Citizenship and Public Affairs, Tufts University, Medford, Massachusetts, pp. 82-86.

Santos, S. L. and C. Chess. 2003. "Evaluating Citizen Advisory Boards: The Importance of Theory and Participant-Based Criteria and Practical Implications." *Risk Analysis*, 23(2): 269-280.

Weinstein, N. D. and P. M. Sandman. 1993. "Some Criteria for Evaluating Risk Messages." *Risk Analysis*, 13(1): 103-114.

Zedlewski, E. 2006. "Maximizing Your Evaluation Dollars." *National Institute of Justice Journal*, (254), July 2006.

拓展资源

Desvousges, W. H. 1991. "Integrating Evaluation: A Seven-Step Process." A. Fisher, M. Pavlova, and V. Covello, eds. , *Evaluation and Effective Risk Communications Workshop Proceedings.* U. S. Environmental Protection Agency, Washington, DC, pp. 119-123. EPA/600/9-90/054.

Desvousges, W. H. and V. K. Smith. 1988. "Focus Groups and Risk Communication: The 'Science' of Listening to Data." *Risk Analysis*, 8(4): 479-484.

Kline, M. , C. Chess, and P. Sandman. 1989. *Evaluating Risk Communication Programs: A Catalog of "Quick and Easy" Feedback Methods.* Rutgers University, Cook College, Environmental Communication Research Program, New Brunswick, New Jersey.

Santos, S. L. 1990. "Developing a Risk Communication Strategy." *Management and Operations*, November: 45-49.

Smith, V. K. , W. H. Desvousges, A. Fisher, and F. R. Johnson. 1987. *Communicating Radon Risk Effectively: A Mid-Course Evaluation.* U. S. Environmental Protection Agency, Office of Policy Analysis, Washington, DC.

第五编
风险沟通中的特殊情况

风险沟通者已经感受到某些特殊情况带来的挑战，这些挑战甚至超过了风险沟通者面向反感的(在保护沟通中)、沮丧的(在共识沟通中)或恐惧的(在危机沟通中)受众所开展的常规风险沟通所遭遇的困难。

对于风险沟通者而言，无法预测的突发事件和国际交流是两种最具挑战性的情况。2001年9月11日于美国发生的恐怖袭击以及随后爆发的炭疽病、疯牛病等公共卫生突发事件，均已表明针对突发事件进行风险沟通需要采取特定的策略和技巧才能成功。同时，商业、传播和危机的全球化也使得风险沟通者必须要理解风险的国际性并懂得如何开展跨文化交流。此外，作为风险沟通的重点，公共卫生沟通应当既能应对危机情境也能满足国际化受众的需求。

在突发事件风险沟通中，为公众提供有助于他们在极其有限的时间内作出尽可能最优的风险决策的信息，是风险沟通者的职责。

——琳达·苏克勒(Linda Sokler)，美国研究院地区常务董事，前景中心(2002)

第二十一章　突发事件风险沟通

本书将风险沟通划分为保护沟通、共识沟通和危机沟通，这种分类方式考虑了许多因素，比如科学专家和受风险影响的受众对风险量级的一致意见，受众或利益相关者参与的程度和形式，以及风险的紧迫性。在这一章，我们需要首先对危机和突发事件进行区分。传统意义上的危机指的是会直接导致某一后果的转折点。医疗工作者认为，危机是疾病的一个临界点，也就是说，危机的发生有一个过程，即便其不受欢迎，但并非全然不可预测。而突发事件则是需要立即采取行动的突然发生的或无法预知的情况，具有偶然性，没有预测程序可循，总是出人意料。基于这样的界定，一个已经泄漏了一段时间的地下储油罐突然破裂就是一个危机，而生物恐怖袭击则属于突发事件。一些近年发生的突发事件有疾病爆发（流行性感冒、肉毒杆菌中毒；严重急性呼吸综合征或SARS、西尼罗病毒）、自然灾害和与恐怖主义相关的事件等。

> 危机的发生有一个过程。突发事件则是需要立即采取行动的突然发生的或无法预知的情况。一个已经泄漏了一段时间的地下储油罐突然破裂就是一个危机，而生物恐怖袭击则属于突发事件。

风险沟通者长期应对诸如工业事故（设施内部危险物质泄漏、环境排放）和常规疾病爆发（季节性流感、麻疹）等危机。正如我们对风险沟通所做的分类那样，危机沟通是风险沟通的一个明显分支，拥有独特的战略战术。那么，突发事件的风险沟通与危机沟通有何不同呢？有时，突发事件的风险沟通在原则、战略与战术上与危机沟通、保护沟通甚至是共识沟通都有一些共通之处。然而，风险沟通者只有理解了突发事件风险沟通的独有特征，才能对突发事件的不可预知性做准备，并在事件中和事件后开展良好的沟通工作。

〉》理解突发事件风险沟通

突发事件本身所具有的一些特征会影响到风险沟通工作的开展。表21-1对此进行了详细的展示。

表21-1 突发事件风险沟通的特征

独特之处	详情	实践策略
目的	风险沟通者必须对事件进行解释，将其与相关背景联系起来，纠正错误认知，提供可选的应对措施，让人们自己做决定，动员人们恢复或重建，并帮助他们提升防备等级。	酌情运用保护沟通和危机沟通的指导原则。
紧迫感、变化快	在后果并不确定的情况下，必须在极短的时间内作出决定以降低仍然未知的风险，尽快从仍在恶化的事件中恢复。	承认随着事件发展，风险沟通可能是混乱的、自相矛盾的以及随时都会改变的。制定预案有助于减少混乱。
后勤保障中断	常规的或预先计划好的沟通渠道和沟通措施可能会失效，比如电力、移动电话、网络连接和通往事发现场的交通运输中断。	启动预案并在突发事件中灵活处理，以寻找替代性方案。
辖区内出现大量伤病人员的可能性	应急响应人员权限交叉、职责不清，家庭和朋友需要即时的信息，卫生保健类基础设施面临巨大压力。	组建由多个部门和组织参与的应急团队，寻求创造性的沟通方案。
密集的媒体关注	记者在不间断地挖掘和报道新闻。	指定发言人并对其加以培训，同时也要拟定候补发言人。
情绪反应	人们可能会产生一系列强烈的情绪，包括恐惧、愤怒、恐慌、否认、指责、团结他人、渴望帮助受害者，以及个人掌控力的需要。所有这些情绪都会影响人们对风险的反应。	制定并实施针对这些反应的沟通方案，包括告知人们可以采取哪些合理与适当的行动。
不完整或未知的信息	对风险的误解可能会影响人们的反应。不确定性也会增加受众的恐惧和恐慌。	在计划阶段和突发事件中纠正人们的错误认知。解释目前已知和未知的情况，说明这只是初步结果。介绍你们为获取更多信息而做了哪些工作。随着更多信息的掌握，承认之前的错误信息并对其作出修正。
多个组织参与其中，有时会出现工作相互冲突的情况，包括可能发生的执法调查证据的冲突	不同信源可能发布相互冲突的信息，从而在造成受众困惑的同时降低组织的可信度。	在制定突发事件应急计划时就获得其他组织的支持。了解各组织的职能、管辖范围以及后续行动中需要保留的证据/犯罪行为/监管措施。划清权力和责任的界限，确保每个人都明白自己的角色。
安全和隐私问题	有些信息是不能泄露的，如受害者的名字。	表明不能公开哪些信息，并解释原因。说明之后是否会公开，或是会在什么情况下公开。
公众的反击	事后人们可能会追究相关人员的责任。	评估自身的不足。对组织所犯的错误承担责任。解释在改正错误后现在正在做什么。

情绪和公众行动 >>>

人们在突发事件中的反应往往强烈而复杂。恐惧会令人以极端的、(有时是)不理智的方式行事来避免感觉到的或真实存在的威胁。尽管有研究表明,在一些自然灾害中人们会团结起来,普通人也会成为英雄,但生物恐怖袭击等突发事件则可能会因为生物制剂的不可见和初始时的未知性而使人们陷入更大的恐慌。例如,在东京地铁沙林毒气袭击事件发生后,数以千计的民众因担心自己可能会中毒而涌入医院,使医疗系统在短时间内不堪重负(Green等,2007)。

此外,人们还可能无动于衷或感到绝望,即认为自己做什么都是徒劳的。他们也许会否认风险,继而忽略警告,不相信威胁是真实存在的或不相信威胁会落到自己头上。与飓风警告相关的心理因素是一个很好的例证(Revkin,2011)。一些人会忽视强制疏散的命令,因为他们认为留下来保护自己的财产和家眷要比自己可能遭受的人身伤害更重要。那些经历过飓风的人则有可能对飓风形成一种错误的熟悉感,这使他们对当前的警告毫不在意:"我之前就经历过。"另外还有人会有自己可以掌控局面的错觉,例如即使情况变坏也可以通过用沙袋保护房屋抵御洪水等方法安全逃生。这些态度均会导致他们拖到最后一刻甚至是无法挽回之时才采取行动。

尽管会有这些消极的反应,但2001年"9·11"恐怖袭击事件之后美国开展的一项全国性的调查仍显示,人们希望获得与恐怖袭击相关的可靠而准确的信息,即便这些信息会让他们担忧、愤怒或恐惧。他们想了解真相,想知道谁应该对此负责,想感受到和其他同胞团结一致的力量(Fishhoff,2002)。

人们也不希望领导人隐藏他们对悲剧的反应。风险沟通顾问彼得·桑德曼(Peter Sandman)常常引用前纽约市市长鲁迪·朱利安尼(Rudy Giuliani)的例子。当朱利安尼在世贸中心遇袭仅数小时后被问及伤亡人数时,他简洁地回答:"远非我们所能承受。"桑德曼认为,朱利安尼在这一事件中获得的声望,不仅仅源于他的冷静、能力和同情心,更是因为这些特质与他表现出的悲痛联系在一起,这种溢于言表的悲悯之情使他得到了人们的认同和支持。

桑德曼也提出,风险沟通者不应试图作出过分的保证,或者说服人们相信没有什么是可怕的。人们可以适度地担心,要承认并接受受众的忧虑是合理的,然后告诉他们正在开展的应对工作有哪些以及他们能做什么。

在突发事件中,特别是事件涉及公共卫生的情况下,告知人们可采取何种合理的行动至关重要。风险沟通者希望人们对相关事态保持关切与警惕,并采取合理的预防措施。通过行动,人们得以共同掌控局势,在有些情形下还可以阻止事态进一步恶化。赋予人们建设性的角色不仅能使其凝聚在一个共同的使命之下,还能为其带来掌控感。人们可以为自己、受害者和突发事件的应急人员做一些有益的事,也可以为降低并最小化风险做些准备。

> 赋予人们建设性的角色不仅能使其凝聚在一个共同的使命之下,还能为其带来掌控感。

桑德曼建议向公众提供与其担忧程度相对应的、包括三种方案的行动选择:一个最低级别的预防措施、一个最高级别的响应措施和一个推荐采用的中间级别的响应措施。例如,在饮用水安全方面,一名公共卫生官员也许会向公众介绍下述三种可选方案:使用氯滴剂(最低级别预防措施)、饮用瓶装水(最高级别响应措施)、将水煮沸并保持沸腾2分钟(推荐采用的中间级别响应措施)。另一种理解这三种选择方案的方式是:你必须做X,你应该做Y,你可以做Z。

信任 >>>

建立可信度和可靠性是风险沟通的重要主题。从理论上说,信任的建立需要一个过程,它是持续行动、倾听及运用沟通技巧的结果。在突发事件中,如果应急响应组织被人们所信任,那么这将非常有助于组织的相关工作;假

> 信息是突发事件或灾难中最具有价值的商品,其有助于生成关注度和信任感。——S. A. Barrantes 等(2009, p. 12)

如组织缺乏外部信任,抑或人们还没有与其进行足够的联系以建立信任,组织就必须为此付出更多的努力。

研究已经表明一些因素会促进信任:关怀和同情,奉献和承诺,能力和专业,诚实和公开,受托责任,保密,以及公平(Slovic, 1999; Thomas, 1998)。然而,专家之间存在分歧,风险管理组织之间协调不力,不注重倾听、对话和公众参与,不愿承认风险,不及时发布信息,未严格履行风险管理职责等情况,则会削弱组织的可信度和可靠性(Chess 等, 1995; Covello 等, 1989)。

近年发生的许多案例都凸显出在突发事件风险沟通中建立信任的重要性。2010年墨西哥湾的英国石油公司(BP)漏油事件中,BP首席执行官唐熙华(Tony Hayward)的言论极大地破坏了公众对BP的信任。他声称不存在溢油羽流;漏油对环境的影响将微不足道;导致清理工人生病的原因并不是燃烧油污,而可能是其他因素,比如食物

中毒。说着"希望能过回以前的生活"的他表现得毫无同情心,尽管在最初的井喷事故中有人死去,他却拒绝承认此次事故造成的生命及生活损失。于2002年出现在中国南方的SARS最终平息于2003年,在此期间该疫情在全球范围内造成了800多人死亡,中国的有关部门由于最初对病例的隐瞒而受到很多批评。在中国香港,SARS也使299人不幸罹难,而香港的卫生部门竟然是从新闻报道中才得知此事。不过,值得赞许的是,中国随后建立了24小时在线监控和咨询系统,以收集信息并解答医疗问题,为今后类似事件的发生作出应对准备。

> 英国政府在疯牛病流行时所犯的大错是掩盖事实和隐瞒数据。官方的保密行为导致了更多焦虑的产生。英国的教训是显而易见的:如果公布了更多的事实,消费者就会感到更安全,也会降低对行业造成永久性损害的可能性。——《华盛顿邮报》,2003年12月28日

同样,英国政府亦因在20世纪80年代疯牛病于本国快速传播的初始阶段掩盖了相关事实而饱受抨击。或许是从这一事件中汲取了教训,当2003年疯牛病出现在美国时,美国的政府机构和行业团体迅速和公众就召回肉制品、追踪病牛来源、确保食品供应安全等问题进行了沟通。

在2001年炭疽攻击事件初期,由于当时掌握的信息有限,美国疾病控制和预防中心错误地宣称炭疽孢子不会从密封的信封中泄漏,进而感染邮政工人。随后,他们纠正了这个信息并承认了自己的错误,这提升了机构今后处理事件的可信度。这些例子表明,告诉人们你知道什么和不知道什么,并在发现错误后及时更正是非常重要的。

谁来传递信息也会影响信任度。研究者们发现在突发事件风险沟通中,地方官员和应急响应人员比联邦政府官员更被人们信赖(Tray等,2006)。因此,如果遇到突发事件,州或联邦政府机构应该酌情发挥这些人员在风险沟通中的作用。

> 个人的信誉有时比组织的公信力更有影响力。

个人的信誉有时比组织的公信力更有影响力。研究表明,人与人之间的直接沟通最能影响一个人信任健康类信息并采纳相关建议的意愿(Covello等,2001)。在华盛顿特区炭疽攻击事件期间,美国疾病控制和预防中心流行病学调查服务中心(Epidemiologic Investigation Service)的一位官员多次与布伦特伍德邮局的邮政工人讨论抗生素。在一个公开场合中,当这位官员建议除接种炭疽疫苗外再进行30天的抗生素治疗时,人群中一位激进人士大声发表煽动性言论。但因为这位官员已经将自己打造成了一个可靠和可信的信息源,其余的听众非但没有附和这位激进人士,反而叫他保持安静,以便听清这位官员要说什么。

政府当局在平时表现出的能力、公正、富有同情心、诚实和公开能够增强自身的公信力(Cordasco等，2007)。负责制定灾难应急响应计划的公共健康和突发事件应急响应小组可视具体情况从教会、社团、学校或工会等处邀请社区代表参与到计划和响应之中。

组织如何应对社会的多元化也会影响到人们对它的信任。2005年，尽管已发布了强制疏散命令，但仍有超过10万名新奥尔良居民没能在"卡特里娜"飓风(Hurricane Katrina)登陆前撤离。有研究指出，对政府的不信任在很大程度上影响了那些没有撤离的人，特别是穷人和少数族裔(Cordasco等，2007)，有一些人甚至认为政府故意将洪水引到穷人区以拯救富人区。

在1999年西尼罗病毒爆发时，纽约市政府制作并发放了用10余种语言编写的小册子和情况说明书。但是，由于忽视了针对易感人群的沟通，如提醒哮喘患者应在何处及于何时服药，其公信力还是受到了削弱(Covello等，2001)。

〉》做好应对突发事件的准备工作

应对突发事件需未雨绸缪，组织不仅要了解紧急情况下社区和组织辖区内公众的需求和愿望，制定书面计划并使之获得批准，还要培训员工、教育公众、获取计划中需要的资源，并确保相关设施到位以便落实计划。这些准备工作应由组织与利益相关者和合作伙伴一同完成，包括可能受到突发事件影响或会对突发事件作出反应的公众，以及那些执行计划的人。接下来我们将为组织的准备工作提供一些指导原则，这些原则重点关涉的方面有：确保组织已准备就绪，与其他组织联合起来，事先与社区成员开展合作，确定合适的沟通方式，以及制定应急沟通计划。

让组织准备就绪 >>>

许多组织在突发事件的应急响应中被寄予厚望。公共部门中的州和地方的应急响应小组一直处于待命状态，随时准备投入到人员的救援与基础设施的抢修之中。对于私营企业而言，它们会捐赠重要的救援物资并提供志愿者服务。虽然有效的应急响应需要很多组织的通力协作，但每一个组织也应清楚自己在应急过程中的角色，这与风险沟通没有区别。

组织必须投入足够的时间和精力才能保证在突发事件中有效地沟通风险，不过，这并非简单地整合沟通工具，而是更关乎态度与过程。阻碍突发事件风险沟通的因素往往不是缺乏设施或技能，而是在角色和责任的问题上没有达成共识。此外，确保组织内部的员工能在突发事件中接收和分享信息也是非常重要的。

在开始沟通前检查自己的态度和流程

负责突发事件风险沟通的组织必须在开展沟通工作之前检查自己的态度和流程。我们曾在第四章讨论了如何处理对风险沟通无所助益的态度，如对法规的"恶意盲从"，对公众持悲观看法，不愿意分享权力，管理层的冷漠或反对；并介绍了怎样应对那些关涉资源分配不合理、审批程序不恰当、与组织要求相冲突和妨碍人员及信息获取等方面的流程。虽然这些问题会制约任何类型的风险沟通工作，但在突发事件的应对中它们的影响会被放大。所以，最好在开展沟通工作之前头脑还较为冷静时解决这些问题。

组织还必须在突发事件发生前处理可能出现的道德伦理问题。第五章我们探讨了主要受众的确定、可接受的风险程度、代表的合法性以及劝服的使用等相关议题。各个组织应对这些议题的思路和方法可能各不相同，但在突发事件中与新闻媒体和公众沟通时，就如何处理这些问题与应对团队的成员机构达成一致则十分重要。

你想让我做什么？明确员工的角色

突发事件的应对需要广泛的团队合作，组织无论是对内还是对外都需要清晰地确认自己的角色。你们是否属于第一出动人员，不仅要立即赶往现场去收集关于事态严重程度、影响范围的信息以便其他团队成员进行沟通，还要尽可能减少公众恐慌并促使公众采取恰当行动？组织是否负责从各个信源那里获取信息，提炼并形成一个高度整合的信息以使所有团队成员形成统一的口径？你们是不是需要面对新闻媒体和公众的发言人？你们是否提供人员或设备的支持并因此要与决策者就其需求和你们自身的能力进行沟通？

> 应急响应团队的各个成员组织也需要了解并认可彼此的角色。

所有参与应急响应的组织内部员工都需要理解组织在这一过程中要扮演的角色，应急响应团队的各个成员组织也需要了解并认可彼此的角色。

基于组织的角色和授权，组织内部的相关人员也要明确自己的职责。谁是组织的联系人？谁是组织的发言人？谁负责风险分析和响应分析？谁来实施组织的内部沟通？一些政府机构设定了"任务基本功能"（mission-essential functions）——即便在遇到巨大灾难且已无法正常运转的情况下也必须维持的活动。那么，你所在组织的"任务基本功能"是什么？由哪些员工来完成这些工作？他们如何与彼此、与组织中的其他成员、与其他的合作机构以及与新闻媒体沟通联系？

表21-2显示了与突发事件风险沟通各环节对应的人员角色。这些角色与相应的职责参照了美国各地诸多突发事件管理机构所使用的"事故指挥框架"（incident command structure）。虽然有的领域对角色的称呼并不相同，但同一种角色的职责是类似的。

表21-2 突发事件风险沟通中的人员角色

在突发事件中的角色	在突发事件风险沟通中的角色	具体活动示例
事件指挥官——管理突发事件的应急响应工作	应急响应工作的最高级别官员，公共信息官的管理者	·和公共信息官等负责人一起主持每小时至每日的新闻发布会 ·与公共信息官分享信息 ·对拟发布的信息进行审批
安全专员——保证应急响应人员得到充分的保护	主题专家，提供安全方面的信息（预防措施、限制等）	·在初始阶段向公共信息官介绍基本状况，并随着事态发展向其提供更多的信息
公共信息官——保证公众和新闻媒体能够获得恰当的信息	发言人或发言人的培训者、信息的渠道	·与其他负责人一起参加新闻发布会 ·监测公众和媒体的信息需求 ·针对计划和情报工作，提出收集哪些数据的建议 ·加工信息提供给公众和媒体 ·担任或培训发言人 ·回应公众和媒体的信息需求
机构联络员——确保与合适的组织进行合作	主题专家，提供其组织在应急响应行动中的工作信息（人员投入、职责等）	·在初始阶段向公共信息官介绍基本状况，并随着事态发展向其提供更多的信息
机构代表——管理其机构负责的应急响应工作	主题专家，提供其组织职责方面的信息，在组织内部分享应急响应信息；也可以担任组织的发言人	·按照要求回答公共信息官提出的问题 ·可能担任机构发言人
计划和情报人员——收集和分析信息，为应对行动提出建议	收集数据并与包括公共信息官在内的应急响应团队分享信息	·除突发事件信息外，还应收集有关风险沟通的信息 ·定期向公共信息官介绍情况
后勤人员——提供支持、必要的设施和供给	为内部沟通和外部沟通提供必要的设备	·了解风险沟通的需求 ·提供设备、设施和其他风险沟通所必需的物品
财务/行政人员——管理花费、支付和采购	筹措资金以支付沟通费用	·计算费用 ·支付账单

与内部人员进行沟通

在恐怖袭击或疾病爆发等大规模的突发事件中，组织内部的员工也很有可能像公众一样受到影响。即使对于那些没有直接受到事件影响或参与应对工作的人员来说，像电话线路中断这类基础设施毁损的情况也会阻碍他们通过传统的沟通渠道获取信息。此外，突发事件风险沟通的计划往往只针对组织外部的新闻媒体或公众，却忽略了组织内部的员工和管理工作。因此，组织需要考虑如何在突发事件中与内部员工有效沟通。

在突发事件中，组织内部员工一般会有几类较为广泛的信息需求。他们需要知道从工作的角度出发组织需要他们做些什么。如果突发事件发生在非工作时间，他们是要照常来上班，还是换到别的班次，或者到其他地方报到，抑或就地避险？若是突发事件发生时他们正在工作，那是否要从建筑物内疏散出去，或转移至应急避难场所，还是直接回家？

> 没有发生突发事件的时候，组织内部员工则需要知道怎样才能获取突发事件信息和从何处可以找到更多的信息。

一旦突发事件发生，组织内部员工也需要了解那些公众想要知道的事情，包括突发事件的严重程度和影响范围，当前正在采取的应急举措，以及他们能够为此做些什么。而没有发生突发事件的时候，组织内部员工则需要知道怎样才能获取突发事件信息和从何处可以找到更多的信息。一些组织将突发事件时的内部沟通列入沟通部门的职责范围，但假如沟通部门的人员也需要担任公共信息官，这样安排的问题就暴露出来了：公共信息官必须向外看，即要面向其他组织、新闻媒体和公众；这种聚焦外部的特质以及为此投入的大量时间将使沟通人员无暇顾及内部沟通。对此，最好将组织内部沟通工作交给人力资源部等部门负责。

为了让内部员工确切地了解自己在突发事件中的职责，他们必须接受相关培训并强化自己的训练。那些曾齐聚以色列共同商讨应对与恐怖主义相关的突发事件的风险评估和风险沟通的研究者（Green等，2007）建议，组织应该对员工在突发事件中如何行事详加考虑。例如，如果员工可能暴露在辐射之中，他们需要脱掉多少衣服来清除辐射污染？他们是否需要一些东西来保持体面？假如他们的汽车钥匙和手机等私人物品需暂时被没收以便去污，那么他们该怎么回家？

由于突发事件很少发生，因此若非经常提醒，人们将很难记住应对之法。一些使用安保胸卡的组织将应急响应信息列在胸卡或与胸卡一起佩戴的卡片上。有的组织会向员工发放含有应急响应信息的冰箱贴、能放进钱包的名片大小的信息卡或可以放在家中的小册子。此外，组织还可设立专供内部员工使用的热线电话和内部网站。

与其他组织联合起来 >>>

除了对自身的职责加以明确，组织还要了解自己在与其他组织合作时扮演何种角色。有效地应对突发事件(特别是那些区域性或全国性的事件)离不开方方面面的支持。假如发生突发事件，地方、州和国家层面的医疗机构、急救人员、消防部门、警察机构和民间组织都会视需要适时作出响应。有的突发事件中，私人组织会以志愿者或重要物资捐助者的角色参与应对。

有时，一些地方组织担心自己会落入孤军奋战的境地，然而近年来应对突发事件的经验表明，只要事件发生，加入应对的力量之大总是超乎我们的想象。这就像佛罗里达州棕榈滩县的卫生官员在当地发现炭疽病后所说的："一旦这里发生了事故，他们就会赶来。"但问题是，有了这些帮助之后你将如何行动？

> 一旦这里发生了事故，他们就会赶来。——佛罗里达州棕榈滩县的卫生官员对在当地发生炭疽病后前来帮助应对的人员所做的评价。

美国联邦应急管理局建议基于"紧急支持功能"(emergency support functions, ESFs)框架筹划和组织突发事件的应对行动，该框架中与风险沟通最相关的是涉及公共卫生的ESF8和涉及外部事务(公共信息)的ESF15。应急响应团队的组建需要确定谁来领导，分别由谁负责哪个支持功能，成员组织如何一起决策，哪些支持是必需的，如何向成员组织传达指令，以及在什么地点碰面开展应对工作等。这些细节都需要详细写入应急响应计划，并得到所有成员组织的审查和认可。

在就各成员组织的角色达成一致之后，组织需要进行内部培训并与其他组织一道开展联合演练。这些训练既有助于在突发事件尚未发生时就发现应急响应计划中的问题，也能促使工作人员牢记自己的职责。组织也可以考虑让新闻媒体参与到培训之中，从而确保他们知悉信息的发布者和发布方式(Green等，2007)。与医生和公共事业单位(水务、电力)一起参与现场演练的公共卫生机构发现，团队高效合作的关键是反复地对彼此可能的应对举措进行确认，这样，一旦发现误解便可以及时纠正(Parkin等，2008)。

这里需要强调的是，培训是必需品而不是奢侈品。在1993年纽约世贸中心爆炸案及1995年俄克拉荷马城爆炸案之后，1998年美国国会明确要求要针对恐怖袭击开展演习，演习一方面能用来评估国家在极端情况下的危机管理能力，另一方面则可用于确定哪些领域需要更多的培训和准备。在总结了2009年应对H1N1流感大流行中的经验教训后,美国政府责任署(Government Accountability Office)发现跨部门演练中建立起来的关系在真实的突发事件应对中具有很大价值(GAO, 2011)。

在各类演习中,一个在2000年开展的代号为"高官"(Topoff)的跨州生物攻击演习显示,来自科罗拉多州的参与者没有仔细考虑实施检疫隔离的后果。演习时州长发布了对丹佛都会区的旅行限制令,美国疾病控制和预防中心同时隔离了整个科罗拉多州。然而,这些命令引发了许多始料不及的问题,包括如何执行这些限制,如何维持基本的社区服务,以及如何分发食物和药品(Hoffman, 2003)。

2003年,美国国土安全部在西雅图和芝加哥举行了一个针对放射性武器和生化武器袭击的代号为"高官2"(Topoff2)的演习。在一个多星期的时间内,这两个城市的急诊室涌入了数百名"受害者"。加入这项耗资1600万美元的演习的人员来自100多个联邦、州和地方机构,总数超过8.5万人,这还不包括(加拿大)不列颠哥伦比亚省的数百名参与者。参加此次演习的人员获得了用于避免传染医护人员及其他病人的、进行大规模伤员鉴别分类和隔离的一手知识。此后,国土安全部持续依照"国家应急演练项目"(National Exercise Program)的要求发起大规模的应急响应演练。"国家应急演练项目"为联邦、地区和州的各项演练活动的优先选择与协调运作提供了一个框架,美国每年都会举行一项涉及多个地区和机构的国家级别的突发事件应急响应演习。

事先与社区成员开展合作 >>>

在确定组织自身和团队层面的角色与职责之外,组织还需要考虑与公众进行合作。在突发事件应急响应人员各尽其责的过程中,有时会将公众看作是被动的旁观者,这就如同在车祸或犯罪现场公众会被处置人员用黄色警示带隔开一样。但研究者格拉斯(Glass)和肖赫-斯帕纳(Schoch-Spana)(2002)则认为,灾难事件带来的伤亡会超出现有资源的支撑范畴,组织必须利用公众的力量。

> 通过公共教育、让公众参与准备过程以及让他们的声音在对其产生影响的决策中占有一席之地,都会使受到威胁的人获得一种合法的控制感。——Vince Covello等(2001, p.389)

应对灾难时,人们往往会随机应变、互相合作、多谋善断。2001年的纽约恐怖袭击事件中,志愿者和其他救援团队不顾再次被攻击或大楼倒塌的风险,在遭受撞击的世贸大厦附近展开救援行动。加入搜救工作的志愿者不仅速度快而且数量多,为专业人员提供了很大的支持。

袭击发生后，受影响的社区会由地方政府、救援团队以及教会、邻里协会、工会组织等民间团体组织起来。1991年海湾战争期间，以色列有效利用了各社区信息中心的网络发布医疗信息、用药指南和有关医院、诊所及药房开放情况的报告(Sachs等，1991)。

突发事件应急计划正越来越多地在识别、调查和遏制疾病爆发以及看护大批伤员等方面纳入可以充分发挥非专业人士力量的方案。当应对生物恐怖袭击事件时，卫生和生物防疫研究人员建议借助教会团体来发放抗生素、召开疫苗接种会议或安排探望病患家庭(Glass和Schoch-Spana, 2002)，如同济会(Kiwanis)或扶轮社(Rotary Clubs)等社会团体可利用电话联络网来搜集病例报告、跟踪接触者或传播用药指导信息。在美国疾病控制和预防中心的SARS沟通计划中，该中心提议美国肺脏协会和其他团体协助向各社区团体扩散有关SARS的教育信息(CDC, 2003)。

> 对突发事件的响应应该善用人们想要帮助他人的愿望，特别是利用现有的社会团体。

除了整合公众志愿者的力量，组织在制定突发事件风险应对计划时还应运用参与式的决策流程。1999年西尼罗病毒爆发期间，风险沟通研究者和顾问文森特·科万罗(Vincent Covello)认为，纽约市的官员们没能充分了解利益相关者对某些政府应对行动的担忧。例如，野生动物专家和环保团体就对市政府使用直升机高空喷洒马拉硫磷(Malathion)杀虫剂来控制疾病的决策表示出愤怒(Covello等, 2001)。科万罗主张在针对那些需要社区伦理判断的响应时，比如设定使用抗生素和疫苗等稀缺医疗资源优先次序以及制定可能有损公民自由的流行病控制措施时，可寻求公民顾问团或其他社区领袖的帮助。

确定适当的沟通方式 >>>

当灾难发生时，一方面人们需要尽可能多的信息源，另一方面技术手段也更多地被用于告知人们与突发事件相关的信息。尽管社会化媒体的作用不断凸显，但电视和广播等大众媒体仍然是突发事件中最普遍的沟通方式。由于本书别的部分已经对这三种沟通方式作出了详细的描述，因此这里只介绍其他在突发事件中会用到的沟通方式。

互联网

更新频繁的网站是一个很好的信息源。通过网站人们可及时了解在突发情况下要做些什么以及万一发生了突发事件该如何应对。比如某化学武器库就建立了一个集纳多种突发事件响应信息的网站,网站中有一张标明周围区县学校位置的地图,并为每一所学校设计了具有针对性的应急预案(就地避险和疏散等)。该网站还向公众提供了一个为突发事件做准备(如在突发情况下如何行动)的操作指南,一个一有新消息发布就加以更新的新闻稿存档,以及公共信息官的联系方式。

对于如何在突发事件中使用网站,海耶尔和科万罗(2005)给出了如下建议:

- 预先准备好基本的内容,以备在突发事件发生时快速上传。
- 提供恰当的联系信息,如热线电话。
- 确保网站上发布的所有内容都通过了准确性审查。
- 列出同样包含应急信息的合作网站链接,并为这些网站提供信息。
- 随着信息的变化更新网站。

在流行病爆发等公共卫生突发事件中,泛美卫生组织(Pan American Health Organization)建议网站还应包含以下信息:

- 来自多种机构的报告,包括卫生机构自身的情况报告。
- 关于事件影响的地图和数据。
- 流行病学相关信息以及有关卫生保健设施状况的信息。
- 和突发事件相关的照片。
- 公众的行动建议。
- 新闻稿和其他针对新闻媒体所发布的信息。
- 与地点、疾病和受影响人群相关的背景信息。
- 其他可靠的信息来源的链接(Barrantes 等,2009)。

值得注意的是,虽然互联网在突发情况下有很强的适应能力,但其局限性也很明显。2001年纽约市恐怖袭击事件发生后,迅速形成的前所未有的用户需求给新闻网站的服务器带来了巨大压力。网络服务提供商立即采取了降低网页的复杂度、运用替代机制发布信息、重新分配计算资源等多项措施去有效满足用户的需求。有的情况下,在物理或网络层面自动重选路由能使网络流量绕开基础设施存在故障的部分。该事件中更出人意料的是,因为与纽约市的互联网相联,欧洲和南非部分地区的互联网服务也一度失去了网络连接。

此外,许多人还会在突发事件中使用互联网辅助技术手段。当恐怖袭击发生后,电子邮件和即时通讯的使用量会大幅攀升。纽约市一家医院则借助外部互联网链接来连通其无线设备。

美国国家研究委员会建议,在灾难中必须运行的关键业务及服务应该:

- 备有冗余网络链接,至少需要来自两个网络提供商且通过至少两个物理链路或管线相连。

- 执行对互联网依赖关系的"端到端查核"(end-to-end audit)。
- 制定针对网络流量剧增的应对计划。

如今,Skype之类的网络电话也越来越多地被当作远程通讯的替代方案应用于突发事件之中。这使得通过互联网传递语音成为可能。不过,网络电话系统遇到使用高峰时也会承受巨大的压力。一个互联网工程任务组已为解决这些问题提供了技术建议(McGregor等,2006)。

20世纪90年代以来,公众志愿者不断将网络技术和卫星成像技术用于灾难应对之中。"众包"(有时被称为"志愿者技术团体")的方式有助于调动志愿者和技术力量在突发事件等情境下迅速响应。由于此类实践的促进,一些公众自主研发的工具陆续问世,例如可以绘制危机影响区域及确认哪些居民必须撤离的工具。"危机救援营"(Crisis Commons)就是这样一个有组织的全球志愿者网络,它致力于使用开放的技术为危机应对提供帮助。截至2011年,该团队已有2000余名训练有素的志愿者,这些志愿者可运用其在技术、社会化媒体使用和组织等方面的技能开展分析、策划、报告、应对、翻译和记录等工作。一个典型的例子是在海地地震后,该团体创建了一个便于非营利组织自行识别援助需求的"分类广告"系统以协助救援。

联合国和其他需要参与突发事件应急响应的组织正在寻求在制定应急响应计划和处置突发事件的过程中有效整合众包力量的方法。风险沟通者应判断这些众包方法是否有益于合作。目前众包尚属新鲜事物,参与到其中的组织有必要明确:自身的角色和职责,自己创造和分享的信息的可靠性及准确性,工作范围,创造和使用的工具或产品,要为哪些过失负责,以及隐私问题。

第十八章和第十九章对借助互联网进行沟通的方式作出了更加详细的介绍。

电子通讯

虽然突发事件爆发后电子通讯系统可能会中断,但仍然有很多社区依靠该系统进行应急沟通。例如,在2001年纽约市发生恐怖袭击之后,公众(特别是在通讯高度拥堵的情况下)使用低带宽电子邮件和即时消息来替代电话服务。

一些州和社区还用上了"反向911"远程通信系统,该系统通过电话将与危险相关的录音讯息发送给目标地理区域的居民。"反向911"系统还向市民提供了一个电话号码,市民拨打后也可听到预先录好的紧急疏散程序等信息。2002年,佛罗里达州橙县警局在一场飓风即将袭击奥兰多前,使用"反向911"系统提醒拖车公园里以拖车、房车为家的居民进行撤离,科罗拉多州也使用该系统警告居民有野火逼近。

可以实时发送信息并追踪回复的电子通讯系统正越来越多地被用于实践。借助这一系统，信息能瞬间传送到订户的移动设备上(手机、寻呼机和掌上电脑)和电子邮件系统中。政府机构也更多地使用这些有线或无线的应急通讯系统，以确保急救人员、职员和市民及时获悉相关信息。

2008年中国四川省发生地震后，鉴于灾区某湖泊水位急剧上涨，地方政府通过手机短信提醒居民及时疏散。针对渐渐逼近的飓风，美国国家飓风中心也提供面向移动设备的示警服务——订户既会收到预报和示警的文本信息，也可查看包含可缩放卫星图片的官方网站。

在2007年弗吉尼亚理工大学枪击案中，校方本应在第一次枪击之后就立即发布的全校警报延迟了近两个小时才发布，这期间造成了更多的伤亡，学校也因此受到了极大抨击。自此以后，许多大学都升级了校园通信系统，不少学校还要求学生、教职员工甚至学生家长在其门户网站上注册或订阅相关服务，这样学校就可以将诸如因天气原因停课等突发事件或情况通过电话、手机、短信和电子邮件等方式发布给他们。当然，用户的个人信息必须得到妥善保管，他们自己也要注意更新个人的联系方式。

无线设备在预防和应对恐怖主义袭击中也发挥着不小的作用。应急准备专家迈克·霍普迈尔(Michael Hopmeier)表示，即便人们事先有所准备，恐怖主义袭击的随机性和不确定性也要求政府使用一切技术方法在最短的时间内通知尽可能多的公众。他还建议公众利用手中的电子设备——如用手机打电话、发短信——来举报可疑活动，甚至直接将可疑人员的照片发送到举报中心。在伊拉克，公众为了自己和家人的安全可以匿名向政府发送相关消息。

借助手机等技术手段，信息得以高速传播，这也使得确保信息准确性和及时澄清错误信息变得尤为重要。2008年中国四川省发生地震后，学生和其他人士通过Twitter和饭否等微博服务、短信、在线视频等方式将相关消息迅速传播给了数百万人。其中，有关北京和上海会于某一时间产生余震的不实信息通过短信大肆传播，国家通讯社新华社不得不就此发布辟谣消息以防止恐慌蔓延。

2006年美国西弗吉尼亚州阿普舒尔县矿难的救援工作传出了令人振奋的消息：被困的13名矿工中有12名还活着。这一消息通过手机迅速传播开来并得到了国家级媒体的报道。尽管应急响应计划要求发布信息须经过严格的审查和批准，但人们还是难以抑制多人生还的喜悦之情而争相传播该消息。然而，事件的最终结局却是只有一名矿工生还，公众经历大喜大悲后变得怒不可遏。

善于变通

一旦出现停电、手机基站故障或电脑因流量和病毒的原因变得效率低下等状况,低科技含量的沟通方式或许就能派上用场。

> 一旦出现停电、手机基站故障或电脑因流量和病毒的原因变得效率低下等状况,低科技含量的沟通方式或许就能派上用场。

在2005年"卡特里娜"飓风侵袭路易斯安那州期间,美国疾病控制和预防中心(CDC)发现不仅平时用于传播公共卫生信息的电子渠道已经瘫痪,其比较依赖的隔夜递送服务也受到很大限制,CDC租用的卡车因道路无法通行只能原路折返。在这种情形下,CDC派遣了30名卫生和沟通专员分赴路易斯安那州、密西西比州和德克萨斯州的州及地方卫生部门。在疏散和应急响应中心,这些现场办公的职员努力识别当地公众的信息需求并设法对此加以满足,甚至有时还会由专人向工作人员和受飓风影响的社区居民派发健康指导书面材料,这些材料的内容包括在哪里能找到水和冰块,如何避免电气危害,怎样才能不在清理过程中受伤,以及如何缓解压力以预防暴力行为。

与此同时,CDC还根据需要调整卫生信息并重新创建信息传播渠道,比如挨家挨户赠送提示预防一氧化碳中毒的门把挂牌,在疏散中心派发提醒儿童注意手部卫生的贴纸,在广播中频繁播送凝练成一句话的信息。此外,CDC还在亚特兰大录制了公益广告,然后由专人送至疏散中心和当地的建材店进行播放。

2003年,一种缺乏维生素B1的大豆配方奶粉在以色列造成数名婴儿死亡。代乳食品因被视为犹太洁食而在正统的犹太人社区被广泛食用,但发现问题的这一天正值犹太人的安息日,犹太人在当日被禁止用电,这使得以色列卫生部门无法用由电力驱动的大众媒体向目标受众传达风险消息。对此,卫生部门安排了配有扬声器的卡车到正统的犹太人社区警告家长不要给孩子喂食这种奶粉。

俄勒冈州一处化学武器库的化学事故公共警报系统纳入了户外警报器和高速路电子广告牌。工作人员还将靠电池供电的语音报警收音机发放给附近的数千名居民,其目的也是及时向公众发布警告信息和应急指令。

制订突发事件风险沟通计划 >>>

第十二章介绍了制订突发事件风险沟通计划所需的大部分内容。不过,由于先前提到的突发事件的特殊性,突发事件风险沟通计划还要包含某些额外的要素或更多地着墨于一些要素。例如,前文提及的那些齐聚以色列共同商讨应对与恐怖主义相关的突发事件的风险评估和风险沟通的研究者建议,突发事件事前风险沟通计划应包括以下行动方案：分享清晰完整的预防措施，稳定民心，减少不必要的压力，以及控制医疗需求(Green等，2007)。

下面将要提到的建议大多改编自美国疾病控制和预防中心的指导文件，它们已被广泛用于制定公共卫生应急计划和开展相关培训。此外，也可参阅本章"拓展资源"部分提供的其他组织的突发事件风险沟通计划。读者还可申请查看针对自己所在的州或其他公共管辖领域制定的突发事件风险沟通计划。根据法律规定，这些计划必须及时制定出来并保持适时调整。

除了风险沟通计划需要包括的各类基本要素之外，突发事件风险沟通计划还需着重强调：

• **明确负责各项活动的组织和个人**，如公共信息团队、公共卫生官员、应急响应人员、执法部门、民选官员和社区组织。其中，负责回应各类议题的发言人是一个关键的角色。哈佛公共卫生学院的凯瑟琳·德罗什(Catherine DesRoches)宣称，在疾病爆发或生物恐怖袭击等突发事件中，最有公信力的发言人是私人医生，当地消防部门和医院的负责人，以及州或地方的警察局及卫生部门的负责人(DesRoches, 2003)。

• **确定在突发事件中需要接收信息和(某些情况下)需要发布信息的组织和利益相关者**。突发事件风险沟通计划应该对利益相关者可能关心的问题及其解决路径作出描述。表21-3列举了一些各类人群可能关心的问题。

• **信息核查和批准的流程**。特别是在需要组织许多机构共同应对突发事件的情况下，判断哪些信息是准确的以及谁有权力决定信息的发布，对于成功的风险沟通来说至关重要。这一流程越简洁越好，因为时间在突发事件中永远是稀缺资源。

• **获得所需资源的程序**。在突发事件中，公共信息办公室时时刻刻都需要空间、设备、人员和供给。德克萨斯州的应急管理部门在其应急管理计划中指出，须向公共信息办公室提供紧邻紧急行动中心的独立办公场所，为其配备专用的电话线路和电脑，开辟其与关键人物直接联系的通路(Texas DEM, 2003)。

• **确定沟通方式**。这包括如何传播和收集信息(如关于疾病扩散的信息)，以及采用什么方式回答问题(媒体、热线电话、网站、电子邮件列表、电话游说、市政会议、群发传真、电话会议、远程报告、逐户游说、由利益相关者和合作伙伴发布信息等)。风险沟通者也要准备备选方案，以便在常规渠道被阻断的情况下启用。

• **如何告知特殊人群**(vulnerable populations)，如老年人、未接种疫苗的人、母语为非英语的人或有慢性呼吸系统疾病的人(参见后文"特殊人群"部分)。

- **用来分析媒体内容和公众信息需求的方法。** 与其他形式的风险沟通一样，突发事件风险沟通也需双向交流。风险沟通者要明确如何在突发事件中实时地从利益相关者那里收集信息，并通过这些信息确保准确的信息得到了有效传播以及了解尚需解决的各类问题。

表21-3 突发事件中利益相关者及其所关心问题的示例

利益相关者	可能关心的问题
灾民，即行动信息的目标受众	个人、家属和宠物的安全；污名；财产保护
迅速撤离灾区的公众，他们不是行动信息的目标受众	个人、家属和宠物的安全；对日常生活的影响
急救人员	救援和恢复所需的资源；个人、家属和宠物的安全
公共卫生和医疗领域的专业应急人员	个人安全；足以开展应急响应工作的资源
受害者和急救人员的家属	个人安全；受害者和应急工作人员的安全
不参加应急响应行动的卫生医疗专家	治疗建议的替代式演练；恰当回应患者问题的能力；获得医疗用品
地方、州和国家层级的公民领袖	领导力；应急和恢复所需的资源；救援和恢复计划的质量及贯彻的程度；表达关切；承担的责任；国际关系
国会	通知选民；从适当和适应的角度出发审核法律法规；表达关切
工商界	业务问题（保护员工、收入损失、承担的责任和业务中断）
国内社区	替代式演练和准备工作
毗邻国家	替代式演练和准备工作
国际社会	替代式演练和对准备工作的探索
具体到突发事件中的利益相关者和合作伙伴	参与决策过程和获取与突发事件相关的信息
媒体	人身安全；获取信息和接触发言人；截稿时间

*改编自CDC等编制的"快速反应沟通计划"（2003）。

突发事件风险沟通计划还应包括一个当地媒体和区域媒体的通讯录，并附上非工作时间媒体采编部门的联络信息。同样有用的还有组织外部主题专家名单，主题专家不仅可以聚焦突发事件的某些方面发表意见，还能为组织应对突发事件提供更多的智力支持。有研究人员在考察了全球各地的突发事件风险沟通之后提出，联络信息应同时备有印刷版和电子版；此外，组织还有必要联系外部的危机沟通顾问（George 2012）。

曾负责美国国家环境保护局在大西洋中部地区"沟通与政府关系项目"的雷内·亨利(Rene Henry)认为突发事件风险沟通计划还需包含以下内容(Henry, 2000)：

- 沟通团队所有成员的名单及其工作和家庭联系信息。
- 说明如何联系其他组织工作人员的"电话树"(phone tree)。
- 关于在何种情况下由谁代表组织发言的政策声明。
- 与新闻媒体打交道的指南，包括如何发布信息、媒体发布会的地址、如何验证媒体资格、电视卫星直播车的停放地点，以及备选的场所和计划。
- 在电力或电话服务中断及首选沟通场地不可用的情况下应当遵循的程序。
- 突发事件中所有需要联络的利益相关者的联系信息及沟通次序。

突发事件风险沟通计划中的其他注意事项

除了制定好突发事件风险沟通计划，组织还要确保一旦发生突发事件，以下设备都能随时可用：

- 接入局域网且能向合作伙伴和媒体群发电子邮件的计算机。
- 可24小时不间断运行的网站，以便以最快的速度发布新信息。
- 打印机、复印机、纸张、视听设备和办公用品。
- 手机、寻呼机和掌上电脑。
- 可视化日历、流程图、公告牌、留言板和黑板架。
- 便携式麦克风、演讲台和有线电视。
- 为昼夜工作的员工准备的小型冰箱和微波炉。

> "工具箱"包含一台电脑、风险沟通计划、一部蜂窝或卫星电话以及其他沟通专家需要的设备及信息。

此外，美国疾病控制和预防中心建议为可能离开日常工作地点的公共信息专员配备便携式"工具箱"，其中的装备应该包含一台可以联网与收发电子邮件的电脑，存有突发事件风险沟通计划和联系信息的计算机磁盘或U盘，一部蜂窝或卫星电话及(或)寻呼机，用来购买工作所需资源的信用卡或别的筹资机制，以及提供给公众和媒体的背景信息。

实际上，一些特定的信息是可以提前准备好的。经历过许多突发事件的雷内·亨利建议在突发事件发生前应准备好以下材料并保持更新，以备不时之需。

- 组织的情况说明书。对于企业而言，情况说明书要包括其产品和服务的信息；对政府机构来说，则应包括其在突发事件中的职责等信息。

- 核心管理者和发言人的个人简介。
- 与各种设施相关的地图、图表和其他基本信息。
- 关于组织的一般新闻稿(Henry, 2000)。

特殊人群

制定突发事件的事前和事中沟通计划对于特殊人群而言特别重要。《(流感)大流行和全方位灾害准备法》(Pandemic and All-Hazards Preparedness Acts)将特殊人群定义为其需求未得到传统服务提供者的完全满足,或不能舒适及安全地使用在准备、响应和恢复工作中由相关机构提供的标准资源的群体。特殊人群包括存在身体或心理缺陷的人、英语能力有限的人、在地理或文化上被孤立的人、无家可归者以及老人和儿童。

之所以强调应急沟通中的特殊人群,是因为:

一方面,联邦政府在该问题上制定了一些基本原则。基于美国《民权法案》第六条,英语能力有限者与不同种族、肤色或原国籍的人享受同等的反歧视保护。2006年颁布的《后"卡特里娜"应急管理改革法》(Post-Katrina Emergency Management Reform Act)也规定要在制定防灾计划过程中考虑到英语水平有限的群体。2006年的《(流感)大流行和全方位灾害准备法》要求美国卫生和公众服务部(U. S. Department of Health and Human Services)将特殊人群的需求纳入到应急计划之中。

> 我因患有幼年型类风湿关节炎而常年坐在轮椅上。某天工作中,我们受到了炸弹爆炸威胁,情形十分可怕。所有人都撤离了,唯独我被留在三楼的楼梯间等待消防员救援。但是,没有人来。我十分恐惧地意识到,这里完全没有任何措施来帮助像我这样的人。——匿名受访者,堪萨斯大学独立生活研究和训练中心的"没人会被遗忘"(Nobody Left Behind)研究项目

另一方面,相关研究也证明了使各项服务惠及特殊人群的必要性。研究发现,由于语言不通、社区房屋格局、房屋构造、社区隔绝、缺乏文化敏感等因素的存在,种族社区和民族社区更容易受到自然灾害的伤害(Fothergill等,1999)。有些人选择住在地价比较便宜的地势低洼的河滩等区域,这就很容易受到热带风暴后洪水泛滥的影响。另外,许多少数民族发现自身很难从灾难中恢复过来,原因是他们收入低、储蓄少、失业率高、保险低以及缺乏足够的沟通渠道和信息。不但如此,少数民族在心脏病和糖尿病等方面存在的健康差距,也会加重自然灾害对他们产生的负面影响。

此外,风险沟通者还要考虑哪些信息资源对特殊人群是有用的。已有研究表

明，低收入的非裔美国人因为接触电脑的机会有限而不太可能使用互联网获取信息(James，2007)。"卡特里娜"飓风来袭之前，低收入的非裔和拉丁裔美国人将亲戚、朋友、广播和电视作为主要的信息来源(Hilfinger、Messias 和 Lacy，2007；James 等，2007)。

那些未事先计划如何顾及特殊人群的风险沟通者已自食苦果。在2011年日本发生福岛核泄漏事件后，日本政府被批评没有针对婴儿、青少年和孕妇等容易受到影响的群体清晰地解释辐射暴露风险的变化(The National Diet of Japan，2012)。美国政府责任署批评疾病控制和预防中心在2009年H1N1流感爆发后没有及时告知不说英语的人群(GAO，2011)。

2005年"卡特里娜"飓风侵袭美国，英语水平有限的拉丁裔美国人在理解英文警报和指令时存在困难。习惯使用公制(如米)计量单位的移民也难以明白天气预报中用每小时多少英里来描述风暴强度和方向的信息。一些刚从墨西哥移民至美国的拉丁裔居民很少或从来没有经历过飓风，因此无法对风暴的严重程度作出预判。少数民族社区中有凝聚力的大家庭也会对人们的应急行动产生影响，人们对家庭的责任感和拒绝撤离的老人延缓了这些拉丁裔居民对飓风警报的响应(Eisenman 等，2007)。

好在目前有很多资源可帮我们解决这些问题(Andrulis 等，2007)。在本书出版之时，国家资源中心(National Resource Center)开通了"推进多元文化社区应急准备网"(http://www.diversitypreparedness.org)，这无疑是个良好的开端。该中心是德雷塞尔大学公共卫生学院在联邦的支持下创办的，作为一个信息和资源交换中心，其目标是计划、服务和从事多元文化社区突发事件的准备、响应和恢复工作，由它提供的资源涵盖了数据组、政策、研究成果、行动指南和工具、培训和教育，以及有关灾害准备和求生的资料。用户可按照其所在地区、感兴趣的人群、语言、组织及目标受众进行信息检索。

美国疾病控制和预防中心也发布了一个在线工作手册，指导州和地方的应急计划人员设计如何在灾害中与包括各种族和少数民族在内的特殊人群进行沟通(美国卫生与公众服务部，疾病控制和预防中心，公共卫生和公共服务部，无日期)。该手册价值颇高，不仅含有大量用来定义、定位、覆盖特殊人群的实用工具、模板及清单，甚至还描述了怎样使用免费的在线软件生成地图，以显示社区中特殊人群和宣传资源的地理位置。

研究者和资深从业人员建议服务于特殊人群的风险沟通应考虑如下要点：

● 明确适用的政策、现行的指导原则以及在特定的地理区域内参与突发事件应对和公共卫生沟通的组织的角色。

- 与那些已经与特殊人群有所联系的组织(如公共服务机构和宗教组织)建立伙伴关系。它们和风险沟通者试图接触的人群打交道，并被这些人认为是可以信赖的消息源。例如，明尼苏达州卫生部门和该州的"应急、社区和卫生宣传"(Emergency, Community and Health Outreach, ECHO)项目依托其包括训练有素的翻译在内的社区资源网络，与一次麻疹疫情中的索马里人和一次鱼类污染事件中的少数族裔完成了沟通。2010年，在接到一份针对犹太人的将炸弹藏在打印机墨盒中的炸弹袭击报告之后，大波士顿犹太人应急管理系统(Greater Boston Jewish Emergency Management System)迅速向系统中的200家犹太机构传递了这一来自美国政府的信息。
- **识别特殊人群及其发言人/把关人，并确定他们的位置。**这可能得为需要服务的特殊人群设定标准、开展需求评估及收集数据。地图对于了解主要目标群体的居住地点非常有用。请参考西雅图利用地图找出语言孤立人群或感官残疾人群的例子：http://www.apctoolkits.com/vulnerablepopulation/knowing/geographic_mapping/。
- **了解各群体在应急准备方面的知识、态度和实践，**包括他们信任谁和如何获取信息。例如，一些群体可能不信任甚至是畏惧政府部门和卫生机构，相较于联邦机构和官员，他们倾向于相信本地的机构和官员(Wray等，2006)。少数族群媒体协会"新美国媒体"(New American Media)是一个确定哪些大众媒体适用于特定人群的绝佳信源。
- **将特殊人群的代表纳入到突发事件风险沟通计划和信息材料的制定过程中。**在文化和语言上更加契合特殊人群的突发事件风险沟通要远远优于直译的沟通方式。
- **与社区合作伙伴一起开展培训。**如果可以的话，专门面向特殊人群进行演练或练习，并据此优化应急计划。例如，在旧金山，华人健康组织联会(NICOS Chinese Health Coalition)就发起了一个唐人街灾害应对项目，计划每年举行一次大规模的避险救灾演习。

〉》突发事件中的风险沟通

当突发事件爆发后，低效的沟通可能会带来负面的影响甚至灾难性的后果。2011年日本的海啸及随后发生的福岛核泄漏事故从多个方面告诉我们要在突发事件中避免出现哪些情况。根据一份官方报告(The National Diet of Japan, 2012)的总结，这起事件中的几个关键的风险沟通失误及其带来的后果分别为：

- **沟通延误**。核电站的运营者东京电力公司未能及时向政府汇报信息,首相办公室在发布进入核应急状态的声明之前也等待了相当长的时间。在与核电站附近的居民进行沟通时,官员们主要强调了信息的精确性,因此没有做到快速将信息传递给需要依靠信息来作出明智决策的人们。

- **角色混乱,缺乏信任**。危机期间,日本首相前往福岛核电站直接与正在处理受损堆芯的员工接触。报告称,这种"史无前例的直接干预……转移了现场工作人员的注意力,浪费了时间,造成了指挥系统的混乱","如果东京电力公司总部从一开始就积极传播现场状况,向其他组织解释情况的严重性,这种不信任及随后发生的指挥系统的混乱也许可以避免。"

- **准备不充分**。监管人员对修改和完善原有应急计划的消极态度致使不完备的应急准备和灾害对策未能及时调整,这又促使疏散命令和与公众就辐射风险进行的沟通变得迟缓而无序。

- **向公众发出了不准确及混乱的指令**。日本内阁官房长官反复表示辐射水平不会立即影响健康,这使公众形成了一种错误的安全感知,他们因此不太明白为什么疏散是必要的或紧急的。甚至在核事故进一步升级之后,疏散指令仍然混乱不堪。许多居民居然没有意识到发生了事故,或对事故的严重性估计不足,或压根不知道有辐射释放。疏散范围在一天之内几经更改,从半径3公里到后来的10公里,直到最后的20公里。疏散区域每扩大一次,居民就需要重新迁移一回。有些被疏散的居民没有意识到他们曾被安置在辐射水平较高的地点,而医院和疗养院则有数十名病人在疏散过程中死于并发症。

这些错误显示了突发事件中风险沟通如何迅速地失去控制。理解本书所提到的相关指导原则,并与各利益相关方开展应急响应演练以提早发现问题,将非常有助于组织在灾难中有效地开展沟通工作。

> 当那些不太会被风险影响到的人认为自己就处在风险之中并采取相应行动时,替代式演练就发生了。这些"疑病症患者"可能涌入医院急诊室或作出其他事情使得公共卫生资源超出负荷。他们还可能使相关资源被调离更需要它们的地方。

研究显示,最先发布的信息需要解决人们的基本需求,包括食物和水、安全及避难所(Green, 2007)。正如一位专家在回顾2011年福岛核泄漏事故时所说的,"忘掉我们准备的那些教育信息吧。公众想要知道自己和孩子们是否安全,如果不安全,他们又能做什么,仅此而已。他们才不会在乎希沃特(Sievert)[①]是什么"(Center

---

[①] 辐射剂量单位。–译者注

for Biosecurity of UPMC, 2012)。

突发事件发生后的头48小时往往是最艰难的时刻。表21-4列出了美国疾病控制和预防中心建议的在这个关键时期开展的沟通活动。

中心的网站还提供了一些以相关研究为基础的资源,这可以帮助卫生官员在突发事件爆发后的前几个小时与公众进行沟通。在本书出版时,这些资源包括可客户化的信息模板、广播稿、英语和西班牙语的广播媒体资源,以及可供沟通者在各种紧急情境下使用的情况说明书(也称为"工作纲要")。

该中心还发起"事前信息制作项目"(Pre-Event Message Development Project),委托大学机构研究如何在恐怖袭击和其他突发事件中进行最佳的沟通实践。这些大学针对肉毒杆菌中毒、肺鼠疫、沙林毒气威胁以及脏弹等情境,给出许多沟通上的建议。根据这些领域的发现,突发事件中的沟通信息应该涵盖如下要素:
- 威胁的性质。
- 如何检测暴露和症状。
- 如何保护自身以避免或减少暴露。
- 何时就医。
- 如何治疗那些已经出现的症状。
- 对健康的长期潜在影响。
- 缉拿案犯的进展。

表21-4　突发事件发生后48小时内的沟通行动

行动	细节
核实情况	确定事件的类型、影响范围及严重程度。获得尽量准确的信息,如有可能,通过多个信息源对每一则消息加以核实。
发出通知	使用沟通计划中的联系人名单通知有关组织和个人——包括你所在的组织、利益相关者(含民选官员)和合作伙伴。告诉他们突发事件的情况和已采取的措施。确定决策团队一天碰头几次以互相通气了解最新情况。
评估危机级别	识别危机的严重程度和特征,帮助确定传播团队的行动时间、负责区域和其他要点。
组织行动和委派任务	让沟通计划中列出的各个团队行动起来(包括发言人)。沟通团队要开始与媒体保持互动、接听热线、更新网站、准备信息材料和核实拟发布的信息。科学或医疗团队可能要确定医疗问题和治疗方法,并与健康专家进行沟通。各团队还要和应急人员、执法人员保持交流。

续表

行动	细节
准备信息并获得批准	既要对利益相关者提出的问题和关切作出回应,也要在表达同情与关心的同时告知其需要知道的信息,比如如何进行自我保护。
发布信息	多管齐下,力图使每一轮新信息同时传达给所有的受众、传送至所有的地方。方法和受众包括媒体、网站、热线电话、雇员、合作伙伴、立法人员及特殊利益群体、社区成员。

此外,还有研究人员提出了下列建议:

- 确保媒体和地方政府能及时了解最新消息,并准备好进行发言。
- 选用知名度高、受人尊敬的公众人物和主题专家向公众阐释保护措施及健康卫生等方面的问题。
- 编制信息材料,确保这些材料能回答前面提到的那些问题,提供了清晰易懂的行动指南,列出可以增加可信度的信息源,并能反映政府在信息公开层面做得比较到位。
- 运用信息传播计划,确保关键信息可以在人们需要的时候随时随地获取。

而另一项旨在发现人们是如何决定采取应急准备行动的全国性研究发现,人们更倾向于在受到"信息轰炸"时采取行动。所谓信息轰炸(或称密集信息),指的是所有的风险沟通者(联邦、州和地方政府,非政府组织和非营利组织)通过多种多样的传播渠道不断重复同样的信息。也就是说,重复是促成人们采取行动的关键(Wood等,2012)。

要记住,在突发事件中,沟通是你的职责。如果公众和新闻媒体有什么误解,你需要承担起这个责任,想方设法把问题说清楚。近年发生的一些突发事件所带来的经验教训也建议我们:

- **准备好应对公众对风险的轻视**。相关研究和真实的灾难都显示出这样一种倾向,即人们会觉得情况比官方宣称的更加安全,即便是在他们被告知要撤离住所的时候也是如此。这一倾向在地震易发的罗马尼亚首都布加勒斯特、刚刚遭遇过大洪水的瑞士(Armas, 2006; Siegrist 和 Gutscher, 2008),以及近几年发生在美国的多起飓风事件中都有体现。
- **视需要修改沟通信息和材料**。在2005年"卡特里娜"飓风过后,美国疾病控制和预防中心不仅针对疏散中心的公众开展了特别的沟通——沟通主题包括了调节压力以防止欺凌、婴儿摇晃症候群(shaken baby syndrome)、自杀以及性虐待等;还设计出一套以多种语言呈现的纸牌,就压力和人际关系、压力下育儿、防止暴力和预防强暴等话题提供了简单而又图文并茂的预防信息。

- **认识到控制是最重要的议题之一**。没有人愿意感到(即使是间接地感受到)自己像一个受害者。若想帮助人们重新拥有一些控制感,沟通者可以为他们找点事情做。这些"事情"必须是积极的("做这个"而非"不要做那个")、可行的(他们知道做什么,以及会在什么时候完成)和真实的(不是安慰剂)。美国在"9·11"恐怖袭击事件发生后,令人沮丧的事情之一即是国家领导人呼吁民众要"警惕",虽然这个行动建议是积极的,但却缺乏操作性,因此作为一种个人应对方法而言,难以让人满意。
- **牢记透明和程序的重要性**。在利益相关者参与中,风险沟通的过程往往与风险沟通产生的实际成果同等重要,遇上突发事件更是如此。哈佛公共卫生学院的珍妮佛·雷恩妮(Jennifer Leaning)考察了涉及公共健康的恐怖主义活动中的伦理道德问题后发现,寻找答案的过程的正当性和答案本身一样重要(Leaning, 2003)。
- **关注个人和群体**。雷恩妮还发现,虽然公共卫生从业人员被教导要为多数人寻求最大的利益,但突发事件中个体的需求也不可忽视。她还强调要关注个人的心理困扰(Leaning, 2003)。

接下来,我们将从几个方面为突发事件的沟通提供更多的建议,这包括紧急行动中心的沟通工作、与新闻媒体合作、回复公众的问题,以及建立家庭援助中心。

紧急行动中心 >>>

紧急行动中心(emergency operation center)可能包括或直接被称为联合信息中心(joint information center),它在突发事件中设立并以传播连续和准确的信息为己任。如今,紧急行动中心越来越多地在按照前文所提及的事故指挥框架运行。在SARS等公共卫生突发事件中,其职责主要包括(CDC等, 2003):

- 发布当地公共卫生公告,更新有关疫情和应对措施的信息。
- 传播有关危机事态、危机管理,以及可能需要的旅行限制、隔离和检疫等信息。
- 设立新闻工作区,协调和管理媒体关系活动。
- 向州、地方和联邦的沟通及应急响应人员提供碰面和并肩工作的场所,方便他们设计关键信息、处理媒体问询、撰写媒体公告和简报。
- 制作情况说明书、主要话题(关键信息)和问答式文件回应那些频繁出现的问题。
- 协调发言人和主题专家的要求。

- 发放媒体凭证。
- 处理媒体和公众与疫情相关的其他本地或区域性信息的需求。
- 按照要求建立、协调和管理地方网站。

这类中心也可以设有公众信息热线和电话接线员(见下文)。

俄勒冈州某化学武器库设计了一份"智能手册"来指导遇上突发事件时其联合信息中心如何行动,该手册的内容从接听电话的技巧,到关于农业和家畜暴露的信息,再到就地避险的步骤,不一而足。

负责风险沟通的人员必须要了解他们在紧急行动中心工作体系中的角色(公共信息官、主题专家、搜集和分析信息等),并保证有接受过相关培训的工作人员24小时待命。风险沟通者的另一角色是参与制定情况报告(Situation Reports)或态势报告(SITREPs)。这些简短的报告需要用非技术化的语言对突发事件的发展情况进行描述,从而能让紧急行动中心的所有成员了解事件的最新状况。虽然因情境的差异和各事故指挥员需求的多样,情况报告亦各不相同,但这些报告也会涵盖一些共同的主题:

- 受影响地区的情况。
- 受影响群体的特征,包括对受影响最严重的群体或最脆弱的群体的识别。
- 事件对人们的健康水平、卫生条件和卫生服务的影响。
- 主要需求,包括目前已经顾及的和尚未凸显的需求。
- 自上次态势报告后都完成了哪些工作。
- 正在采取的措施。
- 应急响应的状况,是否需要额外的帮助,以及需要什么类型的帮助(Barrantes等,2009)。

在突发事件中与媒体合作 >>>

突发事件中,电视和广播是大多数人的重要信息来源(Hasson 和 Holmes,2003)。而在描述事件的最终结果并将其与相关背景关联起来时,报纸仍然不可或缺。风险沟通者要怎么做才能使其与媒体的互动更加富有成效呢?在开展工作伊始,要想方设法协调来自联邦、州和地方机构的公共信息工作人员,与其合作共同回应媒体的问题,撰写新闻稿,提供各自机构的信息。若未设置联合信息中心,参与者需每天制作一份信息简报,围绕媒体简报和媒

> 风险沟通者要怎么做才能使其与媒体的互动更加富有成效呢?在开展工作伊始,要想方设法协调来自联邦、州和地方机构的公共信息工作人员,与其合作共同回应媒体的问题,撰写新闻稿,提供各自机构的信息。

体材料等事宜保持交流和协调。

应急管理实验室(Emergency Management Laboratory)(2001)及海耶尔、科万罗(Hyer和Covello, 2005)为如何在事故或灾难现场协助新闻记者提供了几点建议。首先,尽量确保他们能够使用一些开展工作所必需的资源:

- 充足的电力。
- 光线充足的记者席和会议室。
- 足够放置扬声器、摄像机、灯光器材和麦克风的空间。
- 可以通过电子手段提交报道的网络接口。
- 多路远程音箱的使用。
- 有权使用高质量的图片。
- 有权使用现场附近的停车场。
- 和当地警方/市政机构安排封锁拥堵的街道或地区。

其次,选择好举行新闻发布会的时机。由于截稿时间的限制,举行媒体活动的最佳时间可能是工作日上午的10:00-11:00或下午的3:00-4:00,当然这因国家和地区而异。如果可以的话,尽量避免与其他活动选在同一个时间,因为这可能会减少前来参加新闻发布会的记者的数量。对于迅速爆发的突发事件,要考虑每天举行至少两次新闻发布会,从而使发言人得以收集和分享更多的信息。

再次,要认识到媒体在突发事件中往往会搜寻特定的信息,而其行为方式也有规律可循。媒体倾向于:

- 搜集相关背景信息。
- 将记者/资源调集到现场(可能包括本地和全国的报道力量)。
- 设法进入事故现场或联系到发言人。
- 渲染现场情况(如尽可能寻找最引人注目的视频或图片)。
- 希望得到备有书面资料的即时情况简报。
- 寻找直接受害者和其他受到影响的人。
- 如果没能获得权威信息,会使用附近居民、志愿救援者等其他信源的信息撰写新闻报道。

与印刷媒体相比,电视、广播和网络媒体的截稿时间通常更为紧迫。对此,这些媒体会先发布非常简短的消息,不用非得等到写好详尽深入的报道。在事件发生后的30分钟之内,这些媒体可能只需要最基本的信息,随后才多

> 当你发布关于自己的坏消息时,你也降低了发生谣言、猜测、真假参半和错误信息的可能性。——Kathleen Fearn-Banks(1996, p.65)

多益善。因此，在突发事件中组织需要考虑的是"目前掌握的情况是什么"，而不是等待两个小时再对事件作出全面的回应。

通常，风险沟通者要准备好回答媒体提出的以下问题：
- 在哪里发生了什么？
- 谁受到了影响及如何受到的影响？
- 危害程度如何？
- 造成该问题的原因是什么？
- 谁对此负有责任？
- 有无违法情况？
- 以前是否发生过类似情况？
- 现在是否仍有危险？
- 还会发生什么糟糕的情况？
- 你们对此采取了哪些措施？
- 我们怎样才能了解更多的信息？

针对与疾病相关的突发事件，海耶尔和科万罗(2005)列举了几十个媒体可能会问到的问题，组织可就这些问题事先准备如何回复，比如：
- 疾病的传染性如何，传播途径是什么？
- 人们能够接种疫苗或采用别的预防和治疗方式吗？这些方式的效果如何？
- 药品如何分发？供应是否充足？
- 疾病的症状有哪些？如果人们感觉自己有可能感染，应该采取什么措施？
- 谁负责该事件的处置，如何同其他组织开展协作？
- 事件是否和恐怖主义有关？
- 正在采取哪些措施以阻止疾病蔓延？
- 可用的医疗服务有哪些，假如医疗需求超过医疗设施可承载能力该怎么办？
- 会有多少人生病或死亡？
- 你给自己家人的建议是什么？
- 是否需要检疫或隔离，若有必要该怎样实施？

此外，美国疾病控制和预防中心也为如何在突发事件中与媒体合作给出下列建议：
- 在发布信息之前已安排专员准备接听(问询)电话。
- 将媒体信息通过"爆炸传真"(blast fax)、新闻专线、电话、简报、网站和合适的社会化媒体渠道发送出去。

- 设立媒体指挥中心,媒体可以在这里整合信息并把信息传递给公众。
- 为电视媒体提供场地来录制他们的口播节目。如果场地选在你们组织的办公场所,通常要让电视媒体拍摄到组织的标识。
- 告知媒体何时会更新消息,即便没有什么新消息可以提供也要信守承诺。
- 向媒体提供所有官方声明的书面材料和介绍组织及突发事件的情况说明书。

在举行新闻发布会前,突发事件应急人员、发言人和技术顾问还应该就以下几个问题达成一致:

- 最重要的信息是什么?
- 各类问题的发言分别由谁负责?
- 关键信息是什么?
- 可能被问及哪些问题?
- 能够使用哪些视觉材料?
- 由谁来记录需要继续跟进的信息或资源?

此外,可准备一个有多个出入口的新闻发布厅,这样发言人就可以在其他人与新闻媒体交流时回到自己的工作岗位继续处理应急事务(Henry,2000)。

在新闻发布会现场,每一个要发言的人都应该介绍自己的姓名、职位及所代表的组织。由于与会者来自多个不同的组织,这有助于新闻发布会的主持人在问答环节将特定的问题交给合适的人进行解答。假如下一场新闻发布会的举行时间已经确定,那就明确告知记者,并告诉他们如何才能在发布会上使其问题得到回答。新闻发布会结束后,风险沟通者要持续留意媒体的报道,听取监测团队的汇报以了解有哪些错误的信息需要更正,以及要为下一次媒体互动作出怎样的调整。

而在第一个48小时之后,公众和媒体将更多地关注事件发生的原因、有哪些经验教训以及采取了何种措施来防止类似事件再次发生。媒体间的竞争会促使它们不断从新的角度切入继续对事件进行挖掘。风险沟通者应实时监测事件的发展以获取新的信息,搜集媒体报道,继续执行沟通计划并在必要时对其加以调整;确定突发事件发生的每一个变化,澄清谣言并处理焦点矛盾;根据需要增加新的信息资源,安排员工换班或使其回归正常的工作岗位。

> 在第一个48小时之后,公众和媒体将更多地关注事件发生的原因、有哪些经验教训以及采取了何种措施来防止类似事件再次发生。

热线电话 >>>

热线电话是突发事件风险沟通中最常用的沟通方式之一，这个专门的、公开的电话号码应允许所有想要获得更多信息的人免费拨打。虽然已有组织发现在通话开始时插入一小段提前录好的回答最常见问题的语音(不超过1分钟)也有效果，但电话接线员仍需24小时在岗。

对应急热线电话的规划应做到绰有余裕。1999年纽约市爆发西尼罗病毒时，由27-75人组成的热线电话接线员班组24小时轮流值班，在7周内共回复了15万余次问询(Glass 和 Schoch-Spana, 2002)。而在2002年佛罗里达州棕榈滩县的炭疽病事件期间，尽管已经向人们进行了充分的告知，但还是有大量的问询电话涌入热线，以至于接线员很快就应接不暇了。

为热线电话接线员备好常见问题的答案，让其提前做好准备工作，利于他们提高回复效率。通常人们会问下述几个基本问题：

- 发生了什么事？
- 在哪里发生？
- 谁已经/将要受到影响，以及怎样被影响？
- 正在采取什么措施？
- 我能够做些什么？
- 事件会持续多久？
- 事件会不会再次发生？
- 是谁的过错？

在有关传染性疾病的突发事件中，人们还想知道它是否具有传染性，传播途径是什么，哪些人有感染的风险，是否有治疗或治愈的方法，该疾病是否正在扩散，以及何时才能化解这场危机(Green 等, 2007)。此外，他们还想了解怎样预防这种疾病。

美国疾病控制和预防中心建议热线电话应准备下列语音提示菜单，这对组织回应公众关切(特别是涉及公共卫生时)也很有帮助：

- 与事件或威胁相关的信息。
- 人们保护自己和他人的行动建议。
- 安慰/咨询。
- 面向医护人员的指引信息。
- 面向流行病学专家或其他负责报告病例人员的指引信息。
- 实验计划/治疗方案。

在提前制定应答对策时，要考虑到人们的心智模型。了解人们不知道什么和有哪些误解，有助于风险沟通者向其提供准确的信息及澄清谣言。2001年，宾夕法尼亚州阿勒格尼县的卫生部门在处理公众如洪水一般的询问炭疽病的电话时发现，公众并不知道他们不得不暴露在风险之中。对此，风险沟通专家巴鲁克·菲施霍夫（Baruch Fischhoff）帮助他们创建了一个可用来设计风险沟通的炭疽病暴露概率模型，该模型包括了暴露途径、剂量、炭疽菌株（anthrax strain）、接种情况和接种者的健康状况等（CDC等，2003）。

风险沟通者需要监测热线电话以对沟通信息进行中途修正，比如使用共享数据库来记录公众提出的问题和接线员作出的回复，然后分析这些回复以判断接线员是否给出了正确和充分的信息，是否需要新的信息，以及公众提出的问题有无固定的模式。对信息所做的必要修正既要告知电话接线员，也可在随后的媒体互动中进行分享。

〉》突发事件的事后沟通

风险沟通不会因突发事件的结束而终止。日本国会福岛核事故调查委员会曾经谈及事件结束后持续进行有效应对的重要性。即便这场灾难已经过去了一年时间，受灾地区的居民仍在事故的影响中挣扎（The National Diet of Japan，2012），他们依然面临严峻的问题，比

> 突发事件结束后，沟通者应该帮助利益相关者解决问题和促进恢复，提升公众在未来遇到类似事件时的应对能力，以及从中汲取经验。

如辐射对健康的损害、流离失所、家庭破碎、生活方式被颠覆以及大范围的环境污染。"政府还没有解决辐射对居民健康的影响，"报告称，"甚至今也没能认真开展工作帮助人们充分了解情况以作出行为上的判断。尽管'辐射暴露'的标准划分得很细，但更为重要的是政府要开展多样的沟通以带给公众更多实际的帮助：确定什么是可食用的，可以容忍的辐射摄入量是多少，哪种食物仍然是安全的，以及检测方法是否可靠。"

公众的信息需求会随着突发情况结束后时间的推移而发生变化。例如，CDC就为风暴结束后的沟通活动提供了分阶段的解决方案，详见表21-5。

表21-5　飓风与洪水的分阶段信息传播

传播时期	主题
风暴登陆到消散后的头24小时	飓风应急准备、电力中断的应急准备、药品准备、疏散飓风地区的居民、飓风期间安全地待在家中、电力中断期间工人的安全、预防一氧化碳中毒、洪水应急准备、电气安全、预防高温病、手部卫生、处理创伤性事件、紧急伤口护理、保护宠物、公共疏散中心中的动物
风暴消散后1-3天	重新进入被洪水淹过的家、如何安全地清理被洪水淹过的房屋、洪水过后工人的安全、移动树木时防止被链锯割伤、防止被坠物（梯子/屋顶）砸伤、应对洪水的个人防护设备与服装、控制灾后的急性腹泻、突发事件后的清洁与公共卫生、在自然灾害或电力中断期间保证食物和水的安全
风暴消散后3-7天	防止动物和昆虫的伤害、电气安全和发电机、疏散中心中传染病的预防和控制、电力中断对疫苗存储和其他药物的影响、防止灾后的暴力行为、灾后对动物的处置
风暴消散后2-4周	飓风和洪水后的鼠害控制、战壕足病或足浸病、环境卫生需求和宜居性评估、防范自然灾害中的化学物质泄漏、对进入被洪水淹过的区域和房屋的居民进行呼吸防护
风暴消散1个月后（强调长期的健康影响）	自杀预防、将疏散人员中的学龄儿童送至新学校就读、去除洪水淹过的房屋中的霉菌、与洪水清理相关的霉菌过敏

*来源：Vanderford等（2007）。

在突发事件平息之后，风险沟通者的工作还要继续，因为我们需要用信息来帮助利益相关者（受事件影响的人、更广泛的公众、媒体）把视线从突发事件的事态转到解决问题和促进恢复上来，提升公众在未来遇到类似事件时的应对能力，以及从中汲取经验。此外，我们还需要信息向应急团队传达救济需求和谢意，评估应急工作并开展公众教育。

在造成大规模伤亡的情况下，风险沟通者面临的另一项艰巨的任务是支援家庭援助中心或法医/验尸官办公室(Office for Victims of Crime, 2001)。美国司法部犯罪受害者办公室(Office for Victims of Crime, OVC)在2002年11月的OVC公告中发布了一个供社区和机构制定危机响应计划的模板(Blakeney, 2002)，撰稿人为俄克拉荷马州的首席法医办公室(Office of Chief Medical Examiner)负责人雷·L. 布莱克尼(Ray L. Blakeney)，他在俄克拉荷马城爆炸案和1999年的龙卷风灾害这两起突发事件的应对中扮演了关键的角色。公告就如何抚慰遇难者家属介绍了一些大规模死亡事件所提供的经验和教训。主要的建议包括每一个社区均需创建有效的应急计划，以及对所有会与受害者家属开展沟通的工作人员进行培训，使其沟通行为更加有效、更能体察入微和更富同情心。

风险沟通者会格外关注家属最常提出的问题和妥当的回应方式。例如：

1. **如果找到或识别出遇难者，如何通知其家人？** 沟通人员必须确定应由谁以何种方式传达这些信息。中心联络点非常关键，警察局、消防部门或军队目前都建有此类信息发布体系。家属必须要知道谁能够向他们提供准确的信息。

2. **遇难者遗体的状况如何？** 描述飞机坠毁或爆炸后遇难者遗体的惨状需要悲悯、诚实和智慧。尽管有的风险沟通建议推荐使用特定的语言，布莱克尼却提议使用泛泛的词汇，比如"严重""重大"和"创伤"等。沟通人员应当倾听家属的心声，并且只针对他们想了解的信息作出回应，任何多余的信息都有可能使他们崩溃。

3. **家属如何判断他们获得的信息是否准确？** 沟通人员必须明确权威的信源，安排召开电话会议以免得遇难者家属千里迢迢赶来现场。沟通人员还应提供书面材料作为口头交流的补充，因为家属在压力之下很难清晰地回想起相关信息。

那些度过危机的人也需要风险信息。研究表明，经历过灾难的社区成员对风险议题非常敏感，所以其对风险规避和风险缓释教育的响应也最为积极。人们想知道这一事件中的经验教训和预防此类事件再次发生的相关措施，希望有人帮他们消除安全方面的顾虑。当他们遭遇恐怖主义和生物恐怖主义等突发事件时，尤其需要获得可以解决上述问题的帮助。

> 灾难过后，社区对风险规避和风险缓释教育的响应最为积极。

人们对于创伤性事件常会表现出震惊和麻木、情绪激动、恐惧、内疚、愤怒和怨恨、抑郁和孤独、无助及恐慌等反应，有些人还可能出现一些头痛、乏力、恶心、失眠、性欲减退以及体重突增或骤减等身体症状。2001年美国发生恐怖袭击事件后，意大利和印度的一些民众仅仅是通过电视报道了解了该事件，竟也产生了创伤后压力（posttraumatic stress）（Green，2007）。总体上看，许多人在这种情况下难以恢复正常的生活。

另一方面，志愿者们往往会主动设法参与灾后援助工作。日本福岛发生核泄漏事故后，志愿者们开展了对房屋、街道和学校的清理净化工作。在美国，当石油钻井平台"深水地平线"爆炸并引发漏油后，墨西哥湾沿岸各州的居民自愿申请参与清理工作，但却因被认为有可能拖后腿而遭到拒绝。这些经验教训和其他类似的情况都表明，与志愿者就如何安全且有效地参与灾难恢复工作进行沟通是非常重要的。

在上述情境中，风险沟通者能够发挥作用的方式包括：

- 请心理咨询师、神职人员或其他幸存者来和不易应对的人进行交流。

- 准备回答与援助相关的、涉及差旅费等费用支付的、如何询问保险公司方面的问题。
- 关注儿童，他们经常在危机中被忽视。
- 为志愿者提供帮助他人的机会。

突发事件风险沟通的清单

突发事件发生前：
☐ 已经明确了负责响应、报告等活动的组织和个人。
☐ 已经识别出需要信息的人群。
☐ 已经确定特殊人群及他们的需求。
☐ 突发事件沟通计划已准备就绪并分享给利益相关者。
☐ 已经就计划进行过练习和（或）演习，并据此对计划作出了相应的调整。
☐ 背景资料已准备就绪（例如地图、对组织在突发事件中职责的描述、包括联系方式在内的网站内容）。

突发事件期间：
☐ 已经视情况开始运转紧急行动中心和（或）热线电话。
☐ 已经执行风险沟通计划，并根据突发事件的发展在必要时修改、完善了相关信息和资料。

突发事件结束后：
☐ 视情况与其他组织合作一起与遇难者家属沟通。
☐ 根据风险的演变和公众关切的变化，发布阶段性的信息。
☐ 已经对外发布了从此次事件中获得的经验教训，以及为防止和减少今后类似事件的发生所采取的办法。
☐ 已经根据此次获得的经验教训和得到的新信息，对突发事件风险沟通计划进行了优化。

参考文献

Andrulis, D. P., N. J. Siddiqui, and J. L. Gantner. 2007. "Preparing Racially and Ethnically Diverse Communities for Public Health Emergencies." *Health Affairs*, 26(5): 1269–1279.

Armas, I. 2006. "Earthquake Risk Perception in Bucharest, Romania." *Risk Analysis*, 26(5): 1223–1234.

Barrantes, S. A., M. Rodriguez, and R. Perez. 2009. "Information Management and Communication in Emergencies and Disasters." Pan American Health Organization, Regional Office of the World Health Organization, Washington, DC.

Blakeney, R. L. 2002. "Providing Relief to Families after a Mass Fatality: Roles of the Medical

Examiner's Office and the Family Assistance Center." *OVC Bulletin*, November 2002. http://www.ojp.usdoj.gov/ovc/publications/bulletins/prfmf11_2001/188912.pdf (accessed January 22, 2013).

CDC (Centers for Disease Control and Prevention). 2003. "Public Health Guidance for Community-Level Preparedness and Response to Severe Acute Respiratory Syndrome (SARS), Draft." October 2003. http://www.cdc.gov/sars/index.html (accessed January 29, 2013).

CDC (Centers for Disease Control and Prevention), Agency for Toxic Substances and Disease Registry, Oak Ridge Institute for Science and Education, and the Prospect Center of the American Institutes of Research. 2003. Emergency Risk Communication CDCynergy (CD-ROM, February 2003). http://www.orau.gov/cdcynergy/erc/ (accessed January 22, 2013).

Center for Biosecurity of UPMC. 2012. "After Fukushima: Managing the Consequences of a Radiological Release." Baltimore, Maryland.

Chess, C., K. L. Salomone, B. J. Hance, and A. Saville. 1995. "Results of a National Symposium on Risk Communication: Next Steps for Government Agencies." *Risk Analysis*, 15(2): 115-125.

Cordasco, K. M., D. P. Eisenman, D. C. Glik, J. F. Golden, and S. M. Asch. 2007. "'They Blew the Levee': Distrust of Authorities among Hurricane Katrina Evacuees." *Journal of Health Care for the Poor and Underserved*, 18: 277-282.

Covello, V. T., D. B. McCallum, and M. T. Pavlova. 1989. "Principles and Guidelines for Improving Risk Communication." V. T. Covello, D. B. McCallum, and M. T. Pavlova, eds., Effective Risk Communication: *The Role and Responsibility of Government and Nongovernment Organizations*. Plenum Press, New York, pp. 3-16.

Covello, V. T., R. G. Peters, J. G. Wojtecki, and R. C. Hyde. 2001. "Risk Communication, the West Nile Virus Epidemic, and Bioterrorism: Responding to the Communication Challenges Posed by the Intentional or Unintentional Release of a Pathogen in an Urban Setting." *Journal of Urban Health: Bulletin of the New York Academy of Medicine*, 78(2): 382-391.

DesRoches, C. M. 2003. "Opinion Surveys and Risk Communication," quoting the Harvard School of Public Health/Robert Wood Johnson Foundation Survey Project on Americans' Response to Biological Terrorism, October 24-28, 2001. Harvard School of Public Health presentation to the Maine Institute for Public Health.

Eisenman, D. P., K. M. Cordasco, S. Asch, J. F. Golden, and D. Glik. 2007. "Disaster Planning and Risk Communication with Vulnerable Communities: Lessons from Hurricane Katrina." *American Journal of Public Health*, 97(S1): S109-S115.

Emergency Management Laboratory. 2001. "Emergency Public Information Pocket Guide." Oak Ridge Institute for Science and Education, Oak Ridge, Tennessee. http://orise.orau.gov/emi/epi/files/epi-booklet.pdf (accessed February 7, 2013).

Fearn-Banks, K. 1996. *Crisis Communications: A Casebook Approach*. Lawrence Erlbaum Associates,

Mahwah, New Jersey.

Fischhoff, B. 2002. Remarks delivered at the 27th Annual AAAS Colloquium on Science and Technology Policy on April 11–12, 2002, Washington, DC.

Fothergill, A., E. G. Maestas, and J. D. Darlington. 1999. "Race, Ethnicity and Disasters in the United States: A Review of the Literature." *Disasters*, 23(2): 156–173.

GAO (Government Accountability Office). 2011. "Influenza Pandemic: Lessons from the H1N1 Pandemic Should Be Included into Future Planning." GAO-11-632, Government Accountability Office, Washington, DC.

George, A. M. 2012. "The Phases of Crisis Communications." A. M. George and C. B. Pratt, eds., *Case Studies in Crisis Communication: International Perspectives on Hits and Misses*. Routledge, New York.

Glass, T. A. and M. Schoch-Spana. 2002. "Bioterrorism and the People: How to Vaccinate a City against Panic." *Chemical Infectious Diseases*, 34: 217–223.

Green, M., J. Zenilman, D. Cohen, I. Wiser, and R. Balicer. 2007. *Risk Assessment and Risk Communication Strategies in Bioterrorism Preparedness*, NATO Security through Science Series-A: Chemistry and Biology. Springer, Dordrecht, Netherlands.

Hasson, J. and A. Holmes. 2003. "Who We Believe." *Federal Computer Week*, 17(30): 18–25.

Henry, R. 2000. *You'd Better Have a Hose if You Want to Put Out the Fire: The Complete Guide to Crisis and Risk Communications*. Gollywobbler Productions, Windsor, California.

Hilfinger Messias, D. K. and E. Lacy. 2007. "Katrina-Related Health Concerns of Latino Survivors and Evacuees." *Journal of Health Care for the Poor and Underserved*, 18: 443–464.

Hoffman, R. E. 2003. "Preparing for a Bioterrorist Attack: Legal and Administrative Strategies." *Emerging Infectious Diseases*, 9(2): 1–11. http://www.cdc.gov/ncidod/EID/vol9no2/020538.htm (accessed January 22, 2013).

Hyer, R. N. and V. T. Covello. 2005. "*Effective Media Communication During Public Health Emergencies: A WHO Handbook.*" WHO/DCS/2005.31. World Health Organization, Geneva, Switzerland. http://www.paho.org/cdmedia/riskcommguide/Effective%20Media%20Communication%20Handbook.pdf (accessed January 22, 2013).

James, X., A. Hawkins, and R. Rowel. 2007. "An Assessment of the Cultural Appropriateness of Emergency Preparedness Communication for Low Income Minorities." *Journal of Homeland Security and Emergency Management*, 4(3): Article 13.

Leaning, J. 2003. "Bioterrorism and Public Health: The Ethics of Public Health Practice in Crisis Settings." Harvard School of Public Health, Harvard Medical School, presentation to the Maine Institute for Public Health.

McGregor, P., R. Kaczmarek, V. Mosley, D. Dease, and P. Adams. 2006. "National Security/Emergency Preparedness and the Next-Generation Network." *IEEE Communications Magazine*, May:

133-143.

National Research Council. 2003. *The Internet under Crisis Conditions: Learning from September 11*. The National Academy Press, Washington, DC.

Office for Victims of Crime. 2001. OVC Handbook for Coping after Terrorism, September 2001. NCJ 190249, Office for Victims of Crime, Office of Justice Programs, U. S. Department of Justice, Washington, DC.

Office of Public Health Preparedness and Response, Centers for Disease Control and Prevention, Department of Health and Human Services. No Date. "Public Health Workbook to Define, Locate, and Reach Special, Vulnerable, and At-risk Populations in an Emergency." CS211575A. http://www.bt.cdc.gov/workbook/pdf/ph_workbookFINAL.pdf (accessed January 22, 2013).

Parkin, R., L. Ragain, R. Bruhl, H. Deutsch, and P. Wilborne-Davis. 2008. "Advancing Collaborations for Water-Related Health Risk Communication." Jointly published by the American Water Works Association Research Foundation, American Water Works Association, and IWA Publishing, Denver, Colorado.

Revkin, A. C. August 26, 2011. "As Irene Approaches, so Does Challenge of Heeding Warnings about Rare Threats." Dot Earth, The New York Times blog. http://dotearth.blogs.nytimes.com/2011/08/26/as-irene-approaches-so-does-challenge-of-heeding-warnings-about-rare-threats/ (accessed January 22, 2013).

Sachs, Z., Y. L. Danon, R. Dycian, and Y. Shapiro. 1991. "Community Coordination and Information Centers during the Persian Gulf War." *Israel Journal of Medical Sciences*, 27: 696-700.

Siegrist, M. and H. Gutscher. 2008. "Natural Hazards and Motivation for Mitigation Behavior: People Cannot Predict the Affect Evoked by a Severe Flood." *Risk Analysis*, 28(3): 771-778.

Slovic, P. 1999. "Trust, Emotion, Sex, Politics, and Science: Surveying the Risk-Assessment Battlefield." *Risk Analysis*, 19(4): 689-701.

Texas DEM (Division of Emergency Management). 2003. "Media and Public Information Office (PIO) Observations." Texas DEM Web Site for WMD/Terrorism Domestic Preparedness.

The National Diet of Japan. 2012. The Official Report of the Fukushima Nuclear Accident Independent Investigation Commission. http://www.nirs.org/fukushima/naiic_report.pdf (accessed February 7, 2013).

Thomas, C. W. 1998. "Maintaining and Restoring Public Trust in Government Agencies and Their Employees." *Administration and Society*, 30(2): 166-193.

Vanderford, M. L. 2004. "Breaking New Ground in WMD Risk Communication: The Pre-Event Message Development Project." *Biosecurity and Bioterrorism: Biodefense Strategy, Practice, and Science*, 2 (3): 193-194. U. S. Centers for Disease Control and Prevention, Atlanta, Georgia.

Vanderford, M. L., T. Nastoff, J. L. Telfer, and S. E. Bonzo. 2007. "Emergency Communication Challenges in Response to Hurricane Katrina: Lessons from the Centers for Disease Controland Prevention." *Journal of*

Applied Communication Research, 35(1): 9-25.

Wood, M. M. , D. S. Mileti, M. Kano, M. M. Kelley, R. Regan, and L. B. Bourque. 2012. "Communicating Actionable Risk for Terrorism and Other Hazards. " *Risk Analysis*, 32(4): 601-615.

Wray, R. , J. Rivers, A. Whitworth, K. Jupka, and B. Clements. 2006. "Public Perceptions about Trust in Emergency Risk Communication: Qualitative Research Findings. " *International Journal of Mass Emergencies and Disasters*, 24(1): 45-75.

拓展资源

Agency for Toxic Substances and Disease Registry. http: //www. atsdr. cdc. gov (accessed January 22, 2013).

Association for Professionals in Infection Control and Epidemiology. http: //www. apic. org (accessed January 22, 2013)

Association of State and Territorial Health Officials. 2002. "Communication in Risk Situations: Responding to the Communication Challenges Posed by Bio-Terrorism and Emerging Infectious Diseases. " Washington, DC.

California Governor's Office of Emergency Services. 2001. "Risk Communication Guide for State and Local Agencies. " Office of Emergency Services , Sacramento, California.

Canadian Centre for Emergency Preparedness. http: //www. ccep. ca (accessed January 22, 2013).

CDC (Centers for Disease Control and Prevention). 2003. "A National Public Health Strategy for Terrorism Preparedness and Response 2003-2008. " Atlanta, Georgia.

Federal Emergency Management Agency. http: //www. fema. gov (accessed January 22, 2013).

New York State Health Department. " How to Create Effective Health Message for People with Disabilities. " http: //www. nirs. org/fukushima/naiic_report. pdf (accessed February 7, 2013).

Stuver, P. 2006. "Maximizing Emergency Communication. " *Risk Management*, 53(5): 30-34.

The Commons Lab. "Wilson Center's Science and Technology Innovation Program. " Woodrow Wilson International Center for Scholars. Washington, DC. http: //wilsoncommonslab. org/ (accessed January 22, 2013).

U. S. Department of Health and Human Services. 2002. "Communicating in a Crisis: Risk Communication Guidelines for Public Officials. " Substance Abuse and Mental Health Services Administration, Rockville, Maryland. http://www. hhs. gov/od/documents/RiskCommunication. pdf (accessed February7, 2013).

U. S. Department of Homeland Security, Ready. gov. http: //www. ready. gov (accessed January 22, 2013).

第二十二章　国际风险沟通

本书的内容主要聚焦于美国,因为这是作者的祖国,也是作者熟悉的领域。然而我们也知道,越来越多的读者是在其他国家从事或指导风险沟通工作的。事实上,本书先前几版正在被20多个国家的人们使用。

为什么国际风险沟通越来越多呢?类似食物源性疾病(foodborne illnesses)等风险可能会在一个国家爆发后快速向全球蔓延。而风险沟通也同样迅速,如今,一旦发生地震或其他灾害,人们就可以使用社会化媒体对其进行同步报道。

> 类似食物源性疾病等风险可能会在一个国家爆发后快速向全球蔓延。

在当今世界,国与国之间都在互相借鉴那些已经取得实效的沟通策略。例如,处于世界上地震活动最频繁地区之一的西南亚和中亚的9个国家于2003年开展合作,共享用于应急准备和灾后重建的风险策略及知识管理策略。2005年卡特里娜飓风袭击美国之后,美国政府向国土大部分位于海平面以下的荷兰学习了防治水灾的经验。

具体的国际风险沟通策略在全书对应章节都有所体现,但是我们仍要对美国之外的其他国家进行风险沟通的通用原则加以总结。这些原则大多从学术出版物、案例研究或备受关注的事件中提炼而出。需要特别指出的是,国际风险沟通需考虑诸多复杂因素,而本节内容只触及皮毛,如要为某个国家制定风险沟通策略,尚需请教当地专家并参考立足本国国情的研究。

〉》识别相似之处

不要急于假定全世界的风险沟通都不一样。本书所介绍的许多制约因素、道德伦理问题、指导原则、计划步骤和种种手段对于各地理区域都行之有效,并适用于保护沟通、共识沟通和危机沟通。例如,不论在哪里,当某一风险处置不当或沟通不善时,当地的人们都会感到愤怒。在2008年中国四川地震中因教学楼质量不过关而丧失孩子的父母们,与遭遇卡特里娜飓风后无法撤离的路易斯安那州居民所表达的愤怒并无二致。

在制订计划时也是如此。高危沿海地区的居民都需知道若遭遇暴风要如何应对,不管这在当地被称作飓风、台风还是气旋。而且负责任的利益相关者,无论是政府官员、私人救援组织还是媒体,都有必要清晰地了解该如何应对突发事件。

你可以从关键原则入手,但同时也要深入调查以确保这些原则对你的受众能产生效果,继而以此为基础制定具体的活动。此外,还可寻求针对特定风险情境的多国适用的指导原则。例如,世界卫生组织发布了在公共卫生突发事件中有效进行媒体沟通的指南(World Health Organization,2005年)。又如,国际原子能机构能够就核风险提供很好的背景资料。

〉》考虑文化差异

> 不同的国家和人群都有自己的特征,这些特征会影响人们感知和沟通风险,具体可能包括宗教信仰、卫生和环保法规,以及社区传统。

尽管有些原则是通用的,其他的却不尽然。不同的国家和人群都有自己的特征,这些特征会影响人们感知和沟通风险,具体可能包括宗教信仰、卫生和环保法规,以及社区传统。

文化会影响风险沟通的提法并不新鲜。茨维特科维奇(Cvetkovich)和厄尔(Earle)(1990)描述了风险沟通中的文化相对主义概念,认为"文化提供的强力透镜可助人们摆脱不确定性迷雾的困扰"。例如,2011年福岛核泄漏事故的调查委员会认为这场灾害之所以应对不力,一部分要归咎于文化条件。他们在调查报告中这样陈述,"我们必须非常痛苦地承认,这是一场'日本制造'的灾难。其根本原因存在于根深蒂固的日本文化传统之中:自发性服从、不愿质疑权威、全身心'遵守程序'、团体主义,以及岛国根性"(The National Diet of Japan, 2012)。

研究者指出,中国的风险感知源于儒家传统。西方国家更倾向于认为未知的或不可控的威胁比其他威胁更加可怕,但香港华人通常则认为不熟悉的威胁不会带来太大麻烦,完全可以冷静理性地对待(Lai和Tao, 2003)。在该研究中,作者解释说这样的差异一定程度上是因为儒家文化教导人们关注现实生活,而非不可控的或基于个人经验无法理解的事物。

另一项研究显示，比起奥地利人，中国人明显地更为相信自然、社会和技术对风险的控制力(Schmidt和Wei, 2006)。研究者用自反性现代化(reflexive modernization)的理论解释了这种差异——一个国家的现代化程度越高，其国民就越不相信科技创新是积极有效并完全可控的。

也许没有什么比女性角色的不同更能体现出国家之间的文化差异。性别与灾难网络(Gender and Disaster Network)是一个由对灾难语境中的性别关系感兴趣的研究者和顾问组成的虚拟国际组织，该组织发现风险沟通信息往往过于笼统，未能针对群体中的文化、年龄和性别要素进行有针对性地设计。其他国家的风险沟通者在制定、执行和评估风险沟通工作的时候，也屡屡没能将女性和她们的关系网络纳入其中(Gender and Disaster Network, 2009)。

文化差异也体现在政府如何处理风险沟通上，这些差异会随着时间的推移而发展变化。例如，冷战时期，苏联科学家在访问美国一处核基地时，惊讶于其与当地社区收集并共享的环境和健康监测数据的数量。"你们这样做只会把他们吓坏！"苏联科学家警告道。

另一个案例来自荷兰。荷兰人有着家长式作风的社会传统，很多地方政府主张最好不要将民众直接面对的环境中的风险太多地告知他们，因为这会导致群体的非理性恐惧。一般的观念认为，政府应该采取适当措施并制定计划来保护民众免遭风险，但民众却不必了解这些风险(Meijer, 2005)。不过，2000年在市区某烟花厂发生的致命爆炸改变了这种看法。许多民众异常愤怒，因为他们压根就不知道自家附近竟建有这样一个工厂。此后，荷兰政府机构开始更多地关注风险管理和风险沟通。2004年，政府明确要求绘制各省的风险地图——通过互联网显示各地理区域存在的特定风险的地图。尽管有人质疑风险地图是否会无意中为恐怖分子提供便利，但事实上它们促使政府官员和企业对隐含风险的工业许可变得更加公开透明。

有些问题在很多国家都会出现，但因为文化和社会的差异以及通信基础设施的差距，不同国家用来解决这些问题的沟通方法往往大相径庭。全世界已经有大量针对艾滋病毒/艾滋病(HIV/AIDS)的沟通和防治研究，其中有的研究显示一些在泰国和印度常用的策略，并不一定同样适用于巴西、美国或者非洲国家，然而有的方法却被证明在很多文化中都行之有效。另外的研究证明了讲故事是一种呈现风险信息的通用方法(Hillier, 2006)，而著名的健康教育工作者罗杰斯(Rogers)和辛哈(Singhal)(2003)则描述了"文化共享"教育/娱乐项目如何消除污名并促进减少艾滋病毒/艾滋病传播的行为。

我们的建议非常简单却绝对必要，那就是——了解你的受众！熟悉你要沟通的区域的文化特质，并以此为基础制定策略。

〉》从其他国家寻找"你的"风险

在研究国际沟通策略时，寻找与你要开展沟通的目标国家的社会结构最为相似的国家尤为重要。在中国，超过三分之二的男性吸烟，孕妇们学会了在不破坏家庭和谐的前提下劝说其丈夫戒烟(Lee, 2008)。在美国，研究者设计了更为公开的方法——"不在妈妈的厨房吸烟"活动，其目标是号召那些在家庭中占据主导地位的美国黑人女性在家里和车内禁烟，以此减少二手烟的吸入量(Bankston-Lee, 2005)。在俄罗斯和芬兰，控烟活动则以社会竞争和正面榜样为基础来开展(McAlister等, 2000)。由此可以判断：相同的风险在不同的国家可能需要差异化的策略。

> 在中国，超过三分之二的男性吸烟，孕妇们学会了在不破坏家庭和谐的前提下劝说其丈夫戒烟。

当然，地理位置的相近并不意味着各地的人们对风险的反应也相似。一项研究显示，住在黎巴嫩贝鲁特城区内不同区域的人对空气质量和垃圾处理不善等环境要素的优先排序不尽相同(Abbas等, 2006)。研究者认为产生这种差异的原因在于人们社会经济地位、地理位置、健康、行为以及环境信念的差别。他们提出，界定这些优先因素的"分水线"(divide lines)有助于实现更广泛和高效的参与式环境管理。

当你尝试在某个国家沟通风险时，参考其他经历过相同风险的国家的经验和教训将大有裨益。在某些欧洲国家及加拿大，由于过去十年间发生的疯牛病、转基因食品的争议以及诸多食品安全恐慌，很长一段时间里人们都对食品质量和安全充满担忧(De Jonge等, 2004; French等, 2005; Leiss和Powell, 2005; Lofstedt, 2006; Verbeke等, 2007)。用于提振欧洲消费者信心的风险沟通策略有食品追溯、食品来源标签和预警原则(precautionary principle)，这些策略都规定，当人们对食品是否有害产生合理的怀疑时，缺乏科学认定或共识并不能用来作为延缓预防行动的借口(Aslaksen等, 2006; van Rijswijk等, 2008)。

> 用于提振欧洲消费者信心的风险沟通策略有食品追溯、食品来源标签和预警原则，这些策略都规定，当人们对食品有害产生合理的怀疑时，缺乏科学认定或共识并不能用来作为延缓预防行动的借口。

容易遭受某些灾难的国家在应对此类灾难上都有着很强的沟通能力和充足的准备。例如，在印度尼西亚、加勒比海、墨西哥及其他火山活跃的地区，与火山危机相关的研究就非常丰富(例如,De la Cruz-Reyna 和 Tilling,2008;Haynes 等,2008;Lavigne 等,2008)。很多研究者记录了文化、宗教和社会经济因素对人们愿意或拒绝撤离火山危险地区的影响。

一定要寻找并借鉴其他国家在风险沟通中的成功与失误。很多国家从其惨痛的教训中认识到,类似"我们很清楚"和"这里不可能发生"的态度虽然可能会点燃民众的爱国热忱,但也会造成更糟糕的风险后果。可以肯定的是,通过学习其他案例并将其与具体情境相结合,你可以改进沟通方案使其更有效率。为了获得最佳效果,你还需要针对目标受众进行方法、信息和材料的预测试。

〉》制订跨国沟通计划

一旦跨越国境,风险沟通就变得更为复杂。你不单要考虑文化和语言,还可能面对相互矛盾的法规和政治气候,并需要协调那些不善合作的组织。

有关风险的构成及如何沟通风险的法律,各个国家之间都不尽相同。一个突出的例子就是香烟包装上的警示标识。美国只是简单地规定需要印有健康警示文字,直到2012年,美国法院仍然驳回了美国食品药品监督管理局要求烟草公司在其香烟包装上添加大幅警示图片的提案。然而,在2005年签署了世界卫生组织烟草控制协议《烟草控制框架公约》的国家则做得更进一步,这些国家规定香烟包装上展示的警示图片要占包装面积的50%或更多。南北美洲、亚洲、南太平洋地区、欧洲和中东的十余个国家都要求警示标识必须以肺癌的实物照片等图片形式呈现(案例详见第十四章)。

> 有关风险的构成及如何沟通风险的法律,各个国家之间都不尽相同。一个突出的例子就是香烟包装上的警告标识。

假如一国中有多个政府共存,也会对风险沟通形成挑战。美国海外军事基地和国内的美洲原住民领地就是一国中存在不同文化的自治政府的例子。要确保你足够了解适用于具体情境的规章制度以及受众对风险沟通的期待,这一点在共识沟通中尤为重要。

有时候,不同国家规章制度上的差异也会带来混乱。例如,2004年美国一项研究在养殖鲑鱼中发现了化学物质。随后,美国建议限制鲑鱼消费,而加拿大却告诉民众鲑鱼非常安全。尽管两国给出了不同的建议,但鲑鱼的销量仍然在全球范围内下滑。有两位学者指出,这一局面的成因在于风险沟通信息本身(Leiss 和 Nicol,2006)。美国的这项研究思路清晰、行文规范,告诉了消费者可以安全购买的鲑鱼的价格和种类;

反观加拿大所传达的信息则模糊不清,只保证说"根据加拿大的相关规定,鲑鱼对消费者没有健康风险"。这两位学者宣称,加拿大卫生部(Health Canada)向公众提供风险信息或了解公众认知的工作做得不够好,而加拿大人也没有在食品风险事件中信任政府的传统。虽然加拿大卫生部为了更好地提供针对潜在健康风险的警示信息而于2006年在其官网上增加了一个新的风险沟通工具,但仍被认为在公开透明和吸引公众参与方面做得不到位。

在认识到公共卫生风险跨越国界的属性之后,更多国家签署了正式条约或缔结了同盟关系,意在共享信息并合作开展应对风险的活动。风险沟通者应当熟知此类可能影响其活动的合约。

例如,世界卫生组织的所有成员国都签署了名为《国际卫生条例》的国际公约,该公约阐明了对包括特定疾病以及生物、化学、核辐射等危险在内的任何可能威胁国际公共卫生的事件进行监控、汇报和回应的指导方针。每个缔约国都指派一个国家归口单位负责与世界卫生组织对接。具体要求包括在确保国家公共卫生应急响应计划正常运转之外,还要提供有关医疗设施、入境口岸及其他关键作业区域的信息共享。另外,报告事件和回应世界卫生组织的信息需求都有规定的时限。

基于北美对2009年H1N1流感的反应,加拿大、美国和墨西哥在2012年缔结了"北美动物和大流感计划"(U. S. Department of Health and Human Services,2012)。这三个国家都出台了政策框架来保障相关职权部门的沟通和对未来突发事件更加快速协调的响应。该协定还描述了一些具体的手段,以便在共享沟通策略和计划、公共信息、最佳实践策略和事后评估的同时,进一步扩充当前的联系名单。在战术层面,泛美卫生组织/世界卫生组织(2009)还创建了应对流感的沟通策略。

2011年,至少有五个国家参与创立了国际食品风险沟通中心(International Center of Excellence in Food Risk Communication),该组织由全球食品和卫生组织、政府部门、学术机构及非营利组织专家组成,旨在整合食品领域风险沟通的国际资源来制定决策,以促进全球卫生事业的发展。该组织制作了许多可用的在线资源,包括最佳实践、指导原则、学习模块和研究结果。此外,针对其他类别的灾害也有相应的国际合作,例如世界卫生组织成员国达成协议来贯彻执行所有的灾害管理计划。

根据规定,欧盟国家有义务告知公众化学物质的风险。为了在具体活动中为成员国提供帮助,作为管理机构的欧洲化学品管理局(European Chemicals Agency)在2008年正式启动了风险沟通网络(Risk Communication Network),借此汇集了各个国家的代表就化学品安全使用和相关风险与公众进行沟通。该机构出台了针对化学品的风险及安全使用的沟通信息指南(European Chemicals Agency, 2010)。此外, 规定还要求必须通过化学品的分类和标签, 将化学危害清晰地传达给欧盟各国的工人和消费者。

以适当的方式进行多国沟通会非常有效。2003年, 欧洲食品安全局与其他机构合作, 就"婴儿食品中的潜在致癌物"这一敏感议题向公众公布调查发现并给出建议(Gassin和Van Geest, 2006)。该机构与欧盟委员会、各国的食品安全机构及其他利益相关者一起协调如何传播风险评估结果, 从而为欧洲消费者提供准确而有价值的信息。尽管与其他国家相比, 英国媒体的报道显得有些危言耸听, 但也并未引发争论或引起公众对食品的恐慌。作者将其归因于成功地回应了公众的关切, 并将欧洲食品安全局塑造为可信赖的信息源。

欧洲职业安全卫生局(European Agency for Safety and Health at Work)自2000年起就发起了一项覆盖欧洲的年度活动, 每年强调一个特定的职业安全卫生议题(http://osha.europa.eu/en/campaigns), 具体包括肌肉骨骼失调(musculoskeletal disorders)、噪音、危险物质、事故预防、石棉危害及心理风险等。该机构为中型、小型、微型企业设计并提供资源, 以帮助他们评估其工作场所风险、共享知识以及优化实践来提升安全和卫生水平。参与其中的20多个国家都收到了以20多种语言呈现的包含信息资料和其他资源的活动工具包。此外, 该机构还出色地执行多样的评估以测评活动的效果, 并将结果和建议发布在官方网站上。

如果多国风险沟通不够充分, 也会带来负面的影响。2008年中国的乳制品中发现了化学物质三聚氰胺, 这使得食用此类奶制品的数千婴儿患病, 有些婴儿甚至因此死亡。当危机出现时, 很多国家开始在本国采取行动, 对中国乳制品进行测试并快速从市场下架。尽管中国政府展开了调查, 但乳制品生产商和政府官员仍然因未能及时沟通风险而饱受批评。

在跨国沟通中, 风险沟通者需要研究所有适用并影响当前情境的法律法规, 对于利益相关组织各自扮演的角色也应充分理解并与各组织达成一致。当某风险在别的国家出现而你的组织在你们所处的区域负责处理类似的风险时, 你需要启动计划来解释自己预防风险的措施以及发生风险后如何降低风险的方案。

> 当某风险在别的国家出现而你的组织在你们所处的区域负责处理类似的风险时, 你需要启动计划来解释自己预防风险的措施以及发生风险后如何降低风险的方案。

国际风险沟通的清单

在美国以外的地方沟通风险或进行跨国沟通:
□ 对包括风险认知在内的文化属性有了清晰的界定和解释
□ 借鉴了与你计划沟通风险的目标国家最为相似的国家的一些成功或不太成功的风险沟通案例
□ 已经明确目标国家涉及风险沟通的法律法规
□ 国家间已经签署的跨国协定或建立的同盟关系已被整合到计划之中

参考文献

Abbas, E. , R. Nasrallah, I. Nuwayhid, L. Kai, and J. Makhoul. 2006. "Why Do Neighbors Have Different Environmental Priorities? Analysis of Environmental Risk Perception in a Beirut Neighborhood. " *Risk Analysis*, 26(2): 423–435.

Aslaksen, I. , B. Natvig, and I. Nordal. 2006. "Environmental Risk and the Precautionary Principle: Late Lessons from Early Warnings Applied to Genetically Modified Plants. " *Journal of Risk Research*, 9(3): 205–224. http://dx.doi.org/10.1080/13669870500419586 (accessed January 22, 2013).

Bankston–Lee, K. 2005. "Evolution of Not in Mama's Kitchen Secondhand Smoke Campaign: The California Experience. " Presentation at the National Conference on Tobacco or Health, May 4–6, 2005, Chicago, Illinois.

Cvetkovich, C. T. and T. C. Earle. 1990. "Risk, Culture, and Psychology. " *Cross–Cultural Psychology Bulletin*, 24: 3–10.

De Jonge, J. , L. Frewer, H. van Trijp, R. J. Renes, W. de Wit, and J. Timmers. 2004. "The Development of a Monitor for Consumer Confidence in Food Safety: Results of an Exploratory Study. " *British Food Journal*, 106: 837–849.

De la Cruz–Reyna, S. and R. I. Tilling. 2008. "Scientific and Public Responses to the Ongoing Volcanic Crisis at Popocatépetl Volcano, Mexico: Importance of an Effective Hazards–Warning System. " *Journal of Volcanology and Geothermal Research*, 170: 121–134.

European Chemicals Agency. 2010. "Guidance on the Communication of Information on the Risks and Safe Use of Chemicals. " Version 1. ECHA–2010_G–21–EN, Helsinki, Finland. http://echa.europa.eu/documents/10162/13639/risk_communications_en.pdf (accessed January 22, 2013).

French, S. , A. J. Maule, and G. Mythen. 2005. "Soft Modelling in Risk Communication and Management: Examples in Handling Food Risk. " *Journal of the Operational Research Society*, 56: 879–888.

Gassin, A. and I. Van Geest. 2006. "Communication in Europe on Semicarbazide and Baby Food. "

Journal of Risk Research, 9(8): 823–832.

Gender and Disaster Network. 2009. Gender Note #5: *Women, Gender, and Disaster Risk Communication.* Gender and Disaster Network at http://www.gdnonline.org/ (accessed January 22, 2013).

Haynes, H., J. Barclay, and N. Pidgeon. 2008. "Whose Reality Counts? Factors Affecting the Perception of Volcanic Risk." *Journal of Volcanology and Geothermal Research*, 172: 259–272.

Hillier, D. 2006. *Communicating Health Risks to the Public: A Global Perspective.* Gower Publishing, Aldershot, Hampshire, England.

Lai, J. C. and J. Tao. 2003. "Perception of Environmental Hazards in Hong Kong Chinese." *Risk Analysis*, 23(4): 669–684.

Lavigne, F., B. De Coster, N. Juvin, F. Flohic, J. Gaillard, P. Texier, J. Morin, and J. Sartohadi. 2008. "People's Behaviour in the Face of Volcanic Hazards: Perspectives from Javanese Communities, Indonesia." *Journal of Volcanology and Geothermal Research*, 172: 273–287.

Lee, A. 2008. "A Pilot Intervention for Pregnant Women in Sichuan, China on Passive Smoking." *Patient Education and Counseling*, 71: 396–401.

Leiss, W. and A. Nicol. 2006. "A Tale of Two Food Risks: BSE and Farmed Salmon in Canada." *Journal of Risk Research*, 9(8): 891–910. http://dx.doi.org/10.1080/13669870600924584 (accessed January 22, 2013).

Leiss, W. and D. Powell. 2005. *Mad Cows and Mother's Milk: The Perils of Poor Risk Communication*, 2nd ed. McGill-Queen's University Press, Montreal, Quebec, Canada.

Lofstedt, R. E. 2006. "How Can We Make Food Risk Communication Better: Where Are We and Where Are We Going?" *Journal of Risk Research*, 9(8): 869–890.

McAlister, A. L., T. Gumina, E. Urjanheimo, T. Laatikainen, M. Uhanov, R. Oganov, and P. Pekka. 2000. "Promoting Smoking Cessation in Russian Karelia: A 1-year Community-Based Program with Quasi-Experimental Evaluation." *Health Promotion International*, 15(2): 109–112.

Meijer, A. J. 2005. "Risk Maps on the Internet: Transparency and the Management of Risks." *Information Policy*, 10: 105–113.

Pan American Health Organization/World Health Organization. 2009. "Creating a Communication Strategy for Pandemic Influenza." Washington, DC. http://www.paho.org/English/AD/PAHO_CommStrategy_Eng.pdf (accessed January 22, 2013).

Rogers, E. M. and A. Singhal. 2003. *Combating AIDS: Communication Strategies in Action.* Sage Publications, New Delhi, India.

Schmidt, M. R. and W. Wei. 2006. "Loss of Agro-Biodiversity, Uncertainty, and Perceived Control: A Comparative Risk Perception Study in Austria and China." *Risk Analysis*, 26(2): 455–470.

The National Diet of Japan. 2012. *The Official Report of the Fukushima Nuclear Accident Independent Investigation Commission.* http://www.nirs.org/fukushima/naiic_report.pdf (accessed

February 7, 2013).

U. S. Department of Health and Human Services. 2012. "North American Plan for Animal and Pandemic Influenza." Office of the Assistant Secretary for Preparedness and Response, Washington, DC. http://www. phe. gov/Preparedness/international/Documents/napapi. pdf (accessed January 22, 2013).

van Rijswijk, W., L. J. Frewer, D. Menozzi, and G. Faioli. 2008. *Food Quality and Preference*, 19: 452-464.

Verbeke, W., L. J. Frewer, J. Scholderer, and H. F. De Brabander. 2007. "Why Consumers Behave as They Do with Respect to Food Safety and Risk Information." *Analytica Chimica Acta*, 586: 2-7.

WHO (World Health Organization). 2005. *Effective Media Communication during Public Health Emergencies*. http://www. who. int/csr/resources/publications/WHO_CDS_2005_31/en/ (accessed January 22, 2013).

拓展资源

Barrantes, S. A., M. Rodriguez, and R. Perez. 2009. *Information Management and Communication in Emergencies and Disasters*. Pan American Health Organization, Regional Office of the World Health Organization, Washington, DC.

Campaign for Tobacco-Free Kids. http://www. tobaccofreekids. org/index. php (accessed January 22, 2013).

Centers for Disease Control and Prevention Global Health Marketing. http://www. cdc. gov/healthmarketing/ihm. htm (accessed January 22, 2013).

European Chemicals Agency. 2012. "Communication on the Safe Use of Chemicals: Study on the Communication of Information to the General Public." ECHA-12-A-01-EN, Helsinki, Finland. http://echa. europa. eu/documents/10162/13559/clp_study_en. pdf (accessed January 22, 2013).

George, A. M. and C. B. Pratt, eds. 2012. *Case Studies in Crisis Communication: International Perspectives on Hits and Misses*. Routledge, New York.

Ungar, S. 2008. "Global Bird Flu Communication: Hot Crisis and Media Reassurance." *Science Communication*, 29(4): 472-497. http://scx. sagepub. com/cgi/content/abstract/29/4/472 (accessed January 22, 2013).

第二十三章 公共卫生活动

公共卫生活动是一种特殊的保护沟通类型，它在我们的生活中几乎无处不在。公共卫生活动的目的是促进人们的知识、态度、行为或公共政策的长期改变，例如，鼓励家长给孩子接种疫苗、减少农药的使用、不在开车时发短信、加强日常的锻炼、遇上重雾霾天气尽量不去焚烧庭院垃圾、了解发生火灾时如何逃生以及怎样安全地处理生鲜食物等。

社会营销(social marketing)是另一种与公共卫生活动密切相关的方法，它借用了消费者细分和广告等商业营销领域的概念和技巧来促进人们增长知识和改变行为，甚至是社会变革。"消费者"的想法和行为会持续影响营销的过程。

有关公共卫生和社会营销活动的设计、执行及评测的研究和案例分析非常多，本章最后的"拓展资源"部分列举了一些已经出版的此类研究。聪明的活动策划者会从他人那里吸取经验教训，从而得以充分利用时间和资金来高效地组织活动。在这里，我们基于相关研究和最佳实践提出一些指导原则。尽管本书提到的很多原则也都适用于公共卫生活动，但在此我们还是要强调一些特别值得注意的原则。

〉》了解活动目标

了解了活动的目标才能有效制定涵盖效果评估的沟通计划。对于一项公共卫生活动而言，它的目标可能是下列条目中的一个或多个：

- 影响人们对于某种行为及其后果的认知和态度。
- 改变人们的行为。
- 提高某一议题及其重要性的"能见度"。
- 影响人们对社会议题及责任主体的认知。
- 增加如何解决问题的知识。

- 影响用于评价政策和政策制定者的标准。
- 吸引并动员选民采取行动以制定或改变政策。

如果你想设定可量化的目标，那么也可参考下面列出的一些例子：

- 将特定区域内的疫苗接种率提升X个百分点。
- 将特定人群接受癌症筛查的比例提升X个百分点。
- 将某学区自动售卖机中脱脂和无糖饮料的可选率增加X个百分点。
- 使运动跟踪类应用程序的下载量达到X次。
- 推动法案修订，要求烟草公司将呈现吸烟危害的彩色照片印在香烟的包装上。
- 在特定地理区域内实现公共场所无烟化。
- 在重回赛场前，要求有疑似脑震荡症状的高中运动员接受专业医学检查。
- 当驾驶员更新驾照时，使百分之X的人接受"器官捐献"的提议并在选框上打钩。

然而，假如无法向目标群体提供最佳的卫生行为建议，设定目标时就要多加注意。比如，前列腺特异抗原升高的男性可采用放射治疗、其他治疗方式或不采取治疗，但选择哪种方案则取决于其个人的判断。这时，公共卫生活动的目标应是让这些男性了解每一种治疗方案的利弊，而非劝导其采取某种特定的行为(Fischhoff等，2011)。

〉》借助研究来设计活动

形成性研究可用于"形成"沟通方案，即在参与式（以用户为中心）设计的过程中帮助设计者选择内容、形式和传播策略(Fischhoff等，2011)。形成性研究强调目标受众对风险的理解。活动策划者在设计信息时长期运用两类研究：(1)确定受众倾向的研究；(2)为优化受众的理解和反应而开展的有关信息及材料预测试的研究。

一些类型的形成性研究包括了基线调查(baseline survey)、可用性测试(usability testing)、焦点小组（见第十七章）和心智模型方法（见第二章和第九章）。以研究为基础的方法使沟通的设计不再依赖猜测，这在风险沟通者不属于目标受众并因此不太了解受众的想法之时尤为明显。例如，某位教授的研究结果显示，当了解到车祸如何对生殖器造成伤害后，年轻男性更能认识到系上安全带的重要性。

> 基线调查是形成性研究中一个很有用的工具。

基线调查是形成性研究中一个很有用的工具。在公共卫生活动开展之前，这些调查可以用来确定受众的感知、知识以及尝试特定干预措施的意愿。例如，南卡罗来纳州曾有一项旨在推动公众采取行动以减少酗酒和吸毒家庭虐待儿童的大众媒体宣传活动(Andrews等，1995)。在这项活动启动之前，执行团队用了一年的时间就人们对虐童问题的看法及是否愿意帮助这类家庭进行了公众调查。调查结果被用于设计具体的活动主题、信息和材料。其中，作为媒体论坛之一的一个电视访谈节目获得了比常规节目《今夜娱乐》(Entertainment Tonight)还要高的收视率，这几乎是公共事务节目前所未有的盛况。更为鼓舞人心的是，每月拨打服务电话咨询如何帮助受虐儿童的人次增加了62%。

可用性测试是形成性研究的另一个重要组成部分，它需要在目标受众之中针对信息、视觉要素或行动进行预测试。斯坦福心脏病预防项目开展的一项旨在关爱心血管健康的跨社区公共卫生活动即是一个很好的案例。该项目拟订了一条建议全年慢跑的信息，不过在了解到加利福尼亚州冬季多雨且雨后慢跑的道路对积极性不高的跑步者来说显得过于泥泞这一状况后，项目团队对该信息作出了修改(Rogers和Storey，1987)。美国国家环境保护局大概没有对其警示美国人注意家中的氡污染的广告作预测试，因为这则广告居然向孩子们展示在暴露于氡气后他们会变成骷髅(Moore，1997)。最终该广告引发了公众强烈的抗议并被取消刊播。

若想了解如何研究你的受众以及受众对于相关议题的感知，请参考第八章。

〉》运用多种方法触及受众

通常，要想唤起受众对某一健康风险的意识或促使他们采取行动，就需要反复向其传达相关信息。而不同的受众又会通过差异化的渠道查找健康信息，其学习方式也可能迥然不同。有鉴于此，运用多种渠道(如新闻媒体、付费广告、独立报道和线上互动)以确保信息能触及风险中的受众就变得非常重要。

新闻媒体 >>>

信息更多的曝光意味着它们有更多到达受众的机会，至于选择哪些媒介渠道，则一定要以受众分析为基础。一者，要了解目标社区的媒介接入点(media access points)——在众多的媒介渠道中，特定的话题是在哪里被报道的，以及它们是如何被报道的(Wallack等，1993)。二者，考虑超越传统新闻节目的其他渠道。例如，电视拥有新闻杂志节目、公共事务节目以及自由演讲和编辑公告(editorial announcements)；与其他内容一样，健康类话题也可以视情况编排在报纸的生活、财经和商业版面；广播则包括访谈节目、社论和公益广告。

不过需要注意的是，特定的渠道和形式只能影响到目标受众中的某些人群。例如，在一个面向加利福尼亚州的两个社区所开展的旨在降低心血管疾病的宣传活动中，公共卫生专家发现社区中只有一部分人会阅读报纸上的健康专栏，而其他人则不会(Fortmann等，1995)。相比之下，我们先前提到的南卡罗来纳州关于预防虐待儿童的活动则融合运用了多种媒介渠道和形式。受众通过电视、公告板、海报和其他印刷出版物等多种渠道了解到虐童问题，在公益广告发布之后，人们还被邀请拨打免费的热线电话以寻求帮助或获取信息。

俄亥俄州的一个意在减少青少年怀孕的整合媒体项目不仅利用付费的广播时段，也在其他媒体上发布公益广告作为补充。此外，人们还可以拨打热线电话进行咨询和预约。这项活动用了七周的时间覆盖了哥伦布市80%的青少年，每月最高接到过1000次热线电话(Taplin，1981)。

休斯敦市的安德森癌症中心(The M. D. Cancer Center)在1990年至1992年间开展了一项目的为减少德克萨斯州几个大城市居民阳光暴晒行为的公共卫生活动。除了运用广播和电视访谈、英语和西班牙语的公益广告、新闻发布会等方式之外，该活动还在六档儿童电视节目、有听众电话交流环节的直播类广播访谈节目和设有赛前广播赠票的"Day at the Dome"棒球比赛宣传活动中插播了1分钟的宣传信息。这一活动最终覆盖了三个城市中的一百余万人口，而采取措施以降低皮肤癌风险的人数也有了显著的提升(Gelb等，1994)。

付费发布和独立报道 >>>

与公共卫生议题相关的媒介信息既可付费发布也可由媒体进行独立报道。通过电视或广播广告等方式付费发布信息，风险沟通者能够控制信息内容、目标受众及发布时机。由于受众得到的是前后一致的、预先设定好的信息，因此付费发布的成效比较容易测量。然而，借由付费方式发布的信息会被认为具有倾向性或自利的特性，例如啤酒销售公司对未成年人饮酒的危害所作出的警示。另外一个弊端则是投放大众媒体广告需要高额的预算，但却未必能触及最需要这些信息的受众——尤其是在这些受众并不使用传统大众媒体的情况下。

公共卫生活动的负责人也可以选择通过新闻稿或公益广告的形式将信息提供给媒体，继而再由媒体代表来决定是否以及如何将这些信息传递给公众。这是一种低成本甚至零成本的策略，但同时也削弱了活动负责人对信息传播的控制力。在选择这种策略时，活动策划者有必要了解媒体把关人的兴趣和自身与其之间潜在的利益冲突，是否会让记者感觉到被迫去接受一个他们并不认同的观点，以及这样的情况会给活动带来怎样的利弊。

媒体机构也会独立地报道公共卫生活动或活动的主题,这类报道可以为相关议题提供强有力的支持。《亚拉巴马日报》(The Alabama Journal)是一家地方性报纸,其在1987年刊登的有关该州婴儿死亡率较高的系列报道中态度积极。这一系列报道聚焦人们真实的生活、亚拉巴马州的官员在解决这一问题时的种种失策、亚拉巴马州为此付出的经济和社会代价,以及其他州为缓解这一问题所采取的措施等内容。该报社向5000名亚拉巴马州的意见领袖寄送了这些报道,后者则利用这些报道作为游说工具。公众和记者不断向州长及议员们施加压力,要求他们采取措施解决这一问题。在系列报道刊发后的两年内,州议会更改了一些政策加以应对,婴儿死亡率由此降低。研究者金·沃尔什-奇尔德斯(Kim Walsh-Childers)(1994)发现,那些获得普利策奖的报纸系列报道是推动公众支持政策调整并形成压力迫使议员作出这些改变的关键因素。

独立报道的一个潜在缺点是其报道信息可能与付费发布的信息不一致。比如20世纪80年代大众媒体对服用阿司匹林与瑞氏综合征(一种儿童在流感等病毒感染康复过程中患上的致命疾病)之间的联系所做的报道(Soumerai 等, 1992),媒体主要关注消费者组织与阿司匹林厂商之间的冲突,这偏离了美国食品药品监督管理局往阿司匹林药品上添加警告标识的建议。

一些从业者还使用一种被称为"媒体倡导"(media advocacy)的方法,即通过社区组织和特别项目小组与媒体开展合作,以引发根本性的社会变革为目标,推动卫生政策的制定(Wallack 等, 1993, 1999)。这一方法能够将付费发布和独立报道有效地结合起来,但它必须顾及所有参与者的议程。更多有关与新闻媒体合作的信息详见第十六章。

在线干预和社会化媒体 >>>

研究发现,在线健康干预会对一些行为产生影响,比如减少酗酒、加强锻炼和控制体重。个人在线干预的优势是成本相对低廉且应用范围较广,其个性化的特征也能对公众形成吸引。

此类干预通常会将个人用户纳入到由那些提供支持的营养专家、健身教练和其他专业人士构建的"关系"之中,其不仅会告知用户他们的行为可能会产生哪些后果,帮助他们设定并实现目标,传授他们相关技能,还会向他

> 此类干预通常会将个人用户纳入到由那些提供支持的营养专家、健身教练和其他专业人士构建的"关系"之中。

们施加压力来促使其作出改变。很多干预都有反馈机制,通过提供个性化定制方案等服务来追踪和报告用户达成目标的进程。有研究者基于对30个在线干预的考察,总结了如下指导原则(Cugelman等,2011):

- 将在线人际系统与大众媒体相结合。这种结合有利于用户实现个人目标,从而帮助他们提升生活质量,并最终促进整个社会健康水平的提升。
- 使用短期干预来应对随着时间的推移用户积极性快速减退乃至丧失的问题。要注意的是这一建议可能不太适用于那些比较费力的行为改变过程,比如戒烟或减肥。
- 策略性地设计目标。围绕能够吸引目标受众的目标设计干预方案,同时提供个性化支持来帮助缺乏动力和能力的参与者。
- 使用增强用户黏性的系统。例如,如果监测到用户在一段时间内没有登录系统,可以考虑向其发送系统邮件或短信加以提醒。

当与个人用户通过电子系统进行沟通及干预时,风险沟通者务必要获得用户的同意并对其信息加以保密,特别是对于涉及健康的信息,参与双方都需要以正规文件的形式确认哪些人拥有接触个人信息的权限以及如何对这些信息进行保护。

如今,社会化媒体在公共卫生活动中的作用变得愈发重要。美国疾病控制和预防中心已经开展过多项整合社会化媒体的宣传活动,目标议题包括H1N1流感、与花生制品有关的沙门氏菌感染爆发,以及年度季节性流感疫苗接种。目前仍在进行的心脏健康宣传活动中,美国疾病控制和预防中心设计了音频播客、视频、电子卡片和短信息等多种嵌入式工具供参与者分享信息。一些承载交互式内容的工具,如微件(widgets)和在线视频,也能够让用户分享信息,使其成为健康倡导者。更多有关如何使用社会化媒体进行风险沟通的信息请参考第十九章"社会化媒体"。

其他方法 >>>

长期以来,风险沟通者一直主要依赖大众媒体传播公共卫生风险信息。然而,有关公共卫生活动的研究显示,大众媒体并不是人们关注的唯一渠道,同时也不必然是改变人们态度和行为的最可靠的方法(Rogers和Storey,1987)。若想使活动取得成功,必须确保信息得到意见领袖和社区组织等别的传播渠道的强化。

隶属于英国国民卫生服务体系(National Health Service)的无烟资源中心(SmokeFree Resource Centre)在这一方面有一些成功的经验,如在购物中心举办面对面活动并辅以电话随访,通过Facebook创建集纳了烟民、前烟民和卫生服务体系的劝诫者的在线社区。另一项以密歇根州立大学的学生为目标受众的反酗酒宣传活动则使用了媒体采访、公益广告、传单、向学生发送电子邮件、给酒商写信、剧团演出和无酒精活动等形式。

在改变人们的固有态度和促进其行为作出转变方面，人际传播已被证明具有关键的作用。斯坦福心脏健康宣传活动就通过社区领袖和支持团体来传播信息并用案例来说服受众(Kim, 1985)。

〉》效果评估

在对公共卫生活动的效果进行评估时，研究者通常会尝试选择表23-1中的一个或多个角度切入。前文谈及的形成性评估(formative evaluation)会让风险沟通活动更有针对性。过程评估能推进并记录活动进程，结果/影响评估则可以量化活动效果。如有可能，建议活动管理者在活动进行期间就评估效果，以便完成必要的中途修正。

表23-1 评估公共卫生活动

评估类型	定义/目的	示例问题
形成性评估	在活动开始前或开展过程中评估活动材料和策略的优劣。	活动的目标受众是如何看待这个议题的？ 什么信息对哪些受众起作用？ 谁是"信使"的最佳人选？ 受众有能力采取哪些行动？
过程评估	测量活动的投入和直接产出——完成了什么及完成的程度。检查活动的执行情况以及活动各环节的运作情况。	制作了多少份材料？ 活动覆盖了多少人？
结果评估	评估活动带来的影响。 评估具体的策略和环节在目标人群或社区中产生的效果。 评估政策的变化。	是否发生了显著的变化（信仰、态度、社会准则）？ 行为是否有了变化？ 政策是否有了变化？
影响评估	评估由于活动对个体行为及行为持续性的影响而引发的社区层面的变化或长期效果。 对活动是否引发这些影响加以确认。	行为是否促成预期的结果（例如，癌症发病率的降低和校园暴力的减少）？ 有没有出现系统层面的变化？

*改编自美国国家癌症研究所(National Cancer Institute)(1992)。

> 由受众自己报告的态度或行为意愿被公认为是不可靠的,因为他们有可能想要帮助研究者或仅仅是出于好意而报告不实的情况。

需要注意的是,活动评估者应该尽可能直接地对活动的预期效果(如行为或认知)作出评测。由受众自己报告的态度或行为意愿被公认为是不可靠的,因为他们有可能想要帮助研究者或仅仅是出于好意而报告不实的情况。

最缜密的效果评估要将受风险沟通影响的实验组与未受到风险沟通影响的控制组进行比较,但前提是两者在其他指标上需都相同(Rosen等,2006)。最佳的评估设计是采用随机对照试验的方式,参与者被随机分配到接受风险沟通的实验组或不接受风险沟通的控制组,以便发现风险沟通产生的效果。当然,在某些时候采用随机对照试验可能不太实际,比如受众行为受到了很多其他不可控因素的影响,或者活动经费十分有限。假如遇上这样的情况,则可采用准实验设计(quasi-experimental design)的方法,比如对风险沟通活动的接触者和未接触者之间的差异进行系统调查。另一种不那么缜密但成本很低的方法是前后沟通测试,即在沟通活动前和沟通活动后对同一人群的认知和行为加以测评。

效果评估是一项困难的任务,因为除了媒体报道还会有很多因素对个人和政策的改变产生影响。用于效果评估的方法也多种多样,典型的方法有媒体监测、网站统计、广告效果评估、案例分析以及问卷调查等。

美国加州大学伯克利分校伯克利媒体研究中心的主任劳伦斯·瓦莱克(Lawrence Wallack)教授主张综合运用多种调研手段来测量活动效果。这些手段包括:调查和观察目标受众中的一些个体;检查有关个人行为的过往记录;采访与这些个体有接触的人;调查法律、商业、工业或教育系统的制度变迁。官方的统计数据,例如因酒后驾车遭逮捕的人数、销售数据以及医院急诊室数据等,也可以成为判断活动是否成功的指标(Wallack,1981)。

第二十章的一些建议对于评估公共卫生活动也有助益。

公共卫生活动的清单

对于公共卫生活动,要确保:
☐ 活动的目的和目标是可以实现的
☐ 运用形成性研究设计活动,包括对信息材料进行可用性测试
☐ 基于受众分析选择沟通渠道
☐ 使用多种沟通渠道

> □ 恰当地使用了在线干预和社会化媒体
> □ 运用如下一种或多种类型的评估来测量活动的有效性：
>   □ 形成性评估
>   □ 过程评估
>   □ 结果评估
>   □ 影响评估
> □ 针对活动进行用于中途修正的效果评估
> □ 尽可能对预期效果进行直接测量，而非依靠受众自己报告的态度或行动意愿

参考文献

Andrews, A. B., D. G. McLeese, and S. Curran. 1995. "The Impact of a Media Campaign on Public Action to Help Maltreated Children in Addictive Families." *Child Abuse and Neglect*, 19: 921–932.

Cugelman, B., M. Thelwall, and P. Dawes. 2011. "Online Interventions for Social Marketing Health Behavior Change Campaigns: A Meta-Analysis of Psychological Architectures and Adherence Factors." *Journal of Medical Internet Research*, 13(1): e17. http://www.ncbi.nlm.nih.gov/pmc/articles/PMC3221338/ (accessed January 22, 2013).

Fischhoff, B., N. T., Brewer, and J. S., Downs 2011. "Communicating Risks and Benefits: An Evidence-Based User's Guide." U. S. Food and Drug Administration, U. S. Department of health and Human Services, Silver Spring, Maryland. http://www.fda.gov/downloads/AboutFDA/ReportsManualsForms/Reports/UCM268069.pdf (accessed January 22, 2013).

Fortmann, S. P., J. A. Flora, M. A. Winkleby, C. Schooler, C. B. Taylor, and J. W. Farquhar. 1995. "Community Intervention Trials: Reflections on the Stanford Five-City Project Experience." *American Journal of Epidemiology*, 142: 576–586.

Gelb, B. D., W. B. Boutwell, and S. Cummings. 1994. "Using Mass Media Communication for Health Promotion: Results from a Cancer Center Effort." *Hospital and Health Services Administration*, 39(3): 283–293.

Kim, Y. 1985. *Opinion Leadership in a Preventive Health Campaign.* Unpublished doctoral dissertation, Stanford University, Stanford, California.

Moore, C. C. 1997. *Haunted Housing: How Toxic Scare Stories Are Spooking the Public Out of House and Home.* Cato Institute, Washington, DC.

National Cancer Institute. 1992. *Making Health Communication Programs Work: A Planner's Guide.* U. S. Department of Health and Human Services, Washington, DC.

Rogers, E. M. and J. D. Storey. 1987. "Communication Campaigns." In C. Berger and S. H. Chaffee, eds. , *Handbook of Communication Science*. Sage Publications, Newbury Park, California, pp. 419–445.

Rosen, L. , O. Manor, D. Engelhard, and D. Zucker. 2006. "In Defense of the Randomized Controlled Trial for Health Promotion Research. " *American Journal of Public Health*, 96: 1181–1186.

Soumerai, S. B. , D. Ross-Degnan, and J. S. Kahn. 1992. "Effects of Professional and Media Warnings about the Association between Aspirin Use, Children, and Reye's Syndrome. " *The Milbank Quarterly*, 70: 155–183.

Taplin, S. 1981. "Family Planning Communication Campaigns. " In R. E. Rice and W. J. Paisley, eds. , *Public Communication Campaigns*. Sage Publications, Beverly Hills, California, pp. 127–142.

Wallack, L. 1981. "Mass Media Campaigns: The Odds against Finding Behavior Change. " *Health Education Quarterly*, 8: 209–260.

Wallack, L. , L. Dorfman, D. Jernigan, and M. Themba. 1993. *Media Advocacy and Public Health: Power for Prevention*. Sage Publications, Newbury Park, California.

Wallack, L. , K. Woodruff, L. Dorfman, and I. Diaz. 1999. *News for a Change: An Advocate's Guide to Working with the Media*. Sage Publications, Newbury Park, California.

Walsh-Childers, K. 1994. "A Death in the Family—A Case Study of Newspaper Influence on Health Policy Development. " *Journalism Quarterly*, 71: 8220–8829.

Witte, K. , G. Meyer, and D. Martell. 2001. *Effective Health Risk Messages: A Step-By-Step Guide*. Sage Publications, Thousand Oaks, California.

拓展资源

Bennett, P. and K. Calman. 1999. *Risk Communication and Public Health*. Oxford University Press, NewYork.

Coffman, J. 2002. "Public Communication Campaign Evaluation: An Environmental Scan of Challenges, Criticisms, Practice, and Opportunities. " Harvard Family Research Project, Cambridge, Massachusetts. Prepared for the Communications Consortium Media Center, Washington, DC. http: //www. mediaevaluationproject. org/HFRP. pdf(accessed January 22, 2013).

Desvousges, W. H. 1991. "Integrating Evaluation: A Seven-Step Process. " In A. Fisher, M. Pavlova, and V. Covello, eds. , *Evaluation and Effective Risk Communications Workshop Proceedings*. U. S. Environmental Protection Agency, Washington, DC, pp. 119–123. EPA/600/9-90/054.

Desvousges, W. H. and V. K. Smith. 1988. "Focus Groups and Risk Communication: The 'Science'of Listening to Data. " *Risk Analysis*, 8(4): 479–484.

Fischhoff, B. 1989. "Helping the Public Make Health Risk Decisions. " In V. T. Covello, D. B. McCallum, and M. T. Pavlova, eds. , *Effective Risk Communication: The Role and Responsibility of Government and Nongovernment Organizations*. Plenum Press, New York, pp. 111–116.

Kline, M. , C. Chess, and P. Sandman. 1989. *Evaluating Risk Communication Programs: A Catalog* of *"Quick and Easy" Feedback Methods*. Rutgers University, Cook College, Environmental Communication Research Program, New Brunswick, New Jersey.

Santos, S. L. 1990. "Developing a Risk Communication Strategy." *Management and Operations*, November: 45-49.

Smith, V. K. , W. H. Desvousges, A. Fisher, and F. R. Johnson. 1987. *Communicating Radon Risk Effectively: A Mid-Course Evaluation*. U. S. Environmental Protection Agency, Office of Policy Analysis, Washington, DC.

资 源

风险沟通领域仍在不断拓展。目前,大量的研究、文献、书籍和研讨会都为风险沟通者提供了有用的信息。我们列出了其中的部分资源,并按照沟通的主题(一般、环境、安全和健康)和沟通的目的(保护沟通、共识沟通和危机沟通)作出分类。每一章的结尾都附有相应的参考文献和拓展资源,但只有那些更具普遍参考价值的文献和资源才会在此重复出现。

一般性的风险沟通资源

Chess, C. , B. J. Hance, and P. M. Sandman. 1989. *Planning Dialogue with Communities: A Risk Communication Workbook.* Rutgers University, Cook College, Environmental Communication Research Program, New Brunswick, New Jersey.

Covello, V. T. and F. W. Allen. 1988. *Seven Cardinal Rules for Risk Communication.* OPA-87-020, U. S. Environmental Protection Agency, Washington, DC.

Covello, V. T. , P. M. Sandman, and P. Slovic. 1988. *Risk Communication, Risk Statistics, and Risk Comparisons: A Manual for Plant Managers.* Chemical Manufacturers Association, Washington, DC.

Covello, V. T. , D. B. McCallum, and M. T. Pavlova, eds. 1989. *Effective Risk Communication: The Role and Responsibility of Government and Nongovernment Organizations.* Plenum Press, New York.

Davies, J. C. , V. T. Covello, and F. W. Allen, eds. 1987. *Risk Communication: Proceedings of the National Conference on Risk Communication*, held in Washington, DC, January 1986. Conservation Foundation, Washington, DC.

Fischhoff, B. , N. T. Brewer, and J. S. Downs, eds. 2012. *Communicating Risks and Benefits: An Evidence-Based User's Guide.* U. S. Food and Drug Administration. http://

www. fda. gov/AboutFDA/ReportsManualsForms/Reports/ucm268078. htm(accessed January 23, 2013).

Hance, B. J., C. Chess, and P. M. Sandman. 1988. *Improving Dialogue with Communities: A Risk Communication Manual for Government.* New Jersey Department of Environmental Protection, Division of Science and Research, Trenton, New Jersey.

Hance, B. J., C. Chess, and P. M. Sandman. 1990. *Industry Risk Communication Manual.* CRC Press/Lewis Publishers, Boca Raton, Florida.

Kasperson, R. E. 1986. "Six Propositions on Public Participation and Their Relevance for Risk Communication." *Risk Analysis*, 6: 275–281.

Lundgren, R. E. Consultant and Trainer in Risk Communication, Public Involvement, and Science and Strategic Communication. http://www. rlriskcom. com for more information (accessed January 23, 2013).

Morgan, M. G., B. Fischhoff, A. Bostrom, and C. J. Atman. 2002. *Risk Communication: A Mental Models Approach.* Cambridge University Press, Cambridge, United Kingdom.

National Research Council. 1989. *Improving Risk Communication.* National Academy Press, Washington, DC.

National Research Council. 1996. *Understanding Risk: Informing Decisions in a Democratic Society.* National Academy Press, Washington, DC.

Navy Environmental Health Center. No Date. *Risk Communication Primer: Tools and Techniques.* http://www. med. navy. mil/sites/nmcphc/Documents/policy-and-instruction/nmcphc-risk-communications-primer. pdf(accessed February 7, 2013).

Persensky, J., S. Browde, A. Szabo, L. Peterson, E. Specht, and E. Wright. 2004. *Effective Risk Communication: The Nuclear Regulatory Commission's Guidelines for External Risk Communication.* NUREG/BR-0308, U. S. Nuclear Regulatory Commission, Washington, DC.

Santos, S. L. 1990. "Developing a Risk Communication Strategy." Management and Operations, November: 45–49.

Society for Risk Analysis. http://www. sra. org(accessed January 23, 2013).

Tucker, W. T. S. Ferson, A. M. Finkel, and D. Slavin, eds. 2008. *Strategies for Risk Communication: Evolution, Evidence, and Experience*, Vol. 1128. Annals of the New York Academy of Sciences, New York.

U. S. Environmental Protection Agency. 1987. *Risk Assessment, Management, and Communication: A Guide to Selected Sources.* EPA 1MSD/87-002, U. S. Environmental Protection Agency, Office of Information Resources Management and Office of Toxic Substances, Washington, DC.

U. S. Environmental Protection Agency. 2002. *Community Culture and the Environment: A Guide to Understanding a Sense of Place.* EPA 842-B-01-003, Office of Water, Washington, DC.

环境风险沟通资源

Environmental Education and Training Partnership. http://www.eetap.org (accessed January 23, 2013).

Hance, B. J., C. Chess, and P. M. Sandman. 1988. *Improving Dialogue with Communities: A Risk Communication Manual for Government.* New Jersey Department of Environmental Protection, Division of Science and Research, Trenton, New Jersey.

Hance, B. J., C. Chess, and P. M. Sandman. 1990. *Industry Risk Communication Manual.* CRC Press/Lewis Publishers, Boca Raton, Florida.

Krimsky, S. and A. Plough. 1988. *Environmental Hazards: Communicating Risks as a Social Process.* Auburn House, Dover, Massachusetts.

North American Association for Environmental Education. http://www.naaee.net/ (accessed January 23, 2013).

Sachsman, D. B., M. R. Greenberg, and P. M. Sandman, eds. 1988. *Environmental Reporter's Handbook.* Rutgers University, Cook College, Environmental Communication Research Program, New Jersey Agricultural Experiment Station, New Brunswick, New Jersey.

Sandman, P. M. 1986. *Explaining Environmental Risk.* U. S. Environmental Protection Agency, Office of Toxic Substances, Washington, DC.

Sandman, P. M., D. B. Sachsman, and M. R. Greenberg. 1988. *The Environmental News Source: Providing Environmental Risk Information to the Media.* New Jersey Institute of Technology, Hazardous Substance Management Research Center, Risk Communication Project, Newark, New Jersey.

U. S. Environmental Protection Agency. 1992. *Community Relations in Superfund: A Handbook.* EPA/540/G-88/002, U. S. Environmental Protection Agency,

Office of Emergency and Remedial Response, Washington, DC.

U. S. Environmental Protection Agency. 2002. *Community Culture and the Environment: A Guide to Understanding a Sense of Place.* EPA 842-B-01-003, Office of Water, Washington, DC.

安全风险沟通资源

National Institute for Occupational Safety and Health. http://www.cdc.gov/niosh/ (accessed January 23, 2013).

National Safety Council. http://www.nsc.org (accessed January 23, 2013).

No author. 1998, revised. *Chemical Hazard Communication.* OSHA 3084, Occupational Safety and Health Administration, Washington, DC. http://www.osha.gov/Publications/osha3084.pdf (accessed January 23, 2013).

Occupational Safety and Health Administration. http://www.osha.gov (accessed January 23, 2013). Society for Risk Analysis. http://www.sra.org (accessed January 23, 2013).

健康风险沟通资源

Agency for Toxic Substances and Disease Registry. http://www.atsdr.cdc.gov (accessed January 23, 2013).

Agency for Toxic Substances and Disease Registry. No Date. *A Primer on Health Risk Communication Principles and Practices.* http://www.atsdr.cdc.gov/risk/riskprimer/index.html (accessed January 23, 2013).

Baram, M. S. and P. Kenyon. 1986. "Risk Communication and the Law for Chronic Health and Environmental Hazards." *Environmental Professional*, 8(2): 165-179.

Bennett, P. and K. Calman. 1999. *Risk Communication and Public Health.* Oxford University Press, New York.

Centers for Disease Control and Prevention. http://www.cdc.gov (accessed January 23, 2013).

Cohen, A., M. J. Colligan, and P. Berger. 1985. "Psychology in Health Risk Messages for Workers." *Journal of Occupational Medicine*, 27(8): 543-551.

Fischhoff, B. 1989. "Helping the Public Make Health Risk Decisions." In V. T. Covello, D. B. McCallum, and M. T. Pavlova, eds., *Effective Risk Communication: The Role and Responsibility of Government and Nongovernment Organizations*. Plenum Press, New York, pp. 111–116.

Hyer, R. N. and V. T. Covello. 2005. "Effective Media Communication during Public Health Emergencies: A WHO Handbook." WHO/DCS/2005. 31. World Health Organization, Geneva, Switzerland. http://www.paho.org/cdmedia/riskcommguide/Effective%20Media%20Communication%20Handbook.pdf (accessed January 23, 2013).

McCallum, D. B. 1995. "Risk Communication: A Tool for Behavior Change." *NIDA Research Monograph*, 155: 65–89.

Office of Public Health Preparedness and Response, Centers for Disease Control and Prevention, Department of Health and Human Services. No Date. "Public Health Workbook to Define, Locate, and Reach Special, Vulnerable, and At-risk Populations in an Emergency." CS211575A. http://www.bt.cdc.gov/workbook/pdf/ph_workbookFINAL.pdf (accessed January 23, 2013).

Rowel, R., P. Sheikhattari, T. M. Barber, and M. Evans-Holland. 2010. *A Guide to Enhance Grass roots Risk Communication among Low-Income Populations*. Maryland Department of Health and Mental Hygiene, Baltimore, Maryland. http://www.diversitypreparedness.org/SiteData/docs/GUIDE%20TO%20E/499ec1d6f838a558/GUIDE%20TO%20Enhance%20GRC%20Updated%20Feb%2018%202010.pdf (accessed January 23, 2013).

U. S. Department of Health and Human Services, Public Health Service and National Institutes of Health. 1992. *Making Health Communication Programs Work: A Planner's Guide*. Office of Cancer Communications, National Cancer Institute, NIH Publication No. 92-1493, Washington, DC.

Witte, K., G. Meyer., and D. Martell. 2001. *Effective Health Risk Messages: A Step-By-Step Guide*. Sage Publications, Thousand Oaks, California.

World Health Organization/Pan American Health Organization. 2012. *Risk Communication: Building Capacity Under International Health Regulations*. http://cursos.campusvirtualsp.org/course/view.php?id=139 (accessed January 23, 2013).

保护沟通资源

Agency for Toxic Substances and Disease Registry. http://www.atsdr.cdc.gov (accessed January 23, 2013).

Bennett, P. and K. Calman. 1999. *Risk Communication and Public Health*. Oxford University Press, New York.

Centers for Disease Control and Prevention. http://www.cdc.gov (accessed January 23, 2013).

Cohen, A., M. J. Colligan, and P. Berger. 1985. "Psychology in Health Risk Messages for Workers." *Journal of Occupational Medicine*, 27(8): 543–551.

Levitson, L. C., C. E. Needleman, and M. A. Shapiro. 1997. *Confronting Public Health Risks: A Decision Maker's Guide*. Sage Publications, Thousand Oaks, California.

Sandman, P. M. 1993. *Responding to Community Outrage: Strategies for Effective Risk Communication*. American Industrial Hygiene Association, Richmond, Virginia.

共识沟通资源

Chess, C., B. J. Hance, and P. M. Sandman. 1989. *Planning Dialogue with Communities: A Risk Communication Workbook*. Rutgers University, Cook College, Environmental Communication Research Program, New Brunswick, New Jersey.

Consensus the Quarterly Newsletter. Massachusetts Institute of Technology—Harvard Public Disputes Program, Harvard Law School Program on Negotiation, Cambridge, Massachusetts.

Creighton, J. L. and J. W. R. Adams. 2002. *Cyber Meeting: How to Link People and Technology in Your Organization*. Xlibris Corporation, Philadelphia, Pennsylvania.

Flynn, J., P. Slovic, and H. Kunreuther. 2001. *Risk, Media and Stigma: Understanding Public Challenges to Modern Science and Technology*. Earthscan, London.

Hance, B. J., C. Chess, and P. M. Sandman. 1988. *Improving Dialogue with Communities: A Risk Communication Manual for Government*. New Jersey Department of Environmental Protection, Division of Science and Research, Trenton, New Jersey.

Kasperson, R. E. 1986. "Six Propositions on Public Participation and Their Relevance for Risk Communication." *Risk Analysis*, 6: 275–281.

National Research Council. 1996. *Understanding Risk: Informing Decisions in a Democratic Society*. National Academy Press, Washington, DC. http://www.nap.edu/openbook.php?isbn=030905396X (accessed January 23, 2013).

Ortwin, R. 1992. "Risk Communication: Toward a Rational Discourse with the Public." *Journal of Hazardous Materials*, 20: 465–519.

Parkin, R., L. Ragain, R. Bruhl, H. Deutsch, and P. Wilborne-Davis. 2008. *Advancing Collaborations for Water-Related Health Risk Communication.* Jointly published by the American Water Works Association Research Foundation, American Water Works Association, and IWA Publishing, Denver, Colorado.

Walker, G. B. and S. E. Daniels. 1997. "Collaborative Public Participation in Environmental Conflict Management: An Introduction to Five Approaches." *Proceed-ings of the Fourth Biennial Conference on Communication and Environment*, State University of New York-Syracuse, New York.

Wilson, T. 1989. "Interactions between Community/Local Government and Federal Programs." In V. T. Covello, D. B. McCallum, and M. T. Pavlova, eds., *Effective Risk Communication: The Role and Responsibility of Government and Nongovernment Organizations.* Plenum Press, New York, pp. 77–81.

危机沟通资源

Barrantes, S. A., M. Rodriguez, and R. Perez. 2009. *Information Management and Communication in Emergencies and Disasters.* Pan American Health Organization, Regional Office of the World Health Organization, Washington, DC.

Caernarven-Smith, P. 1993. "Managing a Disaster." *Technical Communication*, 40 (1): 170–172. Carney, B. 1993. "Communicating Risk." IABC Communication World, May: 13–15.

Clawson, S. K. Date Unknown. "Crisis Communication Plan: A Blueprint for Crisis Communication." Northern Illinois University, DeKalb, Illinois. http://www3.niu.edu/newsplace/crisis.html (accessed January 23, 2013).

George, A. M. and C. B. Pratt, eds. 2012. *Case Studies in Crisis Communication: International Perspectives on Hits and Misses.* Routledge, New York.

Governor's Office of Emergency Services. 2001. *Risk Communication Guide for State and Local Agencies.* Office of Emergency Services, Sacramento, California. http://www.casioc.org/resources/RiskCommunicationsGuideforStateandLocal.pdf (accessed January 23, 2013).

Green, M., J. Zenilman, D. Cohen, I. Wiser, and R. Balicer. 2007. *Risk Assessment and Risk Communication Strategies in Bioterrorism Preparedness*, NATO Security through Science Series-A: Chemistry and Biology. Springer, Dordrecht, Netherlands.

Henry, R. 2000. *You'd Better Have a Hose if You Want to Put Out the Fire: The Complete Guide to Crisis and Risk Communication*. Gollywobbler Productions, Windsor, California.

International Association of Business Communicators (IABC). 1993. *Crisis Communication Handbook*. International Association of Business Communicators, Washington, DC.

Leiss, W. and D. Powell. 2005. *Mad Cows and Mother's Milk: The Perils of Poor Risk Communication*, 2nd ed. McGill-Queen's University Press, Montreal, Quebec, Canada.

Lerbinger, O. 1996. *The Crisis Manager: Facing Risk and Responsibility*. Lawrence Erlbaum Associates, Mahwah, New Jersey.

National Center for Food Protection and Defense. *Best Practices in Risk Communication*. http://www.ncfpd.umn.edu/Ncfpd/assets/File/pdf/NCFPDRiskComm BestPractices.pdf (accessed February 7, 2013).

Nuclear Plant Journal, EQES Inc. 799 Roosevelt Road, Building 6, Suite 208, Glen Ellyn, Illinois 60137-5925.

Missouri Department of Mental Health. 2006, August. *Disaster Communications Guidebook*. http://dmh.mo.gov/docs/diroffice/disaster/FINALGUIDEBOOKwCov.pdf (accessed January 23, 2013).

Texas Department of State Health Services. *Writing a Public Health Crisis and Emergency Risk Communication Plan*. http://www.dshs.state.tx.us/riskcomm/tools.shtm (accessed January 23, 2013).

U.S. Centers for Disease Control and Prevention. 2012. Crisis + Emergency Risk Communication Manual. http://emergency.cdc.gov/cerc/pdf/CERC_2012edition.pdf (accessed January 23, 2013).

U.S. Council for Energy Awareness, Annual Crisis Communication Workshop. 1776 I Street N.W., Suite 400, Washington, DC. 20006-3708, (202) 293-0770.

U.S. Department of Health and Human Services. 2002. *Communicating in a Crisis: Risk Communication Guidelines for Public Officials*. Substance Abuse and Mental Health Services Administration, Rockville, Maryland. http://www.hhs.gov/od/documents/RiskCommunication.pdf; http://store.samhsa.gov/product/Risk-Communication-Guidelines-for-Public-Officials/SMA02-3641 (accessed January 31, 2013).

U. S. Department of Homeland Security. *Risk Lexicon*. http://www.dhs.gov/dhs-risk-lexicon(accessed January 23, 2013).

U. S. Department of Justice. 2001. *OVC Handbook for Coping after Terrorism*. Office of Justice Programs, Office of Victims of Crime, Washington, DC.

术　语

在本书中，不少术语的运用可能与其在风险沟通领域中的习惯用法有所差异。我们将这些术语及其他与风险沟通相关的术语定义如下。

替代性纠纷解决机制(alternative dispute resolution)——以非诉讼或非行政裁决的方式来解决纠纷，通常会有一个中立的第三方参与解决分歧。具体方法包括引导、谈判和调解。

受众(audience)——可能受风险影响或者认为自己可能受风险影响的人。

生物恐怖主义(bioterrorism)——出于政治或意识形态原因，释放致病物质意图造成人员伤亡并加剧社会恐慌。

保护沟通(care communication)——针对那些已经完成风险评估，且结果已被大多数受众所接受的风险，包括工业风险沟通和健康保护沟通。

社区关系(community relations)——与公众建立一种工作关系以共同决定采用何种方式清理危险废物处理场所中的有害废物。《综合环境反应、补偿和责任法》对此作出相关规定。

共识沟通(consensus communication)——致力于促使多个群体或个人就如何管理风险达成共识的风险沟通形式。在风险沟通工作的初期，不同群体对风险的程度和性质的认知通常不太一致。

危机(crisis)——决定性地导致某种后果的转折点。例如，一个已经泄漏了一段时间的地下储油罐突然破裂。

危机沟通(crisis communication)——针对地震或化工厂发生火灾等某个危机进行风险沟通。

众包(crowdsourcing)——通过征集来自大量、分散的人群，特别是网络用户的贡献，来获取所需的服务、创意或内容，而非仅依靠传统的员工或供应商。

生态风险(ecological risk)——是指危害生态系统具体组成部分的风险。因与自然资源损害评估相关，该领域的风险又重新引起了美国国家环境保护局的关注。

突发事件(emergency)——需要立即采取行动的突然发生的或无法预知的情况，例如恐怖袭击。

突发事件沟通(emergency communication)——在遭遇重大疾病爆发等突发事件时就风险及合适的应对方法进行的沟通。

有辅助审议(facilitated deliberation)——由一名引导者来指引一组人员围绕特定议题进行讨论并推荐解决方案，通常用于为决策制定者提供参考。形式有网络讨论组及吸纳全国数千市民参与的电子会议等。

引导(facilitation)——由引导者协助小组完成其工作的过程。引导者可以运用一些技术和技巧，来帮助小组成员阐明问题、激发创意、确定目标或方案的优先次序以及解决问题。

危害(hazard)——威胁；严重危险；暴露于可能造成损失或伤害的处境。

健康风险沟通(health risk communication)——主要针对如何预防、降低或管理影响人类健康的风险进行沟通(一种保护沟通)。

健康风险(health risk)——影响人类健康的危险，通常源于疾病或生活方式的因素。

互动多媒体(interactive multimedia)——在内容、格式、呈现次序、细节层次、语言、传输速度、声音和(或)其他方面，给予用户部分控制权力的沟通方式。有时也会融入对话或问答。例如多媒体光盘、基于计算机的公共信息亭和实时网络研讨会。

调解(mediation)——通过一名中立的调解人让当事人就各方未来的行动达成协议，以帮助其解决或更好地管理纠纷。调解人和当事人之间可以通过私下会谈来增进彼此的信任、探寻解决方案，或打破谈判的壁垒。

错误认知(misperception)——某种人们认为与风险的可能性或后果相关的事物，但实际上专家证明其与风险的实际可能性或后果并无关联。

谈判(negotiation)——由第三方协助各方当事人达成协议，有时也会为各方当事人推荐和解方案。"原则式谈判"的概念摒弃了"输-赢"的心态，相反，它建立在这样一个前提之上，即同时满足各谈判者的需求是有可能的，并且冲突中蕴含着这样的机会。

公众(public)——无论对风险感不感兴趣，都不承担任何沟通、评估或管理风险工作的人。

公众参与(public involvement/public participation)——让公众和积极分子团体、社区领导者、监管者和科学家等利益相关群体及个人参与制定决策。由于这一决策可能并不涉及环境、安全或健康风险，因而公众参与不能等同于风险沟通。但是，二者可以重合。

公共事务部(public affairs department)——组织内部负责与公众建立与发展良好关系的部门。

公共信息(public information)——用于与公众而非与科学家或管理者进行沟通的信息。鉴于其主题不局限于风险，公共信息和风险沟通材料无需一致。然而，大多数的风险沟通材料也会被传递给公众。

公共关系(public relations)——与公众构建良好关系的工作，其目标是让公众从积极的角度看待你的组织。

风险(risk)——不良后果出现的可能性。风险存在于任何行动之中，即便不行动也会有风险。

风险评估(risk assessment)——明确某一特定危险带来的风险，通常针对人类健康或环境的风险，也可以针对法律风险和财务风险。

风险/利益分析(risk/benefit analysis)——明确和权衡采取某种行动的相对风险和利益，包括明确承担风险和获得利益的对象。

风险沟通(risk communication)——在关注健康或环境风险的个人、群体、机构间交换信息和意见的互动过程。任何风险沟通工作都必须有互动的成分，不论是沟通初期收集受众信息的工作还是最后评估风险沟通成效的工作。

风险决策(risk decision)——关于如何降低或预防风险的决策。

风险管理(risk management)——评估与决定如何应对风险。风险管理可以包括公众参与，也可以不包括。

风险信息(risk message)——用于传播的关于风险的描述、发生概率、潜在后果及管理措施的信息。

风险感知(risk perceptions)——人们对风险抱有的一系列观点，包括对风险的定义、可能性和后果的看法。

社会营销(social marketing)——保护沟通的一种形式，借用营销和广告的技巧来促进人们增长知识和改变行为，甚至是社会变革。在公共卫生领域，社会营销有时也被称为健康营销。

社会化媒体(social media)——基于内容共享的理念，整合了技术、文本、图片、视频和音频等一系列形式的网络互动手段，信息多由使用便捷发布工具的用户自主提供。

社交网站(social networks)——用户可以自主加入的虚拟社区，在此类网站上，用户能发布个人简介、联系朋友,并基于共同兴趣结识新的朋友。有时也被认为是社会化媒体的子集。

利益相关者(stakeholder)——与采用何种风险评估或风险管理方式有利害关系或利益影响的个人。

利益相关者参与(stakeholder involvement/participation)——让那些关注风险或风险评估及风险管理方式的人们介入风险评估、管理和沟通工作。

技术辅助沟通(technology-assisted communication)——将技术(网页、公共信息亭、移动平台等)作为传递风险沟通信息的渠道,而非仅仅作为制作信息的工具。

恐怖主义(terrorism)——出于政治或意识形态的原因,企图造成人员伤害或加剧社会恐慌的暴力行为。

译后记

　　风险沟通的概念对于不少人来说或许还有些陌生，但风险沟通的实践却由来已久，并与我们的工作、学习、生活息息相关。我们可以把风险沟通描述为在关注环境、安全和健康风险的个人、群体、机构间交换信息和意见的互动过程，根据不同的情境，其目的可以是告知、唤醒意识、提升认知、促进共识或动员人们采取行动。比如，怎样才能更好地向公众传播吸烟和艾滋病的危害？如何提醒中小学生预防火灾和溺水？采用什么方法才能让当地居民就垃圾焚烧厂或PX（对二甲苯）项目的选址问题与政府和企业达成一致？在遇到地震、洪水、台风、传染病爆发、工厂安全事故、恐怖袭击等突发事件时，又该运用何种策略告知公众险情并使他们做好防护、及时撤离？

　　在如今这个信息浩如烟海又支离破碎、人人皆可发声却又缺少倾听、单向灌输让位于多元对话的时代，风险沟通更为必要也更加不易，无论是哪个行业的风险沟通者，都迫切地需要了解可以指导风险沟通工作的原则、路径、方法，引进一部成体系的经典教材正逢其时。2013年，我在参与中国环境与发展国际合作委员会专项政策研究项目"促进中国绿色发展的媒体和公众参与政策"时，曾拜读过雷吉娜·E·朗格林和安德莉亚·H·麦克马金这两位长期活跃在风险沟通前沿领域的一线专家所著的这部风险沟通教材，深感受益良多。2014年，我在美国加州大学伯克利分校访问研修期间，又在图书馆发现了这部书刚刚面世的第五版，随即萌生了将这本体系成熟、案例新颖、内容详尽、极具可读性和操作性的著作翻译并介绍给中国读者的想法。之后，我与中国传媒大学出版社的吴磊老师进行沟通，得到了她的鼓励，以及在选题申报、版权引进、编辑校对和发行策划等方面的大力支持，这份情谊令人感动却无以为报，只有尽心尽力译出精品。

　　翻译专业性很强的著作是一项极具挑战的工作。为了保证译文的信、达、雅，我们几乎要查阅书中所列的每一篇参考文献，浏览书中提到的每一个网络资源，参考大量背景资料以对书中的人物、机构、事件、术语、案例等有更加全面而深入的了解，在文字上亦是字斟句酌、反复推敲，一年多的时间易稿十余次。除了本书的另外两位译者蒲信竹博士和刘琳琳博士之外，我的研究生赖曾濂、程昳、胡天圆、殷晓圣、赵重睿也参与了本书的初译工作，在此向他们表示由衷的感谢！如今，这部30余万字的译著即将付梓，虽然我们力求完美，但本书的翻译难免还会有不尽如人意之处，恳请读者批评、赐教。

本书的翻译工作主要在我于美国访学的一年内完成，真心怀念那段心无旁骛、自在美好的时光。

黄河

2016年3月

Risk Communication: A Handbook for Communicating Environmental, Safety,
and Health Risks/Regina E. Lundgren, Andrea H. McMakin—Fifth edition
ISBN 978-1-118-45693-4
Copyright © 2013 by The Institute of Electrical and Electronics Engineers, Inc.,
and Regina E. Lundgren and Andrea H. McMakin
Published by John Wiley & Sons, Inc., Hoboken, New Jersey. All rights reserved
simplified Chinese edition © 2016 by Communication University of China Press

图书在版编目(CIP)数据

风险沟通:环境、安全和健康风险沟通指南(第五版)/
(美)朗格林,麦克马金著;黄河,蒲信竹,刘琳琳译.
—北京:中国传媒大学出版社,2016.4
ISBN 978-7-5657-1635-5

Ⅰ.①风… Ⅱ.①朗… ②麦… ③黄… ④蒲… ⑤刘…
Ⅲ.①风险管理—指南 Ⅳ.①F272.3-62

中国版本图书馆 CIP 数据核字(2016)第 040841 号

风险沟通:环境、安全和健康风险沟通指南(第五版)

RISK COMMUNICATION: A Handbook for Communicating Environmental, Safety, and Health Risks (Fifth Edition)

著　　者	〔美〕雷吉娜·E·朗格林　安德莉亚·H·麦克马金
译　　者	黄　河　蒲信竹　刘琳琳
责任编辑	吴　磊
装帧设计	拓美设计
责任印制	阳金洲
出 版 人	王巧林
出版发行	中国传媒大学出版社
社　　址	北京市朝阳区定福庄东街1号　邮编:100024
电　　话	86-10-65450532 或 65450528　传真:010-65779405
网　　址	http://www.cucp.com.cn
经　　销	全国新华书店
印　　刷	三河市东方印刷有限公司
开　　本	787mm×1092mm　1/16
印　　张	25.75
版　　次	2016年4月第1版　2016年4月第1次印刷
书　　号	ISBN 978-7-5657-1635-5/F·1635　　定价　78.00元

版权所有　　翻印必究　　印装错误　　负责调换